黄奕住传

赵德馨　马长伟　◎著

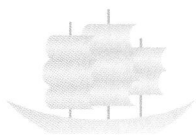

厦门大学出版社　国家一级出版社
XIAMEN UNIVERSITY PRESS　全国百佳图书出版单位

图书在版编目(CIP)数据

黄奕住传/赵德馨,马长伟著.—厦门:厦门大学出版社,2019.6
ISBN 978-7-5615-6993-1

Ⅰ.①黄… Ⅱ.①赵… ②马… Ⅲ.①黄奕住(1868－1945)－传记
Ⅳ.①K833.425.38

中国版本图书馆 CIP 数据核字(2018)第 122761 号

出 版 人	郑文礼
责任编辑	薛鹏志　戴浴宇
封面设计	蒋卓群
技术编辑	朱　楷

出版发行	厦门大学出版社
社　　　址	厦门市软件园二期望海路 39 号
邮政编码	361008
总 编 办	0592-2182177　0592-2181406(传真)
营销中心	0592-2184458　0592-2181365
网　　　址	http://www.xmupress.com
邮　　　箱	xmup@xmupress.com
印　　　刷	厦门集大印刷厂

开本	720 mm×1 000 mm　1/16
印张	27.25
字数	400 千字
插页	2
印数	1～4 000 册
版次	2019 年 6 月第 1 版
印次	2019 年 6 月第 1 次印刷
定价	99.00 元

本书如有印装质量问题请直接寄承印厂调换

厦门大学出版社
微信二维码

厦门大学出版社
微博二维码

黄奕住先生

希望你们不要丧失机遇。对于中国来说，大发展的机遇并不多。中国与世界各国不同，有着自己独特的机遇。比如，我们有几千万爱国同胞在海外，他们对祖国作出了很多贡献。

邓小平

1993 年 1 月 21 日

长期以来，一代又一代海外侨胞，秉承中华民族优秀传统，不忘祖国，不忘祖籍，不忘身上流淌的中华民族血液，热情支持中国革命、建设、改革事业，为中华民族发展壮大、促进祖国和平统一大业、增进中国人民同各国人民的友好合作作出了重要贡献。祖国人民将永远铭记广大海外侨胞的功绩。

习近平会见第七届世界华侨华人

社团联谊大会代表的讲话

2014 年 6 月 6 日

前　言

这是一本华侨的传记,记载一位贫穷农民创业的历程。

这是一位经济史学工作者,为了学科的建设,为了使人们对中国近代的资本家有一种具体的认识,而写的学术著作。

一

1956 年以后,我开始对中国近现代工商企业(其中的主体是资本主义企业)和企业家群体(其中的主体是资本家)产生与发展的历史感兴趣。中国兴办现代企业的主要是三种人:官员、绅士和商人。我想在这三种人中各挑选一个典型人物来研究,解剖一个麻雀,总结出一种模式。因为在湖北工作,在官员方面,我很自然地选择了张之洞。围绕他搜集资料,几十年的积累,所得甚丰,得以编成新版的《张之洞全集》(2008 年);围绕他做了点研究,有点心得,将它们写入了一些相关的论文、著作和教材中。其中值得一提的是与周秀鸾教授合著的《张之洞的湖北模式》(刊于《张之洞与武汉早期现代化》,中国社会科学出版社,2003 年)。在绅士方面,最早选择的是张謇。20 世纪 50 年代就开始收集他的资料,注意力集中在绅士是怎样转化为现代商人(企业家)的。1987 年南京大学举办张謇国际学术研讨会,要我在开幕式上发言,我讲的题目是《张謇与近代绅商关系的变化》。通过会议我发现中外不少学者在研究张謇,有的人掌握的资料比较多,且有就近收集资料的优势;有的人研究的比我系统、深入,提出了张謇的"南通模式"等概

念,自我感觉难以超越,于是见势就收。在商人方面,最初选择的是荣德生、荣宗敬兄弟。1958年,为整理湖北地区资本主义工商业史料到上海去取经,了解到上海社科院经济研究所经济史研究室张仲礼、丁日初、姜铎等先生对荣德生、荣宗敬兄弟及其企业的史料在做系统的发掘和研究,我就只好另找对象了。在此后的20年间,选择的对象多次换人,均不理想。到了1979年我才选定黄奕住。在收集黄奕住资料的过程中,1982年我发现全国历史学研究规划中有黄奕住传项目,负责人是厦门大学历史系主任陈诗启先生。选题碰车了。我想,黄奕住长期住在厦门,陈先生也是长期在厦门,自有他的优势,只好将工作停了下来。1987年,我到厦门,前去拜访陈先生,谈及他写黄奕住传事。他说,他还没有动手,因研究海关史,工作量大,看来近期也没有力量去研究黄奕住了。你若研究他,那就太好了。这个人值得研究一番。

我之所以选择黄奕住,是基于以下几个方面的考虑:

第一,他是一个华侨。在中国现代企业的产生与发展中,华侨起着重要作用,这是中国现代化特色之一。

第二,他是一个创业者,因创业从山区贫农转变成为20世纪20年代中国最富裕的人之一,这种情况具有重要的理论意义。

第三,他的经济活动主要集中在商业和金融领域,而其他一些被研究的企业家主要经济活动集中在工业和交通领域,对商业和金融领域涉足较少。

第四,他爱国爱乡,重视中国的国籍,重视国家利益,他崇信重义,将信义置于利之上,难能可贵。

第五,他回国后社会活动的参与面比较广泛,为公益事业做出了突出的贡献,他会赚钱,也会用钱,在聚财和散财上积累了重要的经验,开创了现代企业家的先声,可供后来者借鉴。

他的一生,具有广泛的代表性,具有传奇色彩。

二

在动手写这本书时，我为自己立了三条规则：第一，所写必有所据。无据之事，宁缺待补。证据不足之事，不做定论。纷纭诸说，予以并列，以供进一步讨论。第二，力争写出一个活生生的有血有肉、有情有欲、有成有败、有长有短、有生有死、有社会生活和个人生活的人物来。第三，通过这个人看出他活动的那个年代，那个地区的社会环境；通过这种社会环境，使读者了解到那时那地为什么会出现这样一个人物。

为什么要立这样的规则？这与作者对传记的认识有关。我认为，文学传记重在生动，历史传记的特点与生命力在于真实可信。因此，应该事有出处，语有来历，不允许任意虚构伪作。传记要能吸引读者，关键在于传主的经历，他的性格与言行，他活动的社会环境。写传记的作者，如果以文心写史，笔头富有文采，能传传主之神，使传记兼备真实性与艺术性，将读者引入佳境，自然更好。如果作者在艺术性方面达不到要求，也应保持它的真实性，而绝不应该为了艺术性而虚构事实。如果虚构地描述一个人，或者在一些重要的事情上进行虚构，这种书或许具有文学价值，能吸引某些读者，但它们绝不是传记。它们既不能称为传记，也不应该称为传记。它们的确切称谓，应该是"传闻""传说""戏说""传奇"等等。现在一些虚构情节的书也堂而皇之标上"传"或"传记"字样，只不过是某些小说家采取的鱼目混珠的手段，目的是多博眼球，赢得市场。这种书破坏了传记的严肃性，败坏了传记的名声，实不可取。为了使传记真实可信，必须征引资料，分析数据。某些读者可能对这些资料和数据感到枯燥。但传主经历的传奇色彩，爱国爱乡的热忱之心，创业者的坚韧性格，致富与散财的经验，会使他们深感兴趣的。初版的销售情况已经证明了这一点。

目　录

插图目录

第一章 ■ ■ ■ ■ ■

艰苦备尝人也

苦难磨炼意志
漂泊增长见识

一、余来自田间

1921 年 6 月 5 日下午,在上海市汉口路 3 号,北洋政府特许发行钞票,私人资本最雄厚的银行——中南银行成立大会召开。筹备会主席黄奕住发表演说时,激动地说:"奕住久客炎荒,历时三十余载,亦华侨中艰苦备尝人也。"[①]

确实,黄奕住在走向富豪的道路上,备尝了人间的艰苦。

成立中南银行,是黄奕住一生中最大的喜事。在这样的喜庆日子里,在高朋满座、记者云集的大会上,他没有忘记艰苦备尝的经历。

他对于青少年时期的穷生活、苦日子,从事被人视为低贱的职业——剃头匠,在海外投靠乡亲,肩挑货郎担赖以谋生等等经历,毫不隐讳。他希望人们知道他创业维艰的历程,并以此垂教后代。这就是他的性格。无论是在成为拥有千万资金的富翁之后,还是多次获得大总统奖励的匾额、勋

---

① 《申报》,《中南银行创立会纪事》,1927 年 6 月 6 日。

章之后;无论是在各个方面给予他各种职务、头衔之后,还是面对家人、亲戚朋友,莫不如此。正因为这样,他的生平与创业过程为不少人知晓并流传下来,使我们能够收集有关的文献资料,将他的传记写出来。

19 世纪 60 年代,清代咸丰、同治年间福建省南安县十四都楼霞图石笋村(现为金淘镇楼下南丰村)有一个村民叫黄则华。其祖先黄守恭在唐代自湖北江夏,移居福建泉州紫云(今开元寺)。后被称为紫云黄氏始祖。其113 世孙黄经定居南安。后裔称为紫云黄氏南安房。黄经被称为南安房始祖。自此,其世系才有族谱可查。明永乐四年(1406 年)黄仙农迁至十四都许岩庄(俗称普庵庄)玑头(今金淘南丰)。①

黄则华的曾祖父(147 世)黄人草,务农,家贫。祖父黄贻褒,务农,家贫。父亲黄礼上,务农,家贫。黄则华,原名赏,照旧是务农,家贫,可谓"世袭了祖业",几代的贫苦农民。

黄则华在务农的同时,兼做手工业,为人修理农具。他为人忠厚,乐于助人,人们称他"赏哥"。娶妻萧氏,名娇娘(死后私谥慈勤),是一个贤惠勤劳的女子。婚后不久,1868 年 12 月 7 日,即同治七年(戊辰)农历十月二十四日,他们生了一个男孩。19 世纪 60 年代,在南安这个偏僻的山区,农民本来就穷,生活条件很差,加上清军与太平军以及当地反清起义群众连年打仗,人祸天灾相连,婴儿死亡率极高。按照当时当地的说法,人死叫"走了",死了小孩,说是父母留不住他。黄则华渴望能留住刚出世的、可以传宗接代的长子,给他取了个单名叫"住",乳名阿住。在《江夏紫云黄氏大成宗谱》上,他已是第 151 世了。

农家的传统,父亲寄厚望于长子,盼他能早日支撑家业,扶持弟妹,光宗耀祖。阿住长到六岁时,黄则华家里虽穷,还是送他去私塾读书。在黄姓族氏中,阿住属"奕"字辈,故学名为奕住。黄奕住后来成了大富翁,有了社会地位,常与官绅文人雅士往来,这些人以自称或互称字号为雅,黄奕住也曾

---

① 楼下族谱续编委员会编:《紫云黄氏南安房笋溪楼下族谱》下册,2008 年,第 990页。

起过字(景周)号(留轩)①。佀是,黄奕住却未曾公开使用字、号,连子女都不知道他的字号。黄奕住一辈子以本名和小名行于世。

在上学的 2 年中,黄奕住学习很用功,老师很喜欢他,"塾师常谓聪慧过常儿"②,希望他能继续读下去,走中举、当官之路。然而,当黄奕住长到 8 岁时,他已有了 3 个弟妹,黄则华在祖传的几丘田和租种的 5 亩公田上辛勤劳动,一年的收获物,在缴纳租税后,所剩无几。萧氏有织布技能,因无力购置织布机,只好为人纺纱,挣得微薄工钱。她抚育儿女,承担全部家务,纺纱挣钱得靠起早摸黑,辛苦无以复加。即使如此,夫妻所获仍无法满足家中人最低限度的需要,平时多以甘薯为食,过着半饥半饱的生活。有一年的春荒季节,家中不仅无粮,连甘薯菜蔬等替代食品也没有。无下锅之物,且又告贷无门,出现断顿。萧氏好强,怕邻里知其窘困,便在锅里放一瓢水,燃柴煮水,让邻里见其家炊烟袅袅,以为仍在做饭。实际上大人小孩肚子饿得咕咕叫,望锅兴叹,喝水充饥。在这种生活状况下,黄则华夫妇在第 2 个儿子降生后,便送给顶楼乡下一个远房亲戚做儿子。接着又生了个女儿,因为实在养不起这么多小孩,便把长女送给西头柯一户农家做童养媳。家境一贫如洗,黄则华只得忍痛让奕住辍学。因穷而辍学,这件事在黄奕住幼小的心灵中留下了深深的创痛,终生难忘。他后来常常谈到,幼时失学是一生中最大的憾事。他发家后大力捐资办学,就是想让后来的青年学子少一些这类憾事。

穷人的孩子早当家。9 岁的黄奕住,知道家境困难,大清早就起床,拿了砍刀上山砍柴,"晨辄入山樵采,易钱供菽水"③。砍柴回来后协助父亲做些农活,瘦小的肩膀已经同父母一起负担起养家的责任。他已踏上曾祖父、祖父、父亲走过的路。他父亲却不愿他沿着先人的脚印走下去。因为这是一条祖祖辈辈走过多少遍而又始终见不到天日的路。何况黄奕住又有弟

---

① 《鼓浪屿申报世界遗产文本》,《名人录》,http://www.xmlib.net/xmjy/glysy/mrl/201604/t20160427_125434.htm.
② 苏大山:《南安黄奕住先生墓志铭》。
③ 苏大山:《南安黄奕住先生墓志铭》。

图 1　黄奕住故居

弟,对于他家的那一小块土地来说,家内劳动力有余,非另寻生计不可。

二、串乡的理发匠

黄奕住的家乡在闽南。该地区人们的生计很有限,除了农耕,就是学手艺。在劳动力中,务农的约占 7/10。按整个人口计算,每人平均占有耕地也不过 2.3 亩,生存竞争激烈[①]。加上台风、洪水频频发生,土匪为患,制约着人们的经济活动。

在南安山区有一种风俗:当儿子稍长,父母就要为他定下亲事,或者收一个童养媳进家来。对于黄奕住这样的家庭来说,找媳妇本是个大难题。黄奕住 8 岁那年,喜从天降,有人给他送来了一个小媳妇。事情是这样的:邻村一家姓王的农民,家境贫寒,要将女婴王时送给黄奕住家邻居做童养媳,哪知认错了门,误送到黄奕住家门口。萧氏高兴极了,将王时留下。事后,王时的父亲发现送错了人家,又来到黄奕住家中,想索回王时。他发现黄则华家虽穷,却是一户正派勤劳人家,黄奕住又在读书,长相也好,应对中

---

①　陈达:《南洋华侨与闽粤社会》,上海:商务印书馆,1938 年,第 14 页。

显示出忠厚、聪明,很是赏识,便同意让王时这个比黄奕住小 8 岁的女孩做他的童养媳。有了童养媳,就要多养一口人。年龄小小的黄奕住知道自己肩上挑的义务又多了一份。他不能不考虑将来的生计。

对于有一技之长的手艺人来说,带出一个徒弟,就是分走一部分衣食来源,所以不愿多带学徒。对于学手艺的人来说,因为活路不多,师父师兄尚难谋活路,何况新学者。故往往学了手艺也无用处。一些无以为生的手艺人,为生计所逼,便冒险漂洋过海。自明朝中期,即 16 世纪以后,南安县出国人数日增。到了清朝道光年间(1821—1850)及咸丰年间(1851—1861),该县诗山、金淘两

图 2　清末的理发

区是理发匠的发源地点,贫穷农户中的男孩多跟理发匠学习。学成后,到漳、泉两府各县所属和南洋各地,以理发谋生活[①]。有些会理发的人下到南洋,站住了脚跟,开设理发店。他们在南洋一些地区的理发行业中占有优势。于是诗山、金淘一带学理发手艺然后下南洋的人迅速增多,成了一部分人谋生的新路子。有幸的是,黄奕住的伯父黄伯顺会剃头。黄奕住在 12 岁时便跟着伯父学理发。[②] 他的弟弟黄奕逊后来也跟着这位伯父学理发。

在光绪初年的闽南乡村,理发这门手艺,除了剃头之外,还要编辫子、修容、挖耳(清除耳垢)、刮眼(刮砂眼),使理发者容光焕发,一身舒服。从事这项职业需要细心和态度好。黄奕住从师 3 年,学成出师,成了一位独自行业的青年理发匠。他每天挑着理发担子,沿村串乡,上门为人服务。除本区

---

① 陈延侯:《黄奕住》,未刊稿,厦门市档案馆藏。
② 根据黄浴沂《先父黄奕住传略》一文推算的开始学艺年龄。蔡仁龙主编:《东南亚著名华侨华人传》第 1 辑,北京:海洋出版社,1988 年,第 116 页。

外,还到邻近的安溪县去。这种活路很辛苦,收入微薄,可是对于一个很难有产品可供出卖的贫穷农户来说,有点现钱收入贴补家用,家庭经济条件改善了许多。

黄奕住串乡理发,接触的人多,了解的情况也多。他从人们的言谈中得知,东南亚一带气候湿热,雨量充沛,适宜农作。而当地人疏于耕作,又不愿从事商贩。华人勤快,能吃苦耐劳,到那里去可以从事农、工、商、渔各业,就业和发财的机会很多,其中经营有方者,已成富翁。华人财力雄厚,又讲团结,在一些地区已经执经济的牛耳。华侨热爱祖国,极重乡情,对新去的同胞,特别是到那里去谋生的同乡人,无论过去是否认识,均会热情接待,甚至接到家中免费食宿,直到谋得生计,能独立生活为止,以免这些同乡在举目无亲的异国他乡流落街头,客死异地。华侨们把帮助从祖国来的同乡谋求职业,互相牵引,使其能立足扎根,熟悉环境,视为义务。这种传统,使一地的华侨形成势力,使想到南洋去的人们敢于离乡出海到南洋去。对南安贫苦青年来说,到南洋去,是一股难以抗拒的引诱力。在老年人的眼光中,把敢于到南洋去闯世界的青年看成有志气的人。黄奕住的邻村(上楼霞乡)同族人黄酱,本来极穷,到南洋后发了财,回乡时带了不少的钱物,为乡人所羡慕。他的事迹对黄奕住有直接的影响。据一份文献记载,黄奕住对别人说:"彼能往,我亦能往,事在人为耳。"[①]到南洋去的念头,在黄奕住的心中萌生、长大、变得越来越强烈。黄奕住在计划着一条新的、其先辈未曾尝试过的、却有不少同乡走过的出路。

在清代,直到同治、光绪年间,从事不同职业的人,在法律地位上是不平等的。在各种职业中,有所谓的贱业,如唱戏的、理发的均列入其中。剃头匠人的法定社会地位低于凡人,其子孙不得参加科举考试,即不得通过正途当官。

在闽南这块地方,不同姓氏的人,其实际的社会地位也不尽相同。这是由于各族的历史、人数、财力和政治权利不同带来的。在南安县,有"东李西

---

① 黄钦书等:《先府君行实》,存黄萱私人档案和厦门市档案馆。

林南苏北黄"之说[1]，黄姓本兴大姓。在同一族内，又有强房弱房、硬角软角之分。官绅富户及其近亲为强房，为硬角。他们仗势欺凌弱房、软角。黄奕住所属的一房人，正是黄姓中的弱房。他的家境又是几代贫穷，本人从事的职业又属贱业。所有这些加在一起，使他处于一种某些人认为可以欺凌的地位。这种地位在人们交往的称谓、礼仪等每一件事上都有所反映，使人难以忍受。下述的两桩小事上表现得更为尖锐突出。

黄则华家贫，邻居若丢了鸡，便怀疑是他家偷的，到他家中寻找。黄则华夫妇受了这种侮辱，极为气愤，希望儿子有朝一日能致富，能出人头地，不因贫穷低贱而受气。黄奕住在青年时，虽学习了理发的手艺，但因从业时间短，并不高明。[2] 1884 年的一天，黄奕住为一豪绅理发。修面时，该豪绅突然咳嗽，带动头部颤摇，黄奕住冷不及防，手中剃刀微伤其额角。这本是件小事，黄奕住又当场赔礼道歉，豪绅却仍然大发雷霆，又是斥责，又是谩骂，扬言日后要找他算账。黄奕住知道惹不起他，又怕父母因此事受累，只好到外地去避祸。恶势力使善良、勤劳的黄奕住有家不能住，有艺不能操，促成他早日下决心去南洋。他百般无奈，将去南洋的念头与父母商量。这个想法正合父母心愿。到南洋的盘缠不是小数，黄则华家徒四壁，找不出一样值钱的东西可以变卖。但是儿子有这种志气十分难得，"喜其能自奋"[3]，再困难也要设法筹钱，于是黄则华破釜沉舟，卖了祖传的一丘田，得价 36 元，交给奕住。母亲手置行装，让他带着几件衣服与理发工具去厦门，随同乡前辈出国。

三、漂向南洋

1885 年春，黄奕住背着简单的行装，徒步走到厦门，住在一个南安人办

---

①　南安丰山《陈氏族谱》。
②　陈延侯：《黄奕住》，未刊稿，厦门市档案馆藏。
③　苏大山：《南安奕住黄先生墓志铭》。

的岷栈里。

对于中国人出海到国外谋生,清政府原来是严令禁止的。中英鸦片战争以后逐步弛禁。先是 19 世纪 50 年代,广东巡抚柏贵及其继任者劳崇光,明令给予广东人民向海外迁移的自由。1866 年,清政府在准备与英、法政府签订移民公约前发表声明:中国政府对于自由移民不加阻挠,如中国人民自愿向海外迁移,并自己担任旅费者。英、法政府后来拒绝在公约上签字。1868 年,清政府与美国政府签订《中美续增条约》,其中规定:"大清国与大美国切念人民前往各国或愿常住入籍,或随时往来,总听其自便,不得禁阻。"①自此之后,中国人自愿向海外迁移,成为合法。从明代中叶起,南安人向海外迁移的已逐渐增多。自迁移海外合法之后,南安农民出国找活干的更是络绎不绝。这些人几乎都是从厦门启程的。对南安人以及整个闽南人来说,厦门是一个极具吸引力的地方。它是闽南地区对外开放的第一个港口,商业发达,谋生机会甚多。它也是闽南人走向海外的出发点。厦门与广州、香港、澳门、汕头,都是当时华人出国前的集合地区。

岷栈,即客栈,准确地说是一种特殊的客栈。它是在厦门这个华人出国集中的港口里,为适应出国者需要而产生的。岷栈接待回国华侨,其中以与店主同乡或同姓的为多,同时办理新出国者手续,其中也以同乡或同姓的为多。多数新出国者要靠岷栈先代垫旅费及相关费用,并为其介绍旅居地的乡亲关系。他们到旅居地有了工作和收入后,寄还欠款;有款要汇回家时,也通过创办该岷栈的民信局办理;回国时,一定在该岷栈歇脚。"依靠这种联系与制度,一些穷苦人竟能是光着背、穿着短裤漂洋过海,少数人后来成了财主"。②

由于是同乡人,同行的人又与岷栈老板熟悉,经过介绍,岷栈老板对黄

---

① 王铁崖编:《中外旧约章汇编》第 1 册,北京:生活·读书·新知三联书店,1957 年,第 262 页。关于清政府对迁民政策的演变过程,可参见陈达:《南洋华侨与闽粤社会》,上海:商务印书馆,1938 年,第 37～42 页。

② 乔显祖:《厦门的侨汇业》,《厦门文史资料(选辑)》第 5 辑,1983 年,第 26～46 页。

奕住在家乡受财主欺凌的处境深表同情,鼓励他出国去谋生,不仅为他联系船只,还愿意依例借给他船费。

国外的地方广阔得很,到哪里去呢?岷栈里的人告诉他们,以往出国的,有几个大的方向:加拿大,美国,南美诸国,大洋洲,南洋。在黄奕住到达厦门的这个年代里,正是华人出国形势发生大变化之时。在鸦片战争之后、19 世纪 80 年代之前的这个时期,由于美洲、大洋洲等地处于开发年代,需要大批劳动力,而买卖黑奴制度已禁止,于是殖民者到中国招收"契约华工"。到了 19 世纪 80 年代,这些地方的劳动力市场已呈饱和状态,于是转而排华。1882 年美国国会通过"排华法案",拉丁美洲、大洋洲各国紧随其后。这些地方的国家,在对已入境的 5 万余华人施行种种迫害的同时,又实行限制华人入境的措施。所以,19 世纪 80 年代以后,去大洋洲、美洲的华人渐趋减少。此时,清政府在兴办近代工交的过程中,认识到华侨手中的资金可以作为中国工业资金的重要来源,欢迎他们向国内投资。华侨受到重视。华侨在异国屡受欺凌,也引起一批官僚的同情。华人出国的方向,过去本以南洋为主,这时更加集中于南洋。在南洋诸岛中,又特别集中于英国殖民地新加坡(Singapore,梵文原意为狮子城。马来语音为"息辣",意为"海峡"。华人称为"石叻""石砌"即"息辣"的谐音。又别称为"星岛""星洲")和荷兰殖民地爪哇(Java,印度尼西亚人口最集中、经济最发达的地区)①。这是由于从厦门去菲律宾群岛的路程虽最近,但入境手续麻烦,统治菲律宾的西班牙殖民政府仿效美国资产阶级的做法,对开发有功的华人以怨报德,排挤华人,限制华人入境。而英国统治的新加坡和荷兰统治的爪哇,人少地广,尚处在开发农业、矿业、工业阶段,需要劳动力。到新加坡、爪哇等处,路程虽远一些,但入境手续简便,只要有钱买张从厦门到那些地方的船票,即

---

① 19 世纪 80 年代,在新加坡有华工 15 余万人,在爪哇岛有华工 20 余万人。参见张之洞:《会筹保护华侨商事宜折》(光绪十二年二月二十五日),赵德馨主编:《张之洞全集》第 1 册,武汉:武汉出版社,2008 年,第 371～374 页。《派员周历南洋各埠保护折》(光绪十三年十月二十四日),赵德馨主编:《张之洞全集》第 2 册,武汉:武汉出版社,2008 年,第 30～32 页。

可入境。闽人出洋,向南走的,差不多都是先到新加坡,然后到马来西亚各埠、东印度群岛和泰国等地。这成了华侨移动的一条路线。黄奕住与乡亲们商量,决定走这条路线去新加坡。

四、四年漂泊

刚满 16 岁的黄奕住,跟随一批同乡人出海[1]。当时,从厦门出发,除了传统的木帆船外,已经有了外国商人与福建华侨经营的轮船[2]。乘轮船,安全、快速,航行六七天便可到达新加坡。但票价贵。坐帆船,靠季风航行,一艘 60 至 80 吨的帆船,挤满 150 至 250 名乘客,四五十天才能到达,既慢又难受,但费用省。船费还可以在到达目的地后一年内用挣的钱偿还。黄奕住等都是穷人,便搭同安县华侨黄仲涵的木帆船[3],离开厦门,离开祖国,飘向那人生地不熟的地方。等待着黄奕住的,就像他看到的大海那样,是那样的宽阔,又是那样的多风多浪,变化诡谲,难以捉摸。

黄奕住的目的地是新加坡。黄奕住出国的时期,也是福建人大批出国的时期,平均每年五六万人[4]。其中有一二万人先到新加坡,后来长期留在

---

[1] 此据黄浴沂:《先父黄奕住传略》,蔡仁龙主编:《东南亚著名华侨华人传》第 1 辑,北京:海洋出版社,1988 年,第 116 页。黄钦书等:《先府君行实》中谓出国在"既冠"之年。《海外著名华人列传》中《印尼糖王巨子黄奕住》一文谓"20 岁(1888 年)时去南洋谋生"(该书第 156 页)。美国煊:《黄奕住》(《传记文学》第 57 卷第 4 期,1990 年 12 月)谓"光绪十四年,年 21,只身随亲友漂洋过海"。林金枝:《近代华侨投资史上的著名人物黄奕住》(《文物天地》1985 年第 1 期)亦持此说。

[2] 例如光绪初年,新安邱忠波购汽船数艘,通航厦门、新加坡等地。陈达:《南洋华侨与闽粤社会》,上海:商务印书馆,1938 年,第 47、52 页。

[3] 据黄仲伟致黄萱函(1992 年 4 月 27 日)。

[4] 1881 年以前,福建人出国当华侨的,每年在 3 万人以下。1881 年后迅速增加,该年突破 3 万(33682 人)。1882 年突破 4 万(45367 人),1884 年又突破 5 万(51095 人),1888 年竟达 65342 人。(福建省华侨志编纂委员会:《福建省华侨志》上篇,第 29 页)

新加坡的仅一小部分①，大部分陆续从新加坡转到南洋其他地方，黄奕住就是这大部分人中的一员。

出国的福建人中之所以有 1/3 左右先到新加坡，一是由于该地位于亚洲大陆马来半岛最南端，太平洋和印度洋的航运孔道马六甲海峡出口处，交通方便。二是由于 1824 年 8 月新加坡沦为英国殖民地，英国殖民当局为了开辟新加坡，一方面将它辟为自由港，采取对大部分货物免征进出口关税，允许商人自由买卖的政策；另一方面广招移民，参加修建港口、船坞，兴建城市。1840 年中英鸦片战争以后，西方殖民者到福建大量拐骗、掠虏、贩卖华工，新加坡成为最大的转贩华工中心。早在 19 世纪 60 年代，仅闽粤沿海帆船每季要运 800～2000 名劳工到新加坡。据清光绪三十二年（1906 年）中国驻新加坡总领事孙士鼎给外务部的报告估算，每年从香港、厦门、汕头、海口等地运到新加坡的华人有 10 万余人，其中 70% 是契约华工。② 据英国海峡殖民地政府统计，从 1881 年到 1930 年，经新加坡转运到其他国家的契约华工有 500 多万人。三是由于早期新加坡的福建移民中，除从马六甲移居到那里的华商外，多半来自漳州、泉州两府所属各县。清道光八年（1828 年）从马六甲移居新加坡的漳州府漳浦东山人薛佛记等华商，率领同乡在石叻路（Seiat Road）兴建了"恒山亭"。③ 1882 年成立"福建公司"，于 1890 年 9 月注册，并改称为福建会馆，作为福建同乡们的联谊机构。④ 祖籍南安的华侨于 1836 年兴建凤亭（1926 年登记为南安会馆），作为同乡的联谊机构，

① 据福建省华侨志编纂委员会：《福建省华侨志》上篇，1989 年，第 110 页记载：1881 年，新加坡有华人 86766 人（包括侨生 9527 人）其中福建籍的 24981 人，占 28.8%。1891 年，当地华人增至 129008 人（朱杰勤《东南亚华侨史》，第 229 页，作 121908 人），10 年间增加 42000 余人。其时，新加坡总人口为 184554 人。

② 福建省地方志编纂委员会编：《福建省志·华侨志》，福州：福建人民出版社，1992 年，第 63～64 页。

③ 福建省地方志编纂委员会编：《福建省志·华侨志》，福州：福建人民出版社，1992 年，第 63 页。

④ 福建省地方志编纂委员会编：《福建省志·华侨志》，福州：福建人民出版社，1992 年，第 71 页。

对南安来的人有所照顾。

清政府在新加坡设立了在资本主义国家殖民地中的第一个领事馆,企图保护华侨的利益。可是华侨仍免不了受殖民者的欺侮。黄奕住到新加坡时,中国驻该地的领事是左秉隆(1881 年 9 月至 1891 年 5 月任领事,1907 年 10 月至 1910 年 10 月任总领事)。他是一个爱国而有能力的人,愿为保护华侨利益出力。由于清政府国势屡弱,在保护华侨方面,领事难以有所作为。有一位华侨因受侮向左秉隆投诉,左秉隆无可奈何,写了如下一首诗表达其心情,作为给投诉者的回答。

> 世无公理有强权,舌敝张苏总枉然。
>
> 外侮频来缘国弱,中兴再造望臣贤。
>
> 自愁衔石难填海,差信焚香可告天。
>
> 谩骂轻生徒愤激,何如团体固相联。①

黄奕住在这种环境下,接受了当华侨的第一课。

黄奕住到达新加坡后,住在一个开商店的乡亲家中,帮助主人做些事(华侨中称这种新到的人为"弄帮")。黄奕住自小勤劳成性,能吃苦,又机灵,会主动找事做,得到乡亲的喜欢。后来一面帮助乡亲做些家务事和店中杂务,一面整理剃头工具,挑着理发担,到码头等人多的地方,特别是穷人多、华人多的地方,为人剃头。天长日久,认识他的人越来越多,熟人们亲切地称他为"剃头住"。"剃头住"这个称呼,伴随着黄奕住 4 年的漂泊生涯。

在新加坡,因为理发匠多,活路少;且黄奕住原是在农村理发的,年轻,从艺不久,技术上也不适应新加坡的要求,很久没有找到固定的事做。到 1886 年春,黄奕住一年辛劳之所得,仅仅够偿清所欠的船费。这年的春天,在乡亲的介绍下,他转到了雪兰莪(Selangor)港。黄奕住在新加坡的这一年虽然在经济上所获甚少,但新加坡华侨的友爱之情给他留下了很深的印象。后来,他给新加坡一所华侨小学捐款 15000 元(可买一栋小学教学楼),

---

① 左秉隆:《劝勉堂诗钞》卷四,《华侨有以受侮投诉者作此示知》,诗中"张苏"指张仪、苏秦。

给一所中学捐款 50000 元（可买中型楼房两座），表达对新加坡华侨的一片感激心意。

雪兰莪港位于新加坡的西北方向，临近马来西亚最大城市吉隆坡。19世纪 80 年代正处于开发之中，是华侨集中地之一。就在黄奕住到达雪兰莪的前一年的 5 月 28 日，在吉隆坡原崇圣宫成立雪兰莪福建公司（1904 年扩大为公所，1926 年改名雪兰莪福建会馆），其宗旨是联络同乡感情，增进同乡福利，发挥互助精神，办理慈善公益，振兴文化事业。[①] 黄奕住在雪兰莪，不仅受到个别乡亲的热情关照，也得到这个同乡组织的具体帮助。他后来对此总是念念不忘，并捐款给雪兰莪会馆。

在雪兰莪，黄奕住为种植园中的华侨理发，以此为生。此地种植园主有欧洲人和中国人。栽培的作物有胡椒、丁香、豆蔻、槟榔、西米、甘蔗、橡胶等。劳动与付酬的方式主要有两种，一种是每个苦力包干 6 英亩土地，工资每月 3 元，另一种是园主（资本家）借款给工人建宿舍及购买工具，3 年之内，每月给予 2 元作为维持生活费。3 年后，由园主和工人平分工人开发的种植园地。资本家将自己分得的一半土地租给工人，以 5 年为期，向工人收取实物地租。以种胡椒的为例，工人每年收入约 50～60 担，要缴纳地租 30 担，即收入的 50％～60％要交给资本家。充当劳工的华侨生活很苦。[②] 在华侨种植园主那里，劳动与生活条件比在欧洲人种植园主统治下要好些。因为大部分工人与园主同一籍贯，操同一乡土方言。这些园主虽然也靠工人的劳动发财，但毕竟是中国人，具有国家观念和乡土根源，又没有种族歧视，不像西方殖民者把华人苦力视同牛马。所以华侨劳工尽可能地到华人办的种植园中去劳动。黄奕住奔波在这些种植园之间，为这些园主和园工理发，收入很少，同绝大多数华侨劳动者一样，生活颇苦。他在这里苦干了 1 年多之后，1887 年，便随同几个熟识的乡亲越过马六甲海峡，到了海峡西岸的苏门答腊岛的棉兰。

---

① 福建省地方志编纂委员会编：《福建省志·华侨志》，福州：福建人民出版社，1992 年，第 57 页。

② 朱杰勤：《东南亚华侨史》，北京：高等教育出版社，1990 年，第 138～139 页。

棉兰（Medan，或译麦丹），是印度尼西亚苏门答腊岛上最大的城市（北苏门答腊省省会），位于该岛北部东岸日里河畔。从 19 世纪 60 年代起，由于荷兰殖民者要在苏门答腊的东岸种植烟草和橡胶，需要大批的劳动力，使这里就业谋生的机会甚多。1870 年，该地区爪哇人与中国人之比为 150∶4000，中国人占大多数。1872 年，荷属东印度政府颁布法令：任何可雇用的中国人都可以入境，成为新移民，只要他能找到 2 个居住在当地的中国人作为保证人①。1880 年，棉兰辟为商埠，包括"苦力"在内的中国人来到这里谋生的人数增多。1876 年到 1898 年间，有 56000 个中国人到新喀里多尼亚和苏门答腊种植烟草②。其中福建籍的占很大的比重。该地闽籍华侨组织的福建会馆，是荷兰属地印度尼西亚地区最早成立的福建同乡社团③。1886 年，荷属东印度政府进一步降低中国人入境的条件，废除上述担保制度，规定凡交纳 25 荷盾，即可得到移民许可证④。在 1888 年至 1931 年间，仅从棉兰登陆的中国人便有 305000 人⑤。黄奕住便是这些因谋生而到达棉兰的华侨之一。

五、愤沉剃头刀

在棉兰，黄奕住仍以理发为业，所得仅足糊口，情况并不比在新加坡、雪兰莪好。于是他又于 1888 年南下，转到爪哇的三宝垄市。

三宝垄（Semarang，又译"史玛琅"），华侨简称为垄川，厦门话叫它为"三吧垄"，简称为"垄"。这个城市的历史和中国人血脉相连。三宝垄是地道的中国名字。"三宝"即明朝七下西洋的郑三宝。"垄"即"山地""坟场"的

① 陈翰笙：《华侨出国史料汇篇》第 5 辑，北京：中华书局，1984 年，第 248 页。
② 陈翰笙：《陈翰笙文集》，上海：复旦大学出版社，1985 年，第 155 页。
③ 戴国辉编：《东南亚华人社会研究》下卷，亚洲经济研究所，1974 年，第 141 页。
④ 陈翰笙：《华侨出国史料汇篇》第 5 辑，北京：中华书局，1984 年，第 248 页。
⑤ 福建省华侨志编纂委员会：《福建省华侨志》上篇，1989 年，第 66 页。

意思。"三宝(或作三保)太监下西洋"的故事,在中国民间广为流传。在印度尼西亚三宝垄这个地方,郑和的事迹也为许多华人华侨知晓。三宝,明成祖时宦官郑和的字。他率领的船队三次到访今印度尼西亚,两次停靠三宝垄。第一次是公元 1405 年 7 月 14 日。该年(明永乐三年)郑和率水手官兵27800 余人,乘海船 62 艘,从刘家港出发,到占城(越南南部)、爪哇、苏门答腊、锡兰(斯里兰卡)等地,经印度西岸折回,1407 年回国。到爪哇时,在今三宝垄这个地方登陆。当年,这里是一片荒地,人们为了纪念郑和,将它命名为三宝垄。因其影响大,留下的遗迹很多。现今的三宝垄望安山麓的三保洞洞前的三宝公庙(距市中心 5 公里),初建于 1434 年,重修于 1931 年,是当地人建立的。据载,公元 924 年(后唐同光二年),有一艘商船在三宝垄附近沉没,船上人上岸定居,并与当地人通婚。据此,三宝垄是华人在爪哇最早的定居地。自 18 世纪以后,华人来此日渐增多。

黄奕住到达三宝垄时,此地的华侨在荷兰殖民政府的统治下,处境也是很艰难的。这从时任两广总督的张之洞的一个奏折中可看出来。他于光绪十二年(1886 年)派记名总兵王荣和一名姓余的内阁侍读盐运使(两人都在广东任事)为委员,到南洋诸岛调查华侨情况。他们在七月二十七日(公历8 月 26 日)由广州起程,光绪十三年七月回广州,向张之洞汇报南洋华侨的情况。十月,张之洞向清政府奏报,其中写道:"又有三宝垄与疏罗及麦里芬及泗里末、惹加等处,皆荷兰国属地,华人 20 余万众。荷官横肆暴虐,该委员等接见华商,备言其苦。"①

在三宝垄,黄奕住先在一个开杂货店的乡亲家里住下,帮助做些店里事。几天之后,看到店里并非缺他不可,他不想成为乡亲的负担,主动和乡亲商量重操理发业,自食其力。得到支持后,便整理好工具,重操旧业。因人生地疏,言语不通,日间出门,黄奕住挑着理发担,到华人集中的码头为人

---

① 张之洞:《派员周历南洋各埠议保护折》(光绪十三年十月二十四日),赵德馨主编:《张之洞全集》第 2 册,武汉:武汉出版社,2008 年,第 30~32 页。

剃头。顾客少时,就走街串巷,上门为华侨服务。夜间便寄宿于滨海的妈祖庙中①。

　　理发是一种接触面很广的职业。在为人服务的过程中,黄奕住有机会向当地的华侨与下层人民学习方言,观察民情风俗。他了解到三宝垄是爪哇岛上中爪哇省的首府,地处爪哇岛北岸中点,它不仅是首都巴达维亚(即现今雅加达,地处西爪哇)、东爪哇首府和主要商港泗水市之间的贸易联络中心,而且本身是印度尼西亚的第三大港,成为爪哇岛内外贸易,特别是中爪哇各种土特产的主要集散地。商业发达,经营商业有较多的赚钱机会。华侨中经商者多,在商业界有实力,且富户大都是经商起家的。理发这个行当,无论是在南安,在新加坡,在雪兰莪,在棉兰,还是在三宝垄,只能得点工钱糊口,一辈子也发不了财。他想:我背井离乡,难道只是糊个口吗?家中人怎么办?想来想去,黄奕住认为自己已粗识方言,可以做小本买卖了。他想放弃理发业,改行做商贩。一天,在为老华侨魏嘉寿(Goei Keh Sioe)②理发时,谈了这个想法。魏嘉寿也是从做小本买卖发家的,说这个想法很好,并表示支持,借给黄奕住5盾做本③。这使黄奕住下了改行的决心。为了表示改行的决心,黄奕住带了理发工具来到海滨,面对一望无际的海水,想

---

　　① 三宝垄的妈祖(Ma Tjouw Kong)庙,兴建于1818年,庙地在伦塞翁街(Leng Kong Se Ong)陈姓祠堂旁边。林天佑著,李学民、陈巽华译:《三宝垄历史》,暨南大学华侨研究所,1984年,第174页。妈祖,中国民间相传是"泽被苍生,安澜利济,功敷海峤,救急救难"的天上圣母。相传在宋太祖建隆元年(公元960年)三月二十三日,福建莆田的林愿生了一个女儿,取名默娘。默娘8岁时便从师研读经史,过目成诵,闻一知十。10岁就朝夕焚香,诵经礼佛,治病救人。17岁时,默娘偶遇一商船受风暴掀翻,"即投草化木",落水者擎住大木得以生还。从此默娘的神力不胫而走,三乡五里有难必来求她。她死后,东南沿海一带人民把妈祖奉为"海上女神"。华侨出国,祈求给以庇护,在侨居处设妈祖庙。妈祖因此成为跨越国界的海神。

　　② Goei Keh Sioe,林天佑著,李学民、陈巽华译:《三宝垄历史》(暨南大学华侨研究所,1984年),第173、237页译作"魏家寿"。在1904年成立的中华会馆第一届董事会中,魏家寿任顾问。从1914年为筹办展览会的华人捐款名单中可知,他在当时华人富有者行列中居前10名。

　　③ 盾,荷兰所用货币及货币单位Guilden的译名。或译作"荷盾"。

想多年理发匠的生涯,心潮澎湃,毅然把用布包裹的理发工具全部丢到海里。关于这件事,陈延侯在前引《黄奕住》一文中写道:黄奕住理发多年,"总计一日所得,仅供生活用费,每年积小数款寄回家乡,更不敢设立剃发店,要剃发的人亦难得而找(到)他。碰着雨季,连续几天没有做剃发工作,枵腹待哺。他发愤赌咒,不再做剃发工作。把剃发刀的刃部向磨石挫坏,和其他用具一起,用破布裹过,自己持至海口,投沉在大海中"。这生动地记载了黄奕住破釜沉舟,誓不回头的改行决心。滔滔的大海霎时吞没了黄奕住8年须臾不离身的谋生工具。黄奕住果断地与过去告别,勇敢地踏上新的人生道路。

4年漂泊,使黄奕住在苦难中磨炼了意志,在游历各地中增长了见识,为今后的人生准备了精神条件。

第二章

从货郎担到糖王

福建人在家是条虫

出外是条龙

一、挑起货郎担

黄奕住将魏嘉寿借给他的 5 盾,加上几年来省吃俭用节约下来的一点积蓄,作为本钱,贩些日用小杂货及食品,挑到郊区土著村落叫卖,同时向村民收购土特产,挑回三宝垄市内卖给市民和商人,从买卖的两头中赚得蝇头小利。这个时期,三宝垄地区,从事城乡商品交换的,几乎都是华侨。黄奕住因为腿脚勤快,吃苦耐劳,翻山越岭,走到别的小贩少去的荒僻村落去做生意。他用卖价比人略低、收购价又略高、多卖多收、利薄收入不薄的办法,以及允许顾客用自家生产的土特产与之易货和替顾客代购代售的灵活手段,加上态度友善,恪守信用,人多乐与之交易。两个月后,黄奕住便将欠款还清,成了自有资金的肩挑小贩。他自此踏上了经商之途。

黄奕住放下理发担,挑起了货郎担。理发担子与货郎担子,同样靠肩膀挑,也同样是走街串乡,同样是上门服务,但却是两种生计,两个行业,两条前途。扔掉剃头刀,挑起货郎担,黄奕住迈出了谋生职业的新步子。这是他一生中具有转折意义的一步。这是东南亚地区大多数华侨,特别是在印度尼西亚的华侨走过的第一步。"南洋的华侨,有从事于经商的,有从事于劳工的,有从事于农业的。但生活的中心,多在生意上面。光景很穷的工人愿

意每天辛苦,赚低微的工资。但他们竭力节省,陆续地储蓄,希望将来有一日,碰着好运气,能开一个小店铺。……多数成年的男子,总把希望和光明,搁在商业里。"[1]在荷属爪哇,华侨经商有有利的条件,这是一个方面。另一方面,印度尼西亚的环境逼着华侨走经商之路。荷兰殖民政府在 1870 年立法,外国人不能买土地或耕种二地。这就限制了华侨经营一般种植业。这与华侨在马来西亚等地的情况不同。"以爪哇而论,中国人中的成年男子,几乎 9/10 是经商的",零售商"几乎完全是中国人"[2]。

二、摆咖啡摊与落地生根

黄奕住挑着货郎拒,细心观察市场动态,筹谋新的生计。他看到商店招待主顾,居民招待来访的亲友,常常是到街上咖啡担子或咖啡摊点买来几杯咖啡,配上几色糕饼。挑咖啡拒或摆咖啡摊无须店屋,不交店租,所得足以养身。于是他改变经营对象,将肩上挑的杂货变为咖啡、糕点。他买点咖啡、白糖、糕点,购置一些杯碟,走街串巷,上门服务,将做生意的范围从乡村转移到了城市。

挑担卖咖啡饮食,就每一杯咖啡和每一碟糕点而言,仅蝇头小利。黄奕住靠着起早摸黑,腿快口勤,卖出得多,又省吃俭用,锱铢累积,也就渐渐有了盈余。有了本钱,便添置炉灶、桌椅之物,在美国花旗银行楼前,租一固定地点,摆设咖啡茶档,兼卖食品。这个地段,过往行人多。行人走累了,口渴了,就在咖啡摊上喝杯咖啡,吃点东西,坐下来歇歇脚。黄奕住的生意,做得颇为顺手。他由挑担子到摆摊子,由移动到定点,收入也由少到多。

黄奕住从买卖杂货到卖咖啡、糕点,表现出他对市场敏锐的观察力。正是这种能力,使他从此时来运转,从穷到富,由小富到大富。

---

① 陈达:《南洋华侨与闽粤社会》,上海:商务印书馆,1938 年,第 63～64 页。
② 陈达:《南洋华侨与闽粤社会》,上海:商务印书馆,1938 年,第 63～64 页。

据陈延侯所写《黄奕住》一文记载，黄奕住干理发，从过师，且实践多年，可手艺"并不高明"。但是他一转为经商，便显出了特殊的本领。这给人一个启示：一个人如果干这一行不遂意，不如试试改行；一个社会要有给人们自由改行的环境，才能使人们充分发挥其才能，这个社会也才会发展得快，发展得好。家主社会、奴主社会、庄主社会、地主社会里"工之子恒为工，农之子恒为农"，把人固定在一个职业上，不许更换，社会缺乏流动性是其发展缓慢的一个根本原因。

黄奕住的和蔼、诚实、勤劳、节俭和经商头脑，使顾客越来越多。他一个人又要进货，又要煮咖啡，又要给一些顾客家中送咖啡、糕饼，又要洗杯盘，他深深地感到需要有人帮忙。在海外，一个单身男人，整天忙于谋生的活计，自己的生活便有多方面的困难，也需要人照顾。这时，一位侨生姑娘蔡缰娘，在他的咖啡摊旁摆咖啡摊。他们先是互相关照，接触的时间一长，彼此了解加深，日久生情。黄奕住的为人，博得蔡缰娘的喜爱。侨生女子见闻较广，知识较高，又受土著妇女婚姻习惯的影响，对于择偶有较大的自由。由于华人血统及家中保留华人生活习惯，大多数侨生愿与华人成亲。蔡缰娘这个热情的南国姑娘，先是主动提出合伙经营，后来又表示愿意与黄奕住结为夫妻。①

黄奕住于 1890 年与蔡缰娘成亲，便在三宝垄有了一个稳定的家庭，这使黄奕住后来在社交、经商、购置产业上得到了不少便利条件。因为，在印度尼西亚的三宝垄、巴达维亚与泗水，蔡姓是华侨中的大族。蔡姓于 1753 年由福建漳州蔡坂迁往爪哇。② 到 19 世纪 80 年代，已有 130 余年，在当地已居住数代，扎下了根。他们享有土著居民的一切权利。例如，1800 年建立的荷印殖民地政府，规定后到的华侨不得购买土地，而先于该政府规定定居的华人则可以购买。黄奕住后来能在三宝垄等地购置地产、种植园，就得益于蔡缰娘已享有当地土著居民的权利。

---

① 有关黄奕住的婚姻情况将在"第十六章：家庭制度与家庭生活"介绍。
② 陈达：《南洋华侨与闽粤社会》，上海：商务印书馆，1938 年，第 53 页。

摆咖啡摊的黄奕住与摆咖啡摊的蔡缰娘成亲之后，为了多赚些钱，两个人便开始分工。蔡氏主持咖啡摊，黄奕住腾出手来另寻财路，经营蔬菜与杂货。营业的地址选在新兴起的佐哈尔市场。

靠近三宝垄古老的、主要的佐哈尔市场有一个三宝垄中心市场，又称贝达马兰市场（Pasar Pedamaran），该市场宽约 20 米，长约 50 米。佐哈尔市场原是一个广场，有许多佐哈尔树。作为交易的地点，它兴起于 1865 年。至 1890 年，已与贝达马兰市场并驾齐驱，成为三宝垄的两个主要市场之一。1890 年以后，是三宝垄进出口商业和本地商业发展很快的时期，卡里咨鲁（Kali Baroe）的仓库越来越多①。原有的贝达马兰市场因无拓展的余地，其发展受到限制。三宝垄市政府便将佐哈尔广场开辟为利伯维尔场，并在市场内建起摊棚点，修建摊棚的费用为 1800 盾，每个摊位的租金为 65 盾。商人为获得经营场所，乐于租用，政府则增加了收入。新兴的佐哈尔市场发展迅速，蒸蒸日上。黄奕住在该市场租了一个固定摊位，经营日用食杂及土特产品。由于地点适中，夫妻俩起早摸黑，精心经营，生意很好，资金越积越多，规模也越办越大，于是黄奕住租了房子，办起了一个挂招牌的杂货店。此事发生在 1891 年。黄奕住给他的杂货店取了一个吉祥的名字——"日兴"（人们往往将主人的姓冠于招牌之上，称为黄记日兴或黄日兴），寓日日兴隆之意。这也寄托了他的心愿。从此以后，他果然事业日兴。因此，无论他后来事业规模发展到多大，也无论是在三宝垄、棉兰、新加坡、香港、上海等地，他的商业机构都用"日兴"这个名称。

"日兴"招牌的挂出，标志着黄奕住由行商（小贩）变成了坐贾（店主）。

结了婚，有了家，办起了杂货店，23 岁的黄奕住算是立了业。这样，黄奕住自离开南安，在新加坡、雪兰莪、棉兰、三宝垄漂泊了五六年之后，终于成家立业，也就在三宝垄落地生根了。

---

① 林天佑著，李学民、陈巽华译：《三宝垄历史》，暨南大学华侨研究所，1984 年，第186 页。

三、从零售到批发

日兴杂货店卖的商品真可谓之杂,既卖咖啡,也零售咖啡粒、白糖、蔬菜及土产杂货等,它们都属于土特产。黄奕住之所以经营这些商品,是有原因的:一是因为他原来摆咖啡摊,对咖啡、白糖等的货源、品种熟悉,有经验;二是由于在印度尼西亚的福建籍华侨,在长期的经营中,形成了各自的特色,长汀籍的多经营药材,漳州、泉州籍的多经营土特产。后者在土特产经营方面有经验,经营者彼此熟悉,便于联络,互通信息,交流经验。

黄奕住为了能进到易销、质优、利厚的货物,每日凌晨带着自己的运货车贝达蒂赶到货栈等候。[①] 他往往是第一个到达的,抢先选购当宁的蔬菜、土产,如马铃薯、胡椒、葱、蒜等,迅速运回店内,与蔡缰娘一道挑拣整理,分别质量,赶应当日早市。夫妻二人经常劳作到午夜,第二天又鸡鸣即起。在资本增多后,黄奕住又购置一部马车,自己驾驶,到各地收购土特产(主要是蔗糖),这样,既能降低商品成本,又使货源增多,营业愈盛。黄奕住和蔡缰娘善于观察市情,又讲求信用,生意蒸蒸日上,积蓄日多。随着生意的开展与资金之增多,日兴店又开辟批发业务,变为批零兼营的日兴商行(人们口头称它为日兴行)。由于有了钱,日兴商行盖了自己的店屋。这个建筑物至2010 年仍存。

日兴商行的成立,标志着黄奕住一生中一个阶段的结束:黄奕住已不再处于穷人的行列了。他手中有了颇丰的积累。与大多数华侨一样,他认为此时是可以回归故乡的时候了。华侨和侨乡的传统观念是:"华侨在外经营兴盛之后,必回国完婚,以夸耀于乡里。普通华侨虽在南洋娶有土人妇,但

---

① 林天佑著,李学民、陈巽华译:《三宝垄历史》,暨南大学华侨研究所,1984 年,第159 页:"每一个在三宝垄市场之外做买卖的商人,一般都自备一辆'贝达蒂'(Pedati)运载自己的货物。"

一般人不以正式婚姻看待。"[1]1894 年,在家人的催促下,黄奕住回到阔别 10 年的家乡,与王时举行结婚仪式。[2] 除完婚以外,黄奕住此时雄心勃勃,想在生意上大干一番,为此他要在家乡找人做帮手。

在南安完婚期间,黄奕住用了很多时间来物色帮手。

从日兴商行成立与蔡缰娘生了女儿以后,黄奕住就开始雇人帮忙做生意。后来,生意甚多,雇的人也增加,在黄奕住看来,这些雇的人不一定是贴心人。在中国商人(包括华侨商人)传统的观念中,家乡人可靠,其中族人与亲戚更可靠。所以经营班子多是以血缘关系——家人、族人和亲戚为主要纽带构成的。其中的核心是"父子兵"。在闽南的海商与华侨中,还因此而形成一种特殊的习惯:若无亲生儿子,或事业大而亲生儿子少,或事业发展快而亲生儿子幼小,则以领养义子的办法来弥补。1894 年到 1895 年间,黄奕住在南安物色帮手采取了两个办法:一是准备买养子,以备将来使用;二是寻求成年人,可以立即带到印度尼西亚去。这次他带了三个人到印度尼西亚:叶源坪、黄则盘与黄奕窑。他们三人与黄奕住一起到达三宝垄,成为日兴商行的主要伙计。他们终身是黄奕住的得力助手和代理人,也因此变为富有者。

四、从境内贸易到国际贸易

黄奕住在南安家乡住了几个月,又奔回海外。这次再度出洋,他带着帮手,准备大干一番,开拓他生意的新阶段。此时,他又遇上了开拓生意的好机会。

在 19 世纪的最后 10 年和 20 世纪的头 20 年,三宝垄对外对内的商业

---

① 陈达:《南洋华侨与闽粤社会》,上海:商务印书馆,1938 年,第 149 页。
② 结婚的时间据王时去世发布的《哀启》。《哀启》及黄钦书等《黄母王夫人讣告》,存黄萱私人档案。

发展迅速。此中原因之一是印度尼西亚此时进入发展时期,对外贸易增长很快。1880年,进出口总额为2亿8300万盾。1890年为3亿100万盾,比1880年增长6%。1900年又增加到4亿600万盾,比1890年增加35%。1910年为7亿2800万盾,比1900年增加79%。1920年为33亿4100万盾,比1910年增加359%。[①] 在40年间,以如此高的增长率递增,而且是增长率越来越高,在印度尼西亚经济史上是空前的,在世界各国经济史上也罕见。需要指出,在上述进出口总额中,出口的增长又比进口快。增长指数如以1880年为100,到1920年,出口为1612,进口为770,出口比进口快一倍以上。

原因之二是三宝垄水陆交通事业发展很快,使它联系的地区更广阔了。概略地说,向三宝垄输出货物的内地区域范围,在东边是从拉森(Lasem)到泽布(Tjepoe),牙威(Ngawe)到窝诺吉里(Wonogiri);在西边是韦莱里(Weieri)、日惹。从三宝垄输进货物的内地市场则更为宽阔,在东边达泽布、茉莉芬,在西边达南安由(Indramajoe)、班札尔(Bandjar),在南边达班札尔与库托阿尔佐(Koetoeardjo)之间的地区,包括芝拉札(Tjitatjap)以及它的北部大约至窝诺索婆(Wonoso)和塞诺尤达尔(Serajoedal)。三宝垄所属农村地区的居民人数,在1850年,包括三宝垄、梭罗、日惹3个州的居民5326000人,北加浪岸、葛都(Kedoe)、茉莉芬、南望(Rembang)4个州的居民7185000人。这是一个不小的市场。[②]

原因之三是当地华人商业资本发展快。荷属东印度商业联合会秘书斯尼弗利特(H.Sneevliet,即后来到中国活动的马林)在1914年发表的《三宝垄的商业》中写道:"作为荷印的商业城市来说,三宝垄是一个很重要的城市,因为这里有雄厚的华人资本,华人商业有着很重要的作用。华人的住区

---

① 黄素封编:《科学的南洋》,上海:商务印书馆,1934年,第107页。邱守愚:《二十世纪之南洋》,上海:商务印书馆,1934年,第168页。1900年的出口金额,前书为3亿2000万元,后书为2亿3000万元,从进出口总额推算,可以知道前者误,后者正确。

② 林天佑著、李学民、陈巽华译:《三宝垄历史》,暨南大学华侨研究所,1984年,第243页。

和商店,就在欧洲人的商业区附近。人们可以看到,华人商业区比起欧洲人商业区发展得更快。在挤满了人的街道上,华人的商店栉比鳞次,使人眼花缭乱,生意十分兴旺,商店的店员、经纪人正在忙着做生意。华人住区逐渐成为重要的商业区,而且逐渐不够用了。三宝垄华人的商业就像有两个口的导管,其中一个口是面向海洋,它从各欧洲商行进口各种货物,但未能运入内地。另一个口是面向内地,通过经纪人做收购,把农业产品集中到欧洲人商行的仓库中。""华人的进口与外国的直接联系,除中国之外,还从日本、新加坡输入供土著居民食用的商品,如甘密、茶叶及其他日本货。但上述联系,远不如与欧洲洋行和土著居民的捆客的联系。"①

原因之四是此时正是中爪哇地区甘蔗种植及制糖业进一步发展的时期。在这个时期,三宝垄成为蔗糖的主要集散地之一。莫佐(Modjo)、塞达尤(Sedajoe)、扎巴拉(Tjapala)、卡里翁姑(Kali Woengoe)、泽比灵(Tjepiring)和格穆(Gemod)等地所产的蔗糖都运往三宝垄销售,其中有一部分还输出至欧美各国。

总之,在19世纪最后10年到20世纪初,是印度尼西亚经济发展的黄金时期,是三宝垄地区经济发展的黄金时期,也是印度尼西亚三宝垄华侨商业发展的黄金时期。这是一个经济发展的黄金时期,同时也是经济转型时期。对印度尼西亚来说,在1890年以前,是经济的开发时期(或称建设时期),其特点是国内生产领域(包括农业生产、工业生产、交通运输建设等)经济增长快,居民购买力和国内商业增长快。1890年以后则进入发展时期,其特点是流通领域经济增长快,对外经济贸易特别是出口贸易发展快。正是在印度尼西亚经济转型的时期,黄奕住个人的经济(准确地说,是经营方向)也发生了转型。在1890年以前,在印度尼西亚经济以国内居民购买力和国内商业增长快为特征的时期,黄奕住经营的业务是以印度尼西亚国内居民,尤其是三宝垄当地居民为对象的,并由此积累起他的最初资本。1890

① 林天佑著,李学民、陈巽华译:《三宝垄历史》,暨南大学华侨研究所,1984年,第247页。

年以后,印度尼西亚经济进入对外贸易,特别是出口贸易快速增长的时期,黄奕住将自己的经营重心转向了对外贸易,而且是其中增长速度更快的出口贸易。1895年以后,他又主要经营出口贸易中增长速度最快的商品——蔗糖。黄奕住这次经营重心或经营方向的转变,适应了印度尼西亚经济变化的趋势。他抓住了经济变化中发展最快、最有利的行业与商品,因而其财富能与时俱进。黄奕住每每能在关键时刻瞄准方向,果断地转向或做出决策,这是黄奕住能迅速致富的原因,也是他的聪明过人之处和经营经验之所在。

在这样一种有利的环境中,黄奕住的日兴商行到各地糖厂收购蔗糖,转手交易,获利丰厚,经营规模与资本像雪球一样滚动地发展。据黄笃奕、张镇世、叶更新所撰《黄奕住先生生平事迹》说:"黄日兴的生意蒸蒸日上,资本日益积累,到1897年奕住刚满30岁时,已拥资近百万盾。"[1]随着资本的增多,黄奕住将业务扩展到三宝垄以外的地区,先后在中爪哇的北加浪(Peka-longan,或译作北加海岸、八加浪岸、八加郎)、西爪哇的巴达维亚〔Batavia,简称吧城或巴城,华侨别称椰城,印度尼西亚第一大城市,印度尼西亚独立之后,改名雅加达(Jakarta),为国家首都〕、东爪哇的泗水(Surabaya,或译作泗里末、苏腊巴亚,东爪哇省省会,印度尼西亚第二大城市)、苏门答腊岛的棉兰和巨港(Palembang,或译作巴邻旁,南苏门答腊省省会)设立日兴行的分行,经营糖的批发和出口贸易。在1895年以后的10多年内。"爪哇糖维持在100公斤价10盾到20盾左右,比较平稳。黄奕住以较低廉的价格向各中小榨糖者收购后,批发转售至爪哇各地或输出至新加坡及欧美各国,获得可观的利润。"[2]黄奕住已将他的生意范围扩大到了荷属东印度的境外了。

---

① 黄笃奕、张镇世、叶更新:《黄奕住先生生平事迹》,《厦门文史资料(选辑)》第8辑,1985年。据黄则盘:《著名华侨黄奕住事迹》(《泉州文史资料》第10辑,1982年),1910年时黄奕住才拥资百万盾。此说可能更接近实际。1897年,黄奕住的资产,估计在十万至数十万盾左右。

② 蔡仁龙主编:《东南亚著名华侨华人传》第1辑,北京:海洋出版社,1988年。

经营规模的扩大,使日兴商行组织形式难以适应。日兴商行的组织形式,正如美国社会学家 D.E.威尔莫特在《三宝垄的华侨》一书中,分析当时华侨商业的特点时所指出的那样:(1)零散或者小规模经营者居多。(2)经营非常不稳定。(3)经营多种行业(多角经营)。(4)家族的、同族的、同乡人的企业经营,简而言之,就是采取家族主义的人员结构。(5)与之相适应,企业采取前资本主义时期的资本所有形态。(6)与之相适应,企业采取的是非公开的企业组织形态。[①] 黄奕住等印度尼西亚华侨来自中国。在中国,传统的商人绝大多数人都是按地缘、血缘关系进行经济活动。他们的企业自然受到地缘、血缘的束缚,如父子公司、兄弟公司等。这种组织形式,具有家族主义和地方主义的狭隘性质,不能大规模积累资本,不能创立"托拉斯"、"康采恩"或跨国公司等大企业,也不可能采用现代化的经营方式来代替陈旧的效率不高的经营方式。所以印度尼西亚华侨商人很少有大企业家。黄奕住与一般华侨商人的不同之处是,他想进一步扩大他的业务,当大企业家。所以他在 1908 年将日兴商行改组为日兴股份有限公司,注册资本 40 万盾。经营白糖、咖啡、米豆为主的进出口贸易。它虽名为股份有限公司,因股份的绝大部分握在他手中,其余部分主要列在儿子、女婿名下,少量列在几个帮手名下,由他一个人的私人企业变成了他主持下的家族企业。日兴股份有限公司成立后,在黄奕住家中,在日兴公司职员中,在业务往来上的熟人中,仍习惯地称该公司为"日兴行"或"垄日兴"。

日兴股份有限公司的成立,在两个方面标志着黄奕住在商业上又进入了一个新阶段。第一,在经营方式上从业主制过渡到股份制,朝着现代化方向迈出了坚实的一步,从中国传统商业形式跃入 20 世纪现代化的商业形式。第二,在经营层次上进入了印度尼西亚商业的最高层次。从 19 世纪到 20 世纪初期,印度尼西亚的经济结构以商品的进出口贸易为主。印度尼西亚的进出口贸易几乎都操纵在欧洲人手里。外国商品输入后,基本上由欧

---

① 转引自[日]游仲勋著,郭梁、刘晓民译:《东南亚华侨经济简论》,厦门:厦门大学出版社,1987 年,第 78 页。

洲人的公司或商行独占批发业务,中介商人从进口商或批发商手中购买外国商品,转给商店推销,以供居民应用。批发商或进口商俗称"头盘商",中介商称为"二盘商",零售小商店(亚弄商)称为"三盘商"。华侨商人因资本少,多数是"三盘商",少数是"二盘商",成为能与欧洲商人并肩竞争的"头盘商"为数极少。日兴股份公司的成立,标志着黄奕住已站在印度尼西亚商业的最高层次上了。

五、跻身糖王之列

日兴股份有限公司的成立,也是黄奕住雄心勃勃想大干一场的表现。

黄奕住与王时完婚后,因为需要人手,便与父母、王时商量收养义子事。他离开南安后,由其父亲主持,着手准备工作。1903 年,黄奕住回到南安,经过当面考察,一举收养三个儿子,命名钦书(1893 年生)、鹏飞(1896 年生)和浴沂(1899 生)。他们成了黄奕住的长子、次子和三子。在公司成立的前一年,即 1907 年,黄奕住把 14 岁的长子从家乡接到三宝垄,放在身边学做生意,后来送回国内暨南学堂学习。黄钦书通过实践和学习,懂得了经商之道,粗通中英文,成为黄奕住贴心的帮手。蔡缰娘生的两个女儿杏、章长大成人,相继与许春隆、曾源顺结婚。黄奕住与他的长子、两个女婿以及 1895 年从家乡带出来的黄则盘、叶源坪等人,组成一个经营班子。到 1910 年,黄奕住又将次子、三子接到印度尼西亚。他们随后也成了这个班子中的重要成员。这个班子既是黄奕住在经济方面经营与发展的组织基础,也是黄奕住财团的核心。这个班子中的任何人,都要服从黄奕住的指挥。他是这个班子的总司令。他派这些人到各地的分行任职,独当一面,而他则坐镇公司,指挥四方。这样,就形成了一个由他指挥的商务系统。

除了这个以血缘关系和地缘关系组成的亲信核心外,随着业务的扩大和各地联系的频繁,黄奕住聘请了账房先生,中、英文簿记(中、英文秘书),通过他们及各分行,收集荷印及东南亚其他各地的商情。他在纽约、伦敦、

古巴雇佣特约通讯员，每天专电报告甘蔗生产、食糖制造及运销动态。他订了定期报道世界糖市场行情的专业刊物，由公司的英文秘书翻译。到了这个时候，黄奕住已能迅速地得到荷属东印度各地与世界各地糖市的信息。他根据这些信息，指挥公司的业务活动。在指挥中，他显示出高瞻远瞩、运筹自如的特点，故常操胜券、日进千金，儿子、女婿及帮手深深佩服。

日兴股份公司成立后营业扩大，原有的店面已不敷应用。1910 年，黄奕住在三宝垄市繁华的商业街——中街（中间华人区，Patjinan Tengah）①，买了一座较大的店屋，改建为 2 层共 5 个店面的商业楼房（2010 年为三宝垄国际银行行址）。

就在日兴股份公司成立的这一年，三宝垄至井里汶的铁路通车。这两个地方与北加浪岸之间的交通更方便了。这给商人带来不少的便利。② 日兴股份公司资金积累很快。为了扩大业务范围，1910 年黄奕住到新加坡筹建日兴公司的分行。此分行的设立，是黄奕住具备了跨国经济力量的第一个标志。

新加坡分行开业后，黄奕住趁便回了一趟南安老家。此时他 42 岁，精力充沛，事业上一帆风顺，踌躇满志。在老家小住时，对建成不久的新住宅犹感狭小，故在它的旁边加建洋楼一座，成为八卦楼（当地人又称番仔楼）。在南安农村，这是第一栋现代化的住宅建筑。③

自日兴公司成立以来，因年年胜算，拥货日多。1913 年，他的资产在

---

① 林天佑著，李学民、陈巽华译：《三宝垄历史》，暨南大学华侨研究所，1984 年，第 117 页；中间华人区（Patjinan Tengah）称为腾阿巷（Gang Tengah）；又第 331 页：腾阿（Tengah）是"中间"的意思。腾阿巷（Gang Tengah），意即"中间巷"。

② 林天佑著，李学民、陈巽华译：《三宝垄历史》，暨南大学华侨研究所，1984 年，第 223 页。

③ 黄奕住一家搬进洋楼后，盖成不久的新居于 1920 年作为斗南学校及师范的校舍。黄奕住全家迁出南安后，八卦楼的藏书成为当地求知青年仰慕之所。

300万盾至500万盾之间[①]，跻身于爪哇四大糖商(亦称四大糖王)之一。其他的三大糖王也是华人，他们是黄仲涵(建源公司)、郭春秧即郭河东(锦茂公司)、张永福(盛隆公司)。在这四大糖商中，按资本实力排队，黄仲涵居首，黄奕住在末位。可是黄奕住的经营方式比较现代化，正处在上升期。

1914年春夏间，当地政府筹备在兰度萨利(Randoesari)举行夫祝荷兰独立200周年的博览会。这是荷印殖民地有史以来规模最大的一次博览会。1914年8月13日开幕，11月底结束，为期3个多月。为筹备这个会，由荷印总督伊登伯尔格(Gouverneur General Indonburg)出面动员富有的华商捐款。现存名单共列名21个(公司或个人)，其中郭河东贸易公司(H. Mij. Kwik Hoo Tong)5000盾，建源贸易公司(H. Mij. Kian Gwan)10000盾，郑永昌贸易公司(H. Mij. The Ing Tjhiang)5000盾，黄仲鹏(Oei Tiong Bhing)3000盾，马厥(Bekwat Yoe)1000盾，黄住贸易公司(H. Mij. Oei Tjoe[②])1000盾，源美公司(Gwan Bie Kongsie)500盾，魏嘉寿(Goei Keh Sioe)500盾，薛水丘(Siek Djwee Kioe)500盾，郑三扬(The Sam Yang)500盾。以下11个或200盾，或100盾，或50盾。从这个捐款名单中，可以窥测黄住(即黄奕住)的资产，在印度尼西亚华侨中并列第5位。已经大大超过借5盾给他做小本买卖的魏嘉寿了。

在中国封闭山村环境中土生土长的贫穷农民阿住，经过20多年的艰苦奋斗，变成了一个腰缠数百万，眼观国际市场动态，颇有几分"洋气"的糖业资本家。

---

① 300万盾之说，见黄则盘：《著名华侨黄奕住事迹》，《泉州文史资料》第10辑，1982年；黄绮文：《华侨名人录》，上海：上海人民出版社，1988年，第81页。黄笃奕、张镇世、叶更新：《黄奕住先生生平事迹》一文谓："至第一次世界大战前夕，估计他的资产约500万盾。"

② 林天佑著，李学民、陈巽华译：《三宝垄历史》(暨南大学华侨研究所，1984年)第237页将Oei Tjoe译作"黄祖"，误。

六、"太平洋地区的犹太人"

从 1888 年至 1914 年,黄奕住在南洋地区谋生所走过的道路,是大多数南洋华侨经历过的,因而具有典型性。只要了解华侨史的人都会有此共识的。下面引证三位作者的论述以为佐证。

斯尼弗利特(H.Sneevliet)1914 年在《三宝垄的商业》一文中写道:"华人商店的店主,有各种各样的人。年老的人是从中国来的新客,他们刚来的时候不名一文,后来才积蓄了一点财产,生活非常艰苦朴素;他们不论什么小事都亲自动手去做,一天到晚沉浸在工作中,没完没了。无论什么工作,他们没有一个人认为是困难的。""在出口糖业(还有木材贸易)中,华人居于重要地位。在糖业和木材等商品中,华人是亚洲东部地区的大量供应者。"① 斯尼弗利特是荷兰人,在荷属印度尼西亚担任过商业联合会秘书,对商界的情况很了解。他做的这种概括看起来似乎就是以黄奕住为原型的。

中国清华大学社会科学系教授陈达在 1938 年出版的《南洋华侨与闽粤社会》一书中写道:"以爪哇论,中国人的成年男子几乎 9/10 是经商的。""据一般人的观察,凡在南洋成家立业的中国人,通常经过三个或四个阶段,即工人、行贩(或雇员)、小摊主和大商家。光景很穷的人,在生活奋斗场上,由当工人开始,依次递升。小有资本的人,可不经工人一级,直接由行贩开始,特别身体强健,勇于冒险,愿意入深山或远乡兜售商品者(经济状况较好者,如遇亲友开店,亦可入店为低级职员),稍有积蓄以后,他们便在街旁或巷里摆摊,用固定的场所,经营多样的货物。由此往上,可以进入各种资本较大的商业,如制造、批发或零售等,以便在商业繁盛之区,作各种的经营。"②

日本名古屋大学经济学部教授林善义,在 1988 年出版的《一般经济史

---

① 原载《三宝垄殖民地博览会纪念册》。转引自林天佑著,李学民、陈巽华译:《三宝垄历史》,暨南大学华侨研究所,1984 年,第 248 页。

② 陈达:《南洋华侨与闽粤社会》,上海:商务印书馆,1938 年,第 64、65 页。

序论》中写道:"从苦力中幸运逃脱出来的这些人,他们艰难地开辟着各种各样的人生道路,大多是在流通领域里显露身手的。从卖饮食、水果等露天小摊贩开始,到在城市搞批发止,可以看成是他们发展的历程。"①

以上引证的 3 篇论著分别出版于 1914 年、1938 年、1988 年,在时间上相隔 70 多年,而作者的国籍,或属荷兰,或为中国,或系日本,这些国家在空间上远离数千里。他们的叙述,似乎都是对黄奕住到印度尼西亚后 20 多年生活道路的总结。之所以出现这种现象,是因为他们总结的是那个时代多数华侨经历中的共性。黄奕住在印度尼西亚前 20 多年所走的谋生之路,也正是这一类华侨走过的路。他的生活之路具有代表性。这是研究黄奕住经历的意义所在。同时,在国内外,一般地概述华侨群众生活经历的传记多,而详细地记述代表性人物从穷到富具体经历的传记却很少。这是华侨史和经济史中的一个弱点,也是本书写作的动因之一。

如果说黄奕住在印度尼西亚前十几年的生活,与一般华侨相比,共性多于个性,那么,他在印度尼西亚后十几年的生活,则个性极为突出。他之所以成为大富翁及携资回国,主要在于个性。

黄奕住是一个很有个性的人物。本书是他的传记,自然注意分析他的个性的表现及其产生的环境。当我们把他放在那个时代的华侨整体中考察,便能发现,他与华侨的共性大于个性。这特别表现在他由穷至富的经历中。

正如上引三书中说的,在东南亚地区的华侨,凡由穷变富的,大多数是经过工人、行贩、小摊主、小中商人、大商人等几个阶段。黄奕住就是经历了剃头匠(手艺人、工人)、货郎担,咖啡担(行贩),咖啡摊主(小摊主)、日兴杂货店主(小商人)、日兴商店(中等商人)、日兴股份有限公司(大商人)等几个阶段,一步一步地由穷变富的。黄奕住等许多东南亚华侨,都是逼过经商由穷变富,这种现象引起许多学者的兴趣。在 18、19 世纪,就有欧洲学者说中国人经商的本领远在犹太人之上。

---

① [日]林善义:《一般经济史序说》,京都:晃洋书房,1988 年,第 127 页。

日本东亚同文书院 1908 年编著出版的《中国经济全书》第二辑第一编
"商贾"第一章"绪论"第一节"优势之中国商人",开篇即写道:

> 昔格兰顿将军之周游世界而归也。其国之人问将军之所感,以何
> 者最奇。将军答之曰:"嘻此次之漫游,足迹殆遍于欧亚大陆。其映于
> 眼帘之中足以动吾人之观感者,盖多。至其最奇者,则莫如中国之小商
> 人与犹太人为激烈之竞争,而能驱逐之者是也。"夫犹太人之性质,忍耐
> 克己,节俭力行,长于殖利之道,而于商业上有伟大之精力者,盖为世界
> 之所同认。且其祖国、宗社已成邱墟,无政府保护之可恃。而彼等竟能
> 于世界人迹所到之处,活动奋斗。于经济的基础之上,筑巩固之根柢,
> 崭然现其头角,使欧米人犹有瞠乎其后之势。此岂非吾辈之所共惊叹
> 者。而不料其后有凌驾于犹太人之上者,使数百年来掌握经济界实权
> 之犹太人,不得不让出其利益范围任其侵蚀也。噫彼何人,斯非今之中
> 国商人乎。格兰顿将军又曰:"犹太人虽散处于各地,活跃未已,然实不
> 过世界人口之一小部分,故无足深惧者。至中国人,则其人口几过于全
> 球三分之一。而人种之雄伟,富力之宏厚,又实具有雄飞世界之资格。
> 其为可畏,岂犹太人所能与之比者。夫今日为中国人所驱逐之犹太人,
> 于其人格之要点,固与他之犹太人无异。而今日驱逐犹太人之中国人,
> 于其要点,亦与他之数亿之中国人无异。然则中国人之将驱逐犹太人
> 之全数,使之无力足以活动于经济界者,吾知其为日固不远也。而今天
> 吾人确定其中国人驱逐犹太人之日将至,即吾人预想其世界恐慌之日
> 之将至也。"噫,格兰顿之为斯言也。或有以为不过欧米人对于中国一
> 片之杞忧也。实则误也。夫三十年前格兰顿所发之叹声,至于今日。
> 非已益显其确证哉。试观世界之趋势。自西伯利亚之寒地,至于印度
> 阿拉比亚之热带,又自南洋亚非利加野蛮未开之地,至于欧米繁华之中
> 枢,几乎日出日没之处。无不见有中国人之足迹。足入东西之市场。
> 则胡服辫发,姗姗而来,足令人陡生一种惶恐之念者,固比比皆是也。

以今日之现状,追想将军当日之所评论。其意云何?[①]

这种说法颇有点夸张。因为从世界范围看,特别是在欧洲、美洲,在商业领域里,华人的实力与影响远不如犹太人。除了在中国外,在商业领域里取得成就的华人,主要在东南亚一带,扩大点说,在太平洋地区。邓纳里(E. Dennery)的下述说法比较接近事实:"中国人是太平洋地区的犹太人,因为这两个民族的经济活动与社会地位是相似的。他们所以致富,不仅因为能够赚钱,并因为能够节省费用。"据他的分析,中国人在东南亚之所以能够经商致富,不外乎本能、训练、健康与环境4个主要元素。有些中国人对于经商有天然的本能,再加上训练,再加上强健的身体,无论处于顺利或拂逆的环境之下,他们必能发展其事业。[②]

图 3 三宝垄华人街

采自邱守愚:《二十世纪之南洋》,上海:商务印书馆,1934年。

---

① [日]东亚同文书院:《中国经济全书》第二辑,日本神田印刷,1909年,第1~2页。

② E.Dennery,*Asia's Teeming Millions*,转引自陈达:《南洋华侨与闽粤社会》,上海:商务印书馆,1938年,第66页。

图 4　三宝垄蔗糖的输出

采自邱守愚:《二十世纪之南洋》,上海:商务印书馆,1934 年。

在本书作者看来,与其说有些中国人对于商业有天然的本能,不如说他们具有适合经商的素质,具有中华民族人文精神和由这种精神所凝聚的历史传统。诸如勤劳勇敢、吃得起苦的精神(如上引斯尼弗利特说的,华人商店的店主,"一天到晚都沉浸在工作中,没完没了。无论什么工作,他们没有一个人认为是困难的"。以及邓纳里说的"中国人既富冒险性,往往深入山里和土人贸易"),艰苦朴素、精打细算、节约积蓄的传统(如斯尼弗利特说的"生活非常艰苦朴素",以及邓纳里说的"能够节省费用"),待人诚信与"和为贵"的修养(包括以和善的态度对待人,以合理的方法处理事,达到人际关系的和睦状况)。华人侨居某地,与西方殖民者不同,不是靠武力开路,不成为侨居地人民的统治者,不仅华侨内部团结,而且能与侨居地人民(无论什么国家,何种民族)和睦相处,以致通婚、融合,就是因为有待人诚信、"和为贵"等修养。这种修养可以带来财源——"和气生财"。诸如此类的精神、传统、修养,使中国人在经商时能由穷变富,能成为"太平洋地区的犹太人"。黄奕住就是这种人中的一个。换言之,黄奕住之所以在印度尼西亚能由赤贫变成巨富,是由于他身上有一股中国人特有的人文精神。这种精神渗透在中

国人社会生活的方方面面,每个人自出生后便受其熏陶,变成与生俱来的、与"本能"相似的素质。

无论什么地方,当人们谈到华人社会的时候,经常会出现相同的词语:勤奋、务实、适应性强、精明等等。海外华人绝大多数来自中国南部地区,他们相信教育、勤奋和家庭的作用,他们学会了如何在中国活下去,然后在他们定居的国家活下去,他们是依靠自己的力量活下去,而不是靠国家的特权保护或援助。他们要生存,这就要求他们根据不同的文化背景、不同的政治环境做出适当的调整,以便他们能继续做生意,并保持原来的生活方式,有时候他们是在受到非常敌视的情况下这样做的。

在不友好的条件下,总是属于少数民族的这些海外华人,所依靠的是他们自己的支持系统——以他们在中国南部祖籍为基础的亲属网。华人社会号称拥有大量私立学校、信用机构、文化团体等等,更不用说那些遍及全世界的唐人街了。唐人街是华人与众不同和团结的具体体现。英国人说:"我们过去总是跟着国旗跑,他们总是跟着家庭跑。"这是黄奕住由穷变富的民族文化背景。

第三章 ■ ■ ■ ■

风险年代拾金豆

时来天地皆同力，

运去英雄不自由。

（唐）罗隐：《吊诸葛亮》

一、拥资千万

1914 年 7 月 28 日，第一次世界大战爆发。从这天开始至 1919 年 4 月黄奕住回国，是他一生中遇到的风险最大的时期，也是他大显身手、财富膨胀最快的时期。

在第一次世界大战前期，即 1914 年夏至 1917 年夏，战场主要局限在欧洲。亚洲不仅无战乱，地区安谧，一切如常，而且由于欧洲国家忙于相互间的厮杀，大批人力、物力、财力用于战争，其工农业受破坏，交通阻梗，可以运到亚洲来的商品大幅度减少，给亚洲国家工商业的发展腾出了市场的空隙。又由于欧洲国家对军需品需求的增加，还为亚洲国家工农业产品扩大了国外市场。亚洲各国获得了历史上未曾有过的发展机会。在这个"黄金时期"内，中国、印度、日本等国家的工商业都以历史上未曾有过的速度增长。一些工商业者善于利用这个机会，发了大财。处在流通领域中的商业资本对于市场变动的信息最为敏感，资本调动机动灵活，在市场变化时首先得利。印尼的情况也是这样。

在印尼,首先是工农业产品的价格上涨,给生产者与经营者带来巨大利益,牵动经济的增长。

1914 年 8 月 5 日,英国对德国宣战。"就在这一天,爪哇各地的米价即上涨 50%,从每担(pikoel)10 盾涨至 15 盾。"随后,政府公布粮食限价,同时禁止粮食出口的政策。[①]

在 1914 年,三宝垄的货船属于 2 个船运公司。它们拥有 214 艘船,总载重量约 7600 延(koian)。货运力量不够。更严重的是,1915 年 2 月,德国宣布拥有潜艇,从那以后,英国及其他国家的商船经常被德国潜艇"送"到海底去了。[②] 由于从欧洲运来的商品减少,所有来自欧洲的进口货物价格日益高涨。这带动了其他商品价格的上涨。有存货的商店都不愿意急急忙忙将存货出售。在这种情况下,1916 年初,荷属印尼地区的所有外国进口商品的价格直线上升。印尼本地出产的商品,包括日常用品,也跟着涨价。

在物价猛涨、商业繁荣、投机兴起之时,在欧战者之间守中立的荷兰,千方百计想在其殖民地印尼开辟财源。统治印尼的荷兰殖民政府,为了增加税收,特地规定:凡购买期货票单(货单),对货方(卖主)只须先付货款的 25%,余额在货物交割后结算,或一次,或分期交付。买方得货单后,经律师事务所登记、证明,即可用其副本向安达等银行抵押,得货单面额 10% 的贷款。商人们往往把成交后立即可以得到的银行抵押款,作为购货时的货款。例如,某人购买白糖期货 200 吨,货款 10000 盾,需要在成交时付给卖主 2500 盾,他可以持成交的期货票单向银行抵押,立即得到借款 1000 盾。他在买得此值 10000 盾的期货时,本人实际支付 1500 盾。换言之,有 1500 盾的资本,可以买进值 10000 盾的期货。即只需握有货款 15% 的资本就可以做期货生意。这是鼓励商人多买,实际上是鼓励投机,以加速商品流转,扩大营业额,从而政府也就在多个环节上增加了税收。在商业繁荣,经济处于

---

① 林天佑著,李学民、陈巽华译:《三宝垄历史》,暨南大学华侨研究所,1984 年,第 239～240 页。

② 林天佑著,李学民、陈巽华译:《三宝垄历史》,暨南大学华侨研究所,1984 年,第 244～245、249、250 页。

扩张期间,上述办法对荷兰殖民政府、银行家、商人都有利,一旦条件变化,对于那些为贪大财而冒险的投机商人来说,它既可以是一夜暴富的良机,也可以是一个致人顷刻破产的陷阱。

在第一次世界大战开始的时候,有些糖商担心欧战影响糖的输出,不敢大批买进。糖的输出量事实上也是减少了。以荷属印尼最大的糖业公司黄仲涵的建源公司为例,1910 年至 1914 年每年平均出口糖 150000 吨。1915年至 1918 年降至 60000 吨。[①] 在这种情况下,大多数糖商在购买期货时很谨慎,或不购,或少买,或只经营短期的。黄奕住此时的条件是:第一,他经营的主要是蔗糖和粮食,它们都是人民生活必需品,即使是参战国也需要它们。因此,从长远来看,它们不会没有市场。第二,他的资本雄厚,非一般中小糖商可比。第三,在大糖商或四个糖王中,黄仲涵等糖王的资本,有很大的部分是在蔗田与糖厂等生产领域,而黄奕住的资本集中在商业领域,比较灵活,好调拨。第四,他已建立起了前文所述的世界性糖市信息网,信息灵通。客观情况是:糖的出口量虽在减少,但糖价不但没有下降,反而在逐步上升。黄奕住凭着他的这种过人的胆略和见识,充分利用荷印殖民政府实施鼓励多买政策的时机,采取了与众不同的举措,逆流而进,大宗买进现货与期货,特别是远期期货。糖价的变动对他的行为极为有利。1913 年,每担(100 公斤)糖价为 11.66 盾,1914 年为 12.10 盾,1915 年为 16.2 盾。[②]糖价持续上涨,使买远期期货者得大利。在期货期间,糖价上升越多,黄奕住就获利越多。他的财富与糖价上升幅度成正比例地增加着。据估计,到1916 年底,他的资本比 1913 年增加了 3 倍左右,即达到 1000 万盾至 1500万盾。在第一次世界大战这个特别时期,在荷印政府实行鼓励投机政策的

① 蔡仁龙主编:《东南亚著名华侨华人传》第 1 辑,北京:海洋出版社,1988 年,第104 页。这是糖价的总趋势,一年的平均价。实际上,时有涨落,有时且是大涨大落。据[日]《制糖业前途观》,《中外商业新报》1918 年 11 月 5 日至 12 月 21 日记录的相关数据,以 1915 年 8 月为例。粗糖,每封度英镑(pound),由 1915 年 8 月 4 日的 3.29 仙(分)涨至 8 月 13 日的 6.52 仙,上涨 98.18%。8 月 19 日跌至 3.50 仙。

② 邱守愚:《二十世纪之南洋》,上海:商务印书馆,1934 年,第 130 页。

特殊环境中,黄奕住因为采取与众不同的特殊行为,一跃成为千万盾富翁。

二、濒临破产

　　黄奕住自抵达三宝垄以后,从一无所有者变成拥资千万盾的大富翁。他走出的每一步都冒着风险,但都成功了。随着财富越来越多,他对积累财富的欲望越来越强,冒风险的胆子也越来越大。特别是1915年至1916年,他利用荷兰殖民政府鼓励商人投机造成的经济环境,多谋善断,购买大宗远期蔗糖期货,发了一笔大财。他认为投机是扩大财富最迅速的途径,感到自己的运气好得很。似乎命运之神把门开在他的家里,只照顾他一个人。他被巨额资本与利润所陶醉,有点昏昏然了。这表现在他购进远期蔗糖期货的数量越来越多,风险程度也随之扩大。商场既多变,又无情。它能使任何忘乎所以的人清醒过来。

　　从1917年初起,印度尼西亚糖业生意的环境突然发生剧烈的变化。欧洲战争进入决定胜负的紧张阶段,交战各国都损失惨重,更需要把可以动员的一切人力、物力、财力投入战场。霎时间,印度尼西亚与欧洲国家的海上交通几乎停顿,大批蔗糖及其他土特产无法运出,滞留在货栈,不能流动。已付运的货物,因潜艇战的影响,货船受到鱼雷的袭击,往往船沉货没,大受损失。糖商手中之货,有进难出。公私仓库及栈房糖包充盈而不能纳。有的就在火车站旁边搭临时棚子来囤糖,又被大货仓失火蔓延而遭焚烧。糖商惶急紧张,1月至7月糖价月月下跌,如白双糖一担,1月为9盾,2月8.50盾,6月6.75盾,7月4.75盾,下跌了47%。① 同样是由于运输的原因,大米等生活必需品的进口量减少,供不应求,价格上扬。关于这时米、糖的情况,《三宝垄历史》一书是这样记载的:

────────────

　　① 关国煊:《黄奕住》(《传记文学》第57卷第4期,1990年12月)谓糖价下跌发生在该年秋。据《制糖业前途观》记载,9月,白双糖每担回升到9.25盾,10月涨至14盾。

米价愈升愈高。为了维持社会安宁,三宝垄市长召集了所有华人住区区长和华人米商开会。考虑到大米是本地居民的主要粮食,州长向所有华人住区区长分发大米,指定他们按政府规定的价钱零售米给居民。这种零售米是专为救济贫穷居民的。政府规定的米价是:南粒(Lam Jiap)6盾9角,北稻(Pekto)7盾5角,暹碎(Siam Tjoei)6盾6角。由于载运大米的荷兰皇家轮船公司(KPM)的船在这个月里被扣留于新加坡达数天之久,于是米价又波动了。

另一方面,运货到外国的轮船由于被征用于战争而减少了,因而糖商业遇到了困难,糖的定价从每担(每100公斤)18盾跌至15盾,再跌至11盾。糖价的波动非常大,致使各糖业商会、经纪商、一般商人同银行代表开会,商议如何挽救糖业贸易的危机。只两个月内,就有很多华人糖商倒闭了。但一两个月之后,海上交通运输情况又逐渐好转,于是糖价又从下跌转为上涨,而且上涨幅度惊人,致使有些已经绝望的糖商却遇到特别好的景况。在短时间内,糖价上涨至16盾,并且还继续上涨,糖业贸易又热闹起来了;糖业投机商、经纪商和糖厂都获得丰厚的利润。这是糖商的黄金时代。[①]

黄奕住就属于这段引文所说的"已经绝望的糖商却遇到特别好的景况"者之一。下面就是黄奕住在这一个多月中在风险中搏击的情况。

在蔗糖开始跌价之前一天,黄奕住刚买进20万包古巴糖,按每担糖跌价7盾(从18盾跌至11盾)计算,亏损38.9%。按每包跌价60多盾(从70~80盾跌至12盾),则仅此一笔交易损失1200万盾以上。[②]加上大宗存糖与近期期货没有人承顶。近期应付糖款却迫在眉睫。他心急如焚,坐卧

---

① 林天佑著,李学民、陈巽华泽:《三宝垄历史》,暨南大学华侨研究所,1984年,第253~254页。

② 黄笃奕、张镇世、叶更新:《黄奕住先生生平事迹》谓:"1917年秋后……三宝垄的食糖受影响最大,价格惨跌,每包从七八十盾跌到12盾,还没有人承顶。奕住不久前买进的一批20万包古巴糖,其跌价损失已超过1000万盾。"此处所述时间、糖价皆与其他资料有出入,待考。

不安,在室内踱步不已,百思不得解困的办法。对此情况,他不敢对人言,也害怕别人,特别是银行老板识破。在人前,他装成无事一般,照样做着生意。他存在着靠运气的侥幸心理。可是商场无情,不可能靠侥幸渡过难关的。商业场上的人,随时都在计算着、窥测着对方。银行对往来客户资产变动的情况监视得极为严密。在物价陡跌,时有面临破产的情况下,银行家和商人一样惶惶不安,天天在估计各客户的实际资产。谁也难以瞒过他们精明的眼睛。

1917年7月的一天,黄奕住开了一张10万盾的现金支票交付卖主,卖主持票到黄仲涵开设的银行(1906年开办,资本400万盾)去取钱,银行拒付。卖主告知黄奕住。黄奕住马上去银行,问为何拒付。银行经理说:"住兄,你我是老朋友、老主顾,你若没有现款,尽可向我说明,难道你我之间不会通融吗? 何必开张空头支票,使我为难。"黄一边收回支票,一边大发雷霆,说:"我黄某在贵行的存款,至少还有50万盾,为什么这10万盾现金支票来了却拒付,撕破我的面子,损坏我的信誉,贵行该如何赔偿?"银行经理却心平气和地说:"住兄,你不用急,冷静地听我说。你在本行的现款,是有50多万盾,可是当前的食糖行情,你比我清楚,你向敝行抵押的货票已经贬值了。细算起来,对抵之后,你欠本行的,至少在350万盾以上,所以10万盾现金实在无法支付,请你原谅。"黄奕住一听,得知他已面临立即破产的危险,心中一急,顿时晕倒在地。[①] 银行职员赶紧请来医生抢救,待他苏醒后,送他回家。

黄奕住信用动摇的消息传出后,使黄奕住家债主盈门,纷纷索债。

对处在此种境地的黄奕住,他的经营班子给他设计了两条脱身之计。一是放弃爪哇,出走新加坡退居石叻,别作经营。一是逃之夭夭,回"唐山"(祖国)。这样,对在荷印的商务和债务暂时不管,将来情况好转,可以回来;恶化到不可收拾的地步,也就不了了之,别人对他奈何不了,而他在新加坡

---

① 黄笃奕、张镇世、叶更新:《黄奕住先生生平事迹》谓:"当银行经理指明他的存款已不足抵偿货票上的亏损之后,奕住这时才想起他向银行作价抵押时,每包糖价二三十盾以上。而现在每包仅值七八盾,看来行情还会下跌,于是立即晕倒。"

和"唐山"还有不少产业，使他仍不失为一个富翁，还能过好生活。黄奕住对这两条建议，思之良久，最后决定都不采纳，而走另一条积极之路。他说："做生意靠信誉，做人也靠信誉。"他决定千方百计，竭尽全力来清偿债务，保留信誉，宁愿破产，决不逃赖。何况他做生意虽有冒险之举，但总的来说，算得稳重，早已留有受挫时弥补亏损的余地。主要困难在于近期糖款。他手中还有大量存糖和房地产等可用以筹款，应付近期糖款。只要能交付近期糖款，主要的难处也就解决了。于是果断地决定将手中的存糖低价抛出，将在印尼、新加坡的房地产及马来西亚橡胶园股票，向黄仲涵所办银行押借款项，得其许可，获得巨额现金。黄奕住在三宝垄活动已近30年，人们知道他无论在小事或大事中都讲信用。信誉好这笔无形资产此时起了特别重要的作用。一些信赖他的华侨也伸出援助之手。于是近期糖款与债务得以顺利交清。在这种商情下，黄奕住仍能按期付款的消息在市面上传出，他的信用立即回升。对于黄奕住这种宁可损失大批财产来保持信誉，不使对方受损的做法，使他的信誉提高了，更受人尊敬了。

黄奕住渡过了近期付款的一关，但因整个糖市低落，问题尚未彻底解决。包括黄仲涵的建源公司在内的华人（公司）糖商，此时都损失惨重。1917年春夏之间，黄仲涵、黄奕住及其他10多个糖商在一起，商议如何共渡难关。经过13次会议商讨，提出各种办法克服困难，结果商定组织一个糖业股份公司，除与会者入股外，还公开招股，同时向荷兰商业公司（小公银行 Ned.Handelmaats-chappij）借款以资维持，后因该公司（银行）提出来苛刻的条件而未果。碰巧的是日本正金银行这时在三宝垄开设分行，为招揽业务，树立银行信誉，竟主动邀黄奕住透支。不久，在印尼的荷兰殖民地银行以及三宝垄其他商业银行，因资金难找出路，又想和正金银行争夺主顾，相继放宽贷款期限，同意借款给黄奕住。黄奕住因平时讲求信誉，得到各个方面的支持，渡过了此次难关。

黄奕住此次逃出难关，有赖于黄仲涵等人的帮助。黄仲涵与黄奕住都是福建人（黄仲涵是同安县人），是同乡，又是同行。在黄奕住濒临破产时，黄仲涵没有采取"同行是冤家"，落井下石的态度，而是按侨胞相帮的原则，

拉了他一把,他对此事铭记在心。在回国之后的第 10 个年头,他重返荷印做短暂旅行时,于 1928 年 1 月 14 日,专程往谒黄仲涵先生之墓,并在《自订回国大事记》中写道:"忆 10 年前,余在垄时,先生与交最厚。今也旧地重游,而先生已归道山,不获一谈契阔,不禁为之唏嘘叹息而感慨系之。"黄奕住不仅穷困时得到侨胞无私的照顾,得以渡过生活难关,在致富之后遇到困难时,也是靠侨胞的支持,摆脱险情。侨胞的团结精神是他成功的重要因素。因此,他也愿意尽可能地为侨胞多做些贡献。

三、又遇风险

黄奕住在支付了近期糖款之后,就在 7 月底,以每担 4 盾多的价格,买进 45 万担糖现货。8 月,一次偶然的机会,促使他又买进一批蔗糖现货。该月,三宝垄火车站边堆放蔗糖的大货仓失火,保险公司担心货仓中及车站旁临时货棚里残存的糖,因救火时遭到水淋而溶化,便紧急招标拍卖。标价先是每包 3 盾,无人承标,降至 2 盾半,仍无人承标。黄奕住带着长子黄钦书等人到火场视察。黄钦书年轻好动,喜登高,一见糖堆,便攀登而上,将近顶端时,失足下落,跌在下层糖包上。他重新向上爬,攀援时摸索糖包,无意中发觉着火的只是糖堆的外围,中下层糖仍保存原状,总体估计,约有 60% 的糖包仍是好的。他将这个情况告诉父亲。黄奕住认为这是一个意外的收获,是一次赚钱的好机会,即使借款买下,也是划算的。便与保险公司接洽,经过讨价还价之后,以每包 2 盾成交。这批糖,不仅进价极低,更重要的是承标时成交的包数,远低于实际的数字。他把这批糖重新包装,称重加足。最后算账,每包合 1.5 盾。8 月,糖价突然回升,回升的幅度很大,至 9 月,糖价涨至 9.25 盾,10 月又升至 14 盾。11 月和 12 月升上得更高。以致 1917 年糖价平均为 18.34 盾,超过 1916 年的 18.22 盾。糖价如此回升,使黄奕住手中这两批糖,赚了四五百万盾。正如林天佑记载的,这次糖价上涨,使"已经绝望的糖商却遇到特别好的景况"。

黄奕住看到糖市行情在上涨，除了手中的钱，又向银行借了 200 万盾，大宗买进期货，他想赚更多的钱。奈何糖的行情，在进入 1918 年后，又突然转向疲软。至 6 月，每担跌至 5.25 盾，7 月跌至 4.75 盾，1918 年的糖价平均每担 15 盾，比 1917 年的 18.34 盾低 3.34 盾，几大糖商手中均有数十万包存货无法出手。黄奕住买的糖，一部分是向银行借的钱，负利沉重。到了 1918 年 10 月底 11 月初，黄奕住手中可供周转的资金已不多，从银行的信用透支看来不能如期

图 5　在商海中搏击的黄奕住

归还，当然也难再借。对于世界大战何时能结束，海上航运何时能恢复，近期糖价是涨是跌，黄奕住心中毫无把握。这次因借的款比上一年多，买进的糖也比上一年多，情况就比上一年严重得多。加上荷印殖民"政府于 1917 年 9 月 26 日颁布《战时所得税条例》，规定凡是从 1914 年起获利 3000 盾以上者须缴纳 30％的战时所得税。这使商人叫苦连天，因为他们在大战时期所赚的钱大多已派了用场，所以不少华人的商号都因还不起税务而破产"。对于黄奕住来说，该补交的所得税是一笔很大的金额。荷印政府于 1918 年反复催他交纳。他再次处于困境之中，便与许春隆、叶源坪商量应付之策。三人认定，事已至此，不得已，黄奕住只好以到新加坡去视察分行业务为由，暂时回避一下。

1918 年 11 月 11 日，黄奕住在前往新加坡的客轮上，从收音机里听到德国投降并与协约国签订和议的消息。密切注视世界局势变化的黄奕住，知道世界大战结束了，欧洲需要糖，航运也会很快恢复，糖价必然回升。他的好运来了。在这种时机里，一天也不能耽误，必须当机立断。于是立即电告在三宝垄的许春隆和叶源坪，嘱咐他们在糖价回升到所得足以偿还银行债务时，立即出售，以维持信誉，同时自己立即买票返回三宝垄。他又一次

绝处逢良机。

黄奕住在生意场上奋力拼搏，就像一首闽南歌歌词写的那样："人生好比是海上的波浪，有时起，有时落……爱拼才会赢。"黄奕住体现了闽商"爱拼敢赢"的性格。

四、千载难逢的时机

欧洲的商人对时局的变化极为敏感。四年的战争，使欧洲地区食品奇缺，居民久困于缺糖之苦，糖价极贵。当战争结束的消息一宣布，糖商们或电告在东南亚和古巴等地的代理人，或派人前往。他们在三宝垄糖市上，争相提价收购，行情一日数涨。从 11 月中旬起，糖价涨势迅猛，且持续了一个较长的时期。到 1919 年 5 月，三宝垄的砂糖每担卖 28 盾，零售每斤 4 角。[①]5 月以后，糖价继续上涨，1919 年全年平均为每担 28.4 盾。[②]

在糖价跳跃式上升的日子里，黄奕住凭着自己的财力和信誉，大批买进，大批销出，贱买贵卖，日入数万盾，有时甚至多达数十万盾。他此时的情景，正如后来苏大山为他撰写的《墓志铭》中所描绘的："金豆摭拾充囊橐。"

据黄奕住的第三个儿子、当时在日兴公司任出纳的黄浴沂在 80 岁时写的回忆："查爪哇之糖业，至 1917 年，因德国潜水艇在世界各地攻击船只，交通几乎断绝。其时，因糖不能运出外销，价格一落千丈。降至历史未有之低价，每担只有四盾左右而已。及至 1918 年间，方陆续回升至五六盾之间。因欧战结束，世界和平，而各国缺糖关系，至 1919 年秋间，逐步上升至破天峰（荒）未有之高价，每担七十五六盾之间。故糖业界中人大发其财。可谓千载一遇之机会也。日兴公司在 1919 年营业即得净利一千七八百万元。

---

① 林天佑著，李学民、陈巽华译：《三宝垄历史》，暨南大学华侨研究所，1984 年，第267 页。

② 邱守愚：《二十世纪之南洋》，上海：商务印书馆，1934 年，第 130 页。

当时,日兴公司在爪哇糖业界中,与建源、锦茂鼎足而立,为华侨糖业之最大者。"[1]他在 91 岁时写的《先父黄奕住传略》中写道:"至 1917 年,世界大战,遇德国潜水艇出现打断海路,将世界交通断绝,而糖不能运出,价格大跌,至每担四盾。糖市全然停止。氏之公司亦被拖至将近破产。幸得尚有能力将本地所存大批旧糖买进,约近四十五万担,价每担四盾。氏即运出爪哇,陆续卖清。此笔之旧糖获利不少。氏即大批买入糖期货,价在七八盾之间。后来陆续升至十二三盾。在 1918 年期间,世界第一次大战结束后,世人乏有粮食等大变化,物价亦大升起。1919 年,由十几盾升至最高七十五六盾。可谓千载一遇之机会也。氏在该年中获利一千八九百万盾……在糖业界称为三大之一也。"[2]据日兴公司的另一职员、黄奕住此时的帮手之一黄则盘的回忆:"1918 年春,先有(第一次世界大战交战国)和议酝酿,糖价就上升。不多时,和议告成,糖价更有千无跌。至(海)船通达,价竟一日数升。这一期间所得可达千万,以至数千万。于是争取时机,全力以赴,利用船运通畅,不但大宗收进,且大批输出。"从 1918 年 11 月中旬到 1919 年 3 月底的这 4 个多月里,黄奕住的资产为 3750 万盾左右。与此同时,他与黄仲涵等人携手左右三宝垄糖价,并影响新加坡和香港的糖市。

上述一千七八百万元或 3750 万盾是个什么概念呢?只要与下述三个数字对比便能明白。(1)据日本研究华侨经济的学者游仲勋的推算,1929 年以前,在印度尼西亚的华侨,历代积累下来的约 2 亿美元。(2)1919 年,黄奕住回国投资,创办有钞票发行权的中南银行,该行实收资本是 500 万元。(3)1920 年,中国私人资本(民族资本,包括工业资本、交通运输业资本、商业资本、银钱业资本)总额估值约 39 亿元。

在 1917 年和 1918 年糖市价格陡跌猛涨的大风浪中,黄奕住有两次几乎翻船。他之所以安全地渡过迎面打来的波涛,有偶然的机遇,也有深层的原因:已有巨额资财,又以守信用闻于市,特别是他善于抓住千载难逢的良

---

[1] 黄浴沂:《黄浴沂回忆录》,手写稿。

[2] 黄浴沂:《先父黄奕住传略》。

机。后人总结他的经验时说:"专营糖业 30 年,虽间有折阅,而旋蹶旋兴,盖信义夙孚,为裔氓引重,故终能志遂而业成也。"

黄奕住从旋蹶旋兴的正反面经验中,懂得了金融业的厉害。于是,他的资本主要投向,除进出口业务外,又扩展到金融业。

1918 年,黄奕住在三宝垄投资保险公司。1919 年,在新加坡倡设华侨银行,在菲律宾组织中兴银行,在马来西亚的槟榔屿(Pinang)和中国的厦门设立黄日兴分行,赎回在新加坡、马来西亚的橡胶园。在新加坡购置货栈。黄奕住经营的业务,已形成跨商业、银行业、保险业、房地产业、种植业等多个行业,跨中国、印尼、马来西亚、新加坡、菲律宾等多个国家和地区之势。在行业上,蔗糖出口业是其重点。在地区上,印尼的三宝垄是其大本营所在地。

对这个时期的黄奕住来说,信誉在风险中建立,财富在风险中膨胀。

第四章 ■ ■ ■ ■ ■

三宝垄的华侨领袖

> 我在别人的帮助下
> 生存着，我生存时
> 也应当帮助别人

一、三宝垄中华会馆的财务董事

黄奕住的社会地位与声望随着财富的增加而提高。进入 20 世纪，在三宝垄市，他不仅是一位著名的华侨企业家，同时也是一位积极参加当地华侨社团活动、祖国及福建家乡建设事业活动、祖国改革与革命活动的社会活动家。他成了该地的华侨领袖之一。

黄奕住参加居留地的多种华侨社团活动。出力多的是组织三宝垄中华会馆、中华商会、华侨子弟教育事业和华商糖局。这里先介绍他在倡导组织三宝垄市中华会馆的活动。

荷属印尼政府压迫华人的政策，特别是完全忽视华人儿童的教育，引起华侨华人的强烈不满。在荷属印尼的日本人，原本同华人一样，被列入"东方外侨"的行列里。1895 年，日本在甲午战争中战胜中国，国际地位提高。1899 年，荷兰政府遂规定，在印尼的日本人与荷兰人具有相同的法律地位，也就是日本人比华人的法律地位高一等。华侨认为，日侨地位的提高是日本强盛带来的，如果中国强大起来，那么荷兰人就不能亏待华侨，华侨的生

活和地位也会跟着改善。大家希望中国快点强盛起来。他们意识到自己与祖国是共同的整体,有着共同的命运。华侨的爱国思想增强,民族主义情绪高涨,并开始行动起来。印尼华侨爱国主义运动的第一个组织是 1900 年在巴达维亚(雅加达)组织的中华会馆(Tiong Hoa Hwee Koan,简称 THHK),它的主要活动是联络乡亲,叙乡情,聚集华人力量,交流经商经验教训,讨论商规,商议策略,互相帮助,教育子女。中华会馆的成立标志着印尼华侨民族运动(泛华运动)的开端。

中华会馆在教育方面的宗旨是改良华人习俗,提倡现代的华文教育。它于 1901 年建立附属学校——巴城中华学堂(1901 年 3 月 7 日开学,后改称巴城中华学校)。这样,中华会馆既是华侨团体(主要从事华侨教育事业),又是主办华侨学校(小学)的文化机构。[①] 第一所现代化华文学校首先出现在印尼的巴达维亚不是偶然的,因为该地的华侨一贯重视子弟的华文教育。东南亚华侨中最早的华文教育机构——明诚书院就是办在巴达维亚。[②] 继巴达维亚之后,全爪哇以至外岛相继成立中华会馆及其附属学校。黄奕住与三宝垄的其他华侨领袖出面组织三宝垄中华会馆(建立于 1904 年 1 月 17 日)。黄奕住任财务董事,分工管理该会馆及所办中华学校的经费。

三宝垄中华会馆成立之前,荷印政府所办学校,只准华侨中的"玛腰""甲必丹""兰珍纳"的子女入学,把其他华侨子女排斥在校门之外。三宝垄有几间由华侨办的、供其子女读书的"义学"(私塾),其教学内容是四书五经,教学方法是以背诵为主,教学语言是福建话。三宝垄中华会馆成立之后,仿效巴达维亚中华学校的做法,在"义学"的基础上建立附属学校,取名三宝垄中华学校,校址在腾阿巷(Gang Tengah)的一座小房屋。上课用华

---

① 陈泗东、黄宝玲:《海外侨团组织初探》,《南安文史资料》第 4 辑,1983 年,第 35 页。有些书籍将中华会馆与华人小学完全等同起来,混而为一。例如 1921 年出版的《荷印百科全书》(*Bekn. Encyclopaedie Van Ned，Indie*)是这样记载的:"这种(华人)小学最早建立于 1900 年巴达维亚,名为中华会馆。"转引自林天佑著,李学民、陈巽华译:《三宝垄历史》,暨南大学华侨研究所,1984 年,第 204 页。

② 黄松赞:《略论华侨爱国思想的根源及其延续》,《华夏》1985 年第 2 期。

文,允许女子入学。商务印书馆第一批教科书出版后,该校即予采用。学校的主要问题是经费,这个问题由黄奕住负责解决。由于经费问题解决得较好,学校规模迅速扩大。开始时只有 80 名学生,很快就增至数百名,有一个时期近 1000 人。经费的来源是向当地侨商募捐,黄奕住负责此事,总是捐款较多,起了带动作用。

二、三宝垄中华商会的副会长

在巴达维亚中华会馆建立之后 6 年,即 1906 年,该地的华侨商人又成立中华商会。它是荷印地区华侨组织的最早的行业和职业团体。它是综合性的,该地各行业组织的华侨商业社团均可参加,成为当地华侨商业社团的总机构。[①] 在巴达维亚之后,巴厘陵和泗水市相继成立中华商会。为了促进三宝垄地区侨商的团结与合作,维护华侨的利益,黄奕住和当地著名的侨商周炳喜、马厥猷等 30 余人,共同发起组织了三宝垄中华商会(Tiong Hoa Tjong Siang Hwee,一般公众称之为“商会”

图 6　黄奕住

——Siang Boe。有的书称它为“三宝垄中华总商会”或“三宝垄侨商会”)。1907 年 3 月 7 日成立,它是全印尼继雅加达、巴厘陵、泗水之后的第 4 个中华商会。该会的宗旨是:“增进华侨商业知识,保持本岛华侨利益,发展本岛华侨商业,促进祖国对爪哇岛的贸易。”[②]三宝垄中华总商会 1937 年 10 月 10 日所写《三宝垄中华总商会三十周年纪念册》弁言中写道:

① 《福建省华侨志》,第 69 页。
② 黄曼丹:《爱国华侨企业家黄奕住》,福建省华侨历史学会编:《华侨历史论丛》第 5 辑,1989 年,第 399 页。林天佑著、李学民、陈巽华译:《三宝垄历史》,第 221 页谓:“其宗旨是促进华人商业,使之经营得更好。”

"溯本岛中华商会的创始,与中华会馆同一时期;为华侨对于祖国观念及种族思想的开始。当时吾侨组织中华商会及中华会馆的动机,系鉴于世界事业,日趋繁杂;商业竞争,日益剧烈;倘不能向前迈进,则其原有地位,亦不难为人所夺而沦为时代之落伍者。故欲巩固华侨地位,发展华侨商业,除团结莫由,故吾侨于此,立会结社的理由,就是:一方面增进吾侨的学识,提高吾侨的地位。另一方面发展吾侨在爪哇的商

图 7　黄友情

业,且对祖国作更密切的关系。所以吾人在庆祝本会成立三十周年纪念当中,不啻是纪念着以前在本岛组织侨团的发起者。"

在这本纪念刊中的历届董事像中,有黄住(Oei Tjoe,即黄奕住)及其四子黄友情(Oei Yoe Tjing)的照片。

从 1907 年成立的第一届董事会,至 1913 年的第七届董事会,黄奕住都被选为董事。1917 年至 1920 年的四届董事会,他都被选为副会长。

在三宝垄中华会馆和三宝垄中华商会中,黄奕住积极参加各项活动,为促进该会会务,做了不少工作。

三、爪哇华人学务总会的执行委员兼出纳委员

1905 年,两广总督岑春煊派刘士骥往爪哇劝学。刘约各地"玛腰""甲必丹"等到万隆开会,以资提倡。① 由于华侨学校的建立是一项新的事业,各地缺乏经验,1906 年 7 月 15 日,各地中华会馆负责人在三宝垄举行会议,决定成立印尼中华总会,作为所有侨团和侨校的中心组织。此总会会务

---

① 　陈达:《南洋华侨与闽粤社会》,上海:商务印书馆,1938 年,第 224 页。

分别由三宝垄、巴城和泗水三大城市的中华会馆主办。1907年，三宝垄中华会馆主办了第一期印尼中华总会会务，并决定将中华总会易名为爪哇华人学务总会（亦称荷属华侨学务总会，Hak Boe Tjong Hwee）。学务总会的执行委员会名单如下：主席周炳熙（Tjioe Ping Hie）、副主席马厥猷（Be Kwat Yoe）、柯元丰（Kwa Wan Hong）、出纳黄奕住（Oei Tjoe）、顾问郑邵立（The Sioe Liep）、委员温德兴（Oen Tik Hing）、林满株（Liem Bwan Tjioe）、曾德裕（Tjan Tjik Djie）、朱希（Tjoe Hie）、薛水丘（Siek Djwee Kioe）、郭温中（Kwee Oen Tiong）、林钦祥（Liem Khien Kioe）、韩希琦（Han Hie Kie）、陈文温（Tan Boen Oen）。

　　学务总会专管华侨教育事宜。其宗旨是扩大华人教育，确定印尼所有中华会馆的教育计划和编订统一教科书，使中华会馆的学生从一个城市到另一个城市转学时能够顺利地跟上学习。荷印政府对中国教师入口颇为刁难，学校的进展不免受其阻碍。[①] 学务总会帮助需要教师的中华会馆向国内或外地聘请教员。对于来到南洋找工作的教员，或者无故被解聘的教员，学务总会总是让他们免费寄寓在中华商会的楼房（这楼房同时也是学务总会的办公地方），直至将他们介绍到有工作时为止。学务总会执行职务所在地，由三宝垄、泗水、巴达维亚依次轮换（每三年一次）。1911年，加入学务总会的各地中华会馆学校共有91所，即91个城镇或地区，实际上包括印尼所有华人集中地，以后发展更快。据1921年出版的《荷印百科全书》（Bekn. Encylopaedie Van Ned. Indie）的记载："根据最近的数字，荷属印度现有442间华人学校，19636名学生，858名教师——他们大多数是来自中国。这些学校由一个团体统一起来（引者按：当指华人学务总会）。办学的目的不仅是要求所学知识超过荷属印度的教育，并且还能够回中国继续深造。"[②] 学务总会建立助学基金，资助贫苦聪明的学生，使他们能够继续入

----

①　陈嘉庚：《南侨回忆录》，香港：草原出版社，1979年，第21页。
②　林天佑著，李学民、陈巽华译：《三宝垄历史》，暨南大学华侨研究所，1984年，第200～252页。该书中译本第229页将 Oei Ik Tjoe 译成"黄益祖"，误。Oei Ik Tjie 应是黄奕住荷兰文的读音。

学,并且革除那些被认为不合时代的中国风俗习惯。黄奕住是爪哇学务总会的领导人之一,负责财务工作。当时筹集华侨教育基金及解决学校教育经费是学务总会最主要的任务之一。黄奕住任财务委员期间,为此花费了不少的精力,而且还慷慨解囊,做了不少的赞助。①

华侨设立用中文或中、英文教学的学校。华侨中的土生者(侨生)又创办私立荷文学校,内设中国语文与文化课。这些行动使荷印当局害怕失去对土生华侨的控制,便做出让步,取消不准华人子女入荷兰学校和土著居民学校的禁令;又于 1908 年在各主要城市开设荷华学校(Hollandsch Chinesche School),专收华人子弟。在这种竞争的状态下,中华会馆学校负责人通过学务总会和中华会馆开展各种活动,发展华文学校,吸引华侨子弟。如几乎每年都举行演讲会,聘请名流发表对华侨教育的意见;1917 年以后举办教育研究会,研究华文学校课程标准;举办华文学校成绩展览会;1918 年创办《教育月报》,用华文和马来文刊登有关华文学校的调查、研究,学生成绩,校董及侨众评论等。1919 年再办华文学校成绩展览会。② 这些活动需要大量的经费。这些经费都由黄奕住负责筹措,而他总是能够完成任务。

1919 年黄奕住离开爪哇回国。学务总会"这个团体到了 1920 年就默默无闻了。1926 年,库托阿尔佐(Koetoardjo)的华人试图恢复这个团体,把它搬到库托阿尔佐去,连同学务总会的书籍都带去。它在短暂时期内有了新的活力……但不到一年,又冷下去了"③。这种黄奕住人在事兴,人走事息的情况,从另一方面证明黄奕住在学务总会中负责经费问题时所起的作用。因为经费问题解决不好,该会就难以活动起来。

---

① 荷属华侨学会:《荷属东印度华侨教育年鉴》,1928 年,第 372 页。
② 陈碧笙主编:《南洋华侨史》,南昌:江西人民出版社,1989 年,第 417~418 页。
③ 林天佑著:李学民、陈巽华译:《三宝垄历史》,暨南大学华侨研究所,1984 年,第 200~252 页。

四、三宝垄华英中学的财务董事

中华学校属于小学,学生毕业后,想上中学的,要到外地去。从祖国新来的华侨子弟,想要进中学、学英文,要送到巴达维亚、新加坡或南京去就读。黄奕住的长子黄钦书是送到南京读中学,三子黄浴沂是送到新加坡读中学,这很不方便。于是黄奕住等人酝酿在三宝垄办一所华侨的中学,学生入学,可以学中文,学英文,使子弟们毕业后,或能适应现代商业的需要,或能进入大学深造。

在黄奕住、黄仲涵等三宝垄侨商的努力下,终于办成了一所中学。由三宝垄中华会馆主办,取名华英中学,寓培养中华英才之意。用中文教学,也教英文。1916 年 3 月 15 日开学,初创办时,校址仍在腾阿巷。华英中学第一届董事会成员名单如下:担保人黄仲涵(Oei Tiong Ham)、颜江寿(Gan Kang Sioe)、主席郭春荣(Kwik Djoen Eng)、副主席郑百丰(The Pik Hong)、顾问韩希琦(Han Hie Kie)、财务黄奕住(Oei Ik Tjoe)、秘书何昌(Hoo Tjhiang)、委员陈金狮(Tan Kiem Say)、郑俊准(The Tjoen Hoaij)、薛水丘(Siek Djwee Kioe)、林浦株(Liem Bwan Tjioe)。在这所中学里,黄奕住仍负责经费问题。这是因为他在解决三宝垄中华学校 10 多年经费问题时,成效显著,为大家所信粹。这所中学招收中华会馆小学的毕业生,让他们有机会继续升学。它与香港大学有联系,从华英中学毕业的学生可以直升入香港大学。华英中学的校址后来迁至婆昌街(Bodjong)。华英中学的建立,为广大华侨子弟进入中学深造创造了良好的条件。由于黄奕住及其他董事的共同努力,此校经费较充裕,师资及设备较好。建校以后,它培养了不少人才,始终是全印尼著名的华侨中学之一。

在侨民中开展华文教育,是培养华侨及其子弟,保存中华文化和民族特性,培养爱国思想最直接和最有效的手段。

五、给印尼和新加坡华侨学校捐赠巨款

黄奕住自任爪哇华人学务总会的出纳委员以后,他工作所面对的已不仅是三宝垄市的华侨学校,而是整个印尼的华侨学校。他的任务是负责解决学务总会活动的经费,还要帮助一些华侨学校解决办学经费。华侨推举他担任出纳委员一职,既是看到他热心华侨公益事业,又是看到他有钱并愿意慷慨地为公益事业拿出钱来。他不仅要为学务总会活动捐款,还要为学务总会所属的一些学校捐款。捐助的华侨学校已不限于三宝垄一处。他在《自订回国大事记》中写道:"余在垄、泗、巴等埠,有捐助各学校巨款。"其中,关于三宝垄的,已知的有中华学校和华英中学。关于向泗水和巴达维亚等各学校捐款事,有待今后考查。三宝垄、泗水和巴达维亚,是印尼华侨的主要集居地。"垄、泗、巴等埠","各学校"实即印尼华侨所居地的华侨学校。

图 8　新加坡华侨中学

图9 新加坡爱同学校

在印尼,黄奕住给华侨学校捐劝的面很广。

黄奕住在印尼热心华侨教育事业,为人称赞,声名远播印尼之外。1918年6月,陈嘉庚向各同乡会馆及侨领募捐25万元,创办新加坡、马来西亚的第一所新式华文中学——新加坡南洋华侨中学①。他向远在印尼的黄奕住募捐。黄奕住解囊捐款5万元,占募捐总额的1/5。陈嘉庚用5万余元在新加坡购市内洋楼两座为校舍②。同时,黄奕住又捐助新加坡爱同学校15000元③。

因黄奕住在印尼、新加坡等地为华侨子弟受教育,特别是受华文教育出钱出力,成效显著,事迹闻达于国内。1919年春,中华民国大总统黎元洪向

---

① 《福建省华侨志》,第133页。
② 陈嘉庚:《南侨回忆录》,香港:草原出版社,1979年,第21页。
③ 黄奕住:《自订回国大事记》。原存黄聚德堂档案。有些论著将爱同学校印作"爱国学校",误。

黄奕住题赠"敬教劝学"匾额一方,以资褒奖[1]。

六、关心华侨的切身利益

黄奕住参加的社团组织的活动范围是很广泛的。例如,三宝垄中华商会不仅关心华侨商务活动,还办教育(见上文),为祖国的一些事业或活动募捐(见下文),向中国政府反映华侨的要求,请中国驻巴达维亚总领事馆向荷印殖民政府交涉,以维护华侨的利益。它经常接待来自中国的贵宾,兼做中国领事馆的某些工作,诸如发给华侨回国护照等[2]。又如,爪哇"学务总会,不仅管理华侨教育事业,而且还试图办理华侨的婚、丧事,这些事务在那时候实在还没有人办理得好。学务总会还准备建立助学基金,发给贫苦但聪明的学生,使他们能够继续入学,并且革除那些被人认为不合时代的中国风俗习惯"[3]。

黄奕住的社会活动中。凡有利华侨的活动,他没有不参加的。下面两件小事可见斑。

第一件,1907 年,在三宝垄的福建南安和惠安华侨,为了祭祀祖先,在桑博克(Sompok)建立一座庙(回得庙)。黄奕住积极参与,是主要捐资人。

第二件,1910 年,由于荷印殖民政府将当地华人养老院及贫民院解散,华侨商人闻讯,极为愤慨,中华商会召集各社团联席会议,决定成立慈善堂,以救济年老无靠之贫侨。黄奕住被推举负责该堂的财务,筹措及管理该堂的一切经费开支。

---

[1]　黄奕住:《自订回国大事记》。

[2]　林天佑著,李学民、陈巽华译:《三宝垄历史》,暨南大学华侨研究所,1984 年,第220、229 页。

[3]　林天佑著,李学民、陈巽华译:《三宝垄历史》,暨南大学华侨研究所,1984 年,第220、229 页。

七、增强华侨与祖国的联系

黄奕住的社会活动,不仅有益于当地华侨,而且组织华侨关心祖国人民的生活、建设与改革。以他在三宝垄中华商会中的活动而言,黄奕住分工管财务,包括募捐活动在内。从 1907 年至 1917 年,该会向会员发动过 10 次募捐救济中国的受灾群众,6 次募款资助中国的国库,15 次帮助推销中国政府的公债和私营企业的股票。这些事都由黄奕住负责。

黄奕住积极推动该会对广东、广西、福建、河南、河北、湖南、山东等地水、旱、地震等灾害的募捐救济活动,慷慨解囊,拯救同胞。1909 年三宝垄、巴达维亚和泗水的中华商会开展了捐助中国海军的活动。同年,清政府派王广圻参赞到三宝垄募集航业银行股资,促进祖国航运业的发展,黄奕住认捐 500 股。1910 年 12 月,厦门信用银行代表许纶华到该地招股,黄奕住认股 5000 元。[①] 黄奕住在上述各种组织中的活动以及其他社会活动,加强了华侨之间的团结,密切了华侨与祖国的联系,使他们更加关心祖国,促进民族意识的觉醒。其中,教育方面活动的效果最为显著。1907 年是华人教育事业的重要年份,特别是随着中华会馆在全爪哇各城市甚至外岛的迅速发展,一向看起来没有什么烈性的华人,现在突然表现出日益靠拢祖国。"在泛华主义的熏陶下,荷属东印度的土生华人开始倾向中国。宣扬孔教,提倡华文教育的中华会馆获得飞速的发展。它主办的华校四处林立。1901 年只有 1 间中华会馆学校,两年后却增至 13 家,到 1908 年,达 44 间。1911

---

① 《三宝垄中华商会三十年纪念册(1907—1937 年)》,1937 年,第 12～13 页;黄曼丹:《爱国华侨企业家黄奕住》,《华侨历史论丛》第 5 辑,1989 年,第 399 页;韦尔莫德:《三宝垄的华人少数民族》,见 Dona d Earl Wilmott,*The Chinese of Semarang:A Changing Minority in Indonesia*,New York,1970,p.30.

年,全东印度便有 74 间华校。"① 由于华侨中教育事业的开展,三宝垄地区华侨的爱国主义活动进入了一个新的阶段。

八、接待孙中山,支持同盟会和祖国建设

这里要特别提到黄奕住在印尼时"资助同盟会的革命活动"②。

从 1906 年到 1911 年,孙中山 7 次到东南亚一带活动。③ 1907 年春,印尼同盟会成立前后,"黄奕住在爪哇接待孙中山先生,并多数(次)资助同盟会之革命活动"。④ 三宝垄同盟会负责人李载霖领导的三宝垄同盟会支部,以乐群书报社名义公开活动。该社就设在三宝垄中华学校里。另一个福建华侨黄乃裳(闽清人,举人)1906 年加入同盟会。1908 年,应三宝垄中华学校之邀,担任该校学监。⑤ 黄奕住管该校的经费,与李载霖、黄乃裳过从甚密。东南亚地区同盟会的负责人之一,宣传家陈楚楠(厦门人),1906 年在新加坡加入同盟会,后任东南亚英、荷两属同盟会会长。他与黄奕住同为闽南人,同是华侨商人,黄受他的影响颇大。陈为孙中山发动的武装起义筹款,常请黄奕住捐助。

从 19 世纪下半叶开始,印尼华侨一方面受到东西方革命运动的刺激,另一方面也受到中国政治思潮的影响,民族意识逐渐觉醒,爱国思想也随之萌生,过去不谈政治,现在不仅过问政治,而且关心国家和世界大事。他们饱受殖民统治之苦,为摆脱窘境,把希望寄托于祖国的富强。"华侨,对政

---

① 廖建裕:《现阶段的印尼华族研究》,新加坡:新加坡教育出版社,1978 年,第 51、93 页。

② 李盛平主编:《中国近现代人名大辞典》,北京:中国国际广播出版社,1989 年,第 619 页。

③ 朱杰勤:《东南亚华侨史》,第 203 页说是 8 次。待考。

④ 关国煊:《黄奕住》,《传记文学》第 57 卷第 4 期,1990 年 12 月。

⑤ 蔡仁龙主编:《东南亚著名华侨华人传》第 1 辑,北京:海洋出版社,1988 年,第 26 页。

治关心比对经济关心要多些,在世界各地的华侨市民社会里,在近代国家形成过程中,明哲保身、完全超脱的华侨可以说是没有的,因而出现了对本国的政治气候十分关心的华侨。清末的中国大动荡期间,出现了推进洋务运动的华侨。1909年,清政府开始实施血统主义国籍法,促进大量华侨特别是华裔的'我是中国人'的观念和对祖国命运的关心。对清朝的统治失望后,又出现了支持革命的华侨。"① 黄奕住接待孙中山,资助同盟会,是可以理解的。从20世纪初印尼华侨的政治倾向的特殊环境看,更显示出他的不平常。1903年,康有为到过爪哇,其言论在华侨中产生不小的影响。他主张保皇立宪,即自上而下的改革。孙中山领导的同盟会,1905年成立,主张以暴力推翻清政府,建立民国。他领导的多次武装起义均告失败,然不屈不挠,屡仆屡起。康有为与孙中山政见对立,在印尼华侨中,各有一批拥护者。大抵说来,富有而保守者多倾向康有为,贫困而激进者支持孙中山。作为有名的富商,黄奕住的态度是由对康有为与孙中山两派的活动均以资助,逐步转到坚决地站在革命者的一边。华侨商人身居国外,对国势凌替的危机感及爱国爱乡之心比国内商人更强烈。他们对维新及革命人士活动的财力物力支持,大于国内商人。孙中山自1894年首创兴中会于檀香山,至1911年辛亥革命成功,在此期间,他领导革命事业,多次聚众起义,需要大量经费,几乎没有一次不是靠华侨帮助的。他说:"慷慨助饷,多为华侨。"② 他把华侨置于"革命之母"的地位上,是有根据的。1911年辛亥革命成功,推翻了清王朝,建立了民国。1912年1月中华民国成立时,三宝垄中华总商会发出筹备庆祝的告示,向各侨团募款(共募得2万荷盾以上),从2月29日起,领导各社团华侨进行了2天的群众性的盛大庆祝活动。黄奕住担任庆祝活动筹委会委员并负责财务工作。

1912年3月29日,福建都督孙道仁派叶国瑞到三宝垄征募闽省军务债票。当地中华商会会长周炳喜,董事马厥猷,黄奕住等人都慷慨认捐,黄

---

① [日]林善义:《一般经济史序说》,京都:晃洋书房,1988年,第129~130页。
② 《中山先生全集》下集,第674页。

奕住认购 5000 元。1912 年 10 月,三宝垄中华商会董事会经商议后,致电北京国民政府,要求取消所有中国与外国订立的不平等条约。1913 年,董事会委派会长回国参加北京会议,选举出席新的国民大会的华侨代表。1914 年,荷印政府在三宝垄举办博览会,中华商会董事们认为这是一个宣传介绍祖国的好机会,商定共同出资,建了一个具有中国民族风格的陈列展览室,展出祖国的各种产品,黄奕住积极参加了这一活动。在这前后,包括黄奕住在内的中华商会全体董事,"鉴于前清政府之举借外债,致损国权,不愿再作外债之举借,因发起国民捐",以帮助民国成立后的建设。黄奕住和全体董事分别到各地向侨胞劝募,集得巨款,汇回祖国。1915 年,中国驻巴达维亚总领事来到三宝垄,向华侨推销中国政府的公债。1915 年 5 月 13 日,中华商会董事们获悉 5 月 9 日本向袁世凯的北京民国政府提出"二十一条"要求,甚为气愤,致电北京民国政府"勿签对日不平等条约"。印尼华侨为了表示统一意志,发动募集爱国基金(Fonds Tjinta Negri)的活动,即爱国馆(Ay Kok Koan)活动。在三宝垄募集了 15 万盾以上。这是中华民国成立以来印尼华侨第一次筹款资助中国的捐献活动。全部捐款寄回中国,用于购置军火。

　　1916 年,福建省政府致函三宝垄中华商会,希望引进当地的甘蔗良种及种植方法。黄奕住多年经营蔗糖,熟悉此道,因此他与其他董事一道,选择优良蔗种,并写了详细的介绍,寄回福建省政府,供其推广种植,从而促进了福建家乡甘蔗种植业的发展。1917 年,中国驻巴达维亚总领事又写信给三宝垄中华总商会,请求捐款救济中国水灾,经过三宝垄中华总商会的努力,共募得 13000 荷盾。[①] 三宝垄中华总商会的这些活动,黄奕住或负责筹办,或参与议决,起了积极作用。

----

① 《三宝垄中华商会三十年纪念册(1907—1937 年)》,1937 年,第 12～13 页;黄曼丹:《爱国华侨企业家黄奕住》,《华侨历史论丛》第 5 辑,1989 年,第 399 页;韦尔莫德:《三宝垄的华人少数民族》,见 Donald Earl Wilmott,*The Chinese of Semarang：A Changing Minority in Indonesia*),New York,1970,p.30.

九、组织华商糖局

在 1917 年 1 月至 6 月三宝垄糖价猛跌过程中,不少华商损失严重,有的已经破产,黄奕住濒临破产。在经历了这次市场大风浪之后,他才知道自己虽富有资产,但在与商海大浪及外商的角逐中,仍然显得势单力薄,难免翻船;深感同是华商,彼此竞争,大家都受害;华侨同行有组织起来,彼此支持,共渡难关,携手发展的必要。黄仲涵、郭锦茂等华侨糖商也有同感。经过酝酿,日兴行和建源公司等 10 多家华商企业,于 1917 年 6 月 12 日成立糖业股份公司。公司资本为 1000 万盾,部分向荷兰商业公司(小公银行)申请贷款。但该公司提出较苛刻的条件,结果没有组成。之后,黄奕住和华侨糖商团结一致,连续开了 13 次会,制订了一些协作措施[1],颇有成效。

进入 1918 年,荷兰资本家眼见欧战已进入尾声,战后欧洲市场恢复,预期糖价将进一步上升,经营蔗糖必有大利。于是将大批资本投入三宝垄糖业。他们依靠殖民地政权,打击和排挤华侨糖商,企图垄断制糖业与糖的进出口业。黄奕住(日兴行)、黄仲涵(建源公司)、郭锦茂(锦茂栈)、张盛隆(昌隆栈)四大糖商同瑞远栈、信丰号、合昌号、雅成号、隆美号及瑞庆号等共十家三宝垄华侨糖商,为了促进华商糖业的对外贸易和发展,与荷兰资本竞争,于 1918 年 8 月 25 日成立华商糖局。据 1920 年 2 月 4 日三宝垄中华商会会议记录记载:"华商糖局自成立以来,综计获利共有 20 万盾左右,除捐助各埠中华会馆经费及各项办事费、律师费等支出外,尚存实银 19 万盾,公决该款作为华商糖局永久基金。"[2]

---

① 《三宝垄中华商会三十周年纪念册(1907—1937)》,第 3 页。
② 《三宝垄中华商会三十周年纪念册(1907—1937)》,第 5～9 页。

第五章 ■ ■ ■ ■ ■

乘风长谣归故国

走完了天下的路，

想起了回家的门。

一、国籍重如山

在 1919 年春季，黄奕住面临 35 年来最重要的一次抉择：是当一个荷兰籍或日本籍的华人，在国外赚大钱，还是坚持中国籍，并携资回国，参加祖国的建设。这里有一个义与利孰先孰后，谁轻谁重的问题。

在 20 世纪头 20 年间，在印尼，零售商绝大多数是华人（华侨和侨生）。在进口业和出口业中，多数中间人是华侨。这些华侨一方面联系着内地的生产者和消费者，一方面联系着国际贸易商人。换言之，他们处于联系各社会阶层的地位。华侨的经济势力在印尼的社会中占有很大的分量。

黄奕住是商界名人，握有巨资，又是侨商中的领袖之一，影响力大。他因此备受青睐，也因树大招风惹来不少麻烦。

从备受青睐而言，不仅当地华侨、华人尊重他，中国政府及驻三宝垄的领事尊重他，就是当地的荷兰人企业主也器重他。例如，仅日兴商行经营的白糖一项，或收进，或输出，动辄万包、数十万包，靠船运送。于是日兴行成为荷兰渣华轮船公司的大客户。黄奕住及其家人，乃至日兴商行的职员，乘该公司的船，不仅免费，还给予贵宾的照顾。当地的海关，对日兴商行的糖

运，一律放行，免予检查。

麻烦主要来自荷印殖民政府。对于在荷印的华侨商人，荷印殖民政府既要依靠他们的资金、能力发展经济，加以利用；又对他们的财富眼红、妒嫉，对他们影响力有些害怕，想加以限制。于是一方面对华侨商人实行歧视、限制、排挤的政策，另一方面引诱、拉拢或逼迫一些华侨商人加入荷兰国籍，成为荷兰势力中的一员，以扩大荷兰在印尼的势力。例如，在税收上，对华侨商人和荷兰籍商人实行差别税率，规定前者按高税率交纳，后者可以享受低税率等特权。对于经商者来说，是否荷兰籍，税额差别甚大。某些华侨商人为了可以少纳税款，愿一次性破费（费用多的达四五万盾），加入荷兰国籍。在这件事上，荷印政府对于黄奕住这类大华商，采取拉拢、劝说的态度，其官员多次表示，如果他愿意加入荷兰国籍，无须交纳任何费用。

日本为了迅速扩张在印尼的经济势力，拉拢在印尼的富有华侨加入日本国籍。日本驻三宝垄领事对黄奕住说，中国政府无力保护华侨，日本国势强盛，称雄亚洲，日本国民在南洋各地受到的待遇远胜于华侨。若黄奕住成为日籍商人，他可以代黄奕住向荷印政府交涉减纳税款。该领事以此为饵，一再邀黄奕住挂籍日本。

黄奕住是一个精明的商人，他当然清楚，对于以荷印为经营基地，以荷印的蔗糖为主要经营商品，营业额和资本额如此巨大的他来说，改变国籍，意味着可以少支出很多钱，可以在竞争中处于更有利的地位（这又意味着一笔大收入）。不仅如此，他在东南亚20多年的所见所闻，知道华侨在东南亚致富者不少，若不入殖民国国籍，依附殖民者势力，总是难以长期立足的。由于受制于人，在致富时虽然似乎备受尊重，但随时可能受人算计，遭人打击，长袖富贾顷刻间倾家荡产。黄奕住深知加入荷兰国籍或日本国籍的经济利害关系。可是，每当荷印政府或日本领事提及此事时，他都婉言谢绝，从来没有犹豫过。对某些人来说是求之不得的事，他却断然拒绝，原因在于他以做中国人为荣，不见利忘义。他的义就是对祖国的热爱。许多印尼华侨因此盛赞黄奕住有骨气，是个堂堂正正的中国人。

荷印政府官员和日本驻三宝垄领事动员黄奕住改变国籍之举动，促使

他思考最终的归宿问题。他想,自己从一个身无分文的漂洋谋生的穷汉,刻苦经营,几经风险,终成巨富,深深体会到"创业维艰"之含意,环顾海外的环境,不得不为"守成匪易"而担心。他在筹谋新的一步,形势的发展也令他面临新的抉择。

1914 年世界大战爆发后,荷印殖民政府下令停收所得税等税目。1916年,由于看到欧洲局势更加动荡,战火威胁着中立的荷兰,而荷兰的处境也确实困难。有些居住在荷印的荷籍爱国代理商,准备一旦战火蔓延至荷兰,就起来保护荷印殖民地,使之免受外国人的侵占。他们成立了荷印防卫委员会。1917 年,荷印防卫委员会派代表前往荷兰。他们向荷兰国王赠送了24 万盾,并要求加强荷印殖民地的防卫,以抵挡来犯之敌。

1917 年,因海运船只大减,印尼的某些产品有时运不出去,影响农业生产与工商企业盈利。荷兰殖民政府为了刺激工商业,又停收一些税目。1917 年,荷兰政府国库空虚,财政拮据,需款亟急,指示荷印政府开辟财源。后者于 1917 年 9 月 26 日制订前文提及的《关于战时所得税条例》。税率之高,令人瞠目。第一次世界大战结束后,荷印政府命令工商企业补交 1914年至 1918 年共 5 年的所得税以及其他战时停征的税款。根据这种规定,黄奕住要补交的各项税款共达 1500 余万盾[1],约占他当时(1918 年)全部资产3750 万盾的 40%。对于在战时 5 年中已遵章完纳税款的黄奕住等华侨商人来说,荷印政府的这种节外生枝,无端胁迫,是明目张胆地掠夺华侨工商企业家的财产。其用意在于打击、排挤华侨的经济势力,逼使倔强的黄奕住等华侨巨贾就范,增强荷兰在印尼的统治基础。荷印政府在用这种手段威逼的同时,又派官员诱劝黄奕住加入荷兰籍。日本驻三宝垄领事也加紧劝他挂籍日本的活动。对于荷兰与日本的这种做法,黄奕住"深为耻之"[2],再次谢绝。在义与利相矛盾时,黄奕住以义为上。他下了决心既不入荷兰籍,也不挂日本籍。有人从此事中看出他有回国之意。其时国内正当军阀混

① 吴金枣:《爱国华侨企业家黄奕住》,《华侨历史》1987 年第 1 期;黄绮文:《华侨名人录》,上海:上海人民出版社,1988 年。
② 梁亦明:《爱国华侨黄奕住和他的业绩》,《福建工商史料》第 1 辑,1986 年。

战，政局不宁之际，因而为他担心，为之献策，曰："中原多故，不如此间乐，君雄于货，何地非吾土，为终焉计，不亦善乎？"他答道："吾为中华民国的国民，安能忍辱受人苛禁，托人宇下，隶人国籍者乎？且我国地大物博，建设易为功。畇畇禹甸，宁非乐土？天下事在人为耳！"[1]从在印尼经商，入荷兰籍可减税，入日本籍也可以减税这件事情上，他深深地感到，祖国不富强，便不能保护华侨的正当权益。根本之道在于使祖国富强起来。保留中国国籍，在荷印虽会受到种种歧视，但广阔的中华大地却是华侨退步之所。

黄奕住从荷印政府这次无理增税，公开劫夺华侨财富的亲历事件，以及大批华侨前辈的经历中，认识到华侨在海外寄人篱下，苦心经营、节衣缩食，积累下一点资产，殖民政府只要颁布一纸法令，再大的公司可以立即陷于困境，再多的个人资产可以顷刻间化为外国政府国库之财。在海外，若要坚持做一个中国人，不入外国籍，发财固不易，守财则更难。

在荷印政府利诱不成便威逼的形势下，他自知处境的艰难。他说："苛刻税率，将来辛苦经营所得，也是尽充外库，徒劳无功。"[2]以国外为经营基地，终非长久之策。当决心不入外国籍后，他认为，与其在国外丧财受气，不如在有生之年，携资回国，兴办实业，服务桑梓，为祖国经济建设和家乡民生贡献力量。这样做，于己、于家乡、于祖国，都有好处。黄奕住的考虑是以事实为根据的。荷印政府见劝黄奕住入荷兰国籍不成，便于1918年向他下达补税通知书。黄奕住本已按章纳税，对荷兰殖民政府的这种无端勒索，理所当然不服，他委托日兴有限公司的律师出面提出诉讼。

二、大丈夫之言行

荷印是黄奕住的发迹之地。他在这里生活了30年，有家有室，有产有

---

[1]　苏大山:《南安奕住黄先生墓志铭》。
[2]　梁亦明:《爱国华侨黄奕住和他的业绩》,《福建工商史料》第1辑,1986年。

业,有钱有地位。为什么要弃之而回到他早年逃离的故土呢?黄奕住本人说的原因是:"念吾侨民苦异国苛法久矣,若不思为父母之邦图富强,徒坐拥浮货,非丈夫也。"[①]这大丈夫铮铮之言,可永垂后世。只要了解黄奕住在新加坡、雪兰莪、三宝垄生活 30 余年,亲身经受英、荷殖民主义者苛待华人之苦、之辱,以及他的个性,便会知道,这是出自他肺腑之言,是他决心回国的主要原因。

荷兰殖民者于 1678 年 1 月 15 日占领三宝垄。在荷兰统治期间,荷印政府制定各种法律、条例、规定,压迫、虐待、侮辱华人,排挤、打击华侨经济势力,限制其发展,以维持其政治上的统治地位和经济上的垄断地位。

早在 1740 年,荷兰殖民者开始对爪哇华侨实行限制居住和旅行自由的政策,后来变本加厉。

华人的"住",要受 1825 年制订的《居住区条例》(Wijkenstetsel)和警察裁判制度(Poitierol)的限制。前者规定华人只能住在指定的区域内。后者规定,对中国人和土著居民的住宅,警察无须事前向法院领取搜查证,便可自由搜查。对欧洲来的人,则不是这样[②]。

华人的"行",要受 1816 年(或说 1821 年)制订的《通行证条例》(Passenstelel)的限制[③]。出门走路,事先要申请通行证。下午六点半以后出门,要拿火把或灯笼。"谁违反这项规定,就要遭到逮捕和拘留,然后被带到警察法庭,有些人将会被扔进监牢或被罚款。"[④]这种种无理的规定和限制,严重妨碍华人的行动自由以及他们同其他国家商人在生意上的竞争。

对华人的"穿着"和"发型",荷印政府规定,华人一定要穿华工传统的服装,如大腰裤、长袍等,不得穿西装裤,一定要留长辫。"不准华人像欧洲人

---

① 黄钦书等:《先府君行实》,存黄萱私人档案和厦门市档案馆。

② 林天佑著,李学民、陈巽华译:《三宝垄历史》,暨南大学华侨研究所,1984 年,第 119～121 页;陈达:《南洋华侨与闽粤社会》,上海:商务印书馆,1938 年,第 152 页。

③ 林天佑著,李学民、陈巽华译:《三宝垄历史》,暨南大学华侨研究所,1984 年,第 118～119 页对此有详细的记载。

④ 林天佑著,李学民、陈巽华译:《三宝垄历史》,暨南大学华侨研究所,1984 年,第 168 页。

那样穿西装裤;如果穿西装上衣,里面的衣服必须是唐装衫,下身必须穿唐装裤。若违反这个规定,就要被控告。大约在1889年11月,黄仲涵的律师黑凯伦(Baron C.W. Heeckeren)替他向总督提出穿欧洲人服装的申请,获得允许。后来,想穿西服者,要向州长申请。"就连剪辫子这样一件事,也得向政府当局提出申请。1904年1月,有玛腰头衔的黄仲涵首先剪了辫子,并"命令他的雇员也学他的模样。于是这位玛腰的雇员们纷纷向政府递交剪辫申请书,同时还提出申请许穿西装裤"[①]。1905年,在印尼华人中兴起了剪辫子运动。同年,政府允许华人自由选择服装,而不必提出申请。有些华人囿于习惯,在以后的一个很长的时期内,仍保留辫子并穿着长袍、大腰裤等服装。黄奕住深受中国同盟会的影响,思想比较解放。1910年黄奕住回南安时与家人合影的一张照片(见图10),从中可以看出他穿了西服,打了领结,与家人完全不同的服装样式。

华人在受教育方面,亦受限制。荷兰人办的学校不收华人(包括有钱的人和有名望的人)子弟入校。1879年,身为雷珍兰的林隆兴,申请让他的儿子林梓樟进入荷兰人办的学校,被拒绝。荷兰驻印尼总督根据荷兰皇家法规(Regeeringsreglmentg)第128条,下令为当地居民开设学校,却不准华人子女进去[②]。荷兰殖民者实行愚民政策,横蛮地剥夺华人及其子女受教育的权利。只是在20世纪初年,华人自己办的中华会馆大批兴起后,荷印政府被迫取消上述规定,于1908年开始办荷华学校(Hollandsch Chinesche School),允许一些华人子弟入学读荷兰文。

在经济方面,华侨所纳的税,要比土著人高出13倍。[③] 在荷印司法制度下,华人的案件由土著法庭处理,所以是与土著同等,但是他们却不能像

---

① 林天佑著,李学民、陈巽华译:《三宝垄历史》,暨南大学华侨研究所,1984年,第211页。

② 林天佑著,李学民、陈巽华译:《三宝垄历史》,暨南大学华侨研究所,1984年,第179、203～204页。

③ E.Deannery,*Asia's Teeming Millions*,p.132.转引自陈达:《南洋华侨与闽粤社会》,上海:商务印书馆,1938年,第14页。

图 10　1910 年黄奕住在南安与家人的合影

土著一样拥有田地。因为荷印政府不准华侨购买田地,经营种植业。大约在 1901 年,荷兰人又推行了打击华侨经济实力的所谓"道义政策"(Ethical Policy)①。

总之,"可以说,华人每一行动都受到监视和阻挠","华人的一切行动受到限制"②。

随着 20 世纪初华侨民主运动(泛华运动)的兴起,在群众性运动的压力下,荷印政府不得不稍微放松了上述政策。从 1904 年开始,《通行证条例》的执行有些松缓。《居住区条例》从 1910 年开始放宽。这两个条例到 1918年或 1919 年才宣布废除。警察裁判权制度在 1908 年宣告停止执行,1914

---

①　林天佑著,李学民、陈巽华译:《三宝垄历史》,暨南大学华侨研究所,1984 年,第10 章注 7。

②　林天佑著,李学民、陈巽华译:《三宝垄历史》,暨南大学华侨研究所,1984 年,第168、211 页。

年废除①。与此同时,1907 年,荷印政府采取同化境内华侨的政策。其入境的条件包括:能说荷兰语,有若干财产,儿与女有均分遗产权。1909 年,荷兰颁布国籍法,采取地域主义(Jus Soli),让侨生为荷兰籍民②。同时,又将原来对包括中国移民、日本移民等"东方人"一致的政策,分为对日本移民的政策和对中国移民的政策,前者享受同欧洲各国籍人差不多相同的待遇。这样,荷印殖民政府就将居住于爪哇的居民,实际上分为荷兰人、欧美人、日本人、土著人和华侨等几个等级,把华侨压在社会的最底层。正是在殖民地生活过的华侨,最懂得国家一旦沦为殖民地,其人民将过怎样的生活。

知道黄奕住在爪哇 30 多年生活的环境,才会理解他创业实在不易,才会理解他对殖民主义者为什么那么痛恨,回国的决心为什么那么坚定,对中国的独立与强盛为什么寄予那么殷切的期望。

黄奕住在印尼遭受荷兰政府的歧视、排挤、勒索,经济上难求更大发展,精神上忍辱屈从,政治上更无地位可言,他心情痛苦,海外赤子思归。

三、祖国在召唤

黄奕住在感到荷兰殖民者对他、对华侨的压迫、歧视难以忍受的同时,还感到祖国有一股召唤他回来的难以抗拒的力量。

政府在召唤。清政府屡弱,对华侨长期采取不管的政策,后来想管,但又无力保护华侨的利益。这使华侨在国外的地位低下。黄奕住期望有一个强大的祖国。他积极资助孙中山领导的革命活动,对辛亥革命的成功感到无比高兴,这件事激起他建设富强祖国的深切厚望。他想为祖国的建设,为祖国的富强出一分力量。他的这种感情表露在他的许多言谈与活动中。辛

---

① 林天佑著,李学民、陈巽华泽:《三宝垄历史》,暨南大学华侨研究所,1984 年,第 10 章注 6、注 7。

② 陈达:《南洋华侨与闽粤社会》,上海:商务印书馆,1938 年,第 42 页。

亥革命后,中国的历届政府,已懂得华侨是国家建设的一支重要力量,发表过多次欢迎华侨回国参加建设的声明,颁布过多项鼓励华侨投资国内文教事业的政策,给予回国办企业的华侨以经济方面的优惠和政治社会地位方面的殊荣。中国政府召唤华侨回国投资,参加祖国的经济建设。

亲人在召唤。在中国,黄奕住还有70多岁的老母,还有原配妻子王时和儿女。亲情的力量是巨大的。王时幼年时就到黄奕住家与黄奕住一同长大,共同生活和劳动,两人感情很深。自完婚以后,黄奕住在海外的时间长,王时思念殷切。她曾告诉黄奕住,每当他离家,她就将他临走时换下的衣服挂在床头,不洗,想他时,见不到他的面,就闻闻他衣服上的味道。黄奕住对王时的痴情,常记心头。他在南洋致富后,1915年回国,把王时及她生的儿女接到三宝垄去同住。王时也很想与丈夫长期在一起,但因过不惯印尼的生活,也因黄奕住在三宝垄还有个妻子蔡缰娘,更因为南安老家有个60多岁的婆婆需要她侍候,在三宝垄住了一阵后,心挂故乡,又回到南安。黄奕住多次要接他的母亲去印尼,他的母亲以"乡下过惯了"为由,婉言谢绝儿子的邀请。黄奕住深知母亲对儿子的思念,对含辛茹苦几十年的母亲来说,他能在其膝下生活一段时间,伴其度过人生的最后一段日子,是一种最好的安慰。从后来黄奕住赶在母亲74岁寿辰之前回国,回国后想方设法把母亲从乡下接来与自己同住,为母做寿和老母去世后履行其遗愿,设立小学、中学,从这些行为看,黄奕住是很孝顺的。对于孝子,母亲的思念是最有感召力的。

中国这个时期工商业发展的有利环境与高利润,对黄奕住也是极具吸引力的。以工业言,中国此时的工业,以棉纺织业和面粉业最为发达。面粉业的盈利率(利润额/资本额)很高。上海福新面粉厂,1914—1919年的6年中,利润率低于100%的仅1年,低的这一年也达96.8%。其余5年均超过100%。最高的一年达到188.72%。棉纺织业,1914—1919年,各厂均盈利。1919年的盈利率,天津华新纱厂68.9%,南通大生一厂106.1%,崇

明大生二厂113％,上海申新一厂131％,武昌楚兴公司285.7％。[①] 这样的利润率,用研究这个时期民族工业的周秀鸾教授的话来说,是"高得惊人"[②]。正是由于这个时期利润高,发展环境好,增长也快,中国工商业者称它为"黄金时期"。

这个时期,对国内工商业者来说是黄金时期,对华侨回国投资来说,也是黄金时期。从1862年华侨投资国内企业开始,至中日甲午战争结束的1895年,34年间华侨回国投资办的企业达67家,投资183万元。平均每年办企业2家,投资5万余元。从1895年到辛亥革命成功的1911年,17年间共办企业284家,投资2251万元。平均每年办企业17家,投资132万元。1911年至黄奕住回国定居的1919年,9年间华侨在国内共办企业1042家,投资2908万元。平均每年办企业116家,投资323万元。[③] 这9年间,年均办企业数为上述第一个时期的58倍,为第二个时期的7倍,年均投资额为上述第一个时期的64倍,为第二个时期的2.45倍。可见,从辛亥革命起,到1919年,已形成一股华侨回国投资的热潮,黄奕住就是在这个热潮中回国的。

华侨投资国内企业有两种情况。一种是钱来人不回,即拿出一部分钱,投资于祖国的某种事业,人仍定居国外,所有资金的大部分也留在国外。投资国内企业的华侨,绝大部分是这种情况。另一种是携资回国,即回国定居,将在国外赚的钱中的全部或大部分带回中国,投资国内企业。在投资国内企业的华侨中,这种人颇少,黄奕住属于这少数人中的一个。

回国定居,对于黄奕住来说,如同他35年前出国一样,是他人生旅途中的重大决策。实际上,这次决策比那次更为困难。因为,出国时只是单身一

---

① 许涤新、吴承明主编:《中国资本主义发展史》第2卷,北京:人民出版社,1990年,第863、869页。

② 周秀鸾:《第一次世界大战时期中国民族工业的发展》,上海:上海人民出版社,1958年,第31页。

③ 林金枝:《近代华侨投资国内企业史研究》,福州:福建人民出版社,1983年,第7页。此处按该书第3页之比例折算为"抗战前元"。

人,只是为了谋生。而此时,他有了事业,他的事业是在印尼发展起来。在印尼,他从身无分文变为腰缠万贯。离开印尼,也就是离开了他熟悉的环境,离开他30多年苦心经营的事业。回国定居,也就是要在一个新的环境里创新业。能否成功,没有把握,此其一。

其二,他是两头家的家主,在印尼有妻子、女儿,有外孙,他有家长之责。离开印尼回中国定居,就是离开与自己共创家业的蔡缰娘和与她生育的两个女儿,以及女婿与外孙。黄奕住知道,由于语言、气候、生活习惯与社会关系等原因,她们很难与他一起到中国定居。黄奕住回国定居,事实上就是要与蔡缰娘以及在印尼的亲人长别离。

离别印尼回国定居,也是要与在印尼的华侨与印尼的人民告别。30多年来,黄奕住与在印尼的华侨共同奋斗。他在印尼发迹,得到了当地华侨的帮助,也得到印尼人民的支持。没有这种帮助和支持,他是不可能由穷汉变成富翁的。从黄奕住一生的言行看,他具有强烈的中华民族自尊心,热爱祖国,热爱家乡,也热爱他生活过30多年的居住地——印度尼西亚,特别是成家致富之地——三宝垄。他的蔡夫人是在印尼出生的。他回国以后,总是说印尼人民好。他认为在印尼生活期间,唯一令人感到可恨的,就是统治印尼的荷兰殖民者。他在印尼参加的社会活动,几乎全部含有反对殖民主义的内容。在反对荷兰殖民者的斗争中,他和印尼人民站在同一战壕里,心相通,行动上互相支持。他是印尼人民反对荷兰殖民统治的战友。他的家,一个在中国,一个在印尼。他的后代,一部分在印尼,是印尼人,一部分在中国,是中国人。他是中国人民和印尼人民之间友好关系的联系人。

离开印尼回国,对黄奕住来说,无论从事业上,还是感情上,都是一个重大的、艰难的、从某种意义上是痛苦的抉择。在1918年冬季里,他反复考虑,内心矛盾,犹豫不决。据说,从1919年元旦到农历春节期间,他心情烦躁,常常坐立不安。直到春节之后,黄奕住才下定了回国的决心,并立即为回国作准备。其中最重要的一项是处理在印尼的产业。他将日兴行另行注册,改由三儿子黄浴沂任总经理,其他成年的儿子任各地分行经理,长子黄

钦书在泗水,二儿子黄鹏飞在新加坡,六子黄天恩在三宝垄继续经营[1];将不动产(房屋等)则分别划归其在爪哇的妻子蔡缰娘和女婿许春隆接管[2];将大批流动资金经各种渠道汇回国内。当一切准备工作完成之后,他怀着"业成返国"的喜悦心情[3],乘轮回乡,翻开了他一生中新的、丰富多彩、耀人眼目的一页。

四、收缩在印尼的商业

黄奕住 1919 年 4 月 5 日离开三宝垄后,该地的糖价进一步上涨。5月,蔗糖每担 28 盾,零售每斤 4 角。6 月底,蔗糖零售价每斤涨至 6 角。随后继续上升。"人们说,当时是经营糖业的黄金时代,从事这一行业的人在年终都获得厚利。有些业主成了富翁。"[4]黄奕住在此之前购进的大批远期蔗糖,坐获大利。他的《自订回国大事记》中有如下记载:

1919 年 10 月 26 日,"由沪来香(香港),因垄日兴(引者注:三宝垄日兴有限股份公司)本律师到香,欲与余磋商荷兰政府抽税事"。

1920 年 3 月 18 日,"接到垄日兴来函,报告上年得利 1600 万盾。遂拍

---

[1]　据黄浴沂 1989 年写的《回忆录》,黄奕住回国时,将"其营业交与其长子钦书,三子浴沂继续经营,自然氏(引者按:指黄奕住)亦亲自指挥营业大权也。日兴总行设在爪哇三宝垄,由其第三子浴沂为总经理,管理一切业务。该行之分支行设在泗水,由其长子钦书经理。其他的分行设在巴城、北加浪、新加坡及棉兰,经营爪哇糖业,运销世界各处及香港、澳门、上海等地,最多之一年 1922 年,曾运出口占爪哇全部出产的 1/5,约500 万担,在糖业界称为三大之一也"。在黄乾《华侨企业家黄奕住》一文手稿中,谓留在印尼日兴行中的儿子还有六子黄天恩。参见台湾华侨委员会所存《闽侨事功录》中黄乾写的《缩握金融的银行家黄奕住》。

[2]　黄则盘:《著名华侨黄奕住事迹》,《泉州文史资料》第 10 辑,1982 年。

[3]　黄晓沧编:《菲律宾岷里拉中华商会 30 周年纪念刊》,1936 年 5 月。

[4]　林天佑著、李学民、陈巽华译:《三宝垄历史》,暨南大学华侨研究所,1984 年,第267 页。

去电云:钦书、浴沂、许春隆、叶源坪各赏花红 10 万盾,共 40 万盾"。[①] 按 1 盾换 2 元计算,1919 年三宝垄日兴公司得利 3200 万元。这仅仅是利润,仅仅是他投资企业中的一家,虽然是最重要的一家。

进入 1920 年,食糖供不应求,以至三宝垄这个糖的产地与集散地,也实行定量供应,糖价飞涨。1920 年 1 月下旬,随着砂糖涨价,亚连糖价也跟着上涨,每斤 6.4 角[②]。4 月 15 日,政府向居民出售砂糖,每斤售价 4 角。凡是需要砂糖的人,欧洲人可由普通的警察区长出具证明,华人由华人住区区长出证明,土著居民由乡长(Lurah)出证明,每人每星期可买半斤糖。荷印政府向私人订立合同收购蔗糖的价格,每担也达到 65 盾。将近 4 月底时,在贝章牙安(Petjangaan)、图论(Toereh)、克雷佩特(Krebet)、卡里巴戈尔(Kalibagor)、坎尼戈罗(Kanigoro)、帕埃通(Phaeton)、塞婆罗(Seboroh)、塞达尤(Sedaioe)、马荣(Majong)等地方的糖厂工人,为增加工资而罢工,糖厂生产受到挫折。当时正值榨糖季节,糖价一时升到最高点。5 月,出现糖价下降的兆头[③]。1920 年上半年糖价上涨,7 月以后大跌。年底,三宝垄地区所有商品的价格都大幅度下降[④]。从全年平均计算,1920 年的糖价为每担 52.45 盾[⑤],比 1919 年上升 85%。这一年,印尼的糖业公司普遍赚钱。垄日兴这年又获巨利。

1921 年,糖价又继续下跌。黄奕住令其在印尼的儿子、女婿与伙计见好即收,有计划地缩小业务范围,逐步结束一些地方的分行及办事处。黄钦

---

① 据黄奕住的三儿子、他在印尼商业的接手人黄浴沂的《回忆录》,黄奕住"在该年(1919 年)中获利 1800 万盾"。吴金枣:《爱国华侨企业家黄奕住》(《华侨历史》1987 年第 1 期)谓获利 1500 万盾。

② 亚连糖,亦译"阿连糖"。印尼土著居民在阿连树(pohen aren)上切开口,取其汁制成的糖。林天佑著,李学民、陈巽华译:《三宝垄历史》,暨南大学华侨研究所,1984 年,第 273 页。

③ 林天佑著,李学民、陈巽华译:《三宝垄历史》,暨南大学华侨研究所,1984 年,第 275～278 页。

④ 林天佑著,李学民、陈巽华译:《三宝垄历史》,暨南大学华侨研究所,1984 年,第 278 页。

⑤ 邱守愚:《二十世纪之南洋》,上海:商务印书馆,1934 年,第 130 页。

书、黄友情、黄天恩先后回国。另设德丰号代其管理留在印尼的财产,由女婿许春隆管理。《自订回国大事记》1922 年 5 月 21 日条:"接垄日兴来电云:德丰号截至上年 12 月 21 日止,结欠银计 40 万盾。"到 1922 年底,三宝垄的商业"进入全面萧条"[①]。荷印政府向日兴公司追讨第一次世界大战时的税款 1500 万盾[②]。黄奕住在《自订回国大事记》中写道:1922 年 12 月 26 日,"在北京,接垄日兴来电,云及荷印政府要抽 1922 年税款 165 万盾,可谓苛矣。"[③]黄奕住拟亲临该地,观察市况,做出抉择。1923 年 1 月 11 日,他到达新加坡。"此行本拟偕杨氏赴垄,因接垄日兴来电。云及荷政府抽税事,请余稍晚起程。故不果行也。"[④]

1924 年黄浴沂回国。

1925 年 2 月 2 日,"在沪,汇 60 万盾交垄日兴"。[⑤] 可见,至迟此时已不从印尼汇款回中国,而是从中国汇款至印尼了。

1926 年 7 月 4 日,"为荷兰政府抽税事,委本律师到八打威起诉,判决后仍须纳税 11 万盾。处于殖民地势力范围之下,亦无如之何矣!"

1927 年 5 月 4 日,"接垄日兴来电,云荷政府抽税事,强迫现还 16.5 万盾"。

1927 年 7 月 28 日,"交荷印政府抽税款 165000 盾。足见荷政府待遇

---

① 林天佑著,李学民、陈巽华译:《三宝垄历史》,暨南大学华侨研究所,1984 年,第285 页。

② 关国煊《黄奕住》(《传记文学》第 57 卷第 4 期,1990 年 12 月)谓:1922 年,"在荷印之日兴总行、分行,由于当地政府向黄奕住追讨税款 1500 万盾而被迫全部收歇。收歇前,荷印当局曾拉拢黄改入印尼籍,表示入籍后即可减免,又能保存名下企业。日本领事亦邀黄挂籍日本。黄以身为中国人为荣,断然拒绝"。

③ 黄奕住:《自订回国大事记》。

④ 黄奕住:《自订回国大事记》。

⑤ 黄奕住:《自订回国大事记》。黄奕住在三宝垄日兴行的老伙计黄则盘叙其结束印尼经营过程:"1920 年,抽调资金约合美金二千数百万元汇入祖国,并逐步将棉兰、巨港等处机构,先后予以结束。尚存 1000 余万盾,留供垄川(引者按:即三宝垄)、泗水、巴城等处继续经营。几年之后,因居留地政府要其缴纳税款达 1500 余万盾,现金不敷,乃调新加坡廿万叻币凑起应付。海外事业,到此遂全盘结束。"这后一句话,表达不甚准确。实际上,只是收缩在印尼的商业,黄奕住的海外事业向更广阔的领域扩展。

华侨亦甚苛矣"①。

由于受到殖民政府如此这般的无端苛勒,使黄奕住在印尼的商业几乎无法经营下去,但他并未下决心结束在印尼的经济活动。他成立独资的海原产业公司(注册股份 2000 股,价值 200 万盾),继续保留在三宝垄的因知西雷保险公司价值 12500 盾的股份。1927 年 10 月下旬至 1928 年 2 月中旬,他最后一次去印尼,除沿途看了在香港、新加坡、八打威、北加浪、三宝垄的企业外,还于 1928 年 1 月 8 日"到海原公司一视"。1 月 17 日"搭火车赴泗水视察日兴栈及新栈房"。18 日"赴昆郎沙里,视察前所买之地段"。这些地段、栈房等不动产与动产,是黄奕住留在印尼的财产的一部分。1943 年 4 月 25 日,黄奕住在遗嘱中写道:"余所有在荷属(印尼)一切动产不动产,无论何名义,连同上开两款财产(引者按:指海原公司及在因知西雷保险公司的股份),在未分割前,均归黄聚德堂股份有限公司处理之。其产业未能详载,根据海原产业公司之账为凭,均系余之产业。"

五、携资回国最多的华侨

1919 年 4 月 5 日,黄奕住离开印尼的三宝垄,踏上叶落归根之途。29 日到达厦门②。35 年前从厦门动身出国时,他是一个贫苦的后生,不知前途为何样的农民,心事惶恐。现在,他腰缠数千万,想回国办点大事,也光宗耀祖一番,踌躇满志。这正如苏大山在黄奕住先生墓志铭中写的:"君真健者今人豪,但凭七尺涉波涛,金豆撷拾充囊橐,乘风长谣归故国。"

黄奕住回到祖国,给祖国一份重要的见面礼,就是把他在国外的部分资

---

① 黄奕住:《自订回国大事记》。

② 离开三宝垄的日期,参见黄晓沧编《菲律宾岷里拉中华商会 30 周年纪念刊》,1936 年 5 月;洪卜仁、吴金枣:《华侨黄奕住的爱国思想及其业绩》,《福建论坛》1983 年第 2 期。到达厦门日期据黄奕住《自订回国大事记》。黄浴沂:《黄浴沂回乙录》谓在该年 6 月,误。

产（流动资产中的大部分）转移到国内来。这在拥资千万、国外有经营基地的华侨中，是极为罕见的。

黄奕住带回国的钱有多少，当时人们猜测纷纭，没有一个人可以摸得到底细，后人的各种记载也不一致。

他的那个从三宝垄日兴行开始的老伙计黄则盘，1964 年写道："1920 年抽调资金约合美金二千数百万汇入祖国。"留下 1000 余万盾，供三宝垄、泗水、巴城等处继续经营。说是二千多万美元的还有关国煊和成家。关国煊所写《黄奕住》谓：1919 年 4 月。"以战后荷印政府对华侨征取重税，先后将棉兰、巨港、北加浪等地生意结束，抽调资金 2300 万美元汇返国内，并定居厦门鼓浪屿"。成家在《中南银行创办人黄奕住》一文中说："抽调资金 2800万美元回祖国。"第一次世界大战开始后，白银价格上升，中国银两兑美元汇率上升。1915 年的汇率为 1 海关两白银等于 0.62 美元，1916 年为 0.79美元，1917 年升至 1.03 美元，1918 年为 1.26 美元。1919 年为 1.39 美元。此后汇率下降。1920 年等于 1.24 美元，1921 年为 0.76 美元，1922 年为0.83 美元。[①] 1 海关两等于 1.24 美元，1 海关两等于 1.558 银圆[②]。以 1919年折算，2300 万美元折合 2890 万银圆，2800 万美元折合 3518 万银圆。

黄奕住的秘书叶子郁告诉其后人："（黄奕住）曾汇寄 3000 万盾到厦门。"[③] 1 盾合中国银币 2 元多[④]。按此计算，合 6000 多万银圆。黄笃奕、张镇世、叶更新《黄奕住先生生平事迹》一文谓：黄奕住归国时携带之款折中国银币 4000 多万元。黄长溪（黄奕住的第五子）告诉笔者，说是 4000 万元。

---

① 郑友揆：《中国的对外贸易与工业发展（1840—1948）》，上海：上海社会科学院出版社，1984 年，第 343 页。又，厦门大学南洋研究所：《华侨问题资料》1980 年第 2 期，第 26 页："第一次世界大战期间，新加坡币（叻币）1 元等于 1.10 盾。1 叻币等于一英镑2 先令 4 便士。"

② 赵德馨主编：《中国经济史辞典》，武汉：湖北辞书出版社，1990 年，第 804 页。

③ 香港《新晚报》1989 年 6 月 8 日。《深圳特区报》1989 年 9 月 21 日转载此文时，题目改为《民族商业名人黄奕住》。

④ 洪卜仁、吴金枣：《华侨黄奕住的爱国思想及其业绩》，《福建论坛》1983 年第 2期。

厦门《江声报》1934 年 12 月 2 日的报道中谓：黄奕住自 1919 年返国后，10 余年间，先后在国内投资各种事业，"总共达 2000 万元"，这是就投资总数而言，与从国外带回资金，在内含上有所不同。黄浴沂在《回忆录》中写道："当时（按：指 1920 至 1922 年），父亲（按：指黄奕住）在国内创办中南银行，该行设立时资本 500 万元，后再添至 750 万元，其中黄家占有 600 万元左右。在泯里拉参加中兴银行，500 万比索中占有 100 万比索（收足）。又在新加坡参加华侨银行，500 万元中之（占）50 万元。此外，在厦门创办自来水公司，加入 40 万元。又独自办厦门电话公司，收足资本 100 万元。而在厦门、鼓浪屿、上海均有颇多产业。总共前后由南洋调汇入国内者有一千四五百万元也。"黄仲伟（黄浴沂之次子）说："（黄奕住）从印尼带回的钱是 650 万两白银。"[1] 这是 1919 年 4 月回国时"带回"的款项，即回国时的第一笔资金。

以上诸说中，最低数字是 650 万两白银，最高的数字是 6000 多万银圆。到底是多少，今天我们还是说不准确。有三点是可以肯定的。第一，他带回国款额之巨，为华侨中前所未有的；第二，"黄奕住是近代华侨投资国内企业最大的实业家"，在这一点上，所有研究近代华侨史的学者意见是一致的；第三，黄奕住将资金汇回国内，是一个长达近 10 年的过程，即使在 10 年之后，他的资金也没有全部汇回国内。在这一点上，说法颇不一。有的记载谓黄奕住 1919 年"遂括所积"带回中国[2]，有的文章谓"带着全部积蓄，回到厦门"[3]。实际情况不是这样的，在 1919 年，他的资本大部分留在印尼（从上下文所述中读者即可知道），一部分留在马来西亚、新加坡的分行，以及投资于新加坡、菲律宾、马来西亚的银行、房地产业和橡胶园、酒厂、仓储等企业；一部分汇至美国，准备以后转汇回中国，只有一部分转回国内（包括香港）。待他在国内站定脚跟，事业逐个兴办之后，他再根据这些事业所需资金的数

---

① 黄萱：《致周秀鸾》，1993 年 1 月 11 日。

② 苏大山：《南安奕住黄先生墓志铭》；林金枝：《近代华侨投资史上的著名人物黄奕住》，《文物天地》1985 年第 1 期。

③ 林金枝：《近代华侨投资史上的著名人物黄奕住》，《文物天地》1985 年第 1 期。

额,逐步将其在国外的部分资金,主要是汇到美国的钱和在印尼的本与利汇回国内,同时收缩在印尼的经营规模。直到他逝世时,他还有大批产业留在印尼、新加坡、菲律宾、香港等地。

如上所述,黄奕住所有的资产,他回国后可以由他支配的资金和在国内的投资是三个概念。这三项在不同的年代,数额不同,特别是资产值。第一项,根据他的遗嘱及继承人之所得估算出来的,1919 年不少于 8000 万元。第二项,1919—1924 年,不少于 4000 万元。第三项,根据他在回国后头 6 年即 1919 年至 1924 年他在国内投资各行业的金额,为 2000 多万元。

8000 万元、4000 万元、2000 多万是个什么概念呢?从下述两个比较中可以具体化。

第一,与其他企业家、资本家比较。1925 年,中国的大资本家是荣宗敬、荣德生兄弟。该年前后,荣家(查)已控制 6 家棉纺织厂和 12 家面粉厂,资产总额 3720 万元。其次是郭乐兄弟,他们控制的永安公司、永安纱厂等企业,资产总额超过 2000 万元。[1] 这里需要说明的有三点:(1)上述数据是 1925 年荣家、郭家所控制企业的资产总额,而不是资本。(2)此处的荣家和郭家,不是一个人,而是一个家族所控制的资本集团,而黄奕住的 2000 多万,是他一个人所有的资本。(3)荣家、郭家是 1925 年的数字,而不是 1919 年或 1920 年的数字。

第二,据研究中国资本主义的专家、中国经济史学会会长吴承明教授的估计,1920 年,中国私人的资本额(包括产业资本、商业资本、银行业资本)约为 39 亿元。1936 年为 74.7 亿元(关内,另东北地区为 9.1 亿元)[2]。可以看出,黄奕住转回国内的资金,相对于国内产业资本总额来说,是一个不小的数字。

---

① 刘惠吾主编:《上海近代史》下,上海:华东师范大学出版社,1987 年,第 132 页。

② 许涤新、吴承明主编:《中国资本主义发展史》第 2 卷,北京:人民出版社,1990 年,第 671、1065 页。此处的"私人资本"即吴承明教授所说的"民族资本"。

六、正确的选择

1919 年黄奕住从印尼回国定居，既不是想要结束在印尼的事业，更不标志着海外事业的结束。他从印尼回到中国，只不过是把大本营从异乡搬回祖国，将根基扎在乡土之中。

黄奕住的这一步走得对吗？

福建地区劳动人民出海求生者很多。由于中国人聪明，能吃苦耐劳，对人讲信义，有礼貌，博得侨居地妇女的信赖，几乎都能在侨居地成家立业。由于外国政府的欺凌和中国政府的无能，中国经济现代化进程迟缓，工商业发展的环境不好，经济发展水平与外国的差距很大，在国外的生活比在国内好，且进一步发展事业的机会大。故华侨滞留国外，汇款回家养亲人者比比皆是。经济状况改善后叶落归根者有之，变富以后拿出部分资产投资国内企业或捐助公益事业者有之，至于已成巨富，回国定居，并将在国外积累的财富的大部分带回国内，却极为罕见。这种局面早已出现，1891 年，中国驻英公使薛福成、驻新加坡领事黄遵宪到任后，详察华侨情况。1893 年，黄遵宪禀报："南洋各岛华民，不下百余万人。约计船海贸易，落地产业，所有利权，欧洲、阿拉伯、马来西亚人，各居十之一，而华人乃占十之七。华人中，如广、琼、惠、嘉各籍，约居七之二；粤之潮州，闽之漳、泉，乃占七之五。粤人多来往自如。潮人则去留各半。闽人最称殷富，惟土著多而流寓少，皆置田园，长子孙。""闽人多富商巨贾……往往拥资百万，羁栖海外，十无一还。"[①]进入 20 世纪以后，这种"十无一还"的趋势进一步发展，就是被毛泽东誉为"华侨旗帜，光辉典范"的陈嘉庚先生，也是在 1949 年参加全国政治协商会议第一次大会，并被选为该会第一届全国委员会委员、中央人民政府委员、华侨事务委员会委员之后，才于 1950 年回国定居的。在此之前，他捐款为

---

① 薛福成：《出使奏疏》卷下，第 6～8 页。

国内办学校，支援祖国抗战，为中国的独立富强，做了大量好事。但他与其他华侨前辈一样，主要的资产留在国外（1925 年，这位"橡胶大王"拥资千万元以上，1926 年开始失利，1934 年 2 月宣布他的营业全部收盘），自己也侨居国外。笔者查阅了近代大富侨的经历，还没有发现一个像黄奕住这样的人：拥资数千万，竟然回国定居，将大量资金投向国内！

黄奕住携资回国定居的决定是否正确？从 20 世纪 50 年代起，在熟悉他的华侨（包括黄奕住的后人）中间，有不同的认识。产生不同认识的原因很复杂。其中之一是对黄奕住当时做此决定背景的了解程度不同。判断的方法最好是与当时当地同类人比较。合适的比较对象是黄仲涵、郭河东。经过 1915—1919 年的市场大风浪，黄奕住与黄仲涵、郭河东的事业不仅保留了下来，还得到发展。1919 年他们并称"爪哇三大糖商"。1919 年以后，黄奕住与黄仲涵、郭河东走着不同的道路，有不同的结局。

在印尼的华侨中，直到 1919 年黄奕住回国时，黄仲涵的资本比黄奕住多得多。他拥有机械化大糖厂 9 所，被誉为"爪哇糖王"。第一次世界大战后，黄仲涵总资本超过 4 亿元（银圆）。[①] 据印尼历史学家的记载："其总资产：最盛时约达十三亿至十六亿荷盾，成为当时世界闻名的'东方糖王'和'东亚首富'，在世界大富翁之中排行第十三位。"[②] 在当时的荷印地区，13 亿～16 亿荷盾意味着什么，从以下数字的对比中即可看出。"根据最保守的估计，在 1900 年时，外国在印尼的投资，总额达 7.5 亿盾，到 1915 年增长到 16 亿盾，到 1929 年增至 40 亿盾。"[③] 黄仲涵在印尼的根基和社会地位也比

① 祝秀侠：《黄仲涵》，载华侨协会总会编撰：《华侨名人传》，台北：黎明文化事业公司，1984 年，第 42 页。祝秀侠：《华侨名人传一》，中华文化出版事业委员会，1959 年，第 90 页。另据蔡仁龙主编：《东南亚著名华侨华人传》第 1 辑（北京：海洋出版社，1988 年）第 105 页：至 1919 年，黄仲涵的五间糖厂的资产即达 4000 万荷盾。参见《南洋年鉴（1951 年）》，第 145 页。

② 林天佑著，李学民、陈巽华泽：《三宝垄历史》，暨南大学华侨研究所，1984 年，第 339 页。

③ 声和：《外国资本在印尼》，《南洋经济》第 1 卷第 10、11 期合刊，转引自《印度尼西亚华侨问题资料》，第 106 页。

黄奕住强得多。他是印尼华侨中的第一富翁和主要领袖人物。荷印政府鉴于他的经济势力以及在华侨中的地位和作用,先授给他甲必丹官职,1890年又授给玛腰荣誉衔①,加以拉拢。黄仲涵的建源贸易有限公司的兴盛,早已引起荷印殖民政府的垂涎。从 1917 年 9 月,荷印政府颁布战时所得税条例起,至 1921 年,荷印政府要黄仲涵缴纳"战时所得税"及"双重收入税"3500 万盾。② 这对黄仲涵和建源公司是个沉重的打击。黄仲涵用重金收买了政府的账簿管理人员,把他的账本偷出来藏匿在外地,使政府查不出他的真正收入数字,同时,缴纳了 20 万盾所得税。荷印当局企图用征税办法扼杀建源有限公司不成,又提出要以 2000 万盾收购他的所有企业。他严词拒绝,愤然移居新加坡。③ 1924 年 7 月客死该地,终年仅 58 岁。在此期间,回国定居的黄奕住,经济事业蒸蒸日上,宏图渐展,社会地位方面为各界所重,政府屡予奖赏。1919 年,即回国的当年,大总统黎元洪因其在国外捐资办华侨学校,赠以"敬教劝学"匾额。1920 年,黎元洪因其捐款 3 万元赈济华北旱灾,照例题赠"急公好义"匾额一方。1921 年 1 月 23 日,新任大总统徐世昌亦因此事颁发给他二等大绶嘉禾章,4 月晋奖二等大绶宝光嘉禾章。3 月 12 日下午 1 点钟,《申报》记者发出专电:"南洋抚慰华侨委员林鼎华回京,呈泗水等埠黄奕住等十四人将归,恳大总统传谕宣召入京,商办实

---

① 甲必丹(荷文为 Kapitein,即陆军上尉),是荷兰殖民者为统治印尼华侨而设置的一种华人官职。它是一种"侨领制度",设置此制度的目的是为了笼络前来印尼经商谋生的外侨,委任其中有名望者为首领,协助殖民政府处理外侨事务。华人甲必丹由荷兰殖民者从华人区内的华侨居民中挑选出有影响的知名富商大贾,指名委任。甲必丹就职时必须宣誓效忠荷兰殖民当局。设置甲必丹官职始于 1619 年。1633 年增设雷珍兰(荷文为 Luitenant,即为陆军中尉),作为甲必丹的辅佐。1837 年增设玛腰(一译妈腰,荷文为 Major,即陆军少校),其官衔高于甲必丹。它是一种荣誉官衔,由荷兰殖民者赐给那些被认"有功"的华人甲必丹。

② 林天佑著,李学民、陈巽华译:《三宝垄历史》(暨南大学华侨研究所,1984 年)第339 页说是 3000 万盾。

③ 杨丹:《黄仲涵家族与建源公司》,载福建华侨历史学会编:《华侨历史论丛》第 2辑,1985 年 2 月。据《糖王黄仲涵》第 25 页,荷印政府出价是 7000 万盾。

业。"①黄仲涵比黄奕住大两岁，曾与黄奕住计议过回国投资，在福建兴修铁路。因过早去世，其志愿未能实现。黄奕住1928年1月14日在印尼彭吉林（Peng ling）黄仲涵墓前"欷歔叹息而感慨系之"时，②其感慨中不能不包括两人分手后前途不同的强烈对比。

黄仲涵逝世后，建源公司有过几年的发展。1929年世界经济危机爆发，印尼糖业萧条。该年郭河东糖厂倒闭，建源公司也从此走下坡路。1930年，其糖厂减至五所③。雅加达分公司一度关闭。据华侨领袖陈嘉庚的回忆："（1927年）之后，世界景气日非，悲惨之象日深，富侨破家荡产难以数计，其他虽可维持，损失亦多。"④在世界经济恐慌中，华侨富翁，寄居国外的，其企业受殖民政府的排斥、打击，向下滑坡；黄奕住自回祖国后，其所办企业，直到抗日战争爆发，从总体上讲是在发展扩大。是非得失，毋庸赘言。

这里还有必要讲几句后话。至1961年7月10日，三宝垄经济法院以建源公司"偷漏重税""违反经济法令"为由，将建源公司没收和接管，并改名为"拉耶哇里·努新多有限公司"。至此，在亚洲地区盛极一时的大企业建源公司在印度尼西亚销声匿迹了。⑤建源公司在其他各地的分公司则改组为私人有限公司，由仲涵的子孙各自独立经营。⑥

黄奕住在中国的企业，在1952年至1956年接受公私合营，其子女领取定息。黄奕住生前设立的家族控股公司"黄聚德堂股份有限公司"没有对外营业，但仍继续行使和管理其私人财产，它得到中国政府的允许和尊重。1961年，该公司的董事长黄钦书（黄奕住长子），征得全体股东同意后，委托中国银行上海分行办理登记出售黄聚德堂股份有限公司拥有的新加坡华侨

---

①　《申报》1921年3月13日。

②　黄奕住：《自订回国大事记》。

③　《南洋年鉴（1951年）》，第146页。温广益等：《印度尼西亚华侨史》，北京：海洋出版社，1985年，第384页。

④　陈嘉庚：《南侨回忆录》，香港：草原出版社，1979年，第17页。

⑤　蔡仁龙主编：《东南亚著名华侨华人传》第1辑，北京：海洋出版社，1988年，第112～113页。

⑥　郭端明编撰：《厦门人物（海外篇）》，厦门：鹭江出版社，1996年，第226页。

银行股票。① 所得收入按章程分给诸子女。

在政治上，中国政府对黄奕住的后裔亦颇倚重。长子黄钦书曾任中侨委委员、上海市归国华侨联合会主席、第三届全国人民代表大会代表、全国归国华侨联合会常务委员、公私合营银行董事会副董事长、太平保险公司董事长、中国银行监察人。孙儿黄长溪任第八届、九届全国人民代表大会常委会委员、八届全国人大华侨委员会副主任委员、七届全国政协常委、全国侨联副主席、全国工商联副主席、福建省人大常委会副主任、福建省人民政府副省长等职。

应该说，黄奕住回国定居的这一步是走得对的。

---

① 《黄聚德堂临时股东会会议记录》，1982 年 7 月 4 日，〔1982〕厦证字第 491 号公证书。

第六章 ▪ ▪ ▪ ▪ ▪

新的起点

籽落家乡地,

一夜便生根。

一、卜居厦门

黄奕住回国后,卜居厦门。这不仅仅是选择一个住家的地方,同时也是确定他此后经济活动的指挥中心。

黄奕住之所以选择厦门,是有道理的。

第一,厦门与他的故乡南安很近,人情、风俗、方言、习惯都与南安相近。他定居厦门,很容易适应这里的生活。他和许多华侨一样,有一种长期浪迹天涯后就想起回家的心态。他在国外的生活,有许多方面是欧化的。环境优雅的鼓浪屿,多年前被划为租界,建筑物和生活环境颇有西方色彩。厦门气候宜人,风景优美,这对于久居海外,接受过近代西方生活而又思叶落归根的福建华侨来说,是安度晚年最好不过的处所了,所以许多富侨在这里建了住宅。

第二,厦门地处中国东南沿海,港阔水深,数万吨巨轮出入便利,是中国的优良港口之一。就国内而言,它居于香港、广州与上海航海线中间。黄奕

住认为:"此地与港、粤毗连,沪淞亦带水之限,闽南商业之枢也。"[①]厦门背靠漳州、泉州,互为依托,形成金三角。这个闽南三角地区,是中国三个著名的"三角洲"之一,历来是福建经济活跃的地区。厦门与台湾隔海相望,是福建与江西两省货物的出口口岸。它是以商业发达著称的中等城市。就对外而言,它是中国少有的几个外向型经济传统较浓的地区之一,是中国近代对外开放最早的五个口岸之一,西方各国来华商船多经过此地。它东到日本甚近,南可直抵东南亚各国,地理条件优越。黄奕住是从厦门出发到南洋的,回国时都是经过厦门,对厦门的这种优越性,有亲身感受。黄奕住与一般的内地企业家不同,是属于开放型、外向型的企业家。尽管他回国定居,但在印度尼西亚、马来西亚、新加坡等地还有企业,他还打算在日本、菲律宾等地扩展他的事业。在业务和管理上需要与这些地方联系。这些联系以厦门最为方便。黄奕住选择厦门作为定居地,与他新的活动计划有关。

第三,厦门是著名的侨乡,人口中的 1/4 是华侨或侨眷。厦门又是重要的华侨出国归国口岸之一。1913 年,出国 72200 人,归国 44667 人。1915年,出国 41012 人,归国 34190 人。1919 年,出国 46050 人,归国 29023人。[②]厦门因此而成为福建侨汇集中点与转汇点。1912—1919 年,每年厦门侨汇少则 1100 余万元,多时 1900 余万元。[③]中国近代,政府无能,内地社会秩序混乱,多兵匪之乱,富有者为安全起见,多择居于租界。厦门有租界,租界区设在鼓浪屿岛上。故该岛成为闽南富商聚居之地,华侨尤多。南洋华侨组织侨乡会常在此地开会。在厦门,与闽帮华侨联系最为方便。黄奕住回国前已是南洋闽帮侨界领袖之一,他的许多经济事业是与华侨联合办的。回国时就想经营侨汇业,通过金融机构聚集华侨的资金,在祖国、特别是在福建干一番经济建设事业。厦门是实现他这种心愿的一个理想地方。

总之,对黄奕住这样的人来说,厦门是一处既可向外扩展,又可向内延

---

① 苏大山:《南安奕住黄先生墓志铭》。
② 中共厦门市委资改办公室编:《厦门市私营棉布业历史资料》,1959 年,第 7～22 页。
③ 厦门市政府编印:《厦门要览》,1946 年,第 36 页。

伸,可进可退的定居地。

1919 年黄奕住回国时,他投资的企业,有的在印度尼西亚,有的在新加坡,有的在马来西亚,有的在中国的香港。印度尼西亚是荷兰的殖民地。新加坡、马来西亚是英国的殖民地。黄奕住投资的企业,就其所在地而言,在他回国之前,已跨多个国家和地区。黄奕住回国之后,投资地域进一步扩大到菲律宾及中国的上海、天津、汉口等地。黄奕住以他的资本为纽带,将他投资的企业联系在一起。实际上已形成以他为核心的财团。他所定居的地方,就是该财团"大本营"的所在地。因此,黄奕住从居住在印度尼西亚的三宝垄,改为定居在中国的厦门,也就意味着黄奕住财团的指挥中心从印度尼西亚转移到了中国。

二、回国初期的三件大事

黄奕住在国外 35 年的活动总是随机应变。因为那时没有条件事先定下一个设想并按设想行事,当 1919 年携资回国时,情况变了。第一,此时他想干一番事业,这不能没有一个通盘的安排;第二,他手中已握巨资,面对新的环境,有做出某种安排的可能;第三,他已是一个经历过风险,积累了丰富经验教训的,见多识广的企业家。从他回国后的行动看,他的活动是有计划安排,次第展开,显示出从从容容、胸有成竹。与他在国外四处漂泊,几度危机,忙于应付,形成鲜明的对照。黄奕住在《自订回国大事记》中,记载了回国后头 8 个月(1919 年 4 月至该年年底)做的四件事是:

(1)1919 年 4 月 28 日,"余由垄(引者按:指印度尼西亚三宝垄)到厦(引者按:指厦门)。因吾南(引者按:指福建省南安县)地方未靖,迎家慈萧太夫人就养于鼓浪屿,遂卜居焉"。

(2)6 月 12 日,"为家慈七秩晋四寿辰,谨备采觞为之上寿。阖厦官绅商学各合撰寿文,分具寿幛,并登堂祝福者不下 500 人。颇极一时之盛"。

(3)8 月 12 日,"兴建南北两楼"。

(4)9月12日,"由厦搭海鸿轮赴香(引者按:指香港)。此行系欲游历上海、日本、小吕宋(引者按:指菲律宾),并调查商务"。他到达香港后,调查了约半个月。9月28日由香港到上海,在上海活动了近1个月。10月26日,又由上海回到香港,以便与同期到达香港的三宝垄日兴公司律师磋商荷兰政府抽税事。11月4日从香港乘西湖丸到日本,在日本访问了20多天。12月1日由日本赴菲律宾的马尼拉,用了20天的时间了解商业金融市场状况,组织华侨投资,成立中兴银行。23日由马尼拉到香港。28日由香港到厦门。

上述四件事中,除卜居厦门外,一是为母做寿,光宗耀祖。二是建设新宅,营造新的活动基地。三是调查商务,为确定新的实业计划与经营方针做准备工作。这三件事互相关联,其中的第三件事最为重要,费时也最多,后文将有较为详细的叙述,这里先分别介绍前两件事。

三、为母做寿,光宗耀祖

在中国传统社会里,孝顺父母与光宗耀祖,是为人的道德规范与追求目标。一个人离乡背井外出后,或当了官,或发了财,就要回归故乡,衣锦荣归,炫耀一番,以光宗耀祖,表示对先辈尽了孝道。"富贵而不归故乡,如衣锦夜行"。这是中国人传统的心态。在远离家乡,长期栖居他国的华侨心中,这种传统心态显得特别强烈,具有特殊的意义。"华南侨民的社区中,对于祖先的崇奉是十分显然的。耀祖荣宗被认为是人生最体面的事业之一。他们一方面相信去世的祖先有操纵后代子孙祸福之权,一方面又相信做子孙者对祖宗有祭祀的义务。结果,家庙的建造,坟墓的修筑,及祭祀的典礼,在富裕人家,往往耗费巨金。"[1]一个华侨若是发了财而不在这些方面花费与财力相适应的钱,自己心中难安,宗族中人、周围的华侨与乡亲也会看不

① 陈达:《南洋华侨与闽粤社会》,上海:商务印书馆,1938年,第130页。

起他。对于黄奕住这个闽南最穷的人之一变成最富者之一、在商业场中屡挫屡兴的人来说,他认为自己的成功得庇于祖宗的神佑。他的一家曾经因为贫穷而受人白眼以至遭欺凌、侮辱。他是因此而离乡背井、漂泊异国的。光宗耀祖的行动,对黄奕住来说,还有为父母、为自己出口气,和向那些看不起他及他家的人显示男儿人穷志不穷的特殊意义。孝顺父母、光宗耀祖和炫耀乡里是他人生的目标之一。他发财后,在光宗耀祖方面做出了很多事。在闽南,修建新屋("起大厝")、修祠堂、设书斋、造坟墓合称人生"全福"四大事。华侨在海外赚了大钱,回家光宗耀祖、炫耀乡里,首先也表现在这四件事上。

1919 年之前,黄奕住除了为其祖父母及父亲(1910 年去世)修了很有气派的坟墓,为建黄氏宗祠捐了巨款外,主要是"起大厝"和设书斋。随着自己在海外资产的增多,黄奕住为满足父母与妻子的要求,在南安老家盖的房屋越来越大。先是盖一栋新瓦屋,后又盖番仔楼(新洋房),楼内设有书斋。盖房的目的,一是为了使父母妻小的生活过得舒适一些。一幢宏伟的新楼,矗立在低矮的村舍之间,鹤立鸡群,不仅使乡邻艳羡,父母也感到光荣。二是满足黄奕住向乡人表示他在南洋发了财的虚荣心理。同时也为自己留下退步之地。在海外虽然发了财,但是身居客乡,寄人篱下,备受殖民主义者欺压,总非久居之地,且处于商海风险中,随时可能破产。叶落归根,倦游思归,祖国家乡是他的最后归宿,必须在家乡预留后退之路。且房屋是不动产,人们可望又不可得,就是盗贼也拿不走,是很安稳的一种财产。

黄奕住回国定居之后,他在光宗耀祖方面的动作更多了。该年 6 月为其母萧氏祝寿。第二年 8 月 14 日,其母去世,大办丧事。"吊者不仅厦中之官绅商学,即苏、浙、闽之长官及诸好友,亦函电纷驰,前来吊唁。因汇成哀挽录一册,以志不忘。"[①]萧氏生前深感儿子幼年失学之苦,要黄奕住在家乡办座学校,使贫困农家的孩子能上学读书。黄奕住在母亲辞世的第二天,即"8 月 15 日,遵先慈遗命,设斗南学校于南安楼霞故乡,俾乡中子弟得有求

---

① 黄奕住:《自订回国大事记》。

学之区"。① 不久之后,在鼓浪屿独资承办以其母亲私谥命名的慈勤女子中学,使家乡人和鼓浪屿人感德其母。又在福建省城福州的鼓山,修堂崇祀父母禄位。1926 年 8 月 15 日,"福州鼓山岁寒堂兴工。此堂系余(引者按:黄奕住自称)出资 4000 元,陈培锟(引者按:时任福建省财政厅厅长)出资 1000 元,洪鸿儒会长(引者按:时任厦门总商会会长)出资 1000 元,共同建筑,以崇祀余及陈厅长、洪会长三人之先严慈禄位者。因取松竹梅岁寒三友之义,故以岁寒名堂"。② 同时为母修墓。1927 年 8 月 29 日,"为先慈出殡、执拂者不仅厦、鼓之官、绅、商、学、社团,即泉(引者按:指泉州)南(引者按:指南安)之亲朋戚友宗族,亦不辞跋涉而来。计千余人。颇极一时之盛"。③ 在这几年里,他还捐资 16000 余元修泉州南安黄氏发祥地泉州开元寺东塔,捐资修黄氏族谱,倡建厦门江夏堂(闽南黄姓均称江夏黄氏,谓其祖先来自湖北江夏。建江夏堂,联黄氏大宗之族谊)。黄奕住办这些事,皆大肆张扬,"盛极一时"。这里仅以为母祝寿为例。

1919 年 6 月 12 日,是黄奕住的母亲萧氏 74 岁生日。黄奕住将她从南安接到厦门,大为庆贺。多年之后,厦门的老人犹能描述其状。其中流传最广的是,黄奕住不仅搭了能宴请 500 余客人的大竹木棚和 2 个戏台,请了 2 个戏班子同时唱对台戏,还给所有来的穷人以施舍。他在住宅(中德记楼)边放一个大木桶,桶里放着沾有红色染料的银圆。愿意拿的,每人可以拿一个。拿了的,手指染红了,一时洗不掉,便不能再拿。于是,官、绅、商、学来贺寿的、看寿星的、观戏的,为了得银圆的,络绎不绝地从厦门渡海来到鼓浪屿,把中德记楼周围挤得人山人海,盛况空前。

对于黄奕住的这种做法,厦门有些华侨颇不理解,据陈延侯所写《黄仲训传》的记载,当黄奕住为母祝寿,"声言将给贫穷人每人一个银圆的施舍,他(引者按:指黄仲训)闻讯,大伤其悭吝的脑根,急到中德记,对黄奕住说:

---

① 黄奕住:《自订回国大事记》。
② 黄奕住:《自订回国大事记》。
③ 黄奕住:《自订回国大事记》。

'你这样一来,在鼓的华侨谁能做寿辰呢? 本来是给乞丐每人一个铜圆,现在丰厚一些,改用一个银角就够了。'"① 黄仲训也是厦门的著名富侨,他不知道黄奕住之所以要这样做,一是认为只有如此,才能使母亲高兴,才能表达他的孝心。二是表示对穷者的同情。黄仲训不是穷人出身,对穷人出身的黄奕住的举措不能理解。三是借此之机,向社会发布了一条新闻:富有的黄奕住已经回国了。树立富有的形象,扩大社会影响,正是他回国之初所急需的。黄奕住回国后最初的几步行动确实达到了这个方面的目的。因为它们给了人们一个明白无误的信息:他是发了大财才回国的。厦门人说:"过去说一个人富,总爱说是百万富翁,黄奕住不是百万,而是千万,万万!"不久,在厦门和闽南地区逐渐地流传着一句口头禅:"若要富,要学黄奕住。"②

　　黄奕住是带着痛苦的心情离开印度尼西亚的。荷印殖民地对华侨的种种无理迫害行为,在黄奕住的心头刻下深深的伤痕。自 1919 年 4 月 29 日回到祖国定居,到 6 月中旬为母庆寿完毕,母亲的慈爱,与原配夫人王时的团圆,同大陆子女的欢聚,地方长官绅商的热情,永远感到亲切的乡音乡语,故乡的风,故乡的水,这一切一切,很快就抚平了他这个游子心中的创伤,在

---

　　① 未刊稿,藏厦门市档案馆。按:黄仲训(1875—1951),又名铁夷,福建南安人。协助其父黄文华在越南经营地产、典当致富,入法国籍。1913 年挟资回国,定居厦门,创办"黄荣远堂",在厦门经营房地产。1918 年,在鼓浪屿将日光岩圈为私人花园,招致非议,被迫改为公园。他在日光岩下建成瞰青别墅后,也有人提出异议,认为此地不是他的,并诉诸法律,打了多年官司,这使他一直未住进该别墅。参阅:福建省政协文史资料委员会编:《福建名人故居》上册,福州:福建人民出版社,2007 年,第 171～173 页。"百度百科"如此评价黄仲训的成就:"他与黄奕住同为鼓浪屿的华侨首富,言富侨者,必推此二黄。黄仲训的'瞰青别墅'与黄奕住的'观海别墅',同为鼓浪屿胜地,游者都认为可互相媲美。但是,此二人的经历见识及行为却不相同,一则承袭父业而加以发展,一乃出身贫农白手起家。一入外籍以保私财,对祖国建设漠不关心,一则拒绝外人引诱,坚决不入外籍,晚年尽其资力,回国参加建设。这可视为华侨社会中的两种典型人物。"
　　② 《国外著名华人列传》,156 页。旅美华人黄仲伟 1992 年 4 月 27 日写的材料(存黄萱私人档案)中作:福建有句民谣:"要想致富,就学黄奕住。"在笔者调查中,老人们的说法是:"要想富,就学黄奕住。""在过去,厦门和闽南一带,曾经流行一句口头禅:'若要富,要学黄奕住。'并在形容大富翁时,也常有这么一句:'富甲亲像黄奕住。'可见黄奕住是老少皆知的巨富。"郭瑞明:《厦门人物(海外篇)》,厦门:鹭江出版社,1996 年,第 271 页。

他心中燃起了一股为故乡干一番事业的热情火焰。他像一辆加了油的车，又加速向前驶去。

四、兴建住宅

黄奕住1919年春决定定居厦门鼓浪屿后，首先想的是在此地兴建新住宅。新住宅分为两个部分：黄家花园和观海别墅。下面依其建造的先后分述于下：

（一）建黄家花园的南楼、北楼

1919年3月间，他派人买下了厦门鼓浪屿岛上一座名为"中德记"的房屋，作为回国定居的临时住宅。

"中德记"原是厦门英资德记洋行"二写"的住宅。在厦门，洋行的大班（相当于总经理）称"大写"。大班的助手被称为"二写"（相当于副总经理）。德记洋行大写建的住宅称"大德记"，二写建的住宅称"中德记"。"中德记"是红砖砌成的二层半楼房，位于鼓浪屿洋人球埔（球埔是打球的场所，现鼓浪屿人民体育场）南边。楼房的主人离厦回国时，将它卖给菽庄花园的主人林尔嘉。1919年3月，林将其卖给黄奕住。

黄奕住回国住进该楼以后，感到太窄了，既不能满足他全家生活上的要求，更难适应他经济与社交活动的需要。于是又购进该楼北边的、由教会办的明道女子学校的楼房，还购得该楼南边的旷地及吴家园楼房一座。1919年8月12日，拆除明道女子学校的楼房，兴建北楼，在旷地上兴建南楼。工程由厦门当地的建筑公司（一说上海裕泰营造公司）承包。这南北二楼于1921年完工，造价约七八万元。

图 11　南　楼

(二)营造观海别墅

在兴建北楼、南楼的同时,黄奕住又在鼓浪屿田尾路海角尖上购买和营造房屋。在这个地方,原来有两座建筑。一座是丹麦大北电报局公司经理(挪威人)的住宅,1918 年建成。1919 年,厦门电气工人因反对大北电报局的虐待而罢工,电报局公司经理匆匆回国,房子空着,看守需人,维修需费,愿意出售,黄奕住乘机将其买下。另一座属法国领事馆所有,黄奕住与法国领事商量,用新建的、地址就在法国领事馆后面的洋楼,换取领事馆的这栋房屋。事成之后,1920 年,黄奕住把原挪威人的住宅和原法国领事馆所有的房子翻新修饰,又填海扩地,沿海岸筑堤。为了安静,筑墙以与外界隔开。在墙内,建一丈左右高的螺旋形的高台,以观看海潮(观海台)。在台与楼之间,辟花园、迷宫,以与菽庄花园相媲美。全部建成之后,黄奕住称它为"观海别墅"。鼓浪屿现有一个观海园,院内有很多别墅,但真正能观海的只有观海别墅。别墅为仿法式,单层平房,设有地下隔潮层,四面拱券环廊,拱券

宽窄相间,配置颇有韵律,甚为美观。西面拱券装有柳条百叶,以挡避阳光。南北两端有附房,是为主人沐海服务的。南面附房前建一小庭院,内有石凳石桌,供浴后休息。女墙和檐线均极简练明快,流畅自然。走廊为平顶,卧室为坡顶。内部结构也颇简洁,踏过宽廊就直入客厅。客厅两旁是卧室。卧室内装有壁炉。整座建筑选址恰当,造型轻盈。

田尾路海角尖上这个地方地势特别好。此处临海,海风不断,空气新鲜,视野宽阔。白日倚楼观潮,水天相接,美景尽收眼底,胸怀为之开阔。夜间倚枕听拍岸潮声,可淘尽心间浊气,实是欣赏海景的胜地。

别墅选址有两大特点,一是西面临海,楼墙就筑在花岗石堤岸上,涨潮时海浪拍打堤岸,轰鸣的涛声直接传到卧室。由于海潮拍岸极有节奏,拍来时汹涌激越,退去时轻轻叹息,颇似一曲悦耳的催眠曲。

二是别墅建在海角礁盘上,视野宽广。推窗即见海,跨步就踏海。稍抬头,海水涨了又退,浩浩东去又奔腾回返;偶俯视,白沙湿了又干,沙水轻轻拥抱又温情吻别。站在观海台上,放眼看去,大海无垠,浪花奔逐,初阳如虹,鸥鹭翻飞,大担岛、二担岛时隐时现,空蒙绰约。观海别墅,名如其楼。

观海别墅占地 4662 平方米,约合 7 市亩。修建观海别墅用款 45070.78 元。时人写道:"观海别墅在鼓港仔后,为富商黄奕住所建。墅系建筑洋楼。栽柳种桃,划圃植花,铺置极雅致。滨海可观潮。空气绝佳。惜主人吝游悭迹,门时闭。吾人纵步港堤,唯作墙外饕,未能饱受其间佳秀耳。"[①]观海别墅原来曾设想与菽庄花园的四十四桥相接,因大北公司的阻挠而未能实现。别墅对面原有一栋两层楼房,曾经是法国领事馆,1930 年前后,黄奕住、林尔嘉、龚植等常去领馆晤谈宴饮。可惜它年久失修,逐渐倾圮,后来在那里又盖起了新楼。

黄奕住在观海别墅招待过许多中外客人。其中最令他高兴的是宴请英

---

① 工商广告社编纂部编:《厦门工商业大观》,厦门:厦门工商广告社,1932 年,第 12 页。关于黄奕住购买挪威人此住宅的时间,龚洁(《鼓浪屿建筑丛谈》,厦门:鹭江出版社,1997 年,第 117 页)说是 1926 年。鼓浪屿最负盛名的是各种风格的建筑,号称"万国建筑博览会"。

国国王爱德华八世。1947 年,观海别墅曾作为"海疆学术资料馆"。1950
年,中国人民解放军进驻该楼,并在观海台上建有观察哨。"海疆馆"搬至西
林别墅。1964 年,观海别墅划入"福建省鼓浪屿干部休养所",接待全国来
此休养的干部。[①]

2002 年中国政府将别墅还给黄奕住的家族公司——黄聚德堂股份有
限公司。黄奕住的第 12 个儿子黄世华将其改变为住宅。除外墙形状未动
外,内部结构已全改观。

图 12 观海别墅

(黄奕住曾孙女婿陈世晞教授拍于 2018 年 7 月)

(三)兴建黄家花园中楼

1921 年,黄奕住及其家眷迁入南楼与北楼居住后,开始拆掉"中德记"。

---

① 龚洁:《鼓浪屿建筑丛谈》,厦门:鹭江出版社,1997 年。该书的第 117 页谓:
1926 年买下丹麦大北电报公司经理之公寓,该楼建于 1918 年。黄奕住买下后稍做修
整,并在楼前增建了一个小花园、迷宫和观海台,专作观海听涛休息的地方。

在原址上后退丈余,兴建中楼。中楼的工程,由上海裕泰建筑公司承包。[①]
这个公司为了在厦门打开局面,在建筑此楼时,请中国和英国、德国工程师
精心设计(以德国工程师为主),注重风格,用料讲究。主体结构为欧式风
格,局部有中国特色。其正立面增设山花,建筑周围设四面回廊,前为双向
步阶,后为弧形宽廊,廊柱模仿罗马柱头,高贵典雅。整座建筑所用建材颇
为考究,台阶及前后大走廊地面,一至二楼整座楼梯,以及二楼扶栏等醒目
地方,均用抛光的意大利大理石(仅此一项,费钱 20 万元)。门窗、家具、楼
楹、护墙等均用进口的楠木。其他材料大多数从上海运来,均为中外上等建
材。公司聘请中外名匠精心施工。石柱等由著名的工匠琢成。大理石廊
面、楼梯光可照人。大厅用楠木通体做护墙、天顶、地板,厚实稳重。配以工
艺精湛、造型典雅、精雕细刻的紫檀博古架和长供桌,上面陈列各种古玩。
厅右配有青铜镂花装饰壁炉。在楼房内部,与英国式落地百叶窗、壁炉、宽
阔走廊、拼木地板相匹配,刻花玻璃窗上挂有丝绒挂帘、地上铺有羊毛地毯、
壁挂明镜、油画和灯饰。

二楼有可以远眺日光岩的宽大阳台,厚实高阔的门窗和斯诺克房间。
一派华丽典雅氛围。四周宽阔的大柱回廊(这是西欧建筑传统,也是中国宫
殿、大庙建筑的传统)。廊柱之立面都是对称的,水泥剁斧、凹槽纤细垂直、
挑担水平划分,外形整洁华贵,气度非凡。廊柱间垂挂紫丝绒长缦,廊内可
以看清楼外,而楼外却看不清廊内。主人常在此宴宾客。它既有欧洲文艺
复兴时期建筑的风采,又有 18 世纪德国贵族的华丽装饰,还有一些中国传
统手法。它是中西建筑风格的和谐结合,处处透露出一派豪华的古典美的
气韵。1925 年 8 月 15 日,中楼落成。黄奕住为兴建北楼、南楼、中楼共支
出 365654.2 元。

北楼及南楼、中楼建成之后,黄奕住又砌围墙。其外墙、女墙、隔断线都

---

① 章淑淳:《我与中南银行》,《大人》(香港)第 32 期,1972 年 12 月。"黄奕住在鼓
浪屿盖了三所住宅,自己住一所,是上海姓张的包工的,相当华丽。又在海边盖了一所
别墅"。叶更新等写的材料谓承包商为上海西门子公司。

装饰得很精美,花饰与建筑物和谐。尤其是正面女墙上的花饰,配搭得恰到好处,流畅大方,显得豪华气派。黄奕住在三座楼前兴建占地 11988 平方米(约合 18 市亩)的大型花园——黄家花园。雇了 6 个花匠,3 个漳州籍的,3 个福州籍的。这是为了能照料福建南北

图 13 中楼及花园一角

各地的花木。这些花匠施展各具特色的园艺技术,购买和培植大量花卉,加上原有成林的树木,很快就把这个庭院收拾得四处飘香,花团锦簇,使 3 栋楼房点缀在古榕、青榆、红枣、刺桐、香樟、芙蓉、修竹、各种时令鲜花之间。白墙、红瓦、绿树浓荫掩映,使整座庭院显得生机盎然。特别是中楼前的内花园,布置精致。站在它的二楼阳台上观景、晨练、纳凉、会客,观赏洋人球埔上的球戏,是一种令人清心悦目的享受。这是一座花园独院式的、厦门最大的、最现代化的住宅。"黄家花园"规模之宏大、建筑之优美,超过厦门鼓浪屿所有的别墅,也超过福建已有的楼房,当年被称为"中国第一别墅"。群众或沿旧习仍称为"中德记",或因其像座花园而称它为"黄家花园"。黄奕住在营建如此豪华住宅的同时,没有忘记自己的苦出身与对后代的提醒。他在这三栋楼房里装饰了许多挂镜,镜端均刻有三件理发工具:剃刀、须刷和淘耳筒。使家人以镜正衣冠时,也会联想到他创业维艰。中楼的二楼挂了他父母的遗像,布置了"家史馆",作为教育子孙的拜堂。为了子孙能守成,可谓用心良苦。

对于黄奕住如此装饰黄家花园,今人应该怎么看呢?《厦门晚报》1995年 9 月 16 日刊登的龚洁《话说两种"个人成功"》一文,表达了一种观点。全文不长,照录如下:

> 装修居室,各人自有所爱,自有标准。至于装修得或土或洋、或中或西、土洋结合、中西合璧,甚至不土不洋、不中不西、雅俗参半,统统是主人的事,"癫痢头儿子自家的好",主人看得得意顺心就行了。由于情趣、观念、文化、修养的水平不同,你说庸俗不雅,他还认为是追赶时代

潮流呢?至于装个皇宫、龙窟、香巢什么的,也是花钱的一个去向,旁人不必说三道四,指手画脚。黄奕住出洋"发"了以后,在鼓浪屿中德记购地建房,把花园别墅装修得超一流,用楠木把大厅的天上地下、四面墙壁统统包起来,从意大利运来大理石作楼梯砌扶栏,用特制的刻有中国古典人物画的玻璃装嵌所有窗户,超过了那时所有别墅的豪华,确实表现了这位富豪的"个人成功"。就是现在,我看厦门私家装修还没有人能超过他的。因此,我既欣赏黄奕住建花园别墅的"个人成功",也敬佩陈嘉庚倾资办学的"个人成功"!厦门,正因为有了陈嘉庚,还有黄奕住,才构成了一个时代的美妙!

至于黄奕住本人,他对自己的这个举措甚为得意。中楼落成后3个月,11月15日,当菊花怒放时,他邀请厦门、鼓浪屿"中西人士赏菊,并参观中楼。到者五百余人,摄影以留念"①。

黄奕住所邀请的客人,不仅有亲朋戚友,当地官、绅、商、学各界,还特地请来外国人,这是他一种心态的表现。

这是一种什么心态呢?从文献与口碑资料看,黄奕住虽极富有,可在衣食方面始终保持俭朴作风。那么,他盖这么豪华的楼房到底是为了什么?为了显示富有,以便树立他的社会上的地位与声望?这是可能的一种解释。笔者初游鼓浪屿,在诸多建筑中,对黄家花园与1907年林鹤寿(林叔臧的堂弟)在笔架山北麓营建的八卦楼留下特殊的、难以一时言明的印象。② 它们似乎蕴含着主人的一种争强斗胜的心态。我的导游是黄氏亲属,一位深知

---

① 黄奕住:《自订回国大事记》。

② 八卦楼是厦门近代建筑的代表之一。兴工于1907年,1920年基本完工。总建筑面积4623平方米,高26.6米,共三层。另有地下隔潮层和一个10米高的圆顶,因其临海和雄伟,成为海轮出入厦门港的标识。主人林鹤寿是台湾板桥人。1895年,中日甲午战后,日本强夺台湾,他随父内迁,定居鼓浪屿,立志要盖一栋站在楼顶能纵览厦门,环视全鼓浪屿的大别墅。参见龚洁:《鼓浪屿建筑丛谈》,厦门:鹭江出版社,1997年,第107~109页;杨纪波:《鼓浪屿宾馆沿革》,厦门人民广播电台编辑部《天风海涛》第2辑;杨纪波:《观海别墅》,《天风海涛》第4辑;杨纪波:《观海别墅旧事》,《厦门文史资料(选辑)》第6辑,1984年;张镇世:《"公共租界"时期的鼓浪屿》,《厦门文史资料(选辑)》第3辑,1983年。

黄奕住生活情况与性格的老人。我问他:"黄奕住盖这个花园,是否与谁比富?"他的回答是,没有听说过有与某人比富的事。余心惆怅。不久,笔者到湖北河南交界处的鸡公山上避暑,了解到这么一件事:1919 年直系军阀吴佩孚部第十四师长靳云鄂来山中避暑消夏,目睹各国驻汉口领事馆在山上盖有各种风格的别墅,比中国人的房子高大,"十里风飘九国旗"的凌辱局面,使他气压心中,便下决心在该山的最高处,盖一座比所有外国领事馆所盖别墅更高更大的楼房,设楼顶以供眺望。他站在其上,一览众房小,心中郁积之气,油然而出。1921—1923 年建成该楼之日,命名"颐庐"。并即兴诗云:"楼阁连云看不尽,堂煌毕竟让颐庐。"后人为纪念靳云鄂的民族气节,又称颐庐为"志气楼"。今之登斯楼者,犹有此种心情。我在游鼓浪屿时留下的问题,竟触类旁通,恍然大悟,原来黄奕住以及八卦楼的主人(也是一位华侨)之所以要盖如此高大的楼房,在规模、用料、装饰等方面压住了在鼓浪屿这个公共租界上所有外国人的建筑物,包括他们的领事馆在内(黄奕住与八卦楼主人还有一个不同之处,他是收购法国人的、英国人的、挪威人的、教会的房子的基地上盖的新楼)。这是在旧中国那种环境里,爱国者要长中国人志气的心态的一种表现。

此外,据厦门市博物馆原馆长龚洁考证,1934 年,上巳节,黄奕住在黄家花园举办了规模空前的游春修禊[①]盛事。龚洁认为,这种盛事在厦门历史上是唯一的一次。[②]

龚洁在搜集、考证鼓浪屿相关历史人文资料时发现,甲戌年(1934 年)三月初三日,上巳节,黄奕住效仿晋人兰亭修禊韵事,邀请几乎囊括当年厦鼓所有名流宿儒,共计 28 人,年龄都在 60 岁以上,最年长者 86 岁,游春欢聚于鼓浪屿黄家花园,酬唱宴饮。应邀参加此次修禊雅事之人包括了洪晓春、林文庆、林尔嘉等本地名人。宴后,宾主 29 人在黄家花园楼前摄影

---

① 修禊是源于周代的一种古老习俗,即农历三月上旬"巳日"这天,人们相约到水边沐浴、洗濯,借以除灾去邪,古俗称为"祓禊";后文人饮酒赋诗的集会,也称为修禊。

② 海鹰:《鼓浪屿申遗揭尘封往事 蒋介石败退前夜宿黄家花园》,中国新闻网,2012 年 2 月 13 日。

留念。

为了记录此次盛事,黄奕住还特别在照片上附言,列出参与之人的名字和年龄。黄奕住将相片赠送给所有参加者,并附言(因年代久远,有些字已无从辨认):"民国二十三年甲戌上巳良辰,仿晋人修禊韵事,邀厦鼓德高望重人士欢聚敝楼,并撮,念兹将芳名列左,录列如次……宾主二十九人,综计二千另六十一岁,年最长者为刘君宗熙八十六龄,而以六十老翁之林君菽庄为最年少者,殿之亦佳话也。主人黄奕住谨志并赠。"

此时,黄奕住投资房地产、民生实业、金融保险,均获得巨大成功。他已经成为中国工商界和金融界的翘楚,踌躇满志,准备再创辉煌。

图14　1934年上巳节,29位名流宿儒聚于黄家花园

五、酝酿新的实业计划

黄奕住办事,都是要先做调查研究,了解情况后再决定。回国之前,他对印度尼西亚、新加坡、马来西亚的情况,以及欧洲、古巴等地的糖市了解甚为详尽。回国之后,用了三个半月的时间,专程到上海、香港、日本、菲律宾等地调查商务。在此基础上,酝酿出了发展实业的新思路。从在国外赚钱,到在国内用钱的转变,黄奕住的人生进入新阶段。

从他回国前后的言行看,他在发展实业方面有所为也有所不为,确实是有计划的。如果从地域(空间)上划分,这个计划包括以下四个层次。

第一个层次是跨国的,主要是中国和东南亚地区。在 1919 年回国以前,他在马来西亚、新加坡和中国(含香港地区)有商业公司,在印度尼西亚、马来西亚和新加坡,投资房地产、货栈、保险公司、银行以及酒精厂等工业企业。在中国的福建,投资漳厦铁路。在厦门,1918 年他设立黄日兴商行。1919 年,他离开印度尼西亚回国,途经新加坡时,与几位华侨合办华侨银行,入股叻币 40 万元。[①] 该行在中国上海等多处设有分行。1919 年,调查商务期间,在菲律宾的马尼拉倡议创办中兴银行。本人投资菲币 100 万元,占该行资金总额的 1/5。该行在中国的上海、厦门等地设有分行。1921 年,他在上海创办中南银行和日兴商行。从他考察地点和投资地点看,他是想从印度尼西亚抽调资金转投到新加坡、香港、上海、日本和菲律宾。从调查后的行动看,他不去日本投资。将投资的主要地点选在上海,在此地设立的中南银行,该行在国内各主要商业城市设立分支行,在菲律宾、新加坡、马来西亚、印度尼西亚等国设有代办机构。在上海他投资几个工厂,并设日兴商

---

① 叻币,即新加坡币。叻乃叻埠、石叻(华侨对新加坡的别称)的简称。

行,该行在汉口设分行。各地的日兴商行主要经营国际贸易。[①] 这样,黄奕住就建起一个跨多个国家、多个地区的,以经营货币与商品为主的商业金融网络。这使他的资金处于可以灵活调动、进退自如的有利境地。

第二个层次是中国。在黄奕住的跨国经济活动中,1919 年回国之前,据点在印度尼西亚,回国定居之后,据点移到了中国,重点也移到了中国。他的目光注视着全国。如何振兴中国的经济? 在他看来,关键是要解决资金问题。中国太穷,资金太少,既有的资金又流通不畅,不能用于最需要的地方。解决资金问题的途径,一是从国外引进资金,首先是引导华侨的资金回国;二是把国内的资金融通起来。正是出于这种考虑,他在回国之后,把资本逐步地调回中国,将主要的资金和主要的精力用于创办中南银行,通过中南银行发行货币,并与金城银行、盐业银行、大陆银行组成四家银行的联合储蓄会、准备库,吸收和调剂资金,投资和支持工商业。在工业方面,他在上海、天津、厦门、香港等地的一些企业中投有资金。在商业方面,通过设在上海、汉口、厦门等地的日兴商行,经营进出口业务。在交通方面,在广东、福建投资铁路。在全国性这个层次上,黄奕住经济活动的中心是金融,基地在中南银行总行所在地上海。

第三个层次是福建省。在中国的经济活动中,黄奕住很重视自己家乡福建省的建设。黄奕住回国后,在振兴福建经济方面费了许多心思。他开发福建经济的思路,集中在四个方面:(1)沟通国内外、省内外的资金流通,大力吸收侨资;(2)兴办教育,提高国民素质,培养经济人才;(3)修筑铁路,

---

① 厦门黄日兴商行开办资本 10 万元[林金枝、庄为玑编:《近代华侨投资国内企业史资料选辑(福建卷)》,福州:福建人民出版社,1985 年,第 363 页]。上海日兴商行开办资本 25 万元。厦门黄日兴商行与上海日兴商行的业务主要是从印度尼西亚进口蔗糖。它们与同是南洋华侨经营的黄炳记、祯祥号、聚德隆等,"握有糖业界的霸权"(雷啸岑译:《中国资产阶级的分析》,《时事月报》1932 年第 1 期。参见日本森次勋著,汤怡译:《上海的鸟瞰》,《经济评论》1935 年第 2 卷。上海日兴商行汉口分行专营大豆外销生意,主要对象是印度尼西亚等东南亚国家。大豆外销数量之大,曾使承运的外国轮船公司的员工叹为观止。厦门黄日兴商行 1932 年收盘。上海日兴商行及其汉口分行在日军占领上海、汉口时停业。

使物畅其流;(4)开采矿藏,使地尽其利,解决工业发展的燃料和原料供应问题。这几个方面均属经济发展的基础工作。其中,黄奕住尤其注重铁路。福建东南沿海一带,依靠海运,尚称方便。省内各地区之间,以及福建省与邻省之间,交通却极不方便。这是福建经济发展的一大瓶颈。故黄奕住在福建经济建设问题上,目光集中在内陆交通的兴建上。黄奕住投在国内的资金,除中南银行这种全国忄事业外,从地区上分类,以福建省为最多。在福建的投资中,按经济部门分类,用于修筑铁路的最多。

第四个层次是厦门。黄奕住在福建的经济活动,地区上的重点放在他的出生地闽南,其中又特别是他回国后卜居的厦门。他在厦门的投资,一是用于活跃国内外资金流通,如开设黄日兴银庄、中兴银行厦门分行、中南银行厦门分行;二是设日兴商行厦门分行,活跃国内外物资流通;三是除给厦门的大同中学、英华中学、厦门大学、中山图书馆、中山医院等捐款外,独资承办慈勤女子中学,提高民智,培育人才;四是市政建设,修建日兴街,接办厦门电话公司,创办自来水公司,为厦门城市的现代化及 20 世纪二三十年代的经济起飞奠定基础。

以下几章将分别叙述他在这四个层次上经济活动的情况。

第七章 ∎ ∎ ∎ ∎ ∎

筹办中南银行

银行——

人类经济生活走向现代化的阶梯

一、经营重心的转向

从上章的叙述中可以看出,黄奕住的经营方针在回国前后发生了重大的转折。这种转折主要表现在:(1)在经营的地域上,从以国(中国)外为主,转到以国内为主;在国外,南面(印度尼西亚)收缩,向东面(菲律宾)扩展。(2)在经营的行业上,重点从商业转向金融,即从以商业特别是蔗糖进出口业为主,兼及金融、房地产等业,转向以金融业为主,兼及工业、矿业、交通、房地产、进出口等业。黄奕住经济活动涉及的地区和经济部门,比在国外居留时更加宽广。

黄奕住在国内的经济活动中,活动空间也在不断拓展。其活动范围超过福建省,面向全国,如:(1)在上海等地投资银行、保险公司、信托公司等金融业;(2)在福建、广东投资修建铁路、矿业;(3)在上海、汉口、香港等地设商行经营进出口贸易;(4)在上海、天津等地投资工厂;(5)给福建、北京、上海、广州等地多个大、中、小学捐款;(6)给多项公益事业捐款。在这六个方面中,黄奕住投资最多,影响最大的是第一项,即金融业。

就黄奕住一生的经济活动而言,前半生的重点领域在商业,其主干或代

表性企业是总部设在印尼的日兴公司;后半生的重点领域是金融业,其主干或代表性企业是总行设在中国的中南银行。

黄奕住这次转变是出于他对时局的判断,是决策上的一次重大选择。黄奕住的经营活动,从商业领域扩大到金融领域,始于第一次世界大战时期。在印尼三宝垄的糖业投机中,他懂得了银行、保险业的利益与能量。在印尼,他投资于棉兰的一家银行(名称待考)、日里的工商银行、泗水的中华银行、三宝垄华南银行(台湾银行设立的)和三宝垄因知西雷保险公司。

在世界经济发展进程中,在第一次世界大战发生的前后,金融业在经济生活中的地位越来越重要。1918年、1919年间,在东南亚的华侨中,"银行及国货公司两事业蒸蒸日上"[①]。《中国与南洋》(1921年11月)记载:"自前三年三宝垄糖商大失败后,侨商渐凛然于金融关系之重要。迨日本台湾银行创设华南银行于三宝垄以吸收我华侨资本,又恍然于金融权之不可旁落。于是大小银行应时而起者,计有新加坡千万元之华侨银行,泗水500万盾之中华银行,余如巴达维亚300万盾银行尚有若干起。"[②]将资本投向金融业,是东南亚华侨资本的新动态。黄奕住经营活动的重心转向金融,符合世界经济发展的大趋势,也是东南亚华侨资本新流向。

黄奕住在返国前夕,即考虑今后如何运用其资财为祖国的建设事业出力。他在印尼30多年的商业活动中,深刻体会到金融业的地位、作用以及重要性。特别是1917年,华侨糖商遇到困难,遭到荷兰银行资本的掣肘和刁难,使他感到建立华侨资本银行及本国资本银行的重要意义。因此,1919年4月,他从印尼返国途经新加坡时,即与李光前、李俊承、李玉堆、陈延廉、陈振传等福建籍华侨,共同发起成立华侨银行,他入股叻币40万元。[③]华侨银行注册资本1000万,实收520万元,是当时新加坡三家华侨资本银行

① 赵正平:《我人对南文化运动之回顾》,《中国与南洋》1921年第1号。
② 《暨南学校商业科筹办专门部之计划》,《中国与南洋》1921年第2卷第4、5号。
③ 黄则盘:《著名华侨黄奕住事迹》,《泉州文史资料》第10辑,1982年。赵德馨按:发起者还有新加坡华侨林文庆。

(其他两家为华商、和丰)中资本最多者。① 华侨银行在中国的上海、厦门、广州和香港等地建立了分支机构。

1919 年 12 月,黄奕住到达菲律宾马尼拉后,与华侨商界人物广泛接触,得知在菲律宾的华侨约 5 万人(1918 年菲律宾外籍人口调查,华人有43802 人,实际的人数要比这个数字多一些)。其中,福建省籍人约占总数的 80%。菲岛华侨的大多数从事商业。零售商业的 90%,批发商业的大部分,均掌握在华人之手。而银行、保险业却为欧美资本所垄断。华侨经营商业,难以得到西方人所办银行的贷款,即便肯贷,条件也苛刻。华侨的经济活动往往受到西方银行的掣肘,华侨商业虽有一定基础,但金融权全操在西方国家所办银行手中,对华商多加刁难,阻碍华侨工商企业的发展。有鉴于此,黄奕住与当地华侨领袖李清泉、薛敏老、吴记霍、邱允衡等人商议对策,黄奕住提议由华侨办个银行,取名中兴,大家同意。创办时的注册资本为1000 万比索(菲币),第一次招股 600 万比索,实缴资本 200 万比索。黄奕住认股 100 万比索。李清泉被推为董事长兼总经理。薛敏老任协理,因黄奕住不在当地居住,他只任董事。② 该行成立以后,设立了商业部及储蓄部,采取了许多措施,吸引了广大华侨、华商的资金,为华侨企业提供信贷等各种金融服务,取得良好的信誉、业务蒸蒸日上。后来,该行在中国的上海、厦门设立分行。上海分行设在四川路 149 号(经理王天申,副经理周幼墨)。厦门分行于 1925 年 8 月 19 日开业,③行址设在中山路(代理经理王应曦)。另在香港、欧美及日本等地设有通汇机构。1931 年,该行总资产占全菲银行总资产 24181 万比索的 9.96%。1933 年,该行缴足资本已增至 571.33

---

① 邱守愚:《二十世纪之南洋》,上海:商务印书馆,1934 年,第 343 页。《新加坡华侨银行五十周年纪念刊(1932—1982)》。

② 黄奕住后来被选为历届董事。据黄奕住(自订回国大事记)记载,他只在 1929年 2 月出席过一次董事会。

③ 林崧、杨纪波整理:《厦门大事记》,《厦门文史资料(选辑)》第 6 辑,1983 年。

万比索,资产总额增至 2400 万比索,成为菲律宾最大的侨营银行。[①]

在中国本土,黄奕住到达上海的 1919 年,中国的工商业处于"黄金时期"中的顶峰状态,上海尤为突出。中国私人资本企业注册开设的工厂,1913 年至 1915 年,平均每年为 41.3 家,1916 年至 1919 年为 124.6 家。后者为前者的 3 倍。工业投资额,1913 年为 4987.5 万元,1920 年为 15522.1 万元。[②]后者为前者的 3.11 倍。从 1913 年到 1920 年,平均每年递增 17.6%。这是很快的速度。上海在 1913 年以前的 38 年中,共开设工厂 153 家。1914 年至 1928 年的 15 年中,共开设工厂 1229 家。[③] 前一时期平均每年开设 4 家,后一时期则为 82 家。后者为前者的 20 倍。工厂数,1913 年为 153 家,1928 年为 1382 家,平均每年递增 15.8%。工业的发展促进商业的繁荣。以交易所而言,1916 年上海开设第 1 家,1920 年前后就达 200 家。[④] 工商业的繁荣需要银行提供资金服务,在这种情况下,银行的利润很高。在 20 世纪最初 10 年里,外资汇丰银行的年利润率高达 36%。仅经营汇兑业务的外资银行,从资金周转中每年获 15%～20% 的纯利润。[⑤] 中国银行在 1912 年的利润率(纯收益/资本总额)为 4.88%,1915 年为 25.97%,1918 年为 30.88%,1919 年为 28.17%。[⑥] 这么高的利润率,为以

① 《菲律宾岷里拉中华商会 30 周年纪念刊》乙编,第 37～38 页;《菲律宾华侨名人录》,上海:大京书局,1931 年,第 6 页;吴承洛:《菲律宾工商业考察记》第四编,上海:中华书局,1929 年,第 7 页;施良编著:《菲律宾研究》第七章"华侨",南京:正中书局,1947 年。

② 《中国近代金融史》编写组:《中国近代金融史》,北京:中国金融出版社,1985 年,第 123 页。

③ 罗志如:《统计表中之上海》,中央研究院社会科学研究所,1932 年,第 63 页。

④ 张仲礼主编:《近代上海城市研究》,上海:上海人民出版社,1990 年,第 139～140 页。

⑤ 雷麦:《中国经济论文选》(Reading in Economics for China)中的"汇丰银行史"一文,上海,1926 年。安立德(Julean Arnold):《中国商务指南》,第 173 页,1926 年。转引自郑友揆:《中国的对外贸易与工业发展》,第 116 页。

⑥ 许涤新、吴承明主编:《中国资本主义发展史》第 2 卷,北京:人民出版社,1990 年,第 840～841 页。

往年份所少见。利之所在,人争趋之。1912 年至 1919 年,中国新设银行 66 家。①

黄奕住看到了银行在世界经济发展新趋势中的地位,看到了中国工商业发展快,亟须大量资金,而华侨手中有大量的资本,这需要银行为之中介;看到了中国银行业中,外资银行占据重要地位,中国资本势力薄弱,投资银行,可以在金融业中增加中国资本力量,为国家夺回部分利权;看到了当时国内银行业的利润奇高。所以,归国后,他将营业重心逐渐转向金融业。黄奕住在决定将投资重心转向金融和国内之后,便精心地编织一个以上海为中心的金融机构网络。在所有这些金融机构中,黄奕住注入资本最多、也最为他重视的是中南银行。

在说到黄奕住经营重心从商业领域转向金融领域时,有必要回顾他在此之前的两次大的转向。第一次即本书第一章所叙述的,把肩上的剃刀担换成货郎担,由手工匠人变成串乡小贩,这一步他走得对。因为对于一个穷人来说,手中没有资本,要想靠工资收入积累资本,几乎不可能。华侨中由穷变富的人,大多数是从小商小贩经营中脱贫并积蓄起最初资本的。黄奕住的这次转向,顺应了华侨由穷到富的一般规律,使他踏上了由贫穷到小康到小富之路。第二次即本书第二章所叙述的,由经营印尼国内杂货业为主转为经营蔗糖的出口为主。这一步他又走对了。因为这个时期印尼的进出口贸易发展快,特别是其中的出口贸易增长快,蔗糖这种主要出口商品增长最快。黄奕住的这次转向,顺应了印尼经济发展的趋势,使他由一般商人变成了三大糖王之一。第三次是本章所叙述的,由商人变成金融家。这次转向顺应了世界经济和中国经济变化的潮流,使他在祖国经济舞台上演出了精彩的一幕,从而达到他生平事业的顶点。

这三次转向显示,黄奕住性格上的一个特点:他善于审时度势并顺应时势改变自己的活动,为了这种改变不惜丢掉自己熟悉的东西:首先是丢掉辛

---

① 张郁兰:《中国银行业发展史》,上海:上海人民出版社,1957 年,第 51 页。同一时期内倒闭 44 家。

苦学来而又操作了几年的剃刀手艺,后来又丢掉了煮咖啡、做糕点的本事,继而又丢掉卖蔬菜、杂货的经验。他是经营蔗糖出口发了大财的,并对世界糖业市场很熟悉,但到了 50 岁却又下定决心,将重心转向金融业。黄奕住的事迹使笔者想起人生事业的变化,对某些行业和某些人来说,如学术界、工程技术界的人,固守一业或许才能成为专家,但对另一些行业和另一些人来说,如商界、政治界的人,多变换几次行业或经营方向,或许才能升迁、发迹、致富。人生无常规啊。

二、黄炎培建议投资银行并推荐史量才

黄奕住在印尼时,已向银行、保险公司投入巨额资本。1919 年回国途经新加坡时,又投资于华侨银行。可见,他想将资金转向金融业,是早有考虑,并非始于到上海之后。但他创办中南银行,却与到上海以后认识史量才有关。一位在中南银行长期任职的中层干部章淑淳①,对此有生动的叙述,现转录如下(因章的叙述系几十年后的回忆,难免有不准确之处,括号中的文字是引者加上的)。

在民国七年(1918 年。误,应为 1919 年),黄(奕住)带了七八位随员,去到上海,他说是要争利于市,可是他在上海并无相识的人(不准确,见后文)。但是黄在泗水(作者在前文中写道:"爪哇泗水华侨黄奕住。"泗水,改为三宝垄,则更为准确),以及回到厦门,每日必看《申报》;所以到了上海,就想到《申报》社长必然了解各种情况,但不知道《申报》社长姓甚名谁。后来打听到社长是史量才,可是不认识。既而一想,我以华侨资格,去拜会社长,总会见我的。他们一行人到了《申报》报馆,果然见到社长史量才。黄说的是闽南话,会讲一点国语,可是说得不太好,幸好带的随员中,有会说国语的,有会说上海话的,有会说英语的,

---

① 章淑淳先后任中南银行南京分行、厦门分行、香港分行的经理。

因此史黄见面谈话,尚无问题。当史见了黄,就问其来意。黄说:"我是爪哇泗水华侨,现在回到祖国厦门鼓浪屿居住,久居无聊,现想到上海创办点事业。"史问有多少资金?黄说:"一两千万银圆,是不成问题的。"史说:"想办何种事业,一时无法奉告,我意,不如先创办一家银行,然后利用银行资金,兴办实业,则事半功倍。"黄甚为赞成。①

上文的叙述颇为生动,然而带有故事性。黄奕住第一次到上海,并不是在"无相识之人"的情况下莽莽撞撞去的;结识史量才,也不是那般冒失,而是有人介绍的。而且,此时的黄奕住已经有了创办银行的想法;凡出行皆有目的,有准备,有一个办事班子来为他事先联系。他第一次到上海调查商情时,依靠的是三条渠道。第一条渠道是工商界中的华侨。其中包括中华商会华侨招待所和华侨资本家组成的"同仁民生实业会"。前者在本书第四章有说明。印尼中华商会亦属中华商会。黄奕住是三宝垄中华商会的负责人之一。后者的总部设在上海,并在其他城市组织活动,宗旨是促进华侨向祖国工商业投资,以振兴中国的经济。其成员大多数是东南亚地区的华侨,其中很多又是福建籍同乡。黄奕住是东南亚一带的华侨领袖之一,其富有程度与经营能力在侨界颇有名气,并与中华商会及同仁民生实业会中的人员早有接触。黄奕住从同仁民生实业会员那里了解到华侨回国投资的真实感受。第二条渠道是曾经在印尼、马来西亚、新加坡活动的同盟会会员。他们或曾与黄奕住共事,或受到黄奕住招待,或得到过黄奕住捐款资助。这些人中的一部分,已是南京、上海、福建等地的政界显要。第三条渠道是清政府和民国政府派到印尼等东南亚地区宣抚华侨,受到黄奕住款待的官员。他们多是社会名流,其中的一位是黄炎培。

黄炎培在当时的教育界、工商界以及政界都有重要的影响力。1917年5月6日,在蔡元培等人的支持下,中华职业教育社成立,黄炎培任主任。社员主要有:马寅初、胡保祥、潘文安、钱天鹤等学者;穆藕初、陈嘉庚、史量才、聂云台、钱新之等工商业上层人物;黎元洪、李纯、卢永祥、鲍贵卿等军政

---

① 章淑淳:《我与中南银行》,《大人》(香港)第 32 期,1972 年 12 月。

要员。据胡憨珠在《〈申报〉与史量才》中记载：

> 该社社舍、房屋、布置等开办费，数目相当巨大，黄炎培除向一班有钱朋友募集以外，还要效法老和尚化缘式的募化方法出之。①

黄炎培得知有南洋华侨陈嘉庚其人，归国在厦门创办集美学校，规模宏伟，成绩优良，闻得帮助其成功而捐款最多的则为印尼华侨黄奕住。于是，他就认定黄奕住是他所发现的一位新檀越，作为募化结缘的对象。

1917 年夏季，黄炎培任江苏省教育厅厅长，受教育部所托，到南洋各地调查华侨办学情况。调查中黄炎培知道黄奕住资力雄厚，有一腔爱国热忱，热心华侨公益事业，给三宝垄、泗水、巴达维亚等地华侨学校捐过巨款。而黄奕住是三宝垄等地华侨办学的主要负责人之一，接待过黄炎培等一行人，因而相识。

黄炎培是个绝顶聪慧机警之士，又善于逢迎阿谀，其巧言令色，却见事而作，应人而施，故处处能与人以好感。此次黄炎培以国内名教育家的身份，作南洋讲学之游，是以颇见重于黄奕住。且认作黄氏的宗亲弟兄，借居其家，对他的起居饮食，备极优礼招待，双方朝夕盘桓，臻于莫逆阶段。据说黄炎培至此，觉得黄奕住这位老英雄已入吾彀，于是便以富有华侨理应回国投资兴办事业般般相劝。谁知黄奕住答称："回国投资创业，实是又有此意的一桩事情。所以迟迟至今，未曾实现，因有两种问题无法解决。一是不知回国到上海去，有哪一种稳妥事业可以投资创办？二是找不到一个知心合作的朋友。"黄炎培立即答复黄奕住说："宗兄，你所说无法解决的两个问题，做兄弟的我都可借箸代筹，自有办法替你解决你所说无法解决的两个问题。"

于是，黄炎培就对黄奕住所认为解决不下的两个难题，作了详细的分析：凡百工商事业，在现代商业社会里最稳全，最妥当，亦最重要的业务，当推经营银钱业允称第一。因为该业实为工商事业的原动力，工商

① 胡憨珠：《〈申报〉与史量才》，《大人》（香港）第 15 期，1971 年 7 月。

业的业务兴旺,需要原动力的运用越繁忙。所以近几年来的上海这个商埠,中外银行络续开设到 40 余家之多。其中有几家实力充足的中国旧时钱庄,也改组蜕变成为新式银行了,这是银行事业成功最显著而最现实的例证。只是这许多中外银行之中,东西洋的国家都有,独缺的是南洋华侨所经营的商业银行;如果有了创设的话,就以南洋地区的领域之广,华侨的居留之多。相信专事办理华侨的汇兑业务必然发达,而银行的本身事业也必然成功,同时还可以对华侨们引起回国投资的作用。黄炎培的建议与黄奕住的思路一致,可谓正中下怀。

黄炎培再说所要举荐给黄奕住的一位才能卓越朋友,作为他事业的合作人,那就是史量才。若言黄炎培对史量才的重视,自从史量才接办申报以来,早已成为他朋友中里第一块王牌。黄炎培与史量才相识多年。1905 年史量才与友人联名发起组织江苏学务总会,与黄炎培相识,后来二人成为莫逆之交。[①] 1914 年黄炎培以教育会名义,去各地边旅游边考察教育,史量才慷慨出资赞助,其考察民情日记一一发表在《申报》。[②]

后来,黄炎培凡与人谈说起在现代社会创办事业之人,如果论及干练有为的人物,他总是口口声声地说:"除掉我的朋友史量才外,实不作第二人想。"于是,他便滔滔不绝地会把史量才的才能,举说出各种事例出来,做他有力的凭证,最现实的有力凭证那是他把申报的新闻事业,竟然办理成功,其成绩的美好,确实达到有欣欣向荣的进展形势。所以黄炎培对黄奕住所解释有关于史量才的其人其事,使黄奕住听得语皆真实,事属可信。原来海外华侨对于祖国,都是个个爱国情切、留心国事的人。早年的黄奕住更不例外,在他工作地方经济环境许可之下,便斥资向国内的上海订定了一份长期《申报》阅读。

因此,黄奕住于光绪末年初期的前后年代起,已经阅读上海的《申报》,对《申报》主权的几度易手,对主持笔政的屡次更迭,早在报上看得

① 申报史编写组:《史量才接办申报初期史料》,《新闻研究资料》1980 年第 5 期。
② 王华斌、王燕子:《黄炎培》,石家庄:花山文艺出版社,1997 年,第 74 页。

一清二楚，了解明白。更知道时入民国初元以后的《申报》，已为史量才所有，从此对申报的进展情况，洞若观火。所以他就很豪爽的决定回国投资，在上海创办银行，芹且资本额定为 300 万元，而他本人负担全资本额的半数。

1919 年，黄奕住在回国定居前，派人做商情调查，自己又亲历上海、香港、厦门、日本、新加坡、菲律宾等地实地考察。9 月 12 日黄奕住从厦门赴香港。28 日，由香港赴上海。10 月 26 日由上海赴香港。11 月 4 日离香港赴日本。他在港、沪两地调查商情 40 余天。其中花在上海的时间最长，近1 个月。这次调查的结果，促使他下定决心将经济活动的重心转向金融，转向中国上海，开始考虑创办银行。在此之后的 22 个月中，他 3 次从厦门到上海，在上海共活动 7 个月（1920 年 6 月，11 月至次年 1 月，1921 年 4 月至7 月），均为开办中南银行事。此事成为他回国后 2 年多时间里活动的中心。因为这是他一生中投入资本最多，影响最大的企业。

黄奕住到了上海，便去看望黄炎培。黄奕住通过上述 3 条渠道，很快地了解到上海工商业的真实情况，并与社会各界的一些人士建立了联系。

三、史量才推荐徐静仁，徐静仁推荐胡笔江

黄奕住在印尼境内经营商业而致小康，经营进出口（蔗糖、粮食等）而成大富。对于商业，他是行家。现在转而经营金融业，他就成为外行了。所以在他筹划创办银行时，很想找到一个能代替自己管理银行的人。在《中南银行的招股启事》中，创办人是黄奕住与史量才。创办银行的资本是黄奕住出的，他却要申报社社长史量才与他同列创办人，这里透示出黄奕住对社会名人与知识的尊重和史量才在中南银行发起过程中的作用。

上文提到，黄奕住赴申报馆拜会史量才。

黄奕住和史量才两人倾心交谈，最后终于黄奕住谈说出他此次来上海，心想创办一所银行之话。史量才虽非银钱业出身的人物，但他于

十年前，曾经斥资开办过两家半的钱庄。亦曾为自己两家半钱庄业务的别调头寸，耗尽心力，深得此中三昧。至于银行业务虽没有亲手经营过，但从清末年代开始，他就在西藏路上狄楚青所开设民影照相馆楼上的影楼俱乐部里，即与徐寄顾、蒋抑之、盛竹书等这班银行朋友，时相过从，常聚一起。尤其在近十年来的时日过程中，于社交应酬场里，认识了宋汉章、张公权、傅筱庵、秦润卿、钱新之、孙衡甫等等这班银行界、钱庄业的权威人物。因此对于经营银行业务有关的事业之话，听也听得多了，倒是耳熟能详，毫不感到陌生。是以黄奕住谈话到他投资，想开银行之事时，史量才就滔滔不绝地谈说出经营银行业务的得失利弊之话来，最最使黄奕住听得有实获我心之感的言词，便是他竭力主张，不要开办平平常常的小银行，若要开办的话，非要发行钞票的大银行不可。

因为发行在民间社会的钞票，对于"水火盗贼"的四大不幸遭遇中，钞票的受着毁灭蚀没的灾祸最大，损耗最多，其事实也最广泛。要知这种民众的财富之失，即为银行的财富之得，此种话诚为如众所知浅肤易明之谈，但经出于史量才的口，入于黄奕住的耳，便觉得开设发行钞票的银行实为天下发财的第一事业。就因为有了这一次的畅谈关系，黄奕住就认为史量才实是办理银行

图15　史量才

第一位高手，便即取出一张500万的外国支票，双手捧给史量才收受，

第七章　筹办中南银行

托他全权办理开设有钞票发行权的一家银行。①

创办银行，首要的是经理必须任用得当。据章淑淳的记载，黄奕住在与史量才关于筹办银行的交谈中，谈到主持人问题。

（黄）要史介绍人。史答称，这要考虑过，才能答复。二人分别后，史就约了徐静仁商谈这件事。徐与史是民国元年（1912 年）盐政处同事，徐是总务处长，史是凇江运使，二人私交极好，且史办申报馆时遇一件讼事，徐曾担保巨款。徐现是普（溥）益纱厂总经理，对于金融业务，也很熟习。史即将黄到凇馆来见事相告，有意请徐担任新组织银行之总经理。徐说：我现办纱厂，事很忙，分不开身，有交通银行北京分行经理胡笔江先生。如请他出来组织银行，最为合适。徐做过交通银行董事，是镇江人，与胡是同乡，故彼此极相熟。

史量才听了徐静仁对胡笔江的一篇赞美抑扬之后，便感觉急切需要罗致胡笔江这个人才。他此时内心的渴慕情殷，实有心向往之恨未见之之慨。因为他对于徐静仁的为人一向以来非常崇敬，现在他口中说出种种赞扬胡笔江的话，自然深信不疑，认为徐静仁是位端人，其取友亦必端方的。所以史量才对徐静仁说：静老，贵友胡笔江先生无论如何，定要请他来帮忙，屈就这个总经理的位置。在他的领导下，好使中南银行的局面于尽快时间内支撑起来，但求把局面展开的越大越好，决不使他有新不如故之感。因为我们的黄奕住老板，那是南洋华侨中出名的一位豪富糖商，拥有丰厚财产。是以他在新加坡的事业无不规模恢弘，气派豪华。现在他回国投资创造局面，岂肯甘落人后，定要轰轰烈烈的干出一个名堂来。静老，我想请求你以有极大的重要关系人身份，代表出面打一通加急加快的电报给他。详详细细地把我们这里所筹备工作的进展，已到现阶段的局面形势与将来业务方面的发展计划。全部告诉他知道，以期争取了解以后，能慨然承运我们的聘请，南下帮忙。于是，徐静仁亲自拟定电文，加急发给了胡笔江。

---

① 胡憨珠：《〈申报〉与史量才》，《大人》（香港）第 15 期，1971 年 7 月。

胡笔江在给徐静仁的回电中表示，与黄奕住不相识，不知其底细，应设法托人到厦门调查，未便骤然答应。胡即托上海交涉员许秋飒函厦门交涉员刘君，后来刘君回信说，黄是爪哇归侨，在厦门办的事业很多，是有钱，确数则不知。有此回信，胡转告史，遂同史约与黄见面晤谈①。

可是据胡憨珠描述：

仅仅过了一夜，到了翌日的深宵时分，胡笔江在北京发给徐静仁加急回电，大意说这是他所喜欢愿意干做的事情，因为他自从北上任职交行以来，极少有离职南归，还乡省亲的机会。现在调任上海，此后乡梦时圆，定省有期，对故乡田园没有将芜之忧，对亲戚朋友亦多得晤叙之乐。为此他即坚决向梁燕孙面乞恳辞，离职南旋，幸已获得允准，一俟他移交手续办理清楚，即当登程赋归，趋奉左右，共图欢晤。至于垂询他就职中南银行有何附带条件可以提出，别无他求，不过只有一项，该行必须留一副理职位，以安插随弟同来的马式如君。并说马君名璟，才能超胜，干练有为，一向帮弟做事，认为不可多得的最佳助手云云。

徐静仁在带笑阅看胡笔江的复电之后，便即打电话给史量才。徐静仁把电文读给史量才聆听，他们二人自然一片笑声出于电话机上了。时日过不满一周间的日子，胡笔江果然偕同马式如从北京启程南下，到上海来走马上任了。因为事前双方有了电报往来联络，得以预知行程时刻，史量才为了表示对他们的崇敬和光宠起见，所以届时，他和徐静仁同到北火车站去迎接。大家见面之后，免得互相的辗转介绍，自有一番友谊间叙旧话新的应有热闹。原来这次随同胡笔江南来，任当中南银行副理的马式如，却是经营买卖公债的一位高手名家，跟着胡笔江做事有年，专门负责公债买卖全部分的事情，着实替本行挣赚大钱。不过他的职位尚非高级，此次胡笔江应中南银行之聘，趁此机会特予安插以

---

① 章淑淳：《我与中南银行》，《大人》（香港）第 32 期，1972 年 12 月。

副理职位。①

四、黄奕住聘用胡笔江

从上面的回忆录来看，似乎是史量才和徐静仁最终决定了聘用胡笔江，其实事情的经过不是这样简单，黄奕住对此事也颇费思量的。

胡笔江托在厦门的朋友了解他未来的东家（老板）黄奕住。黄奕住也通过各种渠道了解他未来的伙计胡笔江。在1919年9月之后的22个月中，黄奕住3次从厦门到上海，在上海共活动7个月，均为开办中南银行事。其中费时费力最多的是找经理和与经理协议筹办事务。

黄奕住准备办银行时，他就通过各种关系物色银行经理人才。向他推荐的可供选择的能人不少。其中既包括在北方（北京、天津一带）金融界有名的胡笔江，也包括在南方（上海、南京一带）金融界有名的张公权。黄奕住与张公权交谈过几次，认为可以。征求史量才的意见，史认为胡笔江比张公权更合适。黄奕住又与胡笔江交谈多次，认为胡确实比张更合适，遂决心用胡为未来的中南银行总经理。

黄奕住之所以选用胡笔江，主要是看中胡笔江的经历与才能。胡笔江，名筠，号笔江，江苏江都人，1881年生。20岁时，先到父亲在江苏泰州开设的洽记钱庄学生意。几个月后转入交通银行总经理李经梦的义善源银号。后经天津花旗银行买办王筱斋推荐，到天津公益银行做协理。1909年转到交通银行任副稽核，为梁士诒所赏识。1912年，升任北京分行副理。1916年，升任北京分行经理。1917年，与徐树铮、吴鼎昌、周作民等发起成立金城银行。在当时北京银行界有贤能之名，咸称北胡南宋（中国银行上海分行经理宋汉章）。他与政府总理段祺瑞的智囊、号称段的"四大金刚"之一的徐树铮（段祺瑞任总理时，徐树铮先后任国务院秘书长，陆军部次长，奉军副司

---

① 胡憨珠：《〈申报〉与史量才》，《大人》（香港）第15期，1971年7月。

令,西北筹边使兼西北边防军总司令等职)等军政官员多有交往,有的且关系密切。段祺瑞为首的皖系垮台以后,他南下上海、南京,又与自任东南五省联军总司令的孙传芳等军政官员拉上关系。他是一个适应中国金融市场特定环境的,具有特殊素质与能力的人。

1921 年,胡笔江正好 40 岁,恰值年富力强。黄奕住长期侨居国外,经营商业,一则对银行业务和银行界人士不熟悉;二则对国内情况生疏,刚回国不久,同商界联系不多;三则一介商人,没有什么政治背景,而要在中国办一个大银行,非与官府打交道,取得官府的支持不可。胡笔江的经历和才能,正可以弥补黄奕住在这些方面的不足,是黄奕住办银行需要的人才。黄奕住看重的是,胡笔江既有在银行工作的经历,又有与南北官员的关系。

黄奕住是在人才市场上,确切地说是在企业家市场中雇用胡笔江的。他雇请胡笔江的过程,表明中国企业家市场当时的发育程度。在 1920 年,中国的现代工商业还很落后。从自身的历史看,已走过半个世纪的历程。在上海、天津等城市中,随着现代企业的建立和发展,企业需要企业家。企业家走职业化道路的趋势,越来越明显。企业家市场在形成过程之中,它存在于企业界人际关系之间,资本家要寻找企业家为自己管理企业,企业家要寻求有钱办企业的资本家来雇请自己,都要依靠掌握企业家流动信息和企业用人信息的人为之中介,都要通过掌握这类信息的人士的介绍或转辗介绍,如同黄奕住请人介绍可任银行经理的人才,有人向他介绍张公权等人;史量才找徐静仁,徐静仁介绍胡笔江,如此等等。史量才是上海影响最大、信息最集中的申报董事长,本人是企业家,又交游广泛,掌握的信息很多。黄奕住找史量才共同发起创办中南银行和为中南银行介绍经理,真可谓找对了人。胡笔江、张公权这类人,是以经营管理(金融)企业为职业,具有这方面的专业知识与实践经验的专家。他们在企业家市场上"待价而沽"。决定他们"价格"的不是手中握有多少资本,而是

图 16　胡笔江

他们的才能。这种才能不是自封的，而是经过市场检验，在市场竞争中被证明了的，为企业界人士所评估所肯定的。他们希望遇到握有大量资本，可以办大企业或大事业，又欣赏自己才能的"明主"（雇主）。胡笔江希望能找到像黄奕住这样的大企业家。黄奕住急于找胡笔江这样的金融企业家。胡笔江为中南银行的成立与发展，带来了政治上的靠山、专业管理知识与银行业务关系。他们的结合是互利双赢，为中南银行的成立与发展准备了重要条件。

胡笔江迅速南下还有他个人的原因。1916年，中国、交通两银行出现停兑风潮。在此期间，胡笔江因消息灵通，与财政当局及银号经理人等相互勾结，利用市面上兑换率时高时低，从中获取暴利，使中小工商业者和广大市民深受其害。该事为京、津金融界中人所共知，纷纷指责。因此，胡笔江在北京难以立足，遂辞去交通银行职务，携资南下上海。他正在等待黄奕住这样的大财主来雇请。他们二人在企业家市场上，经过史量才、徐静仁等人的中介，一拍即合，携手演出一台中南银行诞生与发展的好戏。

黄奕住认定胡笔江正是他要物色的人才之后，就把银行筹备诸事及成立后的经营权，委托给胡笔江。在中南银行成立之后，黄奕住任董事会（最高权力机构）董事长，胡笔江任总经理部（业务管理机构）总经理，任筱珊（原沪宁铁路局局长，既是有名的企业家，也与官府关系密切）为协理。中南银行创办之初实行所有权（股权）和经营权分离，即此二权分别由黄奕住、胡笔江掌握。这种现代企业管理体制，是中南银行成立后业务发展顺利的重要原因之一。

第八章 ▪ ▪ ▪ ▪ ▪

中南银行的成立及黄奕住签发的钞票

有梦想，是成大事的先导。

一、在成立会上的荣耀与尴尬

　　黄奕住通过史量才找到了经理人，银行募股开业的事自然提上了日程。黄奕住在创办中南银行时，除了了解上海工商业的实际情况外，还匠心独运地留意合伙人人选。1921 年中南银行成立，第一任董事长黄奕住，第一任董监事为黄奕住、史量才、吴秀生、叶沅坪、王敬祥、韩希琦、马亦篯、徐静仁、陶希泉，总经理是胡笔江。除了这些主持具体工作者皆为社会上著名人物之外，从《中南银行招股启事》[①]中，可以进一步看到中南银行广阔的人际关系。启事中史量才与黄奕住同列为创办人，又有福建著名士绅韩希琦，工商界名人胡笔江、任筱珊，华侨领袖李清泉等 14 位赞助人；上海的、也是全国工商界、金融界名人宋汉章、钱新之、陈光甫、黄炎培、徐静仁、简照南、简玉阶以及华侨领袖陈嘉庚、黄仲涵等 144 位名誉赞助人；代理招收股处国内有中国银行、交通银行、金城银行、盐业银行、厦门银行、黄日兴钱庄、香港东亚银行，此外还有新加坡华侨银行、华商银行，小吕宋中兴银行，三宝垄中华总

---

　　① 《中南银行招股启示》，《申报》1921 年 1 月 27 日。

商会、日兴号，泗水中华银行、日兴号，巴达维亚中华总商会、巴达维亚银行、福和号，日里工商银行以及望加锡、暹罗、仰光、槟榔屿等地的中华总商会。这显示中南银行的筹建得到国内外经济界、华侨界名流广泛支持，显示中南银行立足上海，面向华侨的特色。

《申报》报道说："（黄奕住）此次创办中南银行，全为提倡海外华侨携资回国经营事业起见，定名中南，实取中国与南洋互相联络之义，以黄君之热诚内向，成此伟业，又得胡（指胡笔江）任（指任筱珊）诸君等为之经理其事，将来成绩优著，海外华侨各大资本家，当必有接踵而起者，于吾国国计民生之关系，裨益当非浅鲜与。"该行的创办，乃"华侨与祖国联络的先声"。①

黄奕住创办中南银行的意旨，以及他筹备此行的大体经过，均见之于他在该行创立会上的演说。《申报》1921 年 6 月 6 日"本埠新闻"《中南银行创立会纪事》中，有他的演说摘要。《纪事》中写道：

> 昨日下午 2 时，中南银行在三层楼开创立会。计到股东 102，共47132 权。首先推举黄奕住为主席。接着他以会议主席身份发表演说："今日为本银行创立会。承诸公惠临，无任欣喜。所歉者奕住语言不通，不能与诸君直接长谈耳，然亦有不能不作一二表白者。奕住久客炎荒，历时三十余载，亦华侨中艰苦备尝者也。华侨资本家良多，于祖国国家、社会各事业抱有热诚者，亦极不少。奕住不才，宜无足齿数，然穷有志焉，以为今后为南洋华侨资本家与祖国国家、社会各事业发生关系起见，不能不于吾国内商业繁盛之区，首创一二比较的资本稍厚之银行为之嚆矢也，于是有与国内外诸同志共同筹划、创办中南银行之举。今幸赖诸公赞助之劳，得告成立，欣慰何可言喻。抑所为欣慰者，正不仅奕住个人之关系已耳，诸公倘幸有以赐教焉。"

由于黄奕住担心大家听不懂他的闽南语，他的筹备经过报告稿请秘书韩君玉（韩希琦）念。"欧战以还，时局丕变，往时之以武力竞争者，今将一变而为经济竞争。大势所趋，万邦一辙。我国幅员辽阔，未辟之利甚多，倘不

---

① 《中南银行筹备处消息》，《申报》1921 年 1 月 13 日。

急起直追，人将为我借箸。我侨商眷怀祖国，报恩联袂来归，举办实业。待实业之举办，必恃资金为转输，而转输之枢纽，要以银行为首务。故奕住等自去秋回国，即集合同志，倡议创设中南银行，着手筹备。资本总额定以银圆 2000 万元，开办之始，先招 1/4，即银圆 500 万元，由创办人认缴 350 万元，其余 150 万元，留待海外侨商及国内同志。盖区区之意，于海外侨商，则使其资金内转，归志将从而益坚；于国内同志，则与之事业共同，关系乃因之愈切。所幸邦人君子，一致乐与赞同，曾不数月，股额已满，私窃引以为幸。迄者，内部组织均已就绪，俟房屋修缮毕工便可开始营业。今为本行开创立会之期，亦即本行成立之日。所有本行章程及选举董事、监事，皆将于此会观成。谨报告其经过情形如此。以后行务之进行，深冀股东诸君指导扶掖，俾可日进无疆，岂惟银行之幸，实业前途、社会经济、国际贸易，实利赖焉。"

韩君玉念完后又发表演说："黄奕住凤在海外，最注意银行事业，数年来于小吕宋、新加坡、棉兰等处，业已多所提倡。然终以国内各项事业诸待发展，究不能不重赖有比较的资本稍厚之银行为之枢纽，故决计在国内商业中心之上海创设银行。其意盖谓华侨携资回国经营事业，因以增进祖国国家、社会凡百事业之进行，实华侨应尽职务，故以身先之，以树风声而资观成耳。然此项重大问题，非得资本与人才两者互相结合，则结果之良否与如何，殊难预定。幸而抵沪后得史君量才等之赞助，而本银行之组织因以就绪；又得胡君笔江等之赞助，而本银行筹备各事项之进行益以圆满，此实同人等所欣幸无既者也。查黄君最初计划，系拟以国币 1000 万元为独资银行事业，嗣以诸同人等之再三讨论，乃改为公司性质办理。现黄君所占股额虽已居多数，然犹欲本其初志，厚殖行基，并欲于最短期限内即行扩充股本，招足预定 2000 万元之总额，庶几于增进祖国国家、社会凡百事业之进行，直接间接得收实在之成效，此实黄君所抱宏愿。史、胡诸君等赞襄于前，我各股东群策群力协助于后，则创办人之宏愿以偿，我各股东协助之功不可没矣。"

当天的中南银行创立会决议录①有以下几条：(1) 资本总额定为银圆

---

① 上海档案馆藏中南银行史料：Q265-1-2。

2000万元,先收足1/4,即银圆500万元。(2)拟定章程由主席逐条宣读,当场通过。(3)首届董事、监事人数议决,选董事7人,监事2人。(4)当场投票选举董事、监事。

在全场一致通过章程后,投票选举董事、监事。选举之前,吴蕴斋问:"每一股有一权,是否妥当,应请大家研究。"韩君玉答:"国内多数股权,十股以上便当递减,南洋惯例皆系一股一权。"[1]结果,史量才、吴秀生(香港进出口行经理,黄奕住的帮手)、叶源坪(爪哇侨商,厦门日兴银庄经理,黄奕住的帮手)、韩君玉(福建诏安绅士,黄奕住的帮手)、黄奕住、马亦篯(厦门绅士,黄奕住的帮手)、王敬祥(菲律宾归侨)均当选为董事。徐静仁、陶希泉以最多数票当选为监事。

创立会上选举董、监事的投票情况是:当天到会股东102人,共47132权。结果是:史量才得47065权,吴秀生得46014权,叶源坪得46011权,韩君玉得46341权,黄奕住得37609权,马亦篯得44931权,王敬祥得47162权,均以大多数票当选为董事。徐静仁得46012权,陶希泉得45881权,均以大多票数当选为监事。黄奕住出资70%(选举时占股权的70%),是中南银行的创办者,创立会的主席,却得票最少(不到80%)。

创立会后,举行董事会,依照银行的组织法规,对于董事长一席,要经由股东代表选举出来,资本所投的最大、股权所占的最多的股东才有入选任当董事长的资格。各董事一致推举黄奕住为董事长,聘胡笔江为总经理,任筱珊为协理。于是中南银行最早的领导班子和管理班子建立起来了。

其实,在筹备中南银行的远程中,史量才对董事长一职是另有人选的。当初徐静仁拒绝任中南银行总经理之时,史量才便对徐静仁说道:"静老,想来胡笔江担任我们的总经理,大概可说是已经没有问题了吧?"徐静仁微微点头,回答道:"可以这么说。"史量才就接着进言:"静老,那么就请你老人家担任我们的董事长一席吧。实臣你静老这次对我们中南银行的帮忙,委实是劳苦功高,无以复加,非此实不足以言报答你老的高情厚谊。"

---

[1] 上海档案馆藏中南银行史料:Q265-1-2。

　　谁知徐静仁听了史量才这一番话,他面部的神情形态,丝毫没有呈现出一点欣喜欢悦之色,相反的立即显出惊讶错愕之象,并且还对史量才有大惑不解的样子,双眼睁睁地看了一眼。随即连连地摇头和摇手着说:"不敢当,不敢当,哪有这种道理的。"他接着又义正言辞地对史量才说道:"量才兄,你对于北洋政府财政部所颁布统治银行的现行条例,大概没有留意看过吧?因为我是阅览过的,所以比你了解得较为深多一点,须知依照银行的组织法规,对于董事长一席,非要经由股东代表选举出来不可,而被选的人选条件,以资本所投的最大,股权所占最多的股东才有入选任当董事长的资格。况且你们的中南银行是一家要发行钞票的银行,对董事长一席尤为重要,因为董事长与总经理两人都要在钞票上边签名字的,这是责任问题,也是法律问题。量才兄,请你想我凭什么来由,凭什么资格,可以任当你们银行的董事长啊,所以只得谢谢你的美意盛情了。"

　　史量才忙道:"静老,这是我们黄奕住老板的授意呢,因为他一再向我表示过了,他说他自少远处国外,对于国内的一切商业社会情形,非常隔阂。尤以到上海来创办事业,更有人地两疏之感,所以不愿在银行里担任何名义,只认我是个投资人而已。一切的一切托你代为全权办理,只要便宜行事就是,只因我的基本事业仍在新加坡。因有我们黄奕住老板这样的一再重托示意,我就认为你静老任当我们的董事长一席是最理想的、最适合的唯一人选。"徐静仁不愿史量才把话说下去,忙即截住他的话头道:"量才兄,你们黄奕住老板所表示的是表示,北洋政府所定法例的是法例,我们不必为这个问题多做无谓的研讨。"就是这样的结束了他们两人的谈话。

　　尽管黄奕住以出资最多顺利当选为董事长,但是他得到的选举股权却是最少的。这是上海工商大佬以及入股人给黄奕住这个外来人,企图携巨资进军上海滩的一个下马威。这使黄奕住陷入了极为尴尬的局面,受到一次思想的震惊,他感到在上海这个地方立脚颇不容易,没有自己的人加入银行的工作,他是难以控制这个银行的。从而,也为黄奕住今后以家族模式经营中南银行留下了缘由。

图 17　中南银行成立大会合影

二、行名"中南"的含义与行址的选择

黄奕住将他创办的银行起名"中南"。这个名称表达了他对祖国的热爱之情,表达了南洋华侨的共同心愿。他"念吾侨民苦海国苛法久矣,若不思为父母之邦图其富强,徒坐拥浮资,非丈夫也。归国谋设中南银行于上海。中南云者,亦南洋侨民不忘中国意也"。① "取名'中南',是表明南洋侨胞深

---

① 黄钦书等:《先府君行实》,存黄萱私人档案和厦门市档案馆。醇庐在《银行外史:中南银行与黄奕住》一文中说,中南之名定于黄奕住、胡笔江到北京之时。他们见到民国政府总长李恩浩,说了想办个银行之意。"财政总长当然赞成,遂定名为中南银行,总行设在上海。"醇庐:《银行外史:中南银行与黄奕住》,《大人》(香港)第 9 期,1971 年 1月。

切怀念乡土,愿意回国倾资兴办实业,振兴中华。"[①]"向北洋政府登记注册,因系中国金融界人士与南洋华侨合营,定名为中南银行。"[②]"定名中南,实取中国与南洋互相联络之义。"[③]

如果说银行名称的选定表达了黄奕住的爱国情操,那么银行行址的选择则反映了他的远见卓识。他考察上海时,见"上海为五口通商之一,外商麇集,皆行使国币,君与商界名流组织中南银行"。[④] 中南银行成立时,对总行设在何处,有过一番讨论。有人建议设在北京,有人主张天津。因为,当时中国的大银行,诸如中国银行、交通银行、盐业银行、大陆银行、金城银行等等,总行或设在北京,或设在天津。设在北京,着眼于中央政府即政治中心在北京。设在天津,除天津是商埠外,也是着眼于天津离中央政府所在地(北京)很近。黄奕住选择上海为中南银行总行所在地,着眼于资金市场。1919年,上海已是全国的经济中心和金融中心,这是很高明的一着。几年之后,上述那些银行的总行都先后迁到上海。此事证明黄奕住是很有经济头脑的。

总行行址设在上海公共租界东部。筹备时就在三马路四川路口买进一栋现成的五层洋房(汉口路3号),面积约6000平方尺,占地颇广,甚为壮观。开业时自用两层,其余出租。同时,中南银行也购地建造中南银行大楼。

据胡憨珠《〈申报〉与史量才》[⑤]记载,中南银行大楼乃是黄奕住为之奋斗的精神支柱。当初他委托史量才全权处理创办中南银行时,还交给史量才一张预先绘好的银行屋宇的图样,并且一再叮嘱,建筑必定要依照这张图修建,因为这是一家英国最有名的老银行房屋图样。

黄奕住对史量才说:"当我年轻时代,为了活命生存,被饥寒衣食所策

① 黄绮文:《华侨名人录》,上海:上海人民出版社,1988年,第84页。
② 关国煊:《黄奕住》,《传记文学》第57卷第4期,1990年12月。
③ 《中南银行筹备处消息》,《申报》1921年1月13日。
④ 苏大山:《南安奕住黄先生墓志铭》。
⑤ 胡憨珠:《〈申报〉与史量才》,《大人》(香港)第15期,1971年7月。

驱,压迫他只得远投南洋新加坡去经商工作,艰辛万状,一言难尽。自从在英国出版的书报上,看见这家银行建筑物的摄影图片之后,觉得它巍巍峨峨,气象万千,于是把这家银行建筑物的整体图片,裁剪下来,藏佩身边。并且私下发了宏愿,立了坚志,日后若有发达之日,我必要开设一家银行,而银行屋宇的建筑,定必照此式样,方不辜负我这个人。所以从此之后,工作辛劳到疲不能兴时,只要取出这帧图片一看,立即自会振作起精神体力,重新从事工作。这样克勤克俭,数十年努力不息。如今稍有成就,便想了我心愿,遂我初志,决定开设一家银行。只因臆想着我国古老相传那两句‘树高千丈,落叶归根’的名言,因此遂把资金移投到上海地方来经营。对于银行牌号也早已取定为‘中南’两字,表示含有这是中国一个南洋华侨归来祖国所创办的事业含义之意。”

黄奕住最后把预先在新加坡绘制的银行房屋的建筑蓝图,递交给史量才时,郑重其事地说:“史先生,我把开办中南银行之事,全部拜托了你,任由你全权主持处理。是我决不愿问一事,也不介绍一人,以期事权统一,免生掣肘左右的弊病。不过对你只有一事要求,就是中南银行房屋,必定要依照此张的图样建筑,因为此事有关我本人志愿的历史关系……”后来史量才固然也遵照黄奕住之命办理,丝毫不走样子,所以他在介于江西路与四川路之间的汉口路上,购地建造中南银行屋宇。高大的银行门前的白石平台上,列有四枝粗大可两人环抱围拱的白石圆柱,以支持整座数层楼屋前边部分的重力。更显出中南银行门面外貌的形势巍峨,气象轮奂,给人以特殊的观感。

此地本是上海的心脏地区。从 20 世纪 20 年代初开始,在公共租界中区的东北部,即北至北京路,西至山西路,南至汉口路,东至外滩的狭小地带内,银行大楼一幢接一幢地挺立起来。全国著名银行总行的 80% 集中于此。换言之,全国重要金融单位的首脑机构集中在此地。此地是货币发行的枢纽,外汇、金银交易的总汇。此地银行的存款占全国银行存款的30%～40%。巨额的货币资本在此地集散,全国的借贷利率、外汇、股市、金银行市随此地升降。此地成为上海的金融区、中国的华尔街、远东的金融中心。黄

图 18　中南银行总行(上海汉口路 110 号)

奕住 1920 年把中南银行总行设在此地,是很有见地的。有梦想,往往是成大事的先导。

三、开业的盛况

定了行名,选定了行址,乃择吉日 1921 年 7 月 5 日开张营业。

中南银行在开幕的这一天,门前空前绝后的热闹。在四川路与江西路两端的马路中,站满了中西巡捕,以维持这一段短短路程的交通秩序,大凡去中南银行专程道喜的贺客,与"挂红"解款的人员,得以顺利通过以外,其他的行人车辆,都被中西巡捕婉言挡驾,挥令绕道而行。一时中南银行的门前形成"车如流水马如龙"的盛况。因为在上海滩上只是要说得起、叫得响

的各界闻人、社会名流,不仅大部分人士都成了中南银行的贺客,同时,也大多数成了挂红存款的客户。

7月6日的《申报》报道了开业典礼的情况:"昨日本埠中南银行开幕。来宾极多。本埠政商学各界、中外各银行、商会及南洋侨商代表,均往志贺。京沪及长江一带,并有来宾共约一千五六百人,衣冠楚楚,济济一堂,颇极一时之盛。各处之以祝词楹联,赠者凡一千余事,贺电有百余通。当时柜面收入存款银洋共合五百余万元。查侨商组织银行,此为首例,而资本之雄厚,实为商业银行所仅见。加之主持者皆为社会上著名人物,前途发达,正无量也。"[①]正如中国银行河南分行的贺联所说:"云程新发轫,迈九万里之鹏搏;瀛海有浮槎,通五大洲之象译。"[②]

中南银行一经宣告开幕,竟有这样的热闹场面,惊人成绩的出现。这却不能不说获得徐静仁与胡笔江两人的左右辅弼之功,与各展其臂助之力。不过此次中南银行开幕的热闹声中,最最能发挥其所怀抱负与本质才华,当推胡笔江一人。尤其是他对银行、钱庄两业方面所展开的场面情形,不但声势煊赫,而且气氛凌厉。那就是银钱两业的大小同行,无不纷纷前来挂红捧场,表现他们同行的义气。传说中的中南银行在开幕这天,收进存款共有千数百万元之多,实开上海所有中外银行开幕这天吸收存款最多的空前纪录。这点就显出胡笔江在上海银行钱庄两业中的所占情面极浩大,所具力量也极充足。[③]

上面引文,一说"柜面收入存款银洋共含五百余万",一说"收进存款共有数千百万元之多",此中,黄奕住一人存入500万元。这是因为他手中有这笔钱(他原拟独资1000万元办这所银行,现只要他拿出350万),存入银行可生利息。更为重要的,是为了显示中南银行资本充足,可以信赖。

黄奕住主持了这个开业盛典,目睹这样的热闹场面,内心无比的喜悦。他高兴是因为他感觉请了史量才替他全权负责主持,深庆得人之故。今天

---

① 《中南银行开幕志成》,《申报》1921年7月6日。
② 上海档案馆藏中南银行史料:Q265－1－1。
③ 胡憨珠:《〈申报〉与史量才》,《大人》(香港)第15期,1971年7月。

的场面,不要说自己在人地生疏的上海,就是在自己事业发祥地印度尼西亚,也难以取得如此美好的效果,也断难做得成这样伟大的场面来。

四、黄奕住的侨商身份与中南银行钞票发行权的获得

黄奕住回国投资,目标要办一个能够发行钞票的银行。而关于中南银行获得钞票发行权的经过,以往的报刊书籍中有多种说法。其中,最为流行的是胡笔江个人游说、倒填批文日期之说。章淑淳《我与中南银行》及醇庐《黄奕住与中南银行》二文皆持此说。二人所说基本相同,现录章文之说如下。

经史量才、徐静仁推荐,黄奕住与胡笔江约好时间见面。"他们见面时,胡即问黄,是否第一次到上海?曾否到过北京?黄答:'是第一次到上海,没有去过北京。'胡说:'最好现在去北京观光一次。'黄即刻应允。于是谈妥动身的日期,胡与黄到了北京。那时总理是段祺瑞,财政总长是李恩浩,交通总长是曾毓隽,皆与胡非常相熟。由胡介绍,(黄)以华侨资格觐见段总理。因(黄是)华侨,回国(后)在厦门办了许多事业,(段)颁给(他)三等大绶嘉禾章。黄大喜,认为胡在北京,与当时政府各官员有相当关系。此时方谈组织银行事,取名'中南银行',聘请胡为总经理,黄要求有发行钞票权。胡知道政府对于银行发行钞票,除中、交两行及已有发行权的几家银行外,已有明令决不再核准申请者。因此胡遂与财政总长李恩浩密商,黄为归国华侨,今欲兴办银行,要求发行钞票权,并不为过。李说,政府已有明令,不再核准银行申请发行钞票权,事不易办。胡答:'为鼓励华侨回国投资起见,应该想一个办法。'商谈结果,由中南银行呈请发行钞票权,倒填年月,在政府明令停止发行钞票权之前,经财政部批准。所以中南银行之有钞票发行权是如此获得的。"[①]

---

① 章淑淳:《我与中南银行》,《大人》(香港)第 32 期,1972 年 12 月。

至于黄奕住是否在中南银行成立之前，与胡笔江一起到过北京，申请钞票发行权并进行活动之事，仍有待考证。据黄奕住《自订回国大事记》，他在1919年10月至1921年7月间，四次到达上海。他第一次到北京是在1923年11月23日至1924年1月3日，是在中南银行开业2年之后了。他被授予嘉禾章事在1921年春。"该年2月15日，蒙徐大总统颁奖二等大绶嘉禾章"。"4月10日，又蒙徐大总统晋奖二等大绶宝光嘉禾章。余之叠受荣典，乃系上年华北旱灾，厦门道尹陈培锟向余募款赈济，余乐为捐助3万元，故例给匾额外，陈道尹另呈请徐大总统奖给勋章，用示奖励焉"。原因与过程说得很清楚。黄奕住后来到北京，原因与过程也记得很清楚。若他为中南银行事到过北京，见过段祺瑞等人，在《自订回国大事记》中是不会遗漏的。此事还有一些旁证。例如，其一，《申报》1921年3月12日载："北京电：南洋抚慰华侨委员林鼎华回京，呈泗水等埠侨商黄奕住等14人将归，恳大总统传谕宣召入京，商办实业。（12日下午1点钟）。"可见黄奕住此时尚未进京。

然而，笔者通过查阅中南银行档案，并结合当时的历史背景来看，中南银行是完全按照法定程序正常申报，并获得钞票发行权的，倒填日期之说不可信。

黄奕住和胡笔江从一开始就意识到拥有发钞权的重要性。1921年6月，倡议创设中南银行，发起人在《呈为侨商回国首创银行恳请准予立案并乞优待以资观感事》中写道：

> 奕住等于上年10月间归国后，发起创办中南银行有限公司，在上海英租界汉口路先设总行，资本总额定以2000万元，每股百元，都20万股，先收1/4，合500万元。其设行主旨，就奕住等力量所施，谨合同志侨商作今日先河之导……

> 伏查银行发行兑换券一项，虽其作用不外节省现金扩充通货，而在国内之本国特种银行、外资银行及中外合资之各银行多拿有发行之权。今若多一营业之本国银行，则一方可减外券发行之力，一方可增内国经济之资，询一举而两得焉。

奕住等为中国人民,诚不必引外资银行为例,妄有请求。然各内国特种银行及外资银行尚蒙许可,则奕住等携其资产对于祖国贸业前途所抱无穷之志愿,悉属政府积久之心期宜,若可以仰邀钧鉴体念下忱,准予中南银行发行兑换券以示优异。至于他日币制统一,则国家法令自当敬谨遵行……如此具呈钧部,并附章程一份,执照资银4两,伏祈鉴核准予立案,即当遵照公司条例呈请验资。并另呈农商部注册,除另呈币制局外,所有奕住等创办银行恳请立案,并祈优待各缘由,理合具呈,恭候批准公布施行。谨呈财政部。①

1921年6月5日,中南银行在上海成立。而呈文上去之后,胡笔江委托周作民在北京多方活动。在周作民和财政部次长潘复运作下,1921年7月11日,币制局对上述呈文下达第11号批文,特许中南银行有发钞权。批文内容如下:

查新设银行发行纸币前经禁止有案,本难照准,惟念该侨商等久羁国外,不忘祖国,筹集巨资创办中南银行,于流通金融及发展实业前途均有裨益,殊堪嘉尚,本局为鼓励侨商回国经营实业起见,姑予格外通融,暂准发行,俟将来政府订有统一纸币条例颁布后,该行仍应遵守以重币政。至核定章程事归财政部主管,除函知财政部核办外,并由本局遴选监理官驻行监理外,合行批示。②

同时,中南银行呈请财政部查验股本,财政部派驻沪中国银行监理官查验后呈报:

经财政部核查,中南银行额定股款500万元全部收足,其收集股款分存通商银行13万6千元,汇丰银行34万2千元,正金银行20万5千元,花旗银行6万8千元,中国银行60万元,交通银行50万元,东亚银行6万9千元,上海银行20万元,中孚银行6万8千元,大陆银行4万元,金城银行35万4千元,已做北京交通银行七年公债短期押款

---

① 上海市档案馆藏中南银行档案:Q265—1—3。
② 上海市档案馆藏中南银行档案:Q265—1—3。

135 万元，库存现银 39 万两，核洋 53 万元，库存现洋 53 万 8 千元，以上各项总共计银圆 500 万元整，与所收股本数目查验相符。[①]

清末民初，新成立的银行，为更多的盈利，均以服务工商业为名，在银行章程中列入发行权一项。[②] 依照惯例，黄奕住等给财政部的呈文时附带的银行章程中，也列有关于发行纸币的条款。虽然，币制局第 11 号批文中已经授予中南银行发钞权，但是为了严加监管起见，财政部与币制局于同年 8 月 8 日联合下达了批文（财政部 47 号，币制局 14 号），要求中南银行修改章程中关于发行纸币的条款，并完全接受币制局监管。具体批示如下：

> 黄奕住呈报中南银行章程第八条改为下列两条：甲、本银行将呈请政府发行纸币，俟将来政府有统一纸币条例颁布，该银行应即停止发行，政府应得随时取消其发行纸币之权。乙、本银行发行纸币应遵下列各项办理：（一）发行数目应由币制局核准方准发行，（二）由币制局派监理官一员驻行随时检查各项账目，（三）所有纸币须先呈由币制局批准始得按照原请数目订定印刷，此项纸币印就后应由币制局派员监视点检封存，启用时须报局核准，饬监理官分批启封发用，（四）每星期须将准备金及发行数目列表呈报财政部币制局以照查核等语外，其余九条大致尚无不合，应准先行备案。[③]

至此，中南银行获准财政部正式备案，并具备发钞权。但是如果将上述两条全部加入银行章程，恐怕会影响银行营业发展，甚至侨商以政情隔阂之故产生猜疑，滋生误会。所以黄奕住、史量才等再次呈书财政部，拟请将批示各节免予列入章程以维持信用。信中称：

> 本行既蒙准予发行，于统一纸币条例未经颁布以前对于共同之法令限制之条件，自当敬谨遵守，与其他各行受同一之取缔，惟请将应行遵守各节免予列入章程以免社会之疑虑。……奕住等矢志所向，揆翼国权，凤仰钧部维持金融，扶掖侨商，故敢不揣冒昧一并渎陈，所有手批

---

① 上海市档案馆藏中南银行档案：Q265－1－3。

② 李俊耀：《中国纸币发行史》，中央银行经济研究处，1944 年，第 18 页。

③ 上海市档案馆藏中南银行档案：Q265－1－3。

各节拟请免予列入章程,并将甲项所示特予通融,以维持营业而坚信用。①

同年 10 月 4 日,财政部 570 号及币制局 18 号批文联合下达:"本部、局为鼓励侨商回华营业起见,特予通融准将关于发行限制各节不列入章程之内。"②

至此,中南银行的章程问题也顺利解决。1922 年 10 月 4 日财政部 441 号批文,准许中南银行注册。批文如下:

> 前据该行呈请验资本,当经本部电据驻沪中国银行监理官复称,查验所收资本 500 万元数目尚属相符,兹据该行先后尊批补送法定注册要件,核与定例亦无不合,应准注册。其注册执照俟本部印就再行发给。③

黄奕住 1919 年自海外归国后,于 1920 年筹建中南银行,该行于 1921 年 6 月 5 日成立,7 月 5 日正式开张,7 月 11 日获得发钞权,1922 年 10 月 4 日批准注册,期间颇费周折。从以上呈文与批文来看,胡笔江倒填日期的说法是不可信的。中南银行取得钞票发行权,与胡笔江的活动能力分不开。此中包括他与金城银行总经理周作民的关系。

1920 年直奉战争后段祺瑞下台,胡笔江离开北京。"胡因离开北京后对于北洋军阀政府联系不便,中南申请立案及发钞权等事,都要通过财政部办理,曾借重周作民就近疏通"。④ 经过周作民在北京政府内部的疏通,最终获得阁议通过。金城银行档案周作民"总经理私函卷"中记载,1921 年 7 月中南银行获得发钞权后,胡笔江致电周作民:"顷奉尊电,认发行事已经阁议通过……此次之事,赖兄周旋其间,得收圆满效果,敝处同人莫不仰佩高情,盖不仅弟一己之私感激已耳。专此申谢。"可见,受胡笔江所托,周作民

---

① 上海市档案馆藏中南银行档案:Q265－1－3。
② 上海市档案馆藏中南银行档案:Q265－1－3。
③ 上海市档案馆藏中南银行档案:Q265－1－3。
④ 中国人民银行上海分行金融研究室:《金城银行史料》,上海:上海人民出版社,1993 年,第 81 页。

在中南银行申请发钞权的问题上是出力不小的。但是，北京民国政府之所以特许中南银行拥有发钞权，首先要归结于中南银行自身独特的资源禀赋，其次是北京政府动荡的政治环境及破落的财政局面，为中南银行取得发钞权提供了政治便利。

1.中南银行创始人黄奕住是归国华侨，而政府对侨商回国兴办实业多有鼓励和优惠政策。民国元年（1912年），沈缦云以"劝业特派员"的身份，前往南洋"联络华侨回国兴办实业"。[①] 此后，北京政府制定鼓励和保护侨商回国兴办实业的规章。甚至国内不少新式银行与企业在创办之际，发起人会派专人前往海外，招募华侨股份。历任总统均有关于保护侨商的指示，徐世昌命令内务、农商两部："行各省军民长官，于籍隶该省之侨商，均应设法招徕，随时拊喻，并晓谕国外各中华商会，切实劝导各商，集资回国兴办实业。其已经归国者，尤必悉心保护，务使安居乐业，各泯猜虞。即居留海外之侨民，对于本国实业规划，如有真知灼见，亦可条陈原委，随时呈明主管官厅核夺。至侨商投资实业应如何优予奖励，以示激劝。"[②]

在此背景下，黄奕住在侨胞中对于祖国之热忱，慨投巨资实为第一人。[③] "政府谂君才，知可倚重，遂予以发行钞票，视同中国、交通二行，奖君归国自效，为华侨劝也。"[④]而且中南银行入股人中又以华侨为多数，在争取侨汇方面，具有独特的优势。1921年中南银行资本500万股，分为5万股，股东比例情况：（1）华侨股东27087股，占74.574％；（2）国内大股东10980股，占21.96％；（3）国内小户1733股，占3.466％。[⑤] 查侨商组织银行，此为首创。[⑥] 故政府"为鼓励侨商回国经营实业起见，姑予格外通融，暂准发

---

① 《华侨热心实业》，《民立报》1912年8月14日。

② 《专电·北京电》，《申报》1919年2月9日。

③ 上海市档案馆藏中南银行档案：Q265-1-393。

④ 苏大山：《南安黄奕住先生墓志铭》。

⑤ 林金枝：《近代华侨投资国内企业史资料选辑（上海卷）》，厦门：厦门大学出版社，1994年，第464页。

⑥ 《中南银行开幕志盛》，《申报》1921年7月6日。

行"。[①]

2.中南银行成立伊始,资本之充实,信誉之昭彰,在华商银行中固为首屈一指者。[②] 1916年至1921年,正值中国银行和交通银行发生挤兑风潮的时期,京钞信誉大跌,价值一路下滑。国内其他华商银行和官银钱行号发行的纸币也大受影响。银行发生停兑的原因在于银行资力不足,准备金不足以抵付发行纸币的数量。而中南银行创立时资本额定为2000万元,实收500万元,在当时私立银行中属于最多的。黄奕住作为创办人,除了认缴350万元外,还"复别存数百万为护本金"。[③] 王郅隆等发起金城银行时资本200万元,收足50万元开始营业[④],实力已经不容小觑。中南银行实收500万元开始营业,是金城银行的10倍。雄厚的资本实力,为获得发行钞票的权力奠定了物质基础。

3.中南银行得天独厚的人力资源。从上文可以看出,作为华侨领袖之一的黄奕住,归国创办中南银行,得到了华侨界、工商界、金融界的大力支持。政府也对其报效祖国的行为赞誉有加。中南银行作为"华侨与祖国联络的先声"[⑤],社会影响又是如此大,是它取得发钞权的无形优势。

4.北京民国政府时期难以禁止外国银行在中国发行钞票,取缔条例形同虚设。自取缔纸币条例颁布以来,凡中外合办之银行,无不特许发行纸币,即一二与政府当局有关之银行,亦享此特权。[⑥] 北洋政府自己承认:"查外国银行在租界地方发行纸币,事非一日,惟其发行地点均以租界地为

---

① 上海市档案馆藏中南银行档案:Q265－1－3。

② 上海市档案馆藏中南银行档案:Q265－1－393。

③ 苏大山:《南安黄奕住先生墓志铭》。

④ 天津财经大学、天津市档案馆:《金城银行档案史料选编》,天津:天津人民出版社,2010年,第2页。

⑤ 《中南银行筹备处消息》,《申报》1921年1月13日。

⑥ 中国第二历史档案馆编:《中华民国史档案资料汇编》(第三辑金融一),南京:江苏古籍出版社,1991年,第167页。

限,既非法权所及,自难加以禁止。"①如此,北京民国政府对外国在华银行擅自发钞不加干涉,其他外国银行也因循惯例,继续发钞。如1919年,美国友华银行在长沙设立分行,并发行钞票,尽管当时社会团体认为长沙并非外国租界,对此竭力反对。且《取缔纸币条例》已于1915年颁行,自无援引"先例"的理由,但北京民国政府没有任何禁止或制止的措施。② 再如,1921年华威银行③成立并经财政部批准获得钞票发行权。

5.政府财政支绌,多靠发行公债以维持经费支出。政府滥发无度,层层累加,社会金融又大搞投机活动,导致政府信用的崩溃,需要实力雄厚的银行给予挹注。1913年审计处总办章宗元关于解决财政的问题条呈:"财政困难,以募债济急,实非根本解决之法,人尽知之……惟增发纸币一法,亦足济目前之急。现在币制,一时难以决定,宜先赶速划一银币,则纸币可流通全国。如果预算确定,现款有着,则国家银行为济政府一时之急,增发纸币,亦无损于银行之根本。"④尤其是中国、交通银行停兑风潮发生后,纸币信誉受损,政府更需要有资本雄厚的银行给予挹注。此时,中南银行呈报设立,并发行钞票,对政府而言,是多了一个帮助销售公债,解决财政困难的机构。

6.国家没有实力强大的国家银行,币制统一无望,纸币发行一时也不能全部取缔。国内新设立之银行也依然按照惯例申请发钞权,华商银行获取发钞权已有先例。察哈尔兴业银行1916年成立时申请发钞权,财政部批示发行钞票,取缔纸币条例内业已严禁,未便照准。⑤ 可是,该行于同年12月8日再次呈文称:"(严禁发钞)自系为统一货币预防流弊起见。惟本区为内

　　① 中国人民银行金融研究所:《美国花旗银行在华史料》,北京:中国金融出版社,1990年,第695页。

　　② 洪葭管:《20世纪的上海金融》,上海:上海人民出版社,2004年,第192页。

　　③ 华威银行由中国、挪威商人合办,实收资本250万元,在中国政府注册,向挪威政府备案,总部设在北京,于1921年秋开业,1926年5月因营业不振宣告停业清理。

　　④ 中国第二历史档案馆编:《中华民国史档案资料汇编》(第三辑财政一),南京:江苏古籍出版社,1991年,第93~94页。

　　⑤ 中国第二历史档案馆编:《中华民国史档案资料汇编》(第三辑金融二),南京:江苏古籍出版社,1991年,第993页

蒙重镇,控引外蒙,屏藩畿辅。此次筹设银行,推行钞票,含有特殊性质,未可概以成例相绳。"[1]最终,察哈尔兴业银行获得钞票发行权,到1921年计先后印制银圆券73万8千元,铜圆券81万串。[2]

从1915至1921年,"六年以来,不但取缔以往之案尚在虚悬,乃新许发行者反赓续而起"。[3] 黄奕住等中南银行发起人正是认识到,在国内之本国特种银行、外资银行及中外合资之各银行多拿有发行之权,才呈请获得钞票发行权,力求"今若多一营业之本国银行,则一方可减外券发行之力,一方可增内国经济之资"。[4] 有鉴于此,北京民国政府当局最终同意中南银行发行钞票。

五、黄奕住签字发行的中南银行钞票

1935年11月之前,中南银行与大多数商业银行的不同之处,在于它是特许发行兑换券的银行。它发行的纸币以十足准备,设专库办理,信用良好。到1927年,发行额达1700万元,占全国发钞总额的1/10,相当于中南、金城、盐业、大陆四家银行实收资本的总和。[5] 1927年以后发行额进一步扩大,最高额达7000万元。至1935年11月停止发行时为止,中南银行发行纸币总额1.03亿元,未发生过不兑现等信用问题。1927年,中南银行天津分行因出现巨额倒账,懋业银行和汇业银行因同一倒账而倒闭,发行钞

---

① 中国第二历史档案馆编:《中华民国史档案资料汇编》(第三辑金融二),南京:江苏古籍出版社,1991年,第993页。

② 中国第二历史档案馆编:《中华民国史档案资料汇编》(第三辑金融二),南京:江苏古籍出版社,1991年,第998页。

③ 中国第二历史档案馆编:《中华民国史档案资料汇编》(第三辑金融一),南京:江苏古籍出版社,1991年,第169页。

④ 上海市档案馆藏中南银行档案:Q265-1-3。

⑤ 中南银行750万元、金城银行350万元、大陆银行100万元、盐业银行500万元,合计1700万元。

票的银行信誉受到影响,顾客持中南银行钞票到四行准备库天津分库兑现者势如潮涌,该分库全部兑现。三天之后,风潮平息。1935 年初,在天津的一批日本浪人,有计划地先收购大量中南银行钞票,然后集中向该分库兑现银圆,企图打击中南银行钞票在北方地区的信誉,也因该分库能全部兑现,至第三天风潮平息。事实证明,在钞票信用这一点上,中南银行比老牌的、官方的和半官方的发行银行还要好些。

中南银行钞票的信用好,与黄奕住有很大的关系。因为,私营银行发行的钞票的信用程度,首先取决于银行资本是否雄厚,特别是主要股东是否殷实。中南银行开办时的实收资本 500 万元,占全国重要银行实收资本的 5.24％。当时著名的金城银行 1917 年创立时实收资本 50 万元。1919 年额定资本 500 万元,1922 年 3 月才收足。1924 年,中南银行增资,实收资本 750 万元,是金城银行的一倍半。在中南银行的实收资本中,黄奕住占 70％,他是中南银行的大股东,而他投入中南银行的钱,虽然高达 350 万元(开办时)或 500 万元(1924 年),也仅是他带回中国的资金 4000 多万元的 1/12 或 1/8,是在国内投资总额 2000 余万元的 1/6 或 1/4。中南银行开办之初,他除了投入股本外,还在中南银行存款 500 万元。他是当时全国闻名的南洋巨富,这为中南银行钞票的信用奠定了厚实的基础。其次是取决于中南银行的经营方针与作风,中南银行“董事长黄奕住认为,经营得法必须具备三个条件:一是勤劳,二是认真,三是信用”[①]。根据黄奕住的这个意见,中南银行特别注重信用,在钞票发行上特别认真。这就是,规定十足准备,由四行联合发行,设立四行准备库,公开准备金情况等等。在出现挤兑情况时,坚持全部兑现,以坚信用。中南银行由于资本雄厚和特别注重信用,是以能吸收大量存款。大宗存款反过来又充实了中南银行的资力,成为它信用昭著的物质基础。

---

① 刘效白:《侨商中南银行》,《旧上海的金融界》(《上海文史资料》第 60 辑),上海:上海人民出版社,1988 年,第 177 页。上述数据参见《中南银行三十年简史》(手稿);《全国银行年鉴》,1937 年,第 54 页;联合征信所编:《上海金融业概览》“中南银行”目,1947 年 1 月。

中南银行钞券于 1922 年 11 月 1 日开始发行。1935 年 11 月,南京国民政府财政部宣布实行法币政策,取消各商业银行钞票发行权。中南银行在 14 年的钞票发行史中一直坚持十足准备发行的原则,信誉巩固,钞票发行量逐年递增。14 年间,中南银行发行的钞票共有 6 版 13 种,每张钞票上印的是中南银行行名,并有董事长黄奕住的签名。

中南银行钞票版式

第一版,1921 年美国钞票公司印制的日晷图案钞票,有 1 元、5 元、10 元、50 元、100 元 5 种。

第二版,1924 年美国钞票公司印制的日晷图案钞票,有 5 元、10 元 2 种。

第三版,1927 年美国钞票公司印制的日晷图案钞票,仅有 5 元面值。

第四版,1927 年英国华德路公司印制五族妇女图案钞票,有 1 元、10 元 2 种。

第五版,1931 年英国华德路公司印制日晷图案钞票,有 1 元、5 元 2 种。

第六版,1932 年德纳罗印钞公司印制日晷图案钞票,仅有 5 元面值。

中南银行获得钞票发行权以后,由于采取了稳妥的办法,发行额稳步增加。到 1932 年,中南银行钞票发行总额仅次于中国银行和交通银行,名列第三。到 1935 年 11 月,钞票发行权被取缔时,中南银行钞票发行总额达到 10300 万元(内流动券 7228.24 万元),又超过了交通银行,①可见信用很好。

---

① 应永玉:《北四行的联合营业》,中国人民政治协商会议上海市委员会文史资料工作委员会编:《旧上海的金融界》(《上海文史资料》第 60 辑),上海:上海人民出版社,1988 年,第 188 页。

表 1　中南银行钞票历年发钞额

年份	金额(万元)	年份	金额(万元)
1922	250	1929	3312
1923	1407	1930	4918
1924	1274	1931	4397
1925	1451	1932	4470
1926	1542	1933	4384
1927	1733	1934	4465
1928	2964	1935	7228

资料来源:中国人民银行上海市分行金融研究室编:《金城银行史料》,上海:上海人民出版社,1983 年,第 299～301 页。

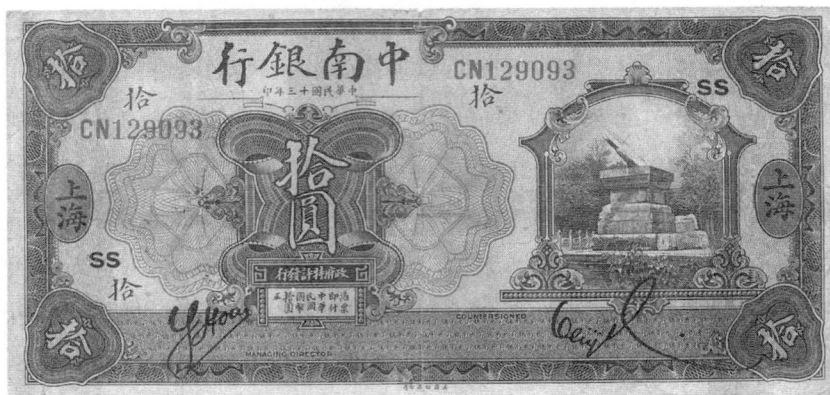

图 19　中南银行钞票

144

六、"黄奕住"及其签名

纸币虽然是中国人最早发明的,但是不可否认的是,纸币大范围的流通、接纳却是始于近代以来的西方银行业。私人银行发行的银行券产生于货币执行支付手段的职能,以商业票据流通为基础,以银行的储备金为保障。近代以来,银行券的发行必须有董事长及总经理的签字才能在市场流通。签字者的个人信用和资力也足以影响银行券的流通。

(一)黄奕住与 Oei Tjoe

黄奕住因业务活动而与外国人的交往日渐增多。凡与人往来的商务函件,宜用中文时,署名"黄住"或"黄奕住";宜用荷文时,署名"Oei Tjoe"(黄住)或"Oei Ik Tjoe"(黄奕住)。在 1914 年出版的欧洲人编的《世界商业名人录》中,列有 Oei Tjoe,即黄奕住。在世界级的商业名人中,有中国人入选,这件事轰动了华人社会。

中南银行纸币上,有三个人的签字。正面左下方是总经理的签名,右下方是监察人的签名。背面左下方是董事长黄奕住的签名。在中南银行 14 年的发钞史中,总经理和监察人的签名虽不尽相同,但是,董事长黄奕住的签名 Oei Tjoe 字样始终未变也是毫无异议的。

黄奕住为何是 Oei Tjoe,Oei Tjoe 是什么文字,又该如何发音?对这些问题,笔者花了很长时间才弄清楚。黄家亲属说是英文,周秀鸾教授认为英文没有这种拼写法。中南财经政法大学有两位教授到荷兰进修,笔者委托他们进行辨认,确定 Oei Tjoe 是荷兰文写法。

本书第一章介绍过,黄奕住出生于福建南安的贫民家庭,黄奕住幼年只读过两年书,到了中年,中文字已认得不少,荷兰文却识得不多,但用荷兰文字母拼成的 Oei Tjoe 签名,却写得很漂亮。

图 20　黄奕住签字的中南银行钞票

本书第一章提过,黄奕住出生后,他的父亲给他取名"住",乳名阿住。在黄家族谱中,阿住属于"奕"字辈,故学名奕住。到黄奕住到新加坡等地打拼时,当地人称他阿住,他用的姓名是"黄住"。在东南亚的福建籍,特别是闽南籍华侨中,"黄"用漳州地方方言发音,读成 wei,"住"的发音为 zu。到了荷属印尼之后,黄住二字用荷兰文拼写,即 Oei Tjoe。黄奕住即 Oei Ik Tjoe。

(二)"黄奕住"而非"黄弈住""黄奕柱"

从笔者目前掌握的资料以及文献来看,黄奕住的名字出现过"黄奕住""黄弈住""黄奕柱"等多个版本,从而导致了后人对其名字的误读。

如 1937 年厦门电话簿上面,登记的都是"黄奕住"。黄奕住曾当过厦门商会主席,在商会出的《总商会特刊》中,写成"黄弈住"。①

---

① 见奥卡姆剃刀的新浪博客:《黄奕住名字小考》,2010 年 8 月 14 日。

鼓浪屿用户名称	Tel. No.	Kulangsu Subscribers' Name
黄奕住写字楼	164	Oei Tjoe Office.
黄奕住北楼	163	Oei Tjoe Residence (North Mansion)
黄德隆	317	Oei Tek Leong.
黄奕住南楼	63	Oei Tjoe Residence (South Mansion)
黄钦书	89	Oei Khim Soo.
黄天锡	240	Oei Tien Siek.
黄奕逊	322	Oei Ek Sang.
黄奕守	90	Oei Ek Siu.
黄奕宿	245	Oei Ek Siok.
王有才	286	Ong Yew Chai.
兆和罐头食品有限公司	255	Oriental Canning Corporation.
大阪商船会社住宅	7	Osaka Shosen Kaisha Residence.
汪受田	126	Ong Siu Tian.
大医生	137	O'Brien D. F. (Doctor)
黄紫薇	330	Oei Tjoe Bie.
黄天恩	18	Oei Tien Yin.
华侨银行经理住宅	43	Oversea Chinese Banking Corporation Ltd. Manager's Residence.
华侨银行有限公司	339	Oversea Chinese Banking Corporation Ltd.
王金陵	158	Ong Kim Leng.
黄奕住花园	64	Oei Tjoe's Garden.

图21　厦门总商会特刊关于"黄奕住"名字的记录

再如，黄奕住捐助厦门大学图书，厦大为了感谢，做了三件事：立碑、捐赠的图书上贴上赠书票和编辑专项图书目录，林校长专门为目录作序。厦大在群贤楼勒碑纪念，此碑镶于群贤楼中厅石壁上。书票上赫然写着"黄弈住先生赠"，英文是"Presented by Mr. Oei Tjoe"。更奇怪的是，同样一件事，书票上是"黄弈住"，而石碑上是"黄奕住"。碑文曰："黄君奕住慷慨相助有益图书其谊可著。"

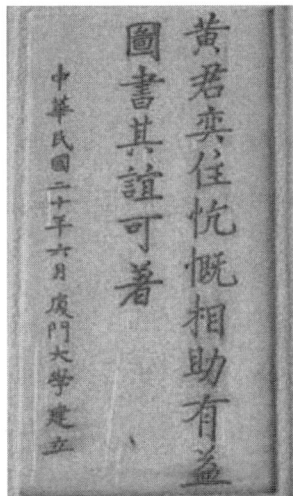

图22　厦门大学图书馆石碑

1922年春天，复旦大学新校园建成，别具一格的几座宫殿式的建筑立于校园，校园中心的一幢别致小楼黄奕住先生捐助修建的，但是却题名为"奕柱堂"。

图 23　复旦大学奕柱堂

由于名字的混乱，后人在研究黄奕住时名字的写法多有错误。下面是使用"黄奕柱"的几处。

军纪，十分赞赏，随即解囊捐款六十万元创办医院，并接受了建设委员会委员的职务，对建设福建多有立言。

十九路军在福建发动"闽变"失败，蔡廷锴旋即出国考察，到达新加坡时，胡文虎不顾国民党驻新人员的阻挠，亲自顶着烈日驱车前往码头欢迎，用特备的轿车接蔡到永安堂休息，并陪同游览郊外园林和"虎豹别墅"等处。胡、蔡二人交谊产生于祖国烽火之中，亦华侨史坛之佳话也。

黄奕柱不入外籍

杨纪波

黄奕柱，1868 年出生于福建南安的一个贫苦农家，从小帮父耕作，兼操理发。二十岁时，他附舶南行到荷属爪哇，由小商贩而后经营蔗糖，备历艰辛。到 20 世纪 20 年代初，居然成了巨富，列名海外四大糖商之一。此时遂萌返国投资之思。有人劝他："中原多故，不如此间乐，君雄于资，何地非乐土，为终老计，不亦善乎？"劝他加入外国籍。他则言："我为中华国民，安能忍辱受人苛禁，托人宇下！"毅然归国。

黄归国后，卜居鼓浪屿，将大量资金投放于教育。在鼓浪屿兴办慈勤中学、慈勤小学，并资助上海、广东等地发展教育事业。"七七"事变

资料来源：陈虹、吴修秉主编，福建省文史研究馆：《闽海过帆》，北京：中华书局，2005 年，第 155 页。

【黄奕柱（1868—1945）】　著名企业家。福建南安人。早年到印度尼西亚谋生，做过剃头工、小贩，后经营糖业而成巨富。1919年4月携巨资回厦门定居。1920年创办厦门自来水公司，解决了厦门居民的吃水问题。1921年独资经营厦门电话公司，方便了广大用户。二、三十年代，在厦门建筑或购置房屋160多幢，促进厦门的市政建设。1921年和1925年分别在上海创办中南银行和日兴行，发展了中国人自己的金融业，在全国许多大城市投资办企业，支持民族工业的发展。1927年创办慈勤女子中学，还多次捐助岭南大学、南开大学、厦门大学等国内大学及中学。1936年迁居香港。1937年抗战爆发，厦门沦陷，日本人曾派人赴港，以没收他的企业威胁他加入日本国籍或任伪职，他坚决表示"宁可破产，决不事敌"。后来，他在厦门的企业被日方全部侵占。1937年底移居上海，杜门谢客。1945年6月病逝于上海。

资料来源：张永谦等主编：《中华爱国主义大辞典》，北京：中国广播电视出版社，1992年。

此外，《上海侨务志》上对"黄奕住"的词条①，白寿彝总主编的《中国通史》，写的是"中南银行是南洋华侨黄奕柱创办的。"②

按照常理判断，电话公司不应该将自家老板的名讳写错。厦门商会也不至于将主席名字写错，学校也不该把名字写错。但是，确实出现了"黄奕住"和"黄奕柱"字样。

第一，从笔者掌握的资料来看，无论是政府下达的嘉奖通令，抑或是"南

---

① 《上海侨务志》编纂委员会编：《上海侨务志》，上海：上海社会科学院出版社，2001年，第322～323页。

② 白寿彝主编：《中国通史》第12卷（近代后编1919—1949），上海：上海人民出版社，2015年，第531页。

安黄奕住独修东塔记"的碑文,以及当时报纸、期刊的报道都是"黄奕住"。

第二,黄奕住本人的信函,以及家族及其后人的回忆,其名字都是"黄奕住"。如《申报》上公布的黄奕住的讣告:写的是"奕住老太爷……"

第三,一个最为重要的原因是"奕"字属于黄家151世的辈分用字,是族谱上有记载的,这个是不会错的。

所以,"黄弈住""黄奕柱"均可以看作是时人的笔误。

（报纸影印件，竖排）

十八號　通訊處:霞海路一百號　電話六〇四二

黄宅報喪聞

伍宅告窆

黄聚德堂帐房謹報

图24　《申报》刊登黄奕住去世信息

第九章 ▪ ▪ ▪ ▪ ▪

中南银行与四行联营

银行而有联合营业之创举，

实始于盐业、中南、金城、大陆四银行。

——徐沧水

一、四行联营事务所

重视信用，有利于民，是黄奕住创办银行的指导思想。中南银行获得钞票发行权，黄奕住认为此事责任重大。为了使发行的钞票取得金融界的承认，并为广大用户和社会各界所信赖，黄奕住与胡笔江多次商议妥善办法。其时有人建议仿照美国联邦准备制度办法，成立准备库。黄奕住和胡笔江都认为这是一个好办法，准备邀请几家资本额较大，又无钞票发行权的银行，合组准备库，联合发行中南银行钞票，共同承担发行钞票的责任。实际上，中南银行获得钞票发行权，得到了金城银行、盐业银行负责人周作民、吴鼎昌的大力支持。没有这些人的帮助，中南银行很难获得钞票发行权。这些人之所以为中南银行获得钞票发行权出力，是想与中南银行共享此权。因此，盐业银行、金城银行都存有联合中南银行发行钞票的想法。胡笔江、周作民、吴鼎昌之间，早就联合经营交换过意见。但实际进行的步骤却是稳步和曲折的。先是这三个银行经过联合经营，后来又吸收大陆银行加入，扩大为四个银行联合经营之后，才进入联合发行中南银行钞票的实际操作阶段。

1921 年 9 月,盐业银行总经理吴鼎昌从国外访问回来,途经上海,向胡笔江介绍外国银行资本雄厚,且联合经营,互相调剂,有利于辅助实业。他到天津后又与周作民商议。三人决定盐业、金城、中南三家银行联合营业。11 月,在各报刊登《三行联合营业广告》。在上海成立三行联合营业事务所。联营的基金 200 百万元,由中南出资 100 万元,盐业、金城各出资 50 万元。三家银行的总经理担任联营事务所的办事员(后改称执行委员),而以吴鼎昌为主任。联营的目的是厚集资本,彼此提携,借以提高声誉,扩展业务。联营的范围,以不侵害各行各自的营业为限。营业既各不牵涉,合作亦不受束缚。联营初期只搞些联合放款,以后逐渐发展。1922 年,大陆银行加入。从此改为四行联合事务所。[①] 由四行总经理任执行委员(董事),逐年轮流主持所务。从此以后,在金融界,中南、金城、盐业、大陆四银行遂有"北四行"之称("南四行"为浙江兴业、浙江实业、上海商业储蓄、新华信托储蓄银行)。四行联合事务所设于上海,中南银行总行亦在上海,其所以被称为"北行行",与金城、盐业、大陆的总行原在北方的京、津,以及四行的总经理皆北方金融界出身有关。

四行联营事务所下属的部门有:四行准备库、四行储蓄会、四行企业部和调查部。1937 年四行准备库改组为四行信托部。1948 年,四行储蓄会和四行信托部合并,重组为联合商业储蓄信托银行,简称联合银行。下面介绍四行准备库和四行储蓄会。

----

① 四行实力如下:(1)中南银行,1921 年成立,资本总额 2000 万元,实收资本 500 万元。总行设于上海,总经理胡笔江(筼)。(2)大陆银行,成立于 1919 年,资本总额 100 万元,总行设于天津,总经理谈荔孙(丹崖)。(3)金城银行,成立于 1917 年,实收资本 50 万元,1920 年增至 350 万元,总行设于天津,总经理周作民(维新)。(4)盐业银行,成立于 1915 年,资本 500 万元。总行设于北京,总经理吴鼎昌(达铨)。吴鼎昌 1916 年后当过中国银行总裁,财政部次长,造币厂厂长。从三行联营事务所到四行联营事务所的过程,参见《金城银行史料》,第 70~128 页,第 296~316 页,第 859~865 页,第 870 页。

二、四行准备库的成立与中南银行钞票发行

1922 年 9 月,四行联合营业事务所在北京举行第一次会议,决定四行联合发行中南银行钞票,规定为十足准备,设立四行准备库,独立于四行之外,专办钞票的发行,准备金的存储,以及印票、兑现等事务,不兼做其他营业。[①] 四行共同向社会公告:中南银行所发钞票,是由四行共同负责。从历史上看,联合发行钞票是金融领域的制度创新。

四行准备库之组织,贯彻两条原则:第一,使准备库完全独立,保证所有四银行营业金不能混杂或流用丝厘。第二,使准备金数目完全公开,四银行与使用者同立稽查地位。其具体办法是:(1)中南银行为慎重政府赋予发行权及保持社会流通之信用起见,特将该行发行的钞票规定十足准备(六成现金,四成有价证券)之章程,联合盐业、金城、大陆各银行设立四行准备库,公开办理,以眼核实。为取信社会大众,四行联合准备库设一特大水泥库房,存储每箱 5000 枚银圆之大量现洋,供人参观,以示储备充足,信用十足。(2)四行准备库在沪、津、汉及其他已经设立四行之处所分设之。(3)准备库设主任一人,由四行聘任(总库主任吴鼎昌);各分库设处长一人,由四行协商(以多数同意)任之。设总稽核四人,由四行总经理充之;分稽核若干人,由各地四银行之副经理充之。对于各处准备库账目及库存现金钞票得随时严格稽查。其章程另有规定,且欢迎银行公会来库调查。(4)各库准备金数目,逐日有表,由稽核员检查,呈报币制局。[②] 后来还在《申报》和《银行周报》上定期公布于众。

由于有这样的准备库,中南银行就可以宣布它发行的中南银行钞票在

---

① 应永玉:《北四行的联合经营》,中国人民政治协商会议上海市委员会文史资料工作委员会编:《旧上海的金融界》,上海:上海人民出版社,1988 年,第 187~188 页。

② 《四银行之准备库与储蓄会》,《申报》1923 年 6 月 3 日。

中南银行总行所在地随时兑现。该钞票由发行到 1935 年底结束时[①]，一直信誉良好。[②] 创中国私人银行发行钞票的最高纪录。这也是黄奕住一生重视信用的记录。

三、四行储蓄会

1923 年 1 月 24 日，上述四家银行的代表在北京开会，决定在四行联合营业事务所下，开办四行储蓄会，专营储蓄业务。该会总会设在上海静安寺路（今南京西路）170 号，于上海、天津、南京、北京、汉口等地设立九个分会。无完全独立的资本，由四行各出资 25 万元，共 100 万元为基本储金。并共同担保还本付息。该会储户可得利息外，还可分红。6 月 1 日，该会在上海、天津、汉口等处同时开业。对此，《申报》报道说："近年中外储蓄机关发生极多，然因资本不巨，滥发奖券，期限过长，营业放滥，以致流弊殊多，储金者常怀观望，金融益见滞塞。盐业、金城、中南、大陆四银行有鉴于此，特联合另设储蓄会，以四银行总共资本 2000 万以上为储金本息之担保，保息七厘之外，如得红利，会员分六成，四银行及办事员等只分酬劳四成。"[③]无论是定期储蓄，分期储蓄，长期储蓄，期满后，均可将本息及红利完全取回。长期者并以复利计算，逐年照加入本，随同起息。假定储金 1000 元，周息 7厘，10 年期满，即可得本息 1967 元。若每年平均有红利 5 厘，10 年期满，可得本利 3105 元。于养老储金及子女教育婚嫁储金，最为相宜。其有未经期

---

① 1935 年 11 月，国民政府实行法币政策，将钞票发行权集中于中央银行、中国银行、交通银行、农民银行，而取消其他银行的钞票发行权。中南银行的钞票发行权移交国民政府法币发行委员会。至此，四行准备库结束。同时，四行成立联合信托部。

② 1927 年，四行联合发行的中南银行钞券在京、津发生过挤兑。挤兑情况可参见《金城银行史料》，第 319～321 页。原因在于中南银行天津分行总经理王孟钟的失职。胡笔江的处理办法是从中南银行其他各分行紧急调拨现金，迅速解决了挤兑问题。最后损失由黄奕住等出资人应得的中南银行三年股息抵偿。

③ 《四银行合组储蓄会定期开幕》，《申报》1923 年 5 月 21 日。

满而临时需用款项者,可随时将储蓄证向该会抵借,其于储户,尤为便利。"且系以正当利益奖劝会员,复可一洗现在各储蓄会之缺点"。[①] 可见,四行储蓄会是一个很特殊的金融组织,首创银行出资用储蓄会名义办储蓄的办法。到该会储蓄者都是会员,存款可得周息 7 厘,并可得红利,若盈利不够付息,由四行负责补足,因此很受社会欢迎。开业的第一天,收两年以上定期存款 110 余万元,计 1000 余户。[②] 到抗日战争前夕,收储金 1 亿多元,为当时中国金融业收储额最高的一家。

1923 年 6 月 3 日,四行联合营业事务所主任吴鼎昌,就四行准备库和四行储蓄会的创办目的与作用发表讲话。他说:"近年来金融枯窘,利率高腾,已办实业几无以维持,未来实业更无由兴起,四行联合之宗旨,系为活泼金融,压轻利率起见,以期实业勃兴,而国民生计可藉以发展。其办法,第一,使硬货之代表品有确实保障机关;第二,使不生产之游金有确实存放机关。故有准备库与储蓄会之设,俾金融事业渐入正轨。"[③]"四行之意,与库、会两事,不在谋利,尤不欲专利。"[④]储蓄会完全系一独立机关,所受储金,在限定放款章程内,由会运用,四银行也不能运用。四行联营虽然是较小范围的联营[⑤],在近代中国银行业中却是唯一的一个。联营能够为各参加单位提高声誉和扩大业务带来不少有利条件。

除了上面论述的四行准备库、四行储蓄会之外,北四行联营事务所下还有一对孪生组织:四行企业部和调查部。1931 年 7 月 5 日,周作民在四行董事会议的报告中说:"于四库及储蓄会外另设一企业部,其事业如棉纱、如矿产等,取其与社会生计有重大关系者。惟须先从调查入手,故拟同时设一

---

① 《四银行合组储蓄会定期开幕》,《申报》1923 年 5 月 21 日。

② 《四银行储蓄会开市日之状况》,《申报》1923 年 6 月 4 日。

③ 《四银行之准备库与储蓄会》,《申报》1923 年 6 月 3 日。

④ 《四银行之准备库与储蓄会》,《申报》1923 年 6 月 3 日。

⑤ 黄奕住在世时,四行联营除上述各机构与业务外,还有 1931 年 7 月成立的四行企业部、四行调查部和 1937 年 1 月正式开始营业的四行信托部。

调查部,俟调查结果认为可做时即做。"①但是,这两个部门开办以后,业务不好,且与北四行各自设立的部门有所冲突,故相继裁撤。

北四行联营能成为事实,在很大程度上是由于四家银行总经理之间的人事关系和他们在各自银行中的作用。在四行联合经营过程中,中南银行的黄奕住与胡笔江起了特别重要的作用。这首先是由于中南银行让其他三家银行分享钞票发行权的利益(在此基础上,中南银行得到它们的支持而能稳当地发行钞票)。其次,中南银行的资本最多,出资也比其他三家银行多。第三、是黄奕住与胡笔江在人事安排上能够谦让。故成立联合营业事务所时,其他三行推胡笔江主其事,胡则坚辞,推盐业银行总经理吴鼎昌为主任,钱新之为副主任。

北四行联营以及四行准备库与四行储蓄会的成功运作,形成掎角之势,互相支持,互为补充。成为北四行的坚强后盾,增强了北四行的整体实力,为其发挥各自的优势提供了雄厚的资金保证。

---

① 中国人民政治协商会议上海市委员会文史资料工作委员会:《旧上海的金融界》,上海:上海人民出版社,1988 年,第 191 页。

第十章 ■■■■■

黄奕住的用人之道与中南银行绑架案

宁可人负人，我不负人。

一、黄家资金胡家将兵

中南银行的组织和其他股份公司一样，权力机构由董事会和经理部（或称总管理处）组成，董事会是股权上的掌握者，经理部执掌管理大权。黄奕住出资最多，担任董事长直到去世为止。胡笔江担任总经理也直到去世为止。胡笔江执掌中南银行的大权，在中南银行内部安排了众多亲友故人。在总行，副理马式如，是胡笔江从北京交行带来的旧人，负责外汇业务的景逸民，是胡笔江的同乡。

以中南银行汉口分行为例，1923 年建行时，所有用人行政，完全由胡笔江一人主持，于是胡将在交行的亲信旧部以及族戚乡邻，拔茅连茹地皆被援引入行，从而造成全行职员几乎清一色为扬（州）、镇（江）人的局面。与汉行交往比较密切的钱庄，如乾巽裕、乾丰润、鑫祥、义祥、宝兴等，皆因系镇江帮或负责人为扬（州）、镇（江）人的关系。①

在其他分支行，胡笔江也有类似的人事任命。如天津分行经理王孟钟，是胡笔江在交行时的亲信。中南银行南京办事处 22 个职员中，有 19 人为

---

① 武汉市档案馆藏武汉市工商业联合会档案：LS119－130－102。

胡笔江的江苏老乡。[①] 鉴于以上的人事安排,以至于中南银行内部出现了"黄家资金,胡家将兵"的说法。[②]

对内,胡笔江利用他在中南银行的职务谋取个人利益。对外,胡笔江利用中南银行建立他在中国金融界的地位,又利用这种地位建立与政界的联系。胡笔江先是与北京民国政府及南京、上海军阀势力建立关系(已在上文叙述过)。1927年南京国民政府成立后,又与南京国民政府掌管财经工作的宋子文、孔祥熙结交,建立起密切的私人关系。"当时财政部长宋子文与胡最友善,宋对胡当面或背后,必称之为胡四弟。宋的朋友很少,对于商式人物更是没有,仅胡一人而已。宋对人只谈公事,都是命令式,独对胡除谈公事外,还谈谈私事。"[③]1934年,国民政府任命胡笔江为交通银行董事长。1938年7月24日,胡笔江应财政部长孔祥熙电召,参加中央银行、中国银行、中国农民银行、交通银行等"四行"首脑会议,从香港乘飞机去重庆,因飞机失事而身亡。他的后事,"全由宋子文主持","出殡时,宋也随灵柩走了一段路。开追悼会时,宋做了主席"。[④] 这些都说明两人交情深厚。胡笔江确实有与官府交往的才能。而这种才能正是黄奕住所欠缺的。黄奕住依赖胡笔江的这种才能与交往的关系。尽管黄明知胡利用中南银行谋私利,尽管胡的某些措施直接损害黄的利益,尽管他们在一些业务问题上意见不一致,尽管胡后来接受交通银行董事长等职务,黄仍让他任中南银行的总经理,始终予以信任和支持。许多事实说明黄奕住在用人方面具有担当精神。

(一)胡笔江安插私人为中南银行带来两次大的亏损

中南银行成立以来,面对的第一次大的损失发生在汉口分行。1927年

---

① 黑广菊、夏秀丽主编:《中南银行档案史料选编》,天津:天津人民出版社,2013年,第68~69页。

② 林金枝:《近代华侨投资国内企业史资料选辑(上海卷)》,厦门:厦门大学出版社,1994年,第467页。

③ 章淑淳:《我与中南银行》,《大人》(香港)第32期,1972年12月。

④ 章淑淳:《我与中南银行》,《大人》(香港)第32期,1972年12月。

4 月 17 日,武汉国民政府颁布"现金集中条例"。汉口市面只许中、中、交三行纸币流通,禁止现银流通与出口,所有在汉各银行库存现银一律封存。致使汉口银根骤然抽紧,商业停滞,钱庄因周转不灵纷纷倒闭。中南银行汉口分行由于在汉对钱庄放款不少,受其拖累,损失很大。"汉行 4 月 16 日库存大洋 328080 元,内计现洋 9 万元,现银 596060 两,合洋 8.5 万元,仅余他行钞 49700 元,中央券 5 万元未讨。"①现金集中令颁布以后,汉钞与现洋价格悬殊,中南银行汉口分行就应当认真对待,改变办法。但是,汉行在现金集中后仍收入 6 万元存款。对此,总行予以指责:"现金集中后所收存款约为 6 万元之数,是何行钞券,市价若何,事前亦未据报告账册上,又钞现不分,总行既无从辨别,自难随时加以纠正,今日之亏谁则致之。"②1933 年中南银行总管处呈报董事会,此次风波"汉行账面受损及利息亏耗总计 130 余万元"。③ 尽管现金集中是政府行为,商业银行无法预测,更无法阻止,但是中南银行汉口分行疏于管理,毫无章法,尤其是钞券收兑,事前未据账册上报,又钞现不分,导致总行无从辨别,以致被动应付造成亏损。这是胡笔江用人不当造成的结果。当时汉行经理钱叔铮仰仗胡笔江的关照,"其人自信力强,藐视一切,任经理 20 余年中,副理三四易,皆不能融洽相处,对开展业务,非其所长,只知墨守成规,而不能适应时代的变化,以致中南银行汉行的业务声誉,反不如资力较逊的同业来得活跃响亮"。④

　　第二次大的亏损发生在天津分行。1922 年 7 月,中南银行天津分行成立,胡笔江任推荐王孟钟任该分行经理,王孟钟是胡笔江的亲信。袁世凯以袁慰记户名(袁世凯字慰亭)存入交通银行北京分行 280 余万元,1916 年,袁世凯死后,无人认定,时任京行经理的胡笔江就产生了觊觎之心。他与营业科主任严柳村、会计科主任王孟钟及出纳科主任袁佐良等,日夜密谋。模

---

① 武汉市档案馆藏中南银行史料:LS171－1－6。
② 武汉市档案馆藏中南银行史料:LS171－1－6。
③ 上海市档案馆藏中南银行史料:Q265－1－98。
④ 武汉市档案馆藏武汉市工商业联合会档案:LS119－130－102。

仿袁世凯印鉴的签字式样,再用支票倒填袁在世时的日期,陆续支取现款。①

1927 年,天津协和贸易公司用假栈单向天津各银行押款,总数约 1000 余万元。正在筹办的汇业银行和懋业银行已经收了股款,尚未开门营业,就将股款放予协和贸易公司,全部吃倒账,银行因此开不成。中南银行天津分行因放款不慎,倒账损失达 220 万元(另有资料,或说二百万元,或说一百二三十万元),原领总行的全部资金 150 万元,全部赔上,尚不足数。谣言随之四起,信誉大受影响。为安定危局,胡笔江急命上海总行、厦门支行筹款接济,天津分行因此保存下来了。中南银行总行却因此而损失 200 余万元。胡笔江采取停止发股息的办法来弥补这笔损失。黄奕住作为最六的股东,损失最大。他作为董事长,要维护股东的利益,因此不赞成停发股息的办法,要求追查这笔放款的负责人的责任,解除天津分行经理王孟钟的职务,要他赔偿这笔倒账。胡笔江以天津分行放这笔款时,王孟钟适丁母忧未到行办公,不能负责,遂令负责此笔放款的副经理停职。其实这是胡笔江袒护王孟钟的表现。

天津分行副经理家中无钱,赔不起。黄奕住得知此情况后,并不因胡笔江用人不当,一次损失中南银行开办时实收资本(500 万元)的 40% 而解除胡的总经理职务,反而嘱胡以银行信誉为重,支持采取停发股息的办法。股东利益,首先是黄奕住(占 70% 的股份)的利益受到重大损害。社会舆论对停股息补倒账的办法,即出资人利益受损,而不使顾客利益受损的办法,反映很好。经此役后,中南银行盈利大幅度下降,资金亦显短缺。胡笔江对外声称黄奕住答应再增资 250 万元,华侨股东尚有资金 1250 万元备用。注资后之中南银行信誉迅即恢复,业务稳步上升。

这两次亏损都发生在 1927 年,对中南银行而言,这是个灾年。这两次大亏损都因为胡笔江用人不当造成的,对胡笔江来说,这是个考验年。经过

---

① 通三:《胡笔江从钱庄学徒到交行董事长》,上海市政协文史资料委员会编:《上海文史资料存稿(金融卷)》,上海:上海古籍出版社,2001 年,第 142~143 页。

这两件事之后,黄奕住对胡笔江有所不满,黄奕住向董事会提议由其三子黄浴沂任中南银行协理,名义上向胡笔江学习经营管理之道,实则借此削总经理之权。黄浴沂1928年春上任。

(二)在业务上面黄奕住尊重胡笔江的决定,并不专权

1928年厦门发生金融恐慌。主持厦门军政事务的海军驻厦司令部组织金融维持会以维持市面,黄奕住作为厦门总商会代表参与此事。金融维持会要求各发钞行、庄合资办理,解决此事。原本要求中南银行厦门分行认资35％,经过黄奕住与分行经理卢重光的坚持,最终认定20％。但是,对此事黄奕住并没有擅自处理,而是于6月6日写信给胡笔江汇报此事:"关于在厦发行抱何宗旨,仍照前额或要增加,祈来函示知为慰。"①6月11日胡笔江回函称:"我行与普通有发行之银行不同,钞票面上虽系中南,而一切发行事宜,全归四库独立办理。此次厦埠金融维持会要求厦南行承认20％,厦门行万勿代为承认之,此项维持会说以发行为标准,则应由该会自与厦库接洽,并由厦库照此种情形,迳电该总库请示办理,厦南行不能越俎代庖。"②由此可见,黄奕住对胡笔江工作的完全支持与信任,纵使自己身为董事长,在经营业务方面也不专权。

再如,在香港分行的设立上,黄奕住也尊重胡笔江的意见。黄奕住是华侨,中南银行以侨资为特色,在黄奕住的计划中,他在中国创办的中南银行,与他在新加坡创办的华侨银行,在菲律宾创办的中兴银行,以及他投资的印尼棉兰等地的银行,是要联成一气的。黄奕住主张将中南银行的业务面向南洋,面向华侨。在中南银行的几个分行、支行、办事处中,厦门分行、鼓浪屿办事处,收兑侨汇及吸收侨眷存款,盈利额超过京、津、汉、沪各行处。黄奕住在中南银行成立后不久,在1922年成立厦门分行的同时,提出要在香

---

① 上海档案馆藏中南银行史料:Q265-1-153。
② 上海档案馆藏中南银行史料:Q265-1-153。

港设分支行,将业务推广到南洋一带,并声援厦门分行。胡笔江则主张将中南银行的业务限于中国内地,迟迟不同意在香港设分行。在这个事关经营方针的重大问题上,黄、胡意见相左,黄奕住身为董事长,却始终尊重胡笔江的意见,直到1934年胡同意设立为止。

在对胡笔江的支持上,表现了黄奕住的用人之道,表现了一个现代企业家的胸怀。黄奕住不是中国第一代企业家,却属于第一代现代型企业家,而且是其中优秀的一员。他回国前后在金融业领域中的活动,体现了他的现代企业家的素质、眼光与风度。

二、黄奕住对中南银行两次绑架案的处理

在社会动荡的20世纪三四十年代,银行家经常面临着人身威胁,中南银行总经理胡笔江、副总经理黄浴沂都被绑架过。

(一)1928年总经理胡笔江被绑架

1928年8月23日深夜,胡笔江在看望老友回家的路上,被突然冒出来的六个匪徒劫持,汽车被匪徒控制,两肋被两只手枪抵住,一直被押往匪窝。9月15日,胡笔江致中南银行董事会函中对此有所描述:"筠于8月20日以全国交通会议事毕,即于次日偕友自京回沪。讵于23日夜间11时许应酬完后,便送友人至别克登饭店,就近回看老友陈君,略谈,即行回寓。不意道左突出六匪,持枪迫令停车。旋有两匪趋至筠之左右,立以两枪抵筠两肋,夹筠而坐。车头两匪,一匪开车,向西转南驰去。"绑匪索要赎金20万~30万元。9月12日,夫人郑氏受惊以致小产。

9月13日胡笔江被亲友集资赎回。9月15日,胡笔江致函中南银行董事会,表示"精神、身体两者俱伤"。并表达对中南银行诸位董事的不满之情。

9月24日,远在厦门的黄奕住回复胡笔江9月15日的函件。然而,因厦门邮局工人罢工,邮件压搁,直到10月6日才送抵胡笔江手中。

黄奕住在信函中写道:"我辈与笔兄患难相同,安乐与共,我辈一息尚存,即以友谊论,亦无坐视笔兄从事破产之理。况笔兄因公蒙难,我辈除精神上之痛苦无法代为分忧外,倘于物质损失之数隔膜视之,则我辈尚得谓有人心乎!……此次破耗之款不能作笔兄个人事……弟意在实际上或径由行内负担,或由弟个人负担,均合适。只对外方面须于名义上避去行款目标,免使一般行员多滋危险。……对外方面避去行款目标一层,手续上如何办理,祈与量才兄及浴沂秘密商酌而行可也。"①所以,胡笔江的赎款实际上是中南银行或黄奕住本人支付。

胡笔江经此一劫,除身体上受种种痛苦之外,精神上也受到巨大刺激。他于1928年10月5日致函中南银行董事会请辞总经理一职。黄奕住得知此事后,极为关注。10月5日18时致电董事会:"浴沂电称胡总经理辞职,此事关系大局,利害甚巨。请董事会极力设法挽留,无论如何,务必做到取消辞意地步,切切。"②10月6日12时发电给史量才称:"我等与胡总经理为本行共同缔造艰难之人,休戚与共,猝闻辞职,寝食不安。请兄极力设法挽留,务必达到取消辞意,共维大局。是所祈祷。"③最终,在黄奕住等人的努力下,胡笔江放弃了辞职的念头。

(二)1930年副总经理黄浴沂被绑架

黄浴沂被绑架发生在1930年5月。当时黄浴沂34岁,任中南银行副

---

① 上海市档案馆编:《上海钱行家书信集(1918—1949)》,上海:上海辞书出版社,2009年,第58页。

② 上海市档案馆编:《上海钱行家书信集(1918—1949)》,上海:上海辞书出版社,2009年,第59页。

③ 上海市档案馆编:《上海钱行家书信集(1918—1949)》,上海:上海辞书出版社,2009年,第59页。

总经理,家住宝健路 22 号。当时的《申报》对此有详细的报道。

> 5 月 27 日下午 6 时行务既毕,乘其自备之 824 号司蒂倍克轿式汽车返回。当时司机是于永才,车内除黄浴沂外,左右坐有保镖吴锡英、马平安两人,各带手枪以资保护。车行至海格路,觉有汽车两辆尾追而来,及至 346 号,前面忽有机器脚踏车一辆从左面超越黄车,司机于永才恐与相撞即减速相让。正在此时,后面之两汽车已迫近黄浴沂座车,戛然而止。跃出绑匪四人,各执手枪,强行开启车门。保镖向匪开放五枪,惜未命中。匪等还枪,保镖吴锡英中其要害倒地殒命,马平安亦受伤不敌,车夫于永才腰部受伤,亦无可抵抗。绑匪将黄浴沂挟入匪车,扬长而去。当时为 6 时 20 分。饬静安寺捕房闻耗,饬派大队中西探捕武装驱车到场,已经 7 点钟,匪去甚远,无从追缉。遂将马、于两人送往附近海格路红十字会医院治疗。马伤尚轻犹可救药,于则伤及要害,延至八分钟亦继吴后而殒。[①]

黄浴沂被绑架时,黄奕住患病在家静养。社会各界对此事反应强烈。华侨联合会致电国民政府:"中南银行副行长黄裕沂在沪被绑,有碍华侨兴办实业,请电饬严缉办理。"蒋介石饬令淞沪警备司令部、上海市政府严密侦缉此案。[②] 但是,毫无进展。7 月 17 日,黄浴沂侥幸逃出了绑匪的控制。

很快《申报》报道了黄浴沂逃回的情景。"据闻黄氏绑去后,被匪居于沪西虹桥路相近小屋中。17 日午后 6 时许,黄氏乘守匪纳凉之隙,夺扉奔逃。被二匪瞥见,即携枪跟追。相隔仅十余步,匪向黄连发二枪,黄惊慌倒地,不敢稍动。时适夕阳西下,田陌间不乏行人。匪见黄倒地不动,即亦不再追。少许黄见匪远去无踪,即起而逃命,行半时许,抵交通大学后面左近。因有小溪相隔,乃绕道赴该校门首,拟借通电话,找汽车返家。而黄初脱匪窟,发长面垢,犹穿夹袍,为状至惨,且言语不通,故为该校门者阻不使入。无奈,乃雇黄包车向法租界寻觅自己住宅,亦以言语不通,路途不熟,徘徊于各马

---

① 《黄浴沂被绑:两保镖一死一伤,汽车夫亦受伤死》,《申报》1930 年 5 月 29 日。
② 《蒋主席令饬严密侦缉黄浴沂绑案》,《申报》1930 年 6 月 26 日。

路者,凡四五小时余,换黄包车凡三次,始抵家门。"①

　　黄浴沂自己回忆:1930 年不幸被绑去,被监禁 52 天之久(即阴历四月二十九至六月二十二日夜),可谓一生中之生死难关也。当祸时,保镖 2 人中之 1 人被当场枪杀死,1 人幸只受轻伤,而车夫亦被枪杀死。及至谈妥赎款时,在送交款后又被贼将送款人杀死,款被收去。当真是反复无信也。因余之事而致有 3 人送生,真是大难大祸不堪言忧也。余因遇此恐怖事后精神大受震惊,神经仿佛必须静养,故暂回鼓浪屿休养。②

　　1931 年春天,黄浴沂再次回到上海,为了安全起见。黄浴沂住到了中南银行六楼。而父亲黄奕住从美国为其购买了中国第一部奔驰牌防弹车。同时,黄浴沂的保镖人数由 2 人增加为 4 人。当时黄奕住的保镖也只是 6 人,可见黄奕住对儿子的关爱。

　　直到 1933 年 7 月,由法捕房特别机关、派探赴天津拘获绑匪。1934 年 7 月间,在天津审讯绑匪耿华堂(济南人,前淞沪护军使署副官)、郑棠生(上海人)、尚震(河南人)、刘一民、吴少庭(二人均扬州籍)等十余人,移提来沪。查得该犯等在沪先后绑架中南银行副行长黄浴沂、四明银行协理陈仰和、新森记营造厂主何绍庭、颜料富翁黄葆华等。可以看出,20 世纪 30 年代上海滩社会秩序的恶劣,民族资本家创业非常艰难。

三、黄奕住管理思想的发展与中南银行管理制度的变化

　　规模较小的企业,两三个人就可以管理所有的事务,通常是由家族或者合伙人经营。黄家有条祖训:"买卖钱,万万代。"黄奕住从发家之日起,就是依靠家族成员,实行家族管理模式,这是一种业主制的管理模式。它的基础

---

　　① 《黄浴沂脱险,昨已搭轮走南洋休养》,《申报》1930 年 7 月 20 日。

　　② 黄浴沂:《黄浴沂回忆录》三写稿,第 13～14 页。据黄奕住孙女黄玉(二儿子黄鹏飞的女儿)回忆,赎金是 30 万银圆,取赎过程由银行交涉,送钱的人吴昆山却被打死了。

在于依赖家族资本,这与股份公司筹集资本的方式不同。实行家族管理的黄奕住企业,结构简单,人员精干,家长决策,管理者与企业利害相一致。他们是用自己的钱,而不用别人(如股东)的钱。他们是为自己赚钱,而不是为别人(如股东)赚钱。所以管理者勤快,指挥高效、灵活,成本意识强,讲求节约。

家族型管理的弱点,在于它很难具备为适应投资转变行业和企业扩大所需要的各种行业的专业人才。当一个家族长期固定经营某个行业时,它可以在家族成员的长期管理实践与经验积累的基础上,培养出本家族在本行业的专业管理人才。当家族经济扩大到或转向到一个新的行业时,它就很难在短时期内培养出熟悉新行业,能够对激烈竞争的市场做出正确反应的专业经理。从家族之外,从企业家市场上去找专业经理,就成为解决困难的出路。

黄奕住发家的这种历史,使他对家族管理的好处与局限性洞若观火。日兴商行业务的扩展,要求他从家族管理向专业管理转变。

当1908年黄奕住将日兴商行改为日兴股份公司时,标志他在经营方式上从业主制发展到股份制。但此时经营方式上的变化主要表现为组织形式方面。在管理形式方面,却依然是事权归一。管理形式没有跟上经济组织形式的变化,日兴股份公司实际上仍是由黄奕住主导,由他的家庭成员与他身边的同宗同乡组成的共同体有关。

这种共同体之所以称为公司,有其特殊的历史渊源。据谭彼岸、田汝康的研究,"'公司'本系闽粤农村中经济组合形式,先由闽粤农村带去南洋一带,并非由外国输入的新名词"。[①]"'公司'系粤闽农村中一种传统经济组合的统称。渔民和航海人员对所积累的公积金称之为'公司',农村中族姓人员轮流管理公产的制度,也叫做'公司'"。它们源自于"粤闽农村中传统的资金和劳力组合方式。"[②]同时,田汝康引用《简明荷兰东印度公司辞典》的

---

① 谭彼岸:《关于上海小刀会"兴义公司"的性质》,《历史研究》1980年第3期。
② 田汝康:《18世纪末期至19世纪末期西加里曼丹的华侨公司组织》,《厦门大学学报》1958年第1期。

解释,认为"'公司'是华语对商号、合股经营事业和会社的泛称。这个词语曾几百年来在马来海峡地区普遍使用,并在荷兰文和其他方言中广泛流传。照字义解释,它指的是群众性的或是与公共事务有关的行政组织。……为数众多的中国'公司'不但出现于荷兰所属的殖民地,同时也出现于马来半岛、印尼外岛地区和菲律宾群岛。'公司'在扶持中国人在商业和行业发展上的重要性,是不能低估的。'公司'的建立完全是为了同乡人或同宗族的人之间的联系或相互关系,变得更加密切、接近"。[①] 由这种公司演变的日兴股份公司,是从传统到现代的一次飞跃。但日兴股份公司与中南银行这种现代型股份公司,仍有很大的区别。

在中南银行筹备过程中,如何使它成功的长期经营下去,是黄奕住一直思索的问题。前文提及,他办中南银行时,最初是拟独资,后来才定为股份公司形式。当时,股份公司的制度已经在中国广为传播,职业经理人也开始出现在市场上。所有权和经营权的分离是以职业经理人出现为标志的。当由所有者掌控公司时,公司的生命和所有者的生命实际上是捆绑在一块的。这样不利于最优秀的人、最有能力的人进入公司。职业经理人进入公司的管理岗位,经营者和所有者实现了分离,这就意味着公司作为一个独立生命可以延续下去,可以在一个最优秀的人手里发扬光大。[②] 要想实现"公司无限大"和"公司万年长"这两个梦想,所有权和经营权分离显然是更为理想的选择。

美国学者钱德勒认为:"当一个企业的中层和高层皆为领取薪水的经理人员所控制的时候,便可恰当地称其为现代企业。"[③]中南银行是黄奕住投资兴办的现代企业的代表。

---

① 田汝康:《中国帆船贸易与对外关系史论集》,杭州:浙江人民出版社,1987年,第61页。

② 中央电视台《公司的力量》节目组:《公司的力量》,太原:山西教育出版社,2010年,第164页。

③ 中央电视台《公司的力量》节目组:《公司的力量》,太原:山西教育出版社,2010年,第166页。

　　黄奕住虽然握有该行 70％ 的股权，但终究不是独资了。黄奕住对中南银行的管理，采取了世界资本主义企业最流行的两权分离方式，董事长（股东的代表）和经理各有职责（由此产生经理阶层）。从业主制过渡到公司制，从事权归一过渡到两权分离，是资本主义框架内生产关系的重大调整和发展阶段。与这两个过渡相适应的，是由家族管理向专业管理转移。专业管理的关键在于有专业人才。胡笔江等人，正是黄奕住为中南银行聘请来的专业人才，这表明黄奕住在管理方式上又发展到了一个新阶段。黄奕住在筹办中南银行的过程中，虽选择了股份公司制度，但他长期习惯于家族式管理，所以不会不带有家族特色。

　　黄奕住作为中南银行的创始人和董事长，占股份的 70％，控制董事会，决定中南银行的经营方针和人员任免。在他的心目中，中南银行是黄奕住家的银行。他和他的家庭成员必须牢牢地掌握对该行的控制权。中南银行的筹备处由 16 人组成。其中，黄钦书、黄浴沂是他的儿子，许春隆是他的女婿，韩希琦、吴秀生、戴蒸然、许江水、马亦笛、叶源坪、黄奕守是他的帮手。李清泉、王敬祥是他的朋友，远在菲律宾，挂名而已。可见这个筹备处本是黄奕住家庭的办事班子。可是当家族成员中没有办银行的专业人才时，就需要从家族外去聘请，这就是聘请史量才、胡笔江等人并由他们主管银行业务的原因。

　　创办中南银行的过程，使黄奕住在突破家族型管理模式方面迈出重要的一步。然而，第一，东南亚华侨经营企业，传统的模式是家族型管理。黄奕住在回国以前的 30 多年中，一直是实施家族型管理。他对这种管理模式很熟悉，使用起来得心应手，很放心，且认为效果好。第二，中南银行创立会上选举董、监事的投票情况，又使黄奕住不能不有所考虑。上文已经提到，创立会上黄奕住出资 70％（选举时占股权的 70％），是中南银行的创办者，创立会的主席，却得票最少。这使他感到在上海这个地方立脚颇不容易，没有自己的人加入银行的工作，他是难以控制这个银行的。第三，黄奕住聘任胡笔江与任筱珊管理中南银行，是付出了很大代价的，如付给他们高额薪金，以及上文所述天津分行倒账损失追不回来等等。所以实行这种委托制

是要付出很高的交易费用,这种交易费用比家族管理制高得多。黄奕住聘请胡、任,不仅是因为胡、任与官府有关系,更重要的在于他们是企业家(金融专家)。黄奕住经营商业起家,在商业方面他是行家,现在他将大量资本投入银行业,而他对银行的具体业务却不熟悉。所以他在请胡笔江等一批专家主持银行业务的同时,从儿子中挑选人才,学习银行专业管理,使之成为银行专业管理人才,从而实现家族管理与专业管理相结合,以适应他将经营重心转向金融业的计划。中南银行成立后不久,长子黄钦书为该行监察之一(后为董事、董事长)。1928 年春,他让第三个儿子黄浴沂参加总行的工作,先为协理,后为总经理。香港支行成立时,又让第四个儿子黄友情参加该支行的工作,后为该行储蓄部襄理。五子黄鼎铭后来为该行信托部襄理。黄奕住派他们到这些岗位上,是为了培养他们管理银行业务的专业能力,也含有监管银行经营的意思。中南银行之所以经历了天津、汉口分行的亏损,直接的原因是胡笔江用人不当,间接原因是因黄家班子不懂银行业务,派不出可以到天津、汉口两行去负责的家庭成员。

黄奕住对中南银行的管理,是一种委托型和家族型相结合的模式。在这种模式下,他只抓大事,日常工作则由胡笔江与黄浴沂负责。黄奕住抓大事的方式,除听取胡笔江、黄浴沂的汇报并向他们发出指示外,还参加股东大会和赴沪视察。据黄奕住《自订回国大事记》记载,1921 年 12 月 11 日,从厦门到上海,考查中南总银行营业状况(至 25 日返厦)。1922 年 2 月 28 日,从厦门到上海,参加并主持中南银行股东大会(至 4 月 8 日返厦)。11 月 11 日从厦门到上海(12 月 28 日返厦)。1923 年 11 月 7 日由厦赴沪。23 日从沪赴京。1924 年 1 月 3 日从京返沪(7 日返厦)。8 月 2 日赴沪(28 日返厦)。12 月 27 日赴沪(1925 年 2 月 15 日返厦)。1925 年 3 月 14 日由香港赴沪,参加中南银行股东大会(28 日返厦)。1926 年 8 月 24 日由厦赴沪(10 月 15 日返厦)。1927 年 2 月 21 日,由厦门赴沪,参加中南银行股东大会(3 月 30 日返厦)。1928 年 12 月 6 日由香港到上海(1929 年 1 月 11 日返厦)。可见,在他 1929 年 3 月中风之前,黄奕住每年至少要从厦门到上海一次。

1929 年春,黄奕住中风,治愈后也只能扶杖而行,这使他减少社会活动。同年,国民政府颁布《公司法》,其中规定,任何股东,无论在公司中拥有多大股份,其投票权不能超过总票数的 1/5。此规定的目的是限制大股东在公司的权力与由此带来的利益,保护小股东的利益。这项法律促使黄奕住考虑如何保持他在中南银行等企业中的控制权。他的办法是将股份以各种方式逐步分散给其子女、妻妾,或换到他们的名下,或作陪嫁的嫁妆、生日礼物等等赠送给他们所有。其结果是黄奕住这个大股东变成黄奕住家庭成员等若干大、中、小股东,企业的股份是分散了,但对企业的控制权仍在黄奕住家族手中,实际上仍握在黄奕住一人手中。

黄奕住的长子黄钦书与三子黄浴沂,少时即先后随黄奕住在印尼从商。他们“通中英文,精湛货殖”。① 黄奕住归国后,海外事业由他们管理。未几,黄钦书归国,协助黄奕住管理国内各项事业。海外各业,则由黄浴沂管理。1924 年,黄浴沂因病回厦门休养三年。1928 年,由董事会公推为协理,并成为三个常务董事之一。黄浴沂没有辜负父亲的厚望和重托,他很快就熟悉了银行的业务。中南银行成立时,是在董事会下设总经理部,总经理胡笔江对董事会负责,全权处理一切业务。1931 年 7 月 1 日,撤销总经理部,成立总管理处,并将上海总行改为分行。这实际上是削弱了胡笔江对上海分行的权力。1934 年,胡笔江任交通银行董事长,同时仍任中南银行总经理,但中南银行的具体工作已由黄浴沂主持。1938 年,胡笔江去世,黄奕住决定让黄浴沂挑起中南银行总经理的担子。② 1939 年 3 月,黄浴沂将总管理处与上海分行合并,改为总行,即将总管理处制改为(实为恢复)总行制。到了此时,黄奕住及其儿子,不仅在中南银行资本总额中占优势,在董事会

---

① 黄则盘:《著名华侨黄奕住事迹》,《泉州文史资料》第 10 辑,1982 年。

② 章淑淳:《我与中南银行》,《大人》(香港)第 32 期,1972 年 12 月。“胡公已矣,(中南银行)总理一席,有人主张徐静仁,有人反对,如徐当了总理,必带严惠宇进行,因此反徐。那时黄董事长(指黄奕住)仍在香港,黄浴沂由上海来港,请黄董事长派黄浴沂以协理资格升总理。在这个时候,有人向我献计,叫我做张松,将行献予宋(指宋子文),我未敢苟同。一、胡公刚去世,我不将胡公(指胡笔江)心血所办之行送于外人;二、那时宋公力量,已不能达到上海,就是派人到上海,亦恐不易接收。”

中占优势,也在管理工作岗位中占优势。黄氏家族对中南银行的控制,由经营权与所有权的分离,回归到两权合一,完全实现家族式经营模式。这是否定之再否定,是螺旋形的上升,走了一条"之"字路。从整个管理经营的历程来看,黄奕住既有现代企业家的胸怀与精神,又坚持了中国传统的家族制经营方式与思想。

第十一章 ■ ■ ■ ■ ■

黄奕住的金融网络与投资业绩

服务于民族事业，
是民族资本家的天职。

一、以中南银行为核心的金融网络

黄奕住在决定将投资重心转向金融和国内之后，便精心地编织一个以上海为基地，以中南银行为骨干的金融机构网络。

（一）中南银行机构的扩大

1921年6月5日中南银行成立。同年，与盐业银行、金城银行成立联合营业事务所。当年，中南银行被中国银行总管理处经济研究室列入全国27家重要银行之一。

1922年7月5日设立天津分行。8月7日设立厦门分行。中南银行营业范围沿海岸线向南北两个方向延伸。同年，大陆银行加入联合营业事务所，建立四行联合准备库，发行中南银行钞票，"北四行"格局形成。

1923年1月，四行储蓄会成立。6月16日设立中南银行汉口分行。中南银行营业范围深入到华中腹地。中南银行以高薪聘用外籍雇员，兼营国外汇兑，逐步与各国银行建立联系。

1924 年初,中南银行宣布"在中外各大商埠均有特约代理机关"①。国内国外各大都会商埠,均专约代理汇兑收付机关,并代顾主保管国内外发行各种公债及契据,经理付息取本等事宜。3 月增资 250 万元。

1925 年 1 月 21 日设立北京支行。

1929 年 3 月 11 日设立南京支行。随后在无锡、苏州、鼓浪屿、泉州等地设分支机构。8 月,中南银行附设储蓄部,黄浴沂兼任主任。

1931 年 9 月 23 日设立杭州支行。同年,中南银行与金城、盐业、大陆三家银行成立四行企业部和四行调查部。

1933 年 10 月 26 日在上海设立八仙桥办事处。

1934 年 12 月 1 日设立香港支行(后为分行)。随后设立广州支行。

1937 年 5 月 21 日在上海设立静安寺办事处。同月,中南银行与金城银行商定,对诚孚信托公司实行改组,另增新股,资本总额定为 100 万元,由两行平均分配。② 同时将公司从天津迁至上海。11 月 8 日在上海再添福煦路办事处。同年,"北四行"共同创立四行信托部,由四银行共拨营业基金 100 万元,并对一切业务连带负责。专营各项定期及活期存款,不动产之负债,执业经租及建筑等事务,经理保险及代理投保者各种保险原封及露封保管,并出租保管箱,自建仓库寄存货物等业务,其他特约信托,随时商办。

1938 年 7 月设立重庆支行。实际上是其南京支行由南京经汉口迁重庆。抗战时期,中南银行总行未内迁,北京、天津、上海等分行照常营业,在汪伪政府财政部进行过登记。抗战胜利后,按国民政府财政部的规定进行清理。中南银行的职员,由筹办时的 10 多个,至 1936 年增加到 365 人。黄

---

①　《四行联合营业》,《申报》1924 年 1 月 13 日。

②　有的学者认为诚孚信托公司是受四大家族控制的,并由此推论中南银行与四大家族结下血肉关系。"大陆、金城、中南等北系银行,表面上并不在四大家族的系统之内,但是他们都投资于汇丰银团,诚孚信托公司或中国棉业公司,而这些公司则又是四大家族的核心中国、交通两行所投资操纵的企业。因此,这些表面上并非四大家族系统的银行便在这几个公司上和四大家族结下了血肉联系,而不得不受其利用"。严中平:《中国棉纺织史稿》,北京:科学出版社,1955 年,第 253 页。此说及其所据事实都值得研究。

奕住去世的 1945 年约有 500 人。

从中南银行机构的设置与人员增加上,可以看出它是一个业务多样,发展迅速,分布地区宽广的全国性大银行。

(二)黄奕住投资的国内其他金融机构

中南银行的创立,是黄奕住经济活动的重心从商业向金融转变完成的标志。中南银行是黄奕住金融网络中最重要一环,此外有必要对黄奕住在国内投资的其他金融机构做一简单介绍。

黄奕住投资的金融机构还包括以下几个部门:

在厦门,黄奕住于 1920 年创办日兴银庄(4 月 8 日开幕)。后来又入股厦门商业银行。

1929 年国货银行在上海成立,黄奕住认购国货银行总行股款 2 万元。[①]后黄奕住等 10 人为国货银行厦门分行委员,黄奕住认购厦门分行基金 10 万元,[②]占总基金数目的 1/5。

1931 年,中南银行、金城银行联合大陆银行、中国银行在天津组成诚孚信托公司,办理受托业务。10 月,中南银行与金城银行(因债务关系)收购上海溥益纱厂。因该年 3 月,国民政府颁布的新银行法规定,银行不得直接经营工业企业,便将这些纱厂交给诚孚信托公司经营。

1932 年 12 月,黄奕住等筹办福建省实业银行。福建省财政厅聘请黄奕住长子黄钦书为该行筹备处主任。

黄奕住归国后,他还入股中国银行(总行行址在上海)、国华银行(行址在上海);在香港,入股东亚银行;在厦门投资鼎昌钱庄。

黄奕住的个人投资形成了一个金融资本网络,为他进行实业投资提供了便利,也为近代中国经济的发展做出了贡献。

---

① 《国货银行缴股消息》,《申报》1929 年 3 月 28 日。
② 《国货银行筹设厦分行》,《申报》1929 年 3 月 29 日。

二、黄奕住出任太平保险公司董事长

中南银行的业务,除自身独立进行的外,还有与其他银行联合进行的。这种联合视业务情况而定,联合的规模有时是两家,有时是三家或多家。联合方式有临时的,也有固定组织形式的。在固定组织形式中,除前述四行联合事务所、诚孚信托公司外,还有1931年六个银行合办的太平保险公司。

黄奕住在印尼经营糖的进出口贸易过程中,深知保险业对工商业发展的重要性与经营保险业的利益。因为他的贸易范围包括从古巴买糖和将糖运销欧亚各地,海洋上的风暴常给运糖的船造成灾害。第一次世界大战开始以后,交战各国争夺海洋控制权,封锁敌国或截断其物资补给线,这往往伤及他国的商船。特别是德国实行潜艇政策,对商船伤害尤多。包括黄奕住在内的印尼的糖商,因此受到损失。投了保的,所受损失可从保险公司得到一些弥补。这使愿意投保的糖商加多,保险业迅速发展。黄奕住本人也投资三宝垄因知西雷保险公司。

中国早期的保险业操纵在外国人手中。不仅外国人及其企业的保险,而且中国工商企业的保险,几乎被外资保险公司垄断。外商保险公司每年在中国的盈利,仅流到国外的就达四五千万元。[①] 从19世纪80年代起,中国人开始办保险公司,只因资金少,缺乏经验,在竞争中处于劣势。第一次世界大战时期,华商保险业有较快的发展。1925年上海五卅惨案之后,中国人民掀起反帝高潮,包括金融业、工商业中的爱国人士在内,筹划从外商手中夺回保险业权益,先后成立多家中国人办的保险公司。1926年,东莱银行设立安平保险公司。1929年,金城银行设立太平保险公司(资本定为100万元,先收半数)。进入20世纪30年代,多家银行都想兼办保险公司。

---

①　王化南:《回忆中国保险公司》,《旧上海的金融界》,上海:上海人民出版社,1988年,第267页。

黄奕住对此事很积极,多次催促胡笔江举办。中南银行与金城银行业务、人事关系密切,经过商议,于1931年夏,将金城银行的太平保险公司改组,由金城、中南、大陆、交通、东莱、国华等六家银行为股东银行,注册资本500万元,实收股本300万元。各投资银行的总经理为董事,黄奕住为董事长。总经理由金城银行董事长周作民充任,协理为丁雪农和王伯衡。

东莱银行设立安平保险公司比金城银行设立太平保险公司早三年。到了1933年,东莱银行却成为改组后的太平保险公司的股东银行,也就是将自己的安平保险公司并入太平保险公司(并入后,太平保险公司并不取消安平保险公司的牌号)。其原因,除了太平保险公司资本较安平保险公司雄厚,太平保险公司的实际负责人努力钻研保险市场的理论与历史,业务开展较好之外,还在于金城银行有中南银行、大陆银行及四行联合营业所的支持。

改组后的太平保险公司发展迅速。第二年低价收购丰盛保险公司(厉汝雄所办)。不久后又廉价收购天一保险公司(1932年中国垦业银行王伯元所有)。收购时,根据公司法中关于同业公司可以相互投资的规定,均保留原牌号。于是太平保险公司实际上拥有四个保险公司的牌号,各个牌号分别在上海及外地设立分支机构及代理处,由一套人员管理四个方面的业务。在华商保险公司中,唯独太平保险公司采取这种经营方式。与此同时,太平保险公司与六家股东银行、四行储蓄会及其各地的分支行、会订立契约,委托它们为公司的业务代理人,代理处门前都悬挂了太平保险公司牌号。这样,既把这六行一会放款与押汇中的保险业务全部包揽下来,不使利益外溢,又建立起广泛的业务代理网。太平保险公司有了这几家资本雄厚的银行作后盾,在同行中提高了信用度,使收入的保险费居当时华商保险公司行业之首。它收入的保险费又分别转存到中南等各投资银行,各投资银行与该保险公司相得益彰。

太平保险公司还在香港、西贡、雅加达、新加坡、马尼拉等地设立分公司,又与国外的保险公司订立固定分保契约和开展临时分保业务。仅仅经过三四年时间,太平保险公司不仅在华商同业中首屈一指,还成为世界有名

的保险公司之一,在同外资夺回保险业权益的斗争中发挥了重要作用。开创了中国太平在国际保险业界内的再保险业务及地位,为中国在国际保险业界争取了位置。

太平保险公司之所以发展迅速,据公司协理王伯衡事后分析:"原因是多方面的。首先,董事会对于公司提出的计划和建议,几乎无不赞同。这样,公司负责人可以放手办事,有些事情来不及事先开会通过,只要事后作一详细的报告就行。"①董事会的董事长就是黄奕住。黄奕住当太平保险公司董事会董事长的风格,与他当中南银行董事会董事长一样,都是信任总经理等人,放手让他们去管理,充分发挥他们的积极性,其效果都很好。②

三、中南银行的存款与投资

(一)中南银行的存款与放款

中南银行以资金殷实著称,又有四行准备库作为后盾,声誉显著,吸收的存款越来越多,放款额度也逐渐增多。

中南银行 1921 年 7 月开始营业。当年存款数近 240 万元。1925 年增至 2000 万元以上。1930 年更高达 6000 余万元。1933 年为 7800 余万元。

---

① 王伯衡:《从太平保险公司到太平洋保险公司》,《旧上海的金融界》,上海:上海人民出版社,1988 年,第 282 页。

② 1956 年太平保险与其他民族保险业一起成为原中国保险公司的成员公司,根据国家统一部署,专营境外业务。1999 年受命控股原中国人民保险公司所有境外经营性机构,并逐步发展成为中国保险业唯一的跨境综合经营的保险集团。2001 年重新进军国内市场。2009 年,完成下属各公司品牌整合,2013 年中国太平同步完成重组改制和整体上市,更名为中国太平保险集团有限责任公司,香港上市编号 0966,中国太平总市值达 600 亿元。

到 1936 年,中南银行吸收的存款达 9400 余万元法币,是开办时的 39 倍。[①]
年均增长率高达 76.9％

在观察银行存款增长速度时,还要分析其放款与实收资本之比。中南
银行 1922 年实收资本 500 万元,存款 669.4 万元,为实收资本的 134％;放
款 1002.5 万元,为实收资本的 201％。到 1927 年,实收资本 750 万元,存
款 3379.1 万元,为实收资本的 4.51 倍,比 1922 年增长了 4 倍多,平均每年
递增 38.2％;放款 3426.5 万元,为实收资本的 4.57 倍,比 1922 年增长 3 倍
多,平均每年递增 27.9％。1927 年以后存放款继续快速增加。可见中南银
行存放款业务不仅发展得快,质量也是很好的。

中南银行在吸收存款方面的一个特点是,特别注重国外汇兑和华侨汇
款。它在成立之初,就聘用前德华银行经理柯禄为顾问,主持国外汇兑业务
(1926 年由跟他学习的华籍职员接替)。它在美、英、法、日、德、爪哇(印
尼)、菲律宾、新加坡、马来西亚、泰国、缅甸等国建立多个通汇处,在南洋等
地与正金银行、安达银行等外国资本银行建立汇兑业务关系,在国外各大商
埠均有委托代理的行家,并以厦门、香港两地的分支行作为经营国外汇兑业
务的枢纽。中南银行在吸收侨汇及侨资方面做出了突出的贡献。

在分析中南银行的存款时,还要考虑到四行储蓄会。从 1923 年成立到
1936 年,它吸收的储蓄总额达 9000 余万元。

(二)中南银行的投资

黄奕住对工商业、交通运输业的投资有两个渠道,一是通过中南银行,
二是通过中南银行之外的渠道。此处只谈及前者。

大宗的存款,为中南银行的资力提供了可靠的保障。中南银行在自身
资本雄厚,有钞票发行权和吸收国内外大量存款的基础上,给工商各业贷放

---

① 林金枝:《近代华侨投资国内企业史资料选辑(上海卷)》,厦门:厦门大学出版
社,1994 年,第 481 页。

了大量资金,1927年累计已达1750万元。① 进入20世纪30年代,中南银行对工矿企业的放款数额增长很快。1930年为594.8万元。1933年为907.2万元,比1930年增长53%。1936年为1593万元,比1933年增长76%,为1930年的268%。②

在中南银行成立会上,黄奕住在报告筹备经过时说明,办银行的目的是有利于实业的资金周转。中南银行秉承此主旨,对实业贷款占的比重大。中南银行成立以后,先后投资国内各项实业,范围甚广,包括对外贸易、国内商业、工业、金融、农业、渔业等等。其中对工业的投资与贷款尤为显著。

以当时最大的支柱产业——棉纺织工业而言。中南银行给上海、汉口、天津、南通等地的棉纺织厂贷款,帮助解决创立或经营中的资金困难。其中,因工厂后来无力还债而被中南银行独资收购的,有上海民生纱厂,纱锭9000枚,1936年清算(设备毁于"八一三"战火),用于在租界创设德丰纱厂。中南银行参与收购、接管,即由贷款变为投资的,有:(1)上海溥益纱厂,包括一厂、二厂及其实验所,共有纱锭87408枚,布机490台;(2)上海隆茂纱厂,纱锭1788枚,1932年,该厂无力偿还,被中南等几家贷款银行清算;(3)海门大生三厂,34340枚纱锭,1937年被中南银行和金城银行接管;(4)天津裕元纱厂,纱锭71360枚,1935年清算;(5)天津北洋第一纱厂;(6)天津恒源纱厂,纱锭30160枚,布机299台。1930年初,被中南等八家银行监管,1934年7月,八家银行委托中南、金城两家银行代管。以上七家纱厂中,新裕(一厂、二厂及其实验所)、北洋第一、恒源等三个纱厂由诚孚信托公司经营。

在这里值得一提的是,由诚孚信托公司管理的这些纱厂,都各有其股东。它们的资产管理与会计核算各自完全独立,并非诚孚信托公司的财产。诚孚信托公司只是一个专门从事纱厂经营的管理机构,代行管理职责。在

---

① 张虎婴:《历史的轨迹》,北京:中国金融出版社,1987年,第98页。
② 洪葭管、张继风:《上海成为旧中国金融中心的若干原因》,载《中国近代经济史研究资料》第三辑,上海:上海社会科学院出版社,1985年,第46页。

这种方式下,所有权与经营权的分离比一般股份制企业又进了一步。这种所有权与经营权明显分离的专业化的管理机构,有利于提高企业的管理水平。事实也是这样。在诚孚信托公司代营之后,各厂的设备焕然一新,转亏为盈,本息一律清偿,1940 年至 1942 年连续 3 年发了股息。北洋纱厂在 1936 年 7 月复工之后,到年底即净盈利 1 万元。第 2 年添置新式纱机 12500 枚。新裕纱厂在 1937 年至 1940 年获得相当余利,所有旧欠中南、金城两银行的借款次第清偿。诚孚信托公司这类经济组织及其管理方式,值得认真分析,以供后人借鉴。

在棉纺织业之外,中南银行独资开办上海德丰毛纺织公司,参加创设或投资天津永利化学工业公司、上海诚孚铁工厂、南洋兄弟烟草公司、南京肥皂厂、民生实业公司、天津启新洋灰公司、滦州矿务公司等工业企业。

中国金融专家认为,在中国众多的银行中,中南银行"以华侨投资和资力雄厚著称,亦有较多的工业放款与投资"[①],这种评价是合乎实际的。中南银行对工业的放款或投资,扶助了民族工业,推动了全国特别是银行所在地(含分、支行)社会经济的发展。

在这里有必要强调中南银行在扶助民族工业方面的积极作用。兹举二厂为例。

上海溥益纱厂因资不抵债,于 1931 年 10 月宣告破产,由中南、金城两家银行收购。中南银行占其股份的 65%。拨出 100 万规元充作营运资金(接管时,该厂积欠这两家银行的债务共 350 万元),于 1932 年初重新开工。因经济环境恶劣,3 年连续亏损,两家银行又拨出 150 万元继续维持生产,同时对该厂进行改组,并更名新裕纱厂。中南银行自述它这样做的原因是:"当时银行处境极感困难,但本行当事人对于此项事业的扶助仍不退缩,实因不忍已经树立的生产事业听其泯灭,以致外来势力益将无法抵制,同时亦看到纺织业必将剥极而复之机会。"[②]

---

① 中国大百科全书总编辑委员会:《中国大百科全书经济 1》,北京:中国大百科全书出版社,1988 年,第 14 页,"中南银行"条。

② 《中南银行三十年简史》(手稿),第 11 页。

天津北洋纱厂,1936 年 4 月股东会议决议宣告破产,拟售与日本人。中南银行与金城银行以债权人身份出面干预,并将它收购下来,使之不落于外国人手中。中南银行这样做是有民族情怀的。

在工业领域之外,中南银行对交通运输业、农业、渔业、房地产业也有投资。例如,它与金城银行、美商合组中美投资信托公司,贷款给铁路。1935 年,参加农业贷款团。1936 年,参加国民政府实业部与几家银行合组的渔业银团,出资 6 万元。[①] 非生产性的投资中,较为著名的有明记盐号、香港泰美公司、裕丰公司等。房地产投资,1921 年为 17 万元,1933 年增至 186.5 万元。其中值得特别提出的是,1932 年,四行储蓄会拨出 500 万元,在上海的南京路建造一座高达 78 米的国际饭店,1934 年冬建成,它是中国近代史上的最高楼房,超过外资在华的任何建筑物的高度,表达了黄奕住等中国企业家要高于、要压倒在华洋人建筑物的气势与心态。

当说到中南银行对中国经济发展的作用时,不能不特别提及它对总行所在地上海经济的影响。应该说,中南银行的成立给上海经济发展增加了新的推动力。上海史研究者认为,在 1919 年到 1927 年间,上海工商业的发展有四个特点。其中三个与黄奕住和中南银行有关。特点之一是"民族金融业发展,以新式银行的迅速发展为显著特点"。中南银行是近代华侨资本投资国内金融业最大的一家银行,它以实力雄厚、规模大、业务广,成为上海商办银行之冠,并且是享有钞票发行权的一家。特点之二是"民族资本工厂开办的数量,随着时间的推移在不断地增长"。这与中南银行和黄奕住对上

---

① 有关中南银行投资的情况,参见《金城银行史料》,上海:上海人民出版社,1983 年,第 314~315 页、第 385~400 页、第 406~436 页、第 509~526 页、第 853~856 页;林金枝、庄为玑编:《近代华侨投资国内企业史资料选辑(福建卷)》,福州:福建人民出版社,1985 年;《银行周报》第 19 卷第 9 期、第 20 卷第 45 期;严中平:《中国棉纺织史稿》,北京:科学出版社,1955 年,第 246~252 页,附录一;陈真、姚洛等编:《中国近代工业史资料》第一辑,北京:三联书店,1957 年,第 248、496 页。某些工厂,如上海益中福记机器磁电公司,洪卜仁、吴金枣:《华侨黄奕住的爱国思想及其业绩》说是中南银行投资,奋雷《益中公司制造厂参观记》(《商业杂志》第 2 卷第 8 期,1927 年 7 月)与陈真、姚洛等编:《中国近代工业史资料》第一辑,第 248 页谓该厂是黄奕住、黄浴沂与聂云台、许江水等发起成立的。

海工业的投资与融资有关。特点之三是"华侨在上海的投资明显地增长"①。华侨在沪投资发展情况是,1900 年至 1919 年,投资者 13 户,投资总额 1603.45 万元,平均每年投资 80 万余元,平均每户 123 万余元。1919 年至 1927 年,相应的数据是 23 户、1598.59 万元、269 万元。② 在后一组数据中,黄奕住这一户占的地位是这样的:他在 1921 年中南银行开办时,入股 350 万元,"复别存数百万为护本金"。③ 1924 年该行增加股本 250 万元时,他又入股 175 万元。在此期间,他又在上海独资开办上海日兴商行和投资几家工厂,合计投资百万元左右。以上合计 620 余万元,占这个时期华侨在沪投资总额的 40% 左右。黄奕住是这个时期将资本投入上海最多的华侨,他带动了华侨向上海的投资,成了华侨回国投资增加趋势的主要代表人物与促进者。

中南银行既是黄奕住一生创办的众多企业中最大的一个,也是近代华侨回国投资所办企业中最大的一个。是华侨投资国内金融业最大的一家银行,也是华侨在国内开办的第一家银行,它比总行在国内或总行在国外但在国内设有分行的广东华侨投资的广东银行、东亚银行,福建华侨投资的中兴银行、华侨银行、商业银行、集友银行的资本大,同时在争取侨汇、存款放款以及对促进社会经济发展的作用也大一些。

四、给股东带来的利益和银行本身的资本积累

中南银行是以盈利为目的。它每年的营业报告、资产负债表、损益表和官利红利分配情况,都在《申报》《银行周报》上公布。例如,1921 年 7 月 5 日开业,当年纯益 40.3 万元,年利润率为 16.1%。从 1922 年到 1927 年,

---

① 唐振常主编:《上海史》,上海:上海人民出版社,1989 年,第 528 页。
② 参见林金枝《近代华侨投资企业史研究》,福州:福建人民出版社,1983 年,第 98 页的统计表。原表中的单位为 1955 年人民币元,此表中的单位为银圆。
③ 苏大山:《南安奕住黄先生墓志铭》。

历年的利润率为 16％、18.2％、15.1％、18.2％、15.1％和 10.6％。1927 年的公积金及盈余滚存达 94.8 万元,有价证券 482.6 万元。[1] 到 1933 年,历年公积金累计达 185 万元,其效益是很好的。中南银行给投资者带来丰厚的利益。前期顺利发展时期且不必说,在 1935 年 6 月国民政府控制的中国银行和交通银行专门开设储蓄部,市民纷纷将原存于私营银行的存款提出,转存于资金雄厚、信用素著、现在又官股占半数的中、交二行。该年 11 月,又取消中南银行的钞票发行权。即使在这种情况下,到 1935 年底,中南银行存款总额达 107538 万余元,历年盈余达 757 万余元。[2] 1936 年,全国存款总额居于前列的五家私营银行依次为金城、上海、中南、盐业、大陆,中南居第三(在这五家银行中,"北四行"占有四家)。该年度,仍能发给股东官利周息 4 厘,红利周息 4 厘,官红利合计周息达 8 厘。[3] 1937 年度盈余达 164.216 万元。历年公积金累计达 275 万元。[4] 黄奕住占中南银行股份的 70％,他从这家银行得到丰厚的收入。

上面所说的中南银行对中国经济的贡献,也可以认为是黄奕住投资对中国经济的贡献。因为他占中南银行实收资本的 70％。

中南银行从成立到 20 世纪 30 年代中期,在发展中虽然有过风险和挫折,但总体上是向上的。中南银行在这个阶段取得的成就与时机和它所在

---

[1] 中国银行管理处经济研究室:《中国重要银行最近十年营业概况研究》,第 270 页。徐寄庼编辑兼发行者:《最近上海金融史》,第 41～42 页。《中国之储蓄银行史》,第 187～189 页。

[2] 联合征信所编:《上海金融业概览》,"中南银行"目,1937 年 1 月。中南银行 1935 年度营业报告资产负债表载《银行周报》第 20 卷第 15 期(1936 年 4 月 21 日出版)。"10 亿",疑为"1 亿"之误。因该年中国银行存款额为八亿零九百万元,交通银行为三亿八千七百万元。见 A.N.杨格:《1927 至 1937 年中国财政经济状况》,中译本,第 540～541 页。

[3] 《银行周报》第 21 卷第 7 期,1937 年。

[4] 《银行周报》第 22 卷第 14 期,1938 年。黄奕住 1945 年去世之后,中南银行的营业状况不好。1946 年,支出金额达盈利金额的 98％。1949 年,这个比例达到 99.77％,账面上已不复盈利。见刘攻白:《侨商中南银行》,《旧上海的金融界》,《上海文史资料》第 60 辑,1988 年,第 175 页。

地区有很大关系。

从时机上看,1921 年(中南银行成立之年)以后的十几年,是上海银行业迅速发展的时期。1925 年,上海银行公会 24 家会员的存款总额达 77377 万余元,比 1921 年增长了 55.69％。这主要是由于:第一,工商业的发展,要求有银行来为其融通资金,设立银行是国民经济的迫切需要。1921 年以后直到 1937 年抗日战争爆发时的十七八年里,中国的工商业虽然遭受过挫折,但总体趋势是向广度深度发展的,而且发展的速度相当快。以上海为例,1914 年到 1920 年的 7 年中,共计开办华资工厂 140 家,平均每年 20家;1921 年至 1927 年开办 318 家,平均每年 45 家。[①] 第二,辛亥革命后,北京民国政府继承了清政府发展国有资本的政策,但着重点不同。清政府着力于工、矿、船(轮船)、路(铁路)、电(电讯)等生产领域(包括交通运输),民国政府则以银行来发展国有资本势力。这是一条壮大国有资本易见效果和便于从金融入手控制产业之路,同时又是有利于解决财政困难和方便官僚发财之道。民国政府财政入不敷出,需要银行在发行公债等方面予以帮助。政府也希望资本家将大批金钱投入银行,助它一臂之力。故对银行颇为优待,银行得利甚多。一时银行勃兴。中国私人资本办的银行,1916 年至1920 年新设 73 家。至 1920 年底实存 81 家,实收资本 4525 万元。1921 年至 1925 年,新设 110 家。至 1925 年底,实存 130 家,实收资本 9300 余万元。[②] 另一种统计则说,华资银行 1920 年实存 103 家。1925 年为 158 家,平均年增长 8.9％;1918 年实收资本 8808 万元,1925 年 16914 万元。平均年增长 13.9％。[③] 在 1912 年至 1925 年间,"华商银行实收资本的年增长率一直保持着两位数,与同期民族产业资本的增长率基本一致"。[④]

---

① 唐振常主编:《上海史》,上海:上海人民出版社,1989 年,第 527 页。

② 黄逸峰、姜铎等:《旧中国民族资产阶级》,南京:江苏古籍出版社,1990 年,第334～335 页。

③ 唐传泗、黄汉民:《试论 1927 年以前中国的银行史》,《中国近代经济史研究资料》第四辑,上海:上海社会科学院出版社,1986 年。

④ 许涤新、吴承明主编:《中国资本主义发展史》第 3 卷,北京:人民出版社,1993年,第 737 页。

从地区上，中南银行成立之年到抗日战争之前，中南银行分布在北京、天津以南，汉口以东的沿海、沿长江地区。这是中国经济发展水平最高，而且是这个时期内增长速度最快的地区。特别是中南银行总行所在地的上海，发展的速度比其他地区更快。正是在这个时期，它不仅成为全国的金融中心、经济中心，而且还是远东地区的贸易中心与金融中心。对外贸易发展带来的巨额资金在这里流动。国外的资本，包括外国对华的投资和华侨对祖国的投资，主要集中在这里。国内的现金也不断向这里集中。最后，上海租界房地产投机和公债投机对银行的业务也有刺激作用。

1935 年 11 月国民政府实行法币政策，原来特准中南银行的发行纸币权被政府收回，中南银行的经营环境开始逐步逆转。随后，"四行储蓄会"的业务亦告结束。1937 年抗日战争爆发后，中南银行紧缩业务，撤销日军占领区一些地方分支机构，在抗日大后方重庆重新设立分行。业务一直处于保持状态。1945 年 6 月，黄奕主逝世，徐静仁接任董事长。1948 年 2 月，徐静仁病逝，黄奕住长子黄钦书委任中南银行董事长。1945 年 8 月，抗战胜利，中南银行想重整旗鼓，只因当时国家垄断资本的压迫和排挤，恶性通货膨胀和社会动荡的影响，中南银行及其附属企业的正常业务均遭到严重的影响。1949 年 10 月，中华人民共和国成立。1950 年，三子黄浴沂辞去总经理职务，总经理一职由黄钦书兼任。1951 年 9 月，中南银行接受中国人民银行领导。1952 年秋，中南银行和全国各私营银行、钱庄参加全行业的公私合营，统一组成一家公私合营银行，黄钦书任副董事长。私营中南银行在大陆的历史到此终止。[①]

---

①　中南银行参加公私合营后，它在大陆上原有各分支行停止营业，香港分行继续在港经营商业银行业务，由中国人民银行委托中国银行香港分行代为管理。中南银行香港分支行分布在港、九、新界及离岛。1979 年设立中南财务有限公司及中南银行信托有限公司。1980 年，归属中银集团港澳管理处。1980 年，总行改称为总管理处，迁址至北京。1981 年后设立中南银行（代理人）有限公司等附设机构。1984 年 12 月，香港分行迁入自建的中南银行大厦（文咸东路 22—26 号）。2001 年，并入中银香港，经香港立法会通过议案，中银香港向香港金融管理局注销中南银行香港分行牌照。从此，中南银行在社会上彻底消失。

　　总体来看,中南银行对中国金融界和工商业发展都起到很大的推动作用。尤其是1921年至1935年,中南银行凭借其侨商投资的背景,雄厚资本的支持以及广阔的人际关系等内在的资源禀赋,同时借助政府财政支绌,监管无力的政治经济现状顺利取得了发钞权。中南银行对外和外资银行开展竞争,对内自我约束,自我监管,十足发行稳固国内银行纸币信誉,稳定金融市场,推动"北四行"发展,为工商业发展融通资金。在国内挤兑风潮不断,银行停业清理时有发生的背景下,中南银行在14年发行史中,一直信誉卓越,成为市场上最受欢迎的银行券之一,而后,顺应国家币制改革,统一发行的历史趋势,出色地完成发行权的转移工作。事实表明,中南银行从创立到发行权的取得,再到独特的联营方式和辉煌的发行业绩,可以说是中国近代金融史上商业银行的典范。在中南银行30年的生命历程中,中南银行对工商业发展,对社会进步起到了一个商业银行的历史责任。所有这些贡献与特点,都与黄奕住的经营思想分不开。

第十二章　■ ■ ■ ■ ■

投资闽粤铁路与开发闽南矿产

华侨身中的血，
来自故乡的水。

一、沟通闽省内外的铁路计划

华侨出生在故乡，是喝故乡的水长大的。华侨身上流淌的热血，来自喝故乡水的父母亲。华侨热爱家乡，出自他们的本性。他们把建设家乡看成热爱祖国的具体表现。在世界各国中，黄奕住的家乡在中国，他关心中国的经济发展。他的经济活动，通过银行、保险公司、日兴行，遍及中国的许多地方。在中国各省中，他的家乡在福建。在中国各省中，他考虑最多的是福建省的实业。在福建各地区中，他的家乡在闽南。他出生在南安，回国后定居于厦门，南安和厦门都在闽南。在他的振兴福建实业的计划中，闽南占首要地位。

以上是就地区而言的重点。若就社会领域而言，黄奕住的活动涉及多个方面，包括文物古迹的保护、救灾赈济等等。然而其中也是有重点的，在黄奕住建设闽南的思路中，他关注的中心是办好教育、交通、采矿与金融四件事。办金融，是为了从外部（主要是海外的华侨）把资金引进闽南，同时融通闽南内部的资金，使其活跃起来；办采矿，是为开发闽南的自然资源，发挥闽南的优势；办教育，是为了培养建设闽南的人才，提高建设者的素质；办交

通,是为了使闽南的人和物都能更好地流通起来。这四个方面是互相联系的。黄奕住投在闽南的资金,主要是用在这四个方面。其中,他尤其注重交通。在交通方面,他着力抓了两件事:一是厦门市与城郊的公路建设与水陆联运,二是修筑铁路。在他的开发闽南经济计划中,是以铁路为先行、铁路为重点的。

从黄奕住的行动与言论看,他心中早有一个兴修福建省铁路的计划。这酝酿于回国之前。1905 年,福建人民在收回路权运动中成立福建铁路公司、修筑漳厦铁路时,他就入了股。后来,黄仲涵和他商议过回国投资,"计划在福建兴建铁路和公用事业"[①]。由于各种原因,黄仲涵的资金滞留国外。黄奕住却将计划付诸实践。通过一段实践之后,1926 年 8 月 20 日,他向民国政府交通部提交报告,其中表述了他的修铁路的计划:"请准予续办漳厦铁路,接抵龙岩,然后贯通全省,以达于江西、浙江、广东。"这个计划的要旨,一是要使铁路贯通福建全省,二是运用铁路,使福建与所有邻省联接起来,从根本上解决福建陆路交通问题。从私人办铁路而言,这个计划颇为宏大。它是中国历史上最大的一个私人办铁路的计划。黄奕住实行这个计划的步骤,在贯通福建全省方面,从续办漳厦铁路入手,使之延长到龙岩。在与邻省接通方面,从投资潮汕铁路入手,使之延长到福建。无论是使漳厦铁路延长到龙岩,还是使潮汕铁路延长到福建,其焦点都在闽南。

二、投资潮汕铁路

1921 年 9 月 12 日,黄奕住从厦门到汕头,视察当时由于经营不善和缺乏资金已陷于营业困境的潮汕铁路。18 日从汕头回厦后,黄奕住想把它救活过来,于 10 月 4 日承购潮汕铁路公司股份共 19 万元。

潮汕铁路和漳厦铁路的兴建,是中国人民反对外国侵占中国铁路权的

---

① 温广益等:《印度尼西亚华侨史》,北京:海洋出版社,1985 年,第 378 页。

产物,是华侨爱国爱乡和与祖国人民一道维护国家主权的生动体现。从 19世纪 70 年代开始,帝国主义国家觊觎中国铁路的修筑权与经营权。1894年,中国已修铁路中,有 78.9%(287.27 公里)是外国经营的。[①] 1895 年后,西方国家在中国划分势力范围时,中国人掀起了一股抢夺中国铁路修筑权(时人简称"路权")的狂潮。从 1895 年到 1905 年,英、美、日、法、德、俄、葡萄牙、比利时等 8 国,以各种方式获得中国 24 条铁路的不同程度的权利。它们对中国铁路的投资额达 2 亿 3000 多万元。至 1906 年,它们成立对华铁路公司 11 家。这些公司经营的铁路线,所经之地遍及除西北与西藏之外的中国各省。潮汕铁路与漳厦铁路是外国资本家最早觊觎的路线中的两条。早在 1882 年,英商怡和洋行提议兴筑潮州至汕头的线路。1896 年,英商太古洋行又提出此要求,清政府均未允准。1920 年,日本竟派技师小川资源踏查杭州至广州铁道线路。[②] 在此形势下,收回被帝国主义夺去的路权,确保尚未被它们染指的路权,筹集资本兴建铁路,成为中国人民反对帝国主义侵略、挽救民族危亡斗争的重要内容。清政府出于维护统治的切身需要,又迫于朝野上下的压力,也想修铁路。修铁路需巨额经费。可是,中日甲午战后,因战费支出巨大,又要向日本支付巨额赔款,财政极困难。于是清政府从商人方面想办法集资。1895 年 11 月(光绪二十一年十月),清政府提出:"各省富商如有能集资千万两以上者,着准其设立公司,实力兴筑。事归商办,一切赢绌,官不与闻。如有成效可观,必当加以奖励。"[③]国内有此实力的富商甚少。于是又将眼光转向华侨招股。华侨积极响应,一些华侨主动提议在家乡兴建铁路。华侨大多数是广东人和福建人。华侨在家乡兴建铁路的计划,路线主要选在广东、福建两省。1903 年 12 月,清政府颁布《铁路简明章程》,其中宣布向民间开放铁路修筑权。在这种挽回权利的爱国运动推动下,1903—1907 年间成立了 17 家商办铁路公司。在福

---

①　严中平等编:《中国近代经济史统计资料选辑》,北京:科学出版社,1955 年,第190 页。

②　交通史编纂委员会编:《交通史路政编》第 16 册,1935 年,第 411~430 页。

③　《光绪朝东华录》,光绪二十一年十月,总第 3688 页。

建和广东这两个华侨最多的省份,华侨对商办铁路的建立起了重要作用。他们把投资国内铁路看成爱国行动之一。中国第一个民营铁路公司,是1903 年 11 月华侨张煜南(候补四品京堂)等创办的潮汕铁路有限公司。1904 年,日本人打着与中国合作的名义,成立闽潮铁路公司,拟修筑自福建泉州,经同安、嵩屿、厦门、万关、漳州至广东省潮州的铁路。福建人民对外人抢夺路权极为担忧,在一份《福建人公启》中写道:"铁路是比人身血脉一样,自己没有血脉,靠他人来做血脉,就是做人不成了。"①1905 年 8 月,华侨、福建京官张亨嘉等组织福建全省铁路总公司。② 关于福建全省铁路总公司之事,将在下文叙述,此处先说潮汕铁路有限公司。

潮汕铁路有限公司拟募集华商股本 100 万两,后增至 200 万元。到1909 年,实收 348 万元,超过计划的 70%。资本全部来自华侨。可见华侨爱国爱乡热情之高。铁路于 1904 年 3 月兴工,至 1906 年 10 月筑成潮州至汕头铁路,长 39.1 公里。1908 年又续修了潮州至意溪码头支线,长 3 公里。共计投资 302 万余元。公司实行总理制。铁路通车之后,运军费用积欠 100 余万元。1911 年的大水灾和 1918 年的地震,这两次自然灾害又造成严重损失。张煜南 1911 年去世后,其子张步青兄弟仍住印尼,虽兼潮汕铁路总经理,实际工作只是托张家在潮州的族侄张公善管理。张煜南的后人把资金抽回印尼及用于捐款,使资金周转不灵。张公善邀请黄奕住去汕头实地考察,目的是要他投资,以增加资金,便于运转。在当时的华侨中,在涉及家乡建设等事情上,闽籍与粤籍畛域分明。潮汕铁路由广东籍华侨投资,又修筑在粤省境内,且粤籍华侨多富翁。在此情况下,闽籍华侨黄奕住

① 宓汝成编:《中国近代铁路史资料》第 3 册,北京:中华书局,1963 年,第 984 页。

② 以华侨资本为主的在广东修筑的铁路,除潮汕铁路线,还有新宁铁路。1904 年 7 月,捐有盐运使衔、在美国金山等埠承办铁路工程 40 年的华侨陈宜禧,创办新宁铁路有限公司,预筹股本 250 万元,实收 300 万元(或说 275 万),超过计划的 20%。铁路修筑于 1906 年 6 月兴工,陈自任总工程师。筑路 91.5 公里(或说 109.6 公里)。1913 年通车。潮汕、新宁两公司与浙江铁路公司是所有民营铁路公司中集股快而成效好的。上引宓汝成书第 946、947、954、1147、1150 页;李占才主编:《中国铁路史(1876—1949)》,汕头:汕头大学出版社,1994 年,第 140～141 页。

为什么会答应投资到广东的潮汕铁路呢？这里的原因有二个。第一是黄奕住从他的修通福建至邻省的铁路计划出发，想将潮汕铁路与漳厦铁路连接起来，使闽南的物资流通多一条线路，多一条通海港的线路。第二，黄奕住和张煜南都是印尼华侨，黄奕住是三宝垄的大富翁，张煜南是苏门答腊的大富翁；他们都是当地华侨领袖（张煜南还是日里华人甲必丹和中国驻槟榔屿的副领事）；他们都爱国爱乡，交往甚多，互相信任。黄奕住1919年回国后，张步青就想拉他投资入伙，凭借黄的管理经验，就近管好潮汕铁路，并将铁路延长到福建境内，扩大货源，改善经营环境。黄奕住投资潮汕铁路，说明他不受闽籍粤籍观念的约束，具有中国一家、华侨一家的宽阔胸怀。

黄奕住入股后，成为该公司的第三大股东，约占股份的7%（第一大股东是张煜南家族，占股份的60%多。第二大股东为谢荣光家族，约占股份的10%，其他都是小股东）。1923年，潮汕铁路公司在汕头召开股东大会，选举黄奕住的代表游剑池等为董事，张家的亲戚林玺新为代董事长。林玺新挪用公款办玻璃厂，买地皮，贪污了10多万元。他和小股东狼狈为奸，廉价出卖地皮，组织套购，瓜分路款。1930年，张家等大股东向法院控告林玺新，林玺新出逃到香港。1932年，铁道部派人到汕头成立整理委员会，帮助整理业务，定出规章整理。20世纪30年代初，营业日见起色，股息6厘，已可照数付出。[1] 1938年，日军占领潮汕地区后，将潮汕铁路铁轨拆运回日本，全路遂烟消云散。[2] 黄奕住对它的希望也就此落空了。

---

① 陈达：《南洋华侨与闽粤社会》，上海：商务印书馆，1938年，第186页。

② 关于张煜南及潮汕铁路情况，参见《潮汕铁路沿革史略》，《潮汕铁路季刊》第1期，1933年9月；黄定余、温翀远：《潮汕铁路兴废始末》，《广东文史资料》第9辑，1963年；林金枝：《近代华侨投资国内企业史资料选辑（广东卷）》，福州：福建人民出版社，1989年，第380～410页；台湾华侨协会总会编撰：《华侨名人传》，台北：黎明文化事业公司，1984年。

三、续办漳厦铁路

关于黄奕住回国后整理漳厦铁路的努力,厦门《江声报》1935 年 4 月 12 日有概括性的报道:厦门华侨巨子黄奕住、李清泉曾三次提倡整理漳厦铁路。第一次,1924 年 7 月,黄奕住与黄世金等赴南京和孙传芳接洽,适齐鲁战起,路事作罢。第二次,1926 年 8 月,时杜锡珪为内阁总理,李清泉等代表华侨与杜氏接洽,经阁议通过,决定将漳厦铁路交由黄奕住商办。但同年 10 月,党军(按:指国民党领导的北伐军)入闽,事又中止。第三次,1933 年,十九路军驻闽,政局略定,整理铁路的问题又重新提起。当年 6 月 1 日,在鼓浪屿设立漳龙路矿筹备处,军委会参谋本部及交通部且派飞机帮助测量。不料闽变又起,一切计划,尽成泡影。[①]

就黄奕住来说,如上文所述,他与漳厦铁路的关系始于该路的筹建。参与该路路政的整理也不只上述三次,也不是始于 1924 年,而是 1919 年回国后不久。

黄奕住关于整顿与延长漳厦铁路的计划产生于投资潮汕铁路之前。因为漳厦铁路就在他的家乡闽南。从 1905 年筹建漳厦铁路时起,他就投了资,而且是主要股东之一。在印尼,他与闽籍华侨黄仲涵商量过回国投资修铁路事。他回国定居后不久,1919 年 9 月 8 日,参加了叶恭禄在厦门召集的漳厦铁路主要股东会议,了解了该路的具体情况,特别是经营中的困难与长期亏损,以及投资者不愿再增资的心态。这次会议决定同意由交通部垫款及向工程承包公司赊欠办法筹款,在嵩屿重建大码头,建江东桥和修筑至漳州线路。事若成,投资者 15 年之内无收入,但求保本。黄奕住乐观此计划能成功。然而,3 年之后,又投入资金近百万元,桥未成,铁路线 1 米未修(事见下文"虎山行"目)。铁路陷于长期停运状况。眼见华侨投资的本钱也

不能保了。

在官方与私人投资者都进退维谷，处于绝望的情况下，黄奕住于1924年毅然下定决心，接下这个烂摊子，并筹议延长该铁路至龙岩。这是一种雄心壮志。它不仅在福建，而且在全国，也是一件大事。当时在全国影响最大的一家报纸《申报》，于5月28日和6月26日连续发出两则报道。① 现录其第二次报道如下：

　　［国内要闻］　黄奕住独办漳厦铁路，将进京向交部接洽

　　远东通讯社厦门通讯云：漳厦铁路，建设至今，形存实亡。其急须改造与继续建筑之必要，凡有地方观念者，莫不齐口同声。最近南洋华侨资本家黄奕住，因受国内外人士之敦促，颇有起而完成此路之意。日前特就鼓（浪）屿召集该公司旧股东会议，讨论改造与继建方法。闻集会结果，各旧股东皆以前次损失太甚，不愿再行投资。故黄奕住氏拟将该路完全收买，归个人独自兴办。黄氏为此事，拟不久将谐黄世金等入京一行，向交通部接洽此事。各界对于黄氏之独自投资兴筑，颇多表示赞成。

接办漳厦铁路，除要获得交通部的批准并商定有关条件外，还必须得到福建省地方政府的同意与支持。其时，统治福建的是1923年率部入闽的孙传芳（任福建军务督办）。他得到上述信息后，致电黄奕住，邀请他续办漳厦铁路。1924年7月30日，黄奕住从厦门"搭海宁轮赴福州。此行系承孙传芳督办电邀办漳厦铁路，故晋省与之先商，并决（定）赴北京向交通部接洽条件"。8月2日，黄奕住从福州赴上海。因齐鲁军阀混战，沪宁、津浦线路阻塞，"欲觅轮迂道洛阳转入北京，与交通部接洽漳厦铁路事宜，因江浙战事忽然发生，水陆交通一时俱告断绝，以故北京之行遂不果"。黄奕住被迫于28日从沪返厦。② 将此事暂时搁起。他从此事中深深感到，时局不靖，社会不安定，实业难办成。但他并未因此放弃已定计划。他是一个不怕挫折的人。

---

① 《申报》1924年5月28日；《申报》1924年6月28日。
② 黄奕住：《自订回国大事记》。

在 1924 年秋季至 1926 年春季近两年的时间里,黄奕住为了漳厦铁路等振兴福建事,与多方交涉,特别是与闽籍著名华侨联系。1924 年,黄奕住和仍在印尼的闽籍华侨黄仲涵联系,再次商量筹划在中国投资实业,可惜黄仲涵于当年因心脏病突发去世而未果。[1] 同年,黄奕住与在菲律宾的闽籍华侨李清泉等人商量,鉴于福建多年的战乱,建设落后,发起组织了"闽侨救乡会"。该会在成立宣言中说:"今者,大好河山无一片干净土地,兵也、匪也、盗也,所以蹂躏吾乡,荼毒吾民者,极内外古今未有之惨酷……是用邀集同志,组织斯会,为救乡运动先驱。……联络南洋各埠闽侨,为大规模之团结,群策群力,一致进行,庶几实力雄厚,解决闽事,合闽民自治闽省,为 63 县治安,即为 3000 万人造福。"几年间,该会集捐 4.5 万余元,开展各项救乡工作[2]。经过反复磋商,于 1926 年 3 月 15 日至 19 日,在鼓浪屿黄奕住公馆,召开南洋救乡会临时大会。参加会议的有居在菲律宾的侨界闽籍领袖及归国富侨李清泉、黄奕住、张时英、黄孟奎、李文炳、胡绪清、杨忠世、黄开宗、黄奕宿、高振声、叶攀柱、郭春秧、吴记霍、许耿光、黄奕守、傅孙仪、林书晏等。会上讨论的提案共 17 件,其中黄奕住提出的续办漳厦铁路接抵龙岩案获得通过。"敷设铁路为救乡之根本要图",因而决定组织铁路公司,由黄奕住、李清泉等各先认股 500 万余元,计划承接前商办福建漳厦铁路。根据清光绪三十四年(1908 年)原案,以福建全省为范围,待龙(岩)漳(州)厦(门)全线通车后,继续敷设纵贯全省之干线。即由龙岩经永定,通潮汕,为第二干线;由漳、厦同同安,越泉州,至福州为第三干线;由福州至延平,过建瓯,出浦城,与浙江、江西相接,为第四干线。另从泉州至安溪间筑一支线。这一地区"人烟稠密、物产富饶,如安溪、浦城之铁,延平(南平)之煤,产额均不亚于龙岩也"。大会有鉴于此,一致主张"路矿兼营。由乡田、交通、实业

① 蔡仁龙主编:《东南亚著名华侨华人传》第 1 辑,北京:海洋出版社,1988 年,第 108 页。

② 《菲律宾岷里拉中华商会三十周年纪念特刊》,中华商会,1936 年,甲第 46、64、155 页。

着手,进而逐一举办一切自治事业,以达到地方自治目的,而促进全国之富
强也"。[1] 会上选举黄奕住、李清泉、胡文虎、李双辉、陈培锟、黄琬、萨福鋆、
郑华、黄仲训、林英森、薛敏老 11 人为筹备委员。筹备委员公推黄奕住为主
席。漳厦龙铁路案是黄奕住提出的。他在《自订回国大事记》1926 年 3 月
15 日条下写道:"菲岛华侨发起救乡运动,开临时大会于鼓浪屿。余提议续
办漳厦铁路抵龙岩,以利交通。金谓敷设铁路为救乡根本要图,即经全体通
过,并公推筹备委员 11 人,以余
为主席。遂设筹备处于鼓浪屿。"
此项议案中依然提议以漳厦铁路
为起点,兴筑福建铁路干线,预定
招收股金 2000 万元,同时经营采
矿事业。[2] 会后,黄奕住拟定《民
办福建全省铁路股份有限公司缘
起》和《民办福建全省铁路股份有
限公司计划书》。同时将漳厦龙
铁路筹备处的牌子挂在黄奕住公
馆新落成的中楼门前。[3] 黄奕住
办的企业很多,把牌子挂在自己
住处门前的,唯此一家,可见他对
此事的重视。

图 25 漳厦龙铁路筹备处

黄奕住在《民办福建全省铁
路股份有限公司缘起》中强调了
两个观点。一是群策群力开发自然资源,使福建由穷变富。二是维护国家
主权,不容外资参入。"福建人烟稠密,生计大难,吾民之流转海外者数百万

---

① 厦门华侨志编委会编:《厦门华侨志》,厦门:鹭江出版社,1991 年,第 131 页。
② 史综:《漳厦铁路兴建始末》,《福建工商史料》第 2 辑,1987 年。
③ 黄萱 1990 年 5 月 1 日致周秀鸾函,黄长溪的回忆。

计。向来视为瘠土,其实宝藏于野而莫知启发,货弃于地而莫能转运,以致产业不兴,民生凋敝,内以成兵匪之世界,外以启强邻之觊觎。言念及此,能无痛心!……窃维龙岩,地当本省南部之要冲,物产丰富,即就煤矿而论,据法(国)工程师报告,足供全世界 50 年之用而有余。现厦门所有煤炭,每吨 20 余元,而龙岩不过一二元,徒以转运维艰,弃而不采。然强邻虎视眈眈,垂涎已久。倘再不着手进行,诚恐越俎代庖者大有人在。此同人等之所由夙夜彷徨不能自已者也。天下兴亡,匹夫有责。人之好善,谁不如我。况以所集之资本,兴有利之事业,既可开发富源,振兴实业;又可便利交通,增进文化;更可挽回利权,以救危亡;而于个人之投资,则子母相权日迄无量,一举而四善备,吾人何乐而不为。惟路权、矿权为国人所有,设有外资之关系,启洋商侵入之渐,或有垄断之野心,成少数人独占之弊,皆非吾人所敢赞同。用是明定章程,由国民集资组织股本,拟向南洋侨商暨国内各埠分招以期普及。并订明每股 20 元,使人人皆有入股之机会。庶几实业之兴,确为公众之利益,而救乡之义,得以大白于天下。我父老兄弟诸姑姊妹盍兴乎来。"

将漳厦铁路接抵龙岩的计划,传至南洋各地,获得部分闽籍华侨的称赞。黄奕住的好友、菲律宾闽籍华侨首领、续办漳厦铁路的发起者之一李清泉,在北京会见内阁总理杜锡珪时,谈及续修漳厦铁路事,杜同意交由黄奕住商办。华侨的赞同,政府的支持,使黄奕住受到鼓舞,信心倍增。1926 年 8 月 24 日,他为漳厦铁路事,从厦门动身赴沪。同时约福建省财政厅厅长陈培锟从福州至沪。在沪,接内阁总理杜锡珪电报,催促他们启程赴京,以便向交通部接洽。杜锡珪于 1926 年 5 月由海军总长代理内阁总理,摄行总统职权。10 月辞职。其时,北京政府的实权掌握在直系军阀吴佩孚与奉系军阀张作霖手中。9 月 13 日,黄、陈二人从上海到南京,会见此时在南京设立浙闽苏皖赣五省联军、自任总司令的孙传芳,及当时正在该总司令部的北京民国政府农商部长张志潭。黄奕住提及续办漳厦铁路并拟开采龙岩煤矿事,孙传芳表示赞成,并备文咨交通、农商两部核办(在此次会见之后不久,孙传芳赴江西龙江,与北伐军作战,兵败后潜赴天津)。黄奕住因上海有要事,于 14 日返沪,同时委托陈培锟为代表,即日去北京。20 日,陈培锟将有

关修铁路文递呈交通部,请准予续办漳厦铁路,接抵龙岩,然后贯通全省,以达于江西、浙江、广东。22 日,交通部提交内阁会议讨论并获通过,批准给予黄奕住经营福建全省铁路特权。24 日,陈培锟将有关开采煤矿文递呈农商部,请准予开采龙岩、漳平、宁洋三县煤矿。29 日,农商部提交内阁会议并获通过,但以三县范围太广,准黄奕住就三县中选择矿区 600 里为限。10 月 12 日,陈培锟代黄奕住领到交通部、农商部特准公文,并与交通部约定,由该部派估价员 4 人,于 1927 年春来厦视察漳厦铁路,估计厂屋、地皮、铁轨、材料各价值,然后交盘接办。后因 1926 年 11 月北伐军入闽,接着北京民国政府垮台,南京国民政府不承认北京民国政府已批准的成案,原议被迫取消。黄奕住、陈培锟这次到南京、上海和北京,用费达 15000 余元。黄奕住支持国民革命军打倒北京民国政府,待国民革命军打倒了北京民国政府,南京国民政府成立了,却否定了他的修铁路计划。[①] 黄奕住只好感叹:"此事遂寝,亦殊可惜也。"[②]

北伐军进入福建,黄奕住积极支持。待南京国民政府成立之后,却不承认北京民国政府批给黄奕住续办漳厦铁路的特许权。此中原因,一是正统观念,南京国民政府不承认此时的北京民国政府为合法政府。二是政策主张的不同,在北伐开始之前夕,中国国民党召开了第一次全国代表大会,制订了一些基本政策,其中包括铁路、银行等由国家经营管理,不让资本家私人经营管理。在会议通过的《宣言》中写道:"凡本国人及外国人的企业,或有独占的性质,或规模过人为私人之力所不能办者,如银行、铁路、航路之属,由国家经营管理之,使私有资本制度不能操纵国民之生计。此则节制资本之要旨也。"[③]由于有了这项政策,不仅使黄奕住不能续办漳厦铁路,也使

---

① 关国煊《黄奕住》(《传记文学》第 57 卷第 4 期,1990 年 12 月)云:1926 年冬,国民革命军东路军由粤讨周(荫人)攻闽,黄奕住资助闽境国民革命军。同年,在由菲律宾归国华侨召开之救乡运动会议上,建议兴筑漳尤铁路,旋任漳龙铁路筹务委员兼主任,后以闽局多变,未能成事。

② 黄奕住:《自订回国大事记》。

③ 《中国国民党第一次全国代表大会宣言》,中国社科院近代史所等编:《孙中山全集》第 9 卷,北京:中华书局,2011 年,第 120 页。

他不想再办银行等事业。所以不久后,1928年10月2日,福建省政府主席杨树庄(同时任海军总司令)邀他到福州,筹议福建办铁路及银行事,他"对以时机未至",不去参加。

1932年淞沪抗战后,在上海抗日的蒋光鼐、蔡廷锴领导的十九路军被调入福建,蒋光鼐任福建省政府主席。黄奕住认为事有可为,重新提起漳龙铁路事,聘德国技师驾飞机进行航空测量,绘制详细的地质图,请求将漳厦铁路扩建至龙岩,以便开采矿藏。[①] 蒋光鼐闻黄奕住的行动,颇为振奋,切望由华侨投资修筑至龙岩的铁路,并开采龙岩煤矿。1933年5月,福建省政府设立建设委员会,由该会聘请黄奕住、李清泉、胡文虎、李双辉、陈培锟、黄琬、萨福鋆、郑华、黄仲训、林荣森、薛敏老为漳龙铁路筹备委员。这些委员就是上述南洋救乡会推举的潭厦铁路筹备委员原班人马。其中的萨福鋆是交通部司长,郑华是该部的技师。6月1日,在鼓浪屿黄奕住公馆设立漳龙路矿筹备处。

1933年6月28日,漳龙路矿筹备委员会在鼓浪屿黄奕住公馆开成立大会,出席的有陈培锟、李双辉、黄奕住、李清泉、黄琬、林荣森、黄奕守、林鼎礼等。大会推选黄奕住为筹备主任兼组织股主任,李清泉为设计股主任。6月30日至8月18日间,筹备委员会又开过三次会议,报告、讨论与各方面接洽及工作进行情况。筹备委员、该部技师郑华到福州、厦门实地考察,赞助甚力。9月23日,实业部派地质师侯德风、矿师王日伦及助手测量员三人由沪抵厦门,[②]协助郑华开展工作,筹备工作进展迅速。

1933年11月,蒋光鼐、蔡廷锴等发动福建事变,成立中华共和国人民革命政府。1934年1月,在蒋介石的军事进攻下,蒋光鼐、蔡廷锴等失败。

---

① 史综:《漳厦铁路兴建始末》,《福建工商史料》第2辑,1987年;林金枝:《近代华侨投资国内企业的几个问题》,《南洋研究》1978年第1期。

② 《江声报》1933年9月22日。据《厦门海关十年报告(1932—1941)》的记载,1933年6月,"组成一个13人委员会,2名为铁道部的代表,2名来自省议会,其余的则是本地富豪。线路的初步测绘工作已告完成。但不幸的是,由于十九路军起义,工程停滞不前。在此期间,收集的资料和测绘设备或损失,或被毁坏"。厦门市志编纂委员会、厦门海关志编委会编:《近代厦门社会经济概况》,厦门:鹭江出版社,1990年,第415页。

此后,南京国民政府及福建省政府笃于"剿共",根本不理会铁路建设。黄奕住等建路开矿计划又成泡影。对于这件事,厦门海关税务司卓尔敦(K.E. Jordan)在《厦门海关十年报告(1932—1941年)》中有如下的记载:"1932和1933年,一个恢复漳厦铁路建设并进一步延展到龙岩(在龙岩发现了无烟煤)的规划开始实施。该规划需耗资2000万元。其中4/5是为支付修建和扩展铁路之用,其余的则用于开发矿产。主要的推动者是黄奕住、李清泉和李双辉。他们都是在南洋拥有巨大财富的富商。铁路建筑的完工估计需要两年半时间。当全部工程投入使用后,每天的煤产量约为2000吨,每吨成本为2.5元。运费和其他费用大约使每吨增加3.8元。这样,抵达厦门的煤每吨费用大约为6.3元。目前的价格大约是每吨20至30元。因而有足够的金额作为利润。不幸的是这一规划受到动乱局势的阻碍,所有工作都告暂停。计划于是落空。"[①]

因政局多变,使漳厦铁路延长的计划屡次受挫,新的未能建成,旧的也被破坏。1930年,漳州嵩屿间公路通车,漳厦铁路因无客货可运,停止营业。漳厦铁路的设备横遭地方军政当局、土豪劣绅和宵小之辈盗窃。1936年4月20日,漳厦铁路残存铁轨300条运至福州。[②] 1936年至1937年,国民政府清理漳厦铁路。由于日寇虎视眈眈,中华民族正处于生死存亡的严重关头,蒋介石徘徊于抗战与内战之间,清理无从进行。至1942年后,公司被窃一空,铁轨荡然无存,漳厦铁路除了留下一条路基痕迹和一段辛酸的史话以外,已化为乌有。

漳厦铁路消失了,黄奕住的努力失败了,可是黄奕住等人开发福建路矿的设想,为振兴中国的坚韧不拔的精神,是留给华侨和全体中国人的一笔重要的遗产。

漳厦铁路的毁灭与黄奕住在福建铁路建设计划的失败,是一个典型的

---

① 厦门市志编纂委员会、厦门海关志编委会编:《近代厦门社会经济概况》,厦门:鹭江出版社,1990年,第414页。

② 刘剑学、杨纪波整理:《厦门大事记》,《厦门文史资料(选辑)》第7辑,1984年,第140页。

事例,说明黄奕住等华侨是多么热心祖国和家乡的建设,虽经济上一再遭受损失,而此心百折不回。但是,如果祖国和家乡没有一个长期稳定的、可以搞建设的局面和一个关心建设而又廉明的政府,他们的热心与资金也总是付诸东流。

四、开采闽南矿产的努力

黄奕住接办漳厦铁路与投资潮汕铁路,都与他开采闽南矿产的计划相关。闽西南矿产储量丰富,尤以龙岩为中心,东至漳平、永春、安溪,西至武平,西南至永定的煤田和这一带的铁矿、锌矿、铅矿,著闻于世。很早就有人用手工开采煤铁。1912 年至 1915 年,南洋福建籍华侨组织公司回国办路矿的,有数十个之多。这些公司都想用机器开采,因政局多变和运输不便等原因,绝大多数偃旗息鼓,陆续去国,未有成效。唯一见效的,是李云程等组织的义记公司,开采邵武县焦煤矿的煤。[①] 对于闽南的矿产,黄奕住首先看中了龙岩、漳平、宁洋三个县的煤。发展工业要燃料与原料,发展交通及其他一切经济事业都需要能源。在 20 世纪 20 年代的福建地区,主要的燃料与能源只能指望于煤。城市居民日多,生活的燃料也需要煤。龙岩地区的露天无烟煤矿比比皆是。只因交通阻塞,无法开采外运。黄奕住兴办铁路的计划,与开采龙岩煤矿密切相关。所以他在续办漳厦铁路之始,即为接抵龙岩做准备工作。对此事,他的积极性是很高的。1922 年 1 月 28 日,是农历正月初一,大年初一这一天,黄奕住与荷兰工程师番梯吉拉(或译作攀迪克纳)视察漳厦铁路,由嵩屿起,至漳州止。本拟第二天往龙岩,"因其时系旧历正月初二日,舆夫不愿往,而工程师又急欲回国,故不果行"[②]。为了办家乡的建设,他大年初一也不休息。

---

① 胡荣铨:《中国煤矿》,上海:商务印书馆,1935 年,第 430~431 页。

② 黄奕住:《自订回国大事记》。

上文已经提到,1926 年 9 月,他在申请准予续办漳厦铁路并延至龙岩的同时,申请准予开采龙岩、漳平、宁洋三县的煤矿。农商部将其申请提交内阁会议讨论,决定准许黄奕住在这三县中选择矿区,以 600 里为限。此后,由于上文所说的原因,将漳厦铁路延长到龙岩的计划没有成功,闽南开矿的计划亦随之落空。

黄奕住续办漳厦铁路接抵龙岩以开发沿途矿产的计划失败后,引起关心中国矿业者的惋惜。他们分析失败的原因,均归之于福建政局的不稳定。《矿业周报》上的评论具有代表性:"福建矿产,就已知者,以安溪与龙岩二县蕴蓄为厚。因频年地方不靖,未遑开发。华侨李清泉、黄奕住、李双辉等,几度欲集资开采,也屡因时局关系,议而未果。"①

五、虎 山 行

在近代中国,以华侨投资为主筑成的铁路有三条,即新宁铁路(广东的斗山至新会,长 91.5 公里,1906 年至 1911 年修筑),漳厦铁路,潮汕铁路。黄奕住参与漳厦铁路的兴办和漳厦、潮汕两条铁路的续办或经营。续办漳厦铁路,历时十年之久,没有办成。参与经营潮汕铁路,亦无起色。到了他去世之时,这两条铁路竟在中国土地上彻底消失了。至于龙岩煤矿,也未有进展。就黄奕住来说,这是他的一个失败。就中国来说,这是近代中国现代化进程艰难的一个典型事例。

笔者认为,除了黄奕住投资铁路失败的原因,他的心态更值得研究。

事实说明,黄奕住投资潮汕铁路,集资甚至毅然决定独自续办漳厦铁路,并不是不知道每前进一步都是困难重重。他下此决心,是真心真意想为家乡办点实事,颇有"明知山有虎,偏向虎山行"的气概。

首先,就中国这个时期投资的大环境而言。自 1911 年辛亥革命之后至

---

① 《矿业周报》第 30 号,1935 年 11 月,第 759 页。

1937年全国抗日战争爆发之前,即黄奕住1919年回国前后,是中国近代史上私人投资环境最好的时期。这是就整体而言。若从各个经济部门来看,情况各不相同。在黄奕住回国的第二年,即1920年,在中国私人资本总额中,商业资本占59%,金融业资本约占26%,产业资本约占15%(在15%中,工业资本占11.6%,交通运输业资本约占4%)。到了1936年,在私人资本总额中,商业资本约占50%,金融业资本约占26%,产业资本约占24%(其中,工业资本占22%,交通运输业资本所占不足2%)。从1920年到1936年,交通运输业资本所占比重由4%下降到不足2%。在交通运输业资本中,铁路中的私人资本,1920年为4907万元,1936年下降为3786万元。在私人资本总额中所占的比重,由1.26%下降到0.45%。在工业资本中,矿冶业中的私人资本增加也不快,1920年为5451万元,1936年为11000万元,增加了102%,而同期私人资本总额由390677万元,增加到839274万元,增加了115%。矿冶业资本在私人资本总额中所占的比重,由1.4%下降到1.3%。[①] 在黄奕住投资潮汕铁路、申请接办漳厦铁路和开采闽南煤矿的20世纪20年代和30年代,中国私人资本和外国来华资本主要投资于轻工业。这是由于轻工企业所需投资少,建设周期短,得利快。投资于矿冶业的少,投资于铁路的更少。这是由于铁路的可贸易程度低,投资量比轻工业大,也比一般重工企业和基础设施大,建设周期长,要求集中大量的财力物力,需要更多的政府支持。在黄奕住之前,投资铁路的以失败告终者居多,原因在此。

其次,就续办漳厦铁路、投资潮汕铁路及开采闽南煤矿这三件具体事情而言,正像前引《申报》1924年6月28日的报道所说的,其时,漳厦铁路"形存实亡","各旧股东皆以前次损失太甚,不愿再行投资"。为了了解旧股东得出这种认识、采取这种态度的原因,以及黄奕住定下"将该路完全收买,独自兴办"的决心多么不易,有必要简略地介绍一下漳厦铁路的历史。

① 许涤新、吴承明主编:《中国资本主义发展史》第2卷,北京:人民出版社,1990年,第104、1046页;许涤新、吴承明主编:《中国资本主义发展史》第3卷,北京:人民出版社,1993年,第761页。

中日甲午战争以后，帝国主义对中国的经济侵略，以银行、铁路、矿山为主。它们在中国抢夺了大批铁路投资权和矿山开采权。包括广大华侨在内的爱国人士，以此为忧，采取针锋相对的措施，办铁路公司，指明路线，以保权利。就是在这种情况下，福建籍的一批爱国爱乡的华侨，于1905年兴办漳厦铁路公司。公司章程总则中规定："本公司谨遵钦颁商律，定名为商办福建全省铁路有限公司，专招华侨，不受外股。如购票者将股票转售、抵押予外国人，本公司概不承认。"这条规定大义凛然地表明了投资者的爱国热忱，获得广大华侨特别是福建籍华侨的拥护，他们积极投资认股。公司开办资本240多万元，后来增至330万元。投资者中以印尼闽籍华侨居多，主要投资人为张亨嘉等。黄奕住也入了股。公司成立时，华侨未选派专人回国主持。1905年8月，张亨嘉等奏举清朝官员陈宝琛[①]为公司总办，于是公司名为商办，实权则落入官僚手中。

公司成立后，计划铺设两条以福州为中心的干线。一从福州西北行，至延平（今南平）、邵武。一从福州南行，至漳州。后者铺设两条支线，一从漳州至厦门，一从福州至马尾。限于财力和漳州出入口货多等原因，决定先从建筑漳厦铁路入手。完成之后，再延伸至龙岩。

漳厦铁路动工于1906年。始于厦门对岸之嵩屿（距厦门水程4.25公里），迄于九龙江下游之江东桥（距漳州水程2公里），铁路全长28公里。实际上是"江嵩铁路"。1910年修筑竣工，工程费共耗220万银圆。平均每公里耗资8万银圆。这条铁路兴工前，未经可行性研究。路成之后，离厦门和漳州各有一段路程，前不过海，后不过江，被人讥为"盲肠铁路"。无论自漳至厦，抑或自厦至漳，必先由舟而后用车，复又由车而后用舟，旅客货件均极不便。加上海潮影响，贻误时间，自厦至嵩屿，风浪甚大，行使汽船需半小时。江东桥至漳州，江道弯曲，沙礁甚多，行船不便，顺风需4小时，逆风需6至8小时。全长不及百里，而旅途竟费终日。开业后，"每日行车上下各

---

① 陈宝琛（1848—1935），字伯潜，号弢庵、陶庵、听水老人。汉族，福建闽县（今福州市）螺洲人。晚清大臣，学者，官至正红旗汉军副都统、内阁弼德院顾问大臣，宣统皇帝老师。光绪三十一年（1905年），陈宝琛任福建铁路总办，主持修筑漳厦铁路。

来往一次,每次乘客仅四五十人,货件仅 20 余担,收入不过百元,入不敷出"①。每年亏本达 6000 元。后来修了从厦门到漳州的公路,若改从厦门乘船至浮宫,再搭汽车到漳州,为时不及 4 小时,旅费(1.55 元)虽较火车费贵一倍,但费时减半,故旅客多不乘火车而搭汽车,形成铁路竞争不过公路的奇特状况。因此营业不振,通车后的收入不够供给燃料、养路等费用,而且很难指望有起色。

辛亥革命后,原来规定为公司所得(作为补助)的粮盐附加税收被军阀鲸吞,公司的经济来源更为枯竭,无法运转。1913 年 10 月,公司股东公举陈元凯到北京,请交通部将该路收归国有。1914 年 3 月,交通部派监事丁志兰、技士璜到厦门,4 月 1 日接收该铁路。丁办理 1 年多,入不敷出。1915 年亏损 3800 余元。1916 年 1 月,交通部改派技士王靖先接办,当年亏损 2600 余元。1917—1918 年,因南北军阀开战,铁路为南军所占,材料损失甚巨。这两年的亏损额分别为 31000 余元和 39000 余元。1919 收款全系运兵费,该年亏损 33000 余元。从 1915—1919 年,亏损总额接近 16 万元,营运无以为继。② 1914 年铁路被收归国有时,对华侨股款未作任何处置,使华侨投资人蒙受巨大损失。投资人极为不满。1919 年,交通部次长曾毓隽代理部务。他请当时住在北京的原福建铁路公司总办陈宝琛出面,致书在厦门的叶崇禄等股东,提出一个计划,拟于嵩屿重建大码头,并建江东桥,接筑路线通漳州,所需款项,第一种办法是赊欠与由交通部筹垫,第二种办法是股东自筹,均按年息 6 厘计算,事成之后,收入先付本息。如此,"约计 15 年之后,股东始有利益可沾"。陈宝琛请叶崇禄召开股东会讨论。叶崇禄等"于 9 月 8 日开会集议,股东到者叶崇禄、林尔嘉、黄猷炳、叶崇华、马厥猷、黄奕住、马祖庚、杨在田、黄仲训、黄廷元、黄念忆、叶孚光等"。会议同意上述第一种办法,并将决议印刷,通告南洋各经理处及股东,亦获同意。

① 陈文涛:《福建近代民生地理志》上卷,福州:远东印书局,1929 年,第 179～180 页。

② 史综:《漳厦铁路兴建始末》,《福建工商史料》第 2 辑,1987 年。

1920 年夏,嵩屿码头与江东桥两处工程同时并举。至 1921 年冬,"江东桥既停工待款,而由江东桥至漳州之三十四里路线亦未进行一步"[①]。1922年,路局年报中称,亏本共达 144 万元。到 1923 年,码头工程仍未完成。[②]1919 年通过的计划又成画饼。从 1905 年华侨开始投资,到前文所述 1924年的股东集会,20 年间,投资者不仅未得利,且老本也难保存,他们视此路的投资为畏途,理所当然。

实际上,黄奕住计划的闽南矿山开采事业,人亦视为畏途。辛亥革命之后,华侨对祖国的建设给予极大的关注,满怀热情,希望回国投资。华侨本重家乡建设,当时又倡地方自治,福建华侨想回闽办路矿者甚多。其中著名的有:新加坡华侨林文庆等 7 人,拟集资 2000 万元,"领办福建实业银行及全省采矿筑路事业"。仰光华侨杨奠安等人,拟集资 800 万元,"领办龙岩至漳州铁路,并开采沿线 30 里以内之矿山"。怡保(Ipoh,马来西亚霹雳州首府)华侨黄怡益,拟集资 200 万元,"领办福州至琯江铁路埠头,并开采各重要矿产"。这批先行者的共同之处在于:第一,将修铁路与开矿山联系在一起,修铁路的目的在于采矿。第二,均以失败告终。至 1915 年,这些公司"因二次革命之影响,诸华侨乃相率去国。无穷希望,尽付东流,可为浩叹"。1915 年后,仍有华侨试办者。其中以林长民组织的永德安公司,拟集资 500万元,领办龙岩、安溪湖上山、大磉上三团山等处煤铁矿为最大。"然一经官吏之约束,兵匪之蹂躏,乃均归于失败。故民国七年(1918 年)以后,闽人遂视矿业为畏途,不敢妄谈。"[③]

修铁路,华侨已视为畏途。开矿山,华侨亦视为畏途。在华侨投资屡次失败,本利无着,不愿再干的情况下,黄奕住从福建的经济开发需要修铁路、需要开矿山出发,冒着丢失资金的危险,走上投资者公认的畏途,愿意独资

---

① 郑霁林:《漳厦铁路之回顾》,厦门市档案馆编号四三三之十。

② 交通史编纂委员会编:《交通史路政编》第 13 册,第 5557～5638 页;郑华:《福建西南路矿计划》,出版社不详,1933 年,第 1～3 页。

③ 陈文涛:《福建近代民生地理志》下卷,上海:商务印书馆,1935 年,第 430～431页;胡荣铨:《中国煤矿》,上海:商务印书馆,1935 年,第 430～431 页。

续修铁路和开矿山,显示出他为闽省经济发展出力,挽回华侨投资的损失的意志与胸怀,不畏艰险的风格。这是一种爱国爱乡精神和现代企业家精神的体现。

　　黄奕住想在全省范围内办的两件大事——修铁路、开煤矿,都竭尽心力,费了财力。可惜这一雄心勃勃的救乡计划和满腔热忱的赤子之心,由于时局的动荡而无法实现。这是他个人的挫折,亦是福建的不幸。①

---

　　① 黄奕住铁路投资失败与煤铁生产计划的落空,使福建省直到新中国成立时,既不能生产钢铁,也没有一寸铁路。故中共福建省委书记张鼎丞上任后,向中共中央汇报该省情况,用"手无寸铁"来描述其现代工矿、交通状况。

第十三章　■ ■ ■ ■ ■

厦门城市现代化的推动者

有了现代化的人，
才有现代化的城。

2017年7月8日，"鼓浪屿：国际历史社区"被列入世界遗产名录，成为中国第52项世界遗产项目。2017年9月4日，联合国教科文组织总干事伊琳娜·博科娃在鼓浪屿著名建筑黄家花园内，向厦门市颁发世界遗产证书。选择在黄奕住的故居颁发世界遗产证书就是对黄奕住的肯定。

在世遗大会审议的文件显示："鼓浪屿见证了清王朝晚期的中国在全球化早期浪潮冲击下步入近代化的曲折历程，是全球化早期阶段多元文化交流、碰撞与互鉴的典范，是闽南本土居民、外来多国侨民和华侨群体共同营建，具有突出文化多样性和近代生活品质的国际社区。"厦门申遗的成功是历史的积淀，也是诸多华侨精神的传递。其中，最值得书写的是黄奕住的贡献。

一、参与市政工作改善"垃圾城市"

1919年，黄奕住卜居厦门①鼓浪屿时，鼓浪屿是租界，有很少的现代化

---

① 厦门岛原属同安县。1912年4月设置思明县，厦门属之。1935年4月1日国民政府行政院批准成立厦门特别市政府。本书称厦门为市，是沿用习惯称谓。

设施,厦门岛则极为落后,被称为"垃圾城市"。

黄奕住出国 30 多年,发生了两大变化。一是由身无分文的穷人变成腰缠万贯的财主。二是由满脑子传统观念的山区农民变成观念现代化的城市商人。正是这后一个方面的变化,使他与中国当时大多数土生土长财主的行为不同,对社会所起的作用也不同。

黄奕住踏出国门,在新加坡、雪兰莪、棉兰等地漂泊几年,生活虽苦,却开了眼界,长了见识,看到了不少现代化的事物。黄奕住来到三宝垄时,这里虽然还算不上很现代化的城市,但与他的南安家乡情况迥异。此时的三宝垄,有火车,有银行,已通行纸币,使用钻机开凿水井,有邮局和国内、国际明信片,有市内及长途电话,有印刷厂,有马来文、爪哇文及荷兰文报纸等等现代生活元素。黄奕住住在三宝垄后,这里的现代化进展很快。1900 年有了电影。1907 年设立煤气公司。1913 年荷印电力公司向三宝垄市供电。1914 年自来水工程告竣,同时有了出租汽车。他亲身感到现代化给人们生活带来的方便,给他带来了利益。如果三宝垄没有现代化的交通、通讯等设备,他就不可能在瞬息万变的世界市场上发财致富。进入 20 世纪以后,黄奕住所经营的事业也迅速地现代化了。他不仅成立股份公司,而且投资银行、保险公司、工厂等现代企业,不仅采用现代化经营方式,也利用现代化手段。他在印尼的巴达维亚,在新加坡,在中国香港,在古巴的哈瓦那,在英国伦敦等地,或派专人,或雇用代理人,每天向他拍电报,报告当地糖价、粮价、汇价及重要商情。在他的身边,有懂中文、英文、荷兰文的助手,为他收集、整理市场信息和政治要闻,他据此采取行动。本书第二章所述他在轮船上听到停战消息后,立即发出电报要儿子们如何行动,以及他立即返回三宝垄,都是典型的事例。黄奕住过的是现代化的城市生活,离开了现代化城市的条件,他便无法进行他的经济活动。

黄奕住选择厦门作为他回国定居地和经济活动的指挥基地。他的生活,特别是他的跨国经营,要求厦门的交通、通讯、金融、商业以及其他相关方面的现代化。而厦门当时的实际状况,与此种要求相距甚远。黄奕住在回国后的最初阶段,费了很多工夫来推动厦门城市的现代化。黄奕住根据

自己切身的经验和见闻,认为要使一个城市进步,成为现代型的,需要很多条件。这要求做多方面的工作,其中比较重要的是兴学校,培养现代化人才,活跃金融以发动和吸引大量资金,发展水陆交通,建设先进电信,修筑马路,改造街道,兴建房屋,兴办自来水厂和电话、电灯等公共设施。为了推动这些方面的现代化,他的办法有三种:一是自己干,如市内电话、自来水公司、慈勤女子中学等等;二是捐款帮助别人办,如捐款给中山医院、中山图书馆、同文中学、英华中学、厦门大学等等;三是非个人能力所能办到的,通过一定的形式组织多人去办,如成立某项工程的公司、市政委员会等等。这里先介绍他参与厦门市政委员会的情况。

黄奕住在印尼三宝垄生活期间,对该市 1906 年 4 月 1 日成立的市政委员会及其活动有深刻的印象。1906 年以前,该市禁止谈论政治,可以说还没有政治生活。第一届市政委员会由三宝垄州副州长普里斯特尔(L. R. Prister)担任主席,其成员都是委任的,包括荷兰人、当地土著居民与华人中的知名人士。从 1909 年成立的第二届市政委员会起,委员由选举产生。"市政委员会的委员还不是由执法者(Wethouler)来领导,但他们非常精通有关市政府的各种问题,他们向市政府提出了各种重要的建议和报告"。在他们的建议下,逐步地把荷兰戎市管理的机构与制度移植到三宝垄市。三宝垄市在 1906 年以后迅速改变面貌,与这个市政委员会的工作有密切的关系。以经费为例,过去市政建设的一切费用都要通过政府的预算。每铺设一条人行道或者加宽一条马路,其费用都必须纳入预算。市政委员会成立后,很快就改变了上述做法,即市政建设的一部分费用由市政委员会筹集,而无须政府的预算拨款。这使三宝垄市政府能够开展许多有关居民住宅建设和改善人民卫生状况的工作。例如,过去三宝垄以不卫生城市而出名,1901 年和 1902 年传染病流行,市民死亡不少。后来,在市政委员德·福格尔医生等的积极活动下,建立人口死亡统计,修建自来水,新修住宅区,卫生状况有很大改善。又例如,1917 年至 1918 年,商业的繁盛使市内所有大街小巷都住满了人,几乎没有空房子。那些出租房子的人,趁机提高房租,致使工资收入不高或是生意收入低微的人,负担加重,深深感到来自房东的压

力。为了保护受房东压迫的人,市政府于 1918 年 6 月成立了房租委员会。这个委员会的委员是由州长按照市政委员会的意见来委任的。有了这个委员会之后,很多房子的租价就降低了。[1] 黄奕住亲身体验了这种市政委员会的作用。定居厦门后,黄奕住看到当地政府既缺经费,对市政建设又不甚关心,且效率低下。为了促进厦门市政建设,便想起了三宝垄市政委员会的作用,于是参与厦门市政委员会的工作。1920 年春,该会成立,林尔嘉为会长,黄奕住为副会长(另说副会长是黄世金,黄奕住是会董)。[2] 官、绅、商、学各界人士洪晓春、黄庆元、周殿熏、李禧、黄竹友等 29 人为会董。会所附设在总商会(即现在中山路厦门市工商联旧址)。1922 年林尔嘉出国后(1930 年回国),市政委员会由新任会长洪鸿儒与副会长黄奕住主持。该委员会的主要任务是通过各界合作,发动海外华侨与国内富商投资,开辟马路,填海扩地,建设公共设施,发展公用事业。市政委员会负责工程审议和筹款,下设工程、总务两课,由会董、刚从英国留学回来、积极支持黄奕住倡议市政改革的黄竹友任工程课长兼工程师,负责工程设计事宜。同时,成立"厦门市政局"(1925 年撤销),负责执行施工。该局设委员长 1 人,委员若干人。思明县县长来玉林任委员长。[3]

20 世纪 30 年代,陈达教授在厦门调查时,听一位太古公司的老买办

---

① 林天佑著,李学民、陈巽华译:《三宝垄历史》,暨南大学华侨研究所,1984 年,第 213、217、260、261 页。

② 该会成立时间依据张镇世、郭景村《厦门早期的市政建设(1920—1938)》,《厦门文史资料(选辑)》第 1 辑,1963 年。据陈达:《南洋华侨与闽粤社会》,上海:商务印书馆,1938 年,第 170 页,引竹树脚礼拜堂一位牧师的说法,成立于 1919 年。1932 年出版的《厦门工商业大观》第一章"市政",谓该会的成立是在"漳州举办市政之后",受其影响,于 1919 年秋"设立市政会、局","以措施不当,虽(遂)尔停顿",1920 年 6 月"重创办成立"。第一届会长林尔嘉,副会长黄世金。1922 年改选,会长洪鸿儒,副会长黄奕住。洪卜仁的《林尔嘉生平事略》谓林尔嘉"1915 年膺任厦门市政会长"。(《鼓浪屿文史资料》第 1 辑,第 3 页)陈娟英《林尔嘉的实业思想》谓林任此会长是 1916 年(《鼓浪屿文史资料》第 1 辑,第 50 页)。

③ 张镇世、郭景村:《厦门早期的市政建设(1920—1938)》,《厦门文史资料(选辑)》第 1 辑,1963 年,第 107~121 页。

说:"厦门从前是很脏的。据外国轮船的水手说,还有一个土耳其的城市也极脏,是和厦门成为世界两大脏市。"[1]这种情况"一直延续至1920年,才开始转变"[2]。1920年之所以开始转变,是由于该年成立的厦门市政委员会积极推动厦门的市政建设。

　　1920年以前厦门之所以很脏,被称为"垃圾城市",与当时的街道状况有关。1920年的厦门,实际上还是一个镇。市区局促于岛西南隅,东沿山,西滨海,北临筼筜港,南止于澳仔岭和鸟空园沙滩,略呈三角形。中有镇南关、麒麟山、虎头山,连绵自东迄西,横贯海滨,将全市截为两段,使厦门市区形成市中心和市郊厦门港两部分。市区总面积约5180多亩,除河池和洼地700余亩外,实际面积4400余亩。人口近12万,人均陆地面积仅2.4平方米,地狭人稠。因居民想方设去占用公路以扩大住房,相习成风,街道因之狭窄,一般是宽1.5米至2米,由条石或碎石铺成,曲折迂回。由于市区靠山,道路崎岖,坎坷不平。下水道亦高低凸凹,又无出水的系统沟渠,污水排泄不畅,雨天到处泥泞。商业繁盛地区,有的街道仅宽1米左右,如磁街、史巷、水仙宫、寮仔后等。有的街道,如水仙宫、担水巷、鱼仔市等,长年潮湿泥泞,路人行走极为不便。由于粪便是农家的好肥料,可以卖钱,私人竞相设置公厕和便所,街头巷尾,转弯抹角处都有便缸。由于就在私人地上修坟埋葬死者,镇南关、麒麟山、虎头山一带,古墓新坟,荒冢废穴,纵横重叠,房屋和荒冢交错为邻,或人与骸骨杂居。闽南又有"死猫挂树头,死狗放水流"等地方习俗,河边树上,不时挂着死猫。河里海滩,经常有腐烂狗尸。臭气熏蒸,行人莫不掩鼻疾走。加上随地乱倒垃圾,又无清理机构和设备,垃圾堆积如山,老鼠出没。每年春夏期间常发生瘟疫,尤以鼠疫和霍乱症最为猖

---

[1]　陈达:《南洋华侨与闽粤社会》,上海:商务印书馆,1938年,第171页。
[2]　陈达:《南洋华侨与闽粤社会》,上海:商务印书馆,1938年,第171页。

獗。在传染病严重流行的日子里,商店停市,居民闭户,全市笼罩在死亡恐怖中①。

市区和厦港区之间隔着山地,故当时交通,有水陆两条路线。陆路要由竹仔河越过镇南关山,该路两旁均系坟墓,景象凄凉,入夜则行人稀少。水路由水仙宫渡头,搭乘小舟沿海边南下。厦门与禾山交通,亦有水陆两线,水路从新填埭、旧路头一带,乘小帆船沿筼筜港而上,可达禾山之江头镇。但因港浅,需待潮来方可行船。陆上从溪岸,出将军祠一条古驿道。陆上交通除徒步而外,只有马和轿两种交通工具。故水陆交通均感不便。这种状况与商业发展,客货运量大增的步伐很不适应。

二、在市内兴修马路、改造街道与发展交通

黄奕住和市政委员会的委员们认为,厦门市政的建设,首先要解决交通与街道问题,两者应同时并举。他们的行动在1920年春新的市政委员会成立后就开始了。主要的工程是修马路,同时也就改造了街道。

(一)第一条马路

据20世纪20年代参加厦门经济活动的张镇世在《我所了解的厦门民办汽车交通事业》中写道:"1920年春,林菽庄、黄奕住和当时到英国留学回

---

① 厦门传染病流行时的恐怖状况,笔者曾见过几则记载。其中较详细的是《申报》光绪十年6月17日(1884年8月7日)第一版《厦门多疫》:"厦门时疫盛行,染之者,一经吐泻,即时毙命,名为霍乱症。闰五月间,死者闻有七八百人。近则尤甚。有已补闽清县吴明府承鼎,奉差查勘海口,到厦猝罹此厄。……或以厦地雨旸不调,寒暖候变,蒸秽之气一经郁结,即易遭灾。或谓厦地有所谓瓮菜河者,污秽不洁之物,充积河中,烈日熏蒸,臭味扑鼻,民间取食,亦易招疾。二说未知孰是。"可知厦门传染病流行之久远与严重。

来的工程师黄竹友,提倡市政改革,组织'市政会'。林、黄分任正副会长,黄竹友为工程师。当年夏天开始筑路,拆卸民屋。先由打铁路头至浮屿角建一马路,全长 0.7 公里,宽 30 市尺,是为厦门第一条马路,当日称'新马路',现名开元路。"⑦此路系 1920 年厦门市政局请准划拨全市铺捐 2 个月,充作开办经费。该年夏开始实测路线。以提督路(打铁路)头为起点,沿提督街横过竹仔街,贯通土地公祖、万寿宫、峡版寮至浮屿角。路基路面设计,仿英国麦加顿式。这个方案由市政会审议通过,招工兴筑。因拆屋搬迁花费时日,工程进行经年始告完成。1926 年,改铺混凝土路面。因系最先兴建的一条马路,故定名为"开元路"。市民则统称为"新马路"。20 世纪 30 年代初,陈达教授到厦门调查后写道:"开元路,宽 30 英尺(9.1 米),长 101 丈(0.7 千米),水泥三合土造,面二加沥青。成为厦门市内近代化的第一条马路。人们喜欢在工余饭后来此散步,成为各种活动的中心。"①随着开元路的竣工与下文所述日兴街的兴建,厦门市街道的现代化迈出了第一步。②苏大山在《南安奕住黄先生墓志铭》中,将"协助厦门市区之开路以便交通",作为他对地方的贡献之一。

(二)助筑海堤

市政委员会成立以后,提出筑海堤议题,其目的是使厦门成为现代化的海运港口,同时扩大市区面积。此事本由市政委员会推动,拟由市政局执行。但由于地方军政负责人争权夺利和对市政委员会的作用不了解,于1923 年取消市政委员会,市政局亦于 1925 年被撤销,另成立厦门市政督办公署,由陈培锟任督办,周醒南任会办,计划新修马路,筑海堤,改造街道。

①　陈达:《南洋华侨与闽粤社会》,上海:商务印书馆,1938 年,第 171 页。
②　至 1926 年,厦门市内马路完成竣工的总长仅 1.22 公里。大部分街道仍是旧貌。1926 年,鲁迅到厦门大学执教时,描述过厦门市区的街道:"那街道,却真不坏,其实是在绕着人家的墙下、檐下走,无所谓路名。"《鲁迅全集》第 9 卷,北京:人民文学出版社,1958 年,第 101 页。

陈、周都是黄奕住的好友，黄奕住虽不再担任市政委员会负责人之职，但一如既往对他们领导的市政工程给予资金上的支持。人们在谈到厦门早期市政建设或黄奕住对社会的贡献时，都会谈到他对修海堤与修街道的贡献。例如，张镇世、郭景村在《厦门早期的市政建设（1920—1938）》中说："他投资助建了厦门海滨堤岸及一些街道。"他的儿子黄浴沂在《先父黄奕住传略》中写道："氏对厦门之建设资助颇多，如筑路及海边堤岸等。"60多年后，人们对他的这种贡献是这样评价的："修筑海堤对厦门的开发、建设起到了重要作用。最早的筑堤工程由第一码头至马祖宫的鹭江道（从1926至1936年历时10年之久）的修建，带来了厦门繁华的老市区，并创造最早的深水口岸——太古码头（和平码头），为厦门开辟对外航运，促进国际贸易起了重要作用。"①

由厦门市政委员会推动的华侨对厦门市政建设的投资，和由它倡导而开始的厦门城市现代化，在1925年以后继续发展。到1927年，市区有4条马路在修筑，住宅建筑面积2672967平方米。该年市区人口119800人，人均居住面积22.22平方米②。

（三）解决市区与市外、厦门岛与内地的水陆联运问题

1921年市区内开元路即将完成之时，市政委员会计划实现市区与市外、厦门岛与内地的水陆联运。其办法是：由市政委员会决定、由市政局组织拓填厦门通往禾山、五通的公路，由黄奕住的长子黄钦书投资创办厦禾汽车公司和海通船务公司。之所以采取这种公私配合来实现计划的办法，主要是由于公家的资金不多，只能用于基础设施方面，运营则由私人出资办理。

1922年，继填内海滩新区（现厦禾路南畔）之后，又开始修筑起点浮屿

---

① 叶清：《海堤与海洋地理环境》，《厦门晚报》1996年8月6日。

② 厦门市房地产志编纂委员会编：《厦门市房地产志》，厦门：厦门大学出版社，1988年，第16页。

角(与开元路点衔接),下笕笃港海滩,直达兜仔尾、龙船河。这条公路长 1.07 千米,路面宽度 12.8 米,为海泥和沙填筑而成。后来分段铺砌混凝土路面。1922 年由龙船河展筑,经文灶、梧村、双涵、莲坂、吕厝、乌林,至后埔乡江头村。长 7.45 千米,宽 13.3 米。由于军阀混战,时局不安,1923 年海军统治厦门后,取消市政会(资本主义国家的一些行之有效的东西,搬到中国,常被扼杀,这是一例,政治体制使然也)。这条公路的工程时停时续,拖延了很长一段时间才完成[①]。

拓填厦门通往禾山、五通公路后不久,1926 年,马来西亚华侨黄晴辉回国,见厦禾路至江头乡有公路,无汽车,便想办汽车公司。他与黄奕住、黄钦书商量,由黄钦书邀冯开让等 8 人,集资万余元,购小汽车 2 辆,行驶于美仁官至江头乡之间,获利甚多。这吸引了本地及归侨投资,资本额扩大到 10 万元,组成厦禾汽车股份有限公司,董事会由 8 人组成,另有 8 个监事。黄钦书为董事之一[②]。

厦门是个四面环海的岛屿。直到 1928 年,厦门与其他地方的客货往来,全靠帆船渡海,货物几次卸下装上,既耽误时间,又不太安全,黄奕住见此,与黄钦书商议,筹办海通船务公司,修筑晋江县东石码头,购置顺昌、顺利、顺兴、顺安、顺庆等轮船,往来川走于厦门至安海、东石、集美、高崎等地,解决海上交通运输问题[③]。

厦禾公路的修成,厦禾汽车公司与海通船务公司的创办,使厦门实现了水陆联运。1929 年,闽南各县官办或私营的汽车公司,纷纷与厦禾汽车公司挂钩,签订联票联运协议。五通线由全禾、巷南、泉安三公司联运。高崎

---

① 张镇世、郭景村:《厦门早期的市政建设(1920—1938)》,《厦门文史资料(选辑)》第 1 辑,1963 年。

② 张镇世:《厦门民办汽车交通事业的始末》,厦门市档案馆存,编号 433。蔡若水:《泉属华侨对福建公路运输事业之贡献》,《泉州鲤城文史资料》第 3 辑,1988 年,第 32~33 页。张镇世谓扩资时限定只有禾山人才有投资的资格。

③ 厦门市地方志编纂委员会办公室编:《厦门市志·人物传》(试写稿),第 14 页。黄则盘:《著名华侨黄奕住事迹》《泉州文史资料》第 10 辑,1982 年)谓:"(黄奕住)协助开辟枫角公路,筑东石码头,买轮船川走厦门东石线。"

线由全禾、同美、泉安三公司联运。五通添设 2 艘小汽船,航行沃头。高崎添设一艘小汽船,航行集美。实行联运后,由内地买票可直达厦门,手续比以前简便,时间比以前短,乘客剧增。水陆联运的实现,对促进闽南地区城乡物资交流、旅行及各项事业的开发起了重要的作用。[①] 这使厦门的交通迈入现代化,为厦门经济在 20 世纪二三十年代的突飞猛进,创造了一个重要的条件。[②]

三、首屈一指的房地产投资者

(一)与黄奕住有关的厦门建筑物

黄奕住与厦门城市现代化的重要关系之一,特别是与厦门街道建设关系密切的事项之一,是他在厦门的房地产投资及兴建自己的住宅。

黄奕住在厦门出资兴建的房屋,有 5 种情况。

(1)住宅,包括中德记(黄家花园、黄家大院)、观海别墅及为子女所建的房子等。

(2)所办企业的营业用房,如自来水公司(办公大楼 5 层,建筑费 40 万元)、电话公司、日兴银庄、日兴商行的办公楼、机器房、营业间等等。

(3)所办慈勤女子中学的校舍。

(4)捐款给有关单位盖的房屋,如捐给厦门大学 109000 元盖的群贤楼,

---

① 张镇世、郭景村:《厦门早期的市政建设(1920—1938)》,《厦门文史资料(选辑)》第 1 辑,1963 年,第 103~121 页。

② 参见吴金枣:《爱国华侨企业家黄奕住》,《华侨历史》1987 年第 1 期;洪卜仁、吴金枣:《华侨黄奕住的爱国思想及其业绩》,《福建论坛》1983 年第 2 期;林金枝:《近代华侨在厦门投资概况及其作用(1875—1949 年)》,《厦门文史资料(选辑)》第 11 辑,1986 年,第 27~28 页;张镇世:《我所了解的厦门民办汽车交通事业》,《厦门工商史事》,厦门:厦门大学出版社,1997 年,第 110~118 页。

捐给同文书院盖的奕住楼,捐给厦门中山医院、鼓浪屿图书馆等单位盖的房屋。据叶更新老人说,1920 年至 1937 年间,厦门市凡用募捐方式筹款兴建的房屋、建筑,大都有黄奕住资助的一份。

（5）建筑用于出租的房屋,如鼓浪屿日兴街两侧的房子是供出租的,房租的收入归黄聚德堂所有,也只有这部分是属于房地产投资性质的。

在 1934 年以前,在厦门私人出资兴建的房屋中,以黄奕住为最多。如果不计地皮的价值,单算房屋的建造费,仅上述（1）（2）（3）（5）项,黄奕住所费当不下 300 万元。厦门兴业地产公司 1934 年估计,有两个"华侨黄君"的地产、地皮投资均为 200 万元。这两个"黄君"当为黄奕住和黄仲训。1924 年厦门市工务局统计:"民间年来的新建筑物,估价约 1500 万元。此项投资,至少十之六七出于华侨。"[①] 则黄奕住占其中的 1/5。林传沧调查后认为,1938 年以前,华侨和银钱业投资于厦门房地产的资金,总计不下 8000 万银圆。据林金枝的统计,1927—1931 年,华侨在厦门投资的房地产业较大的有 26 家,投资额达到 3000 万元。[②] 黄奕住在厦门的房地产均置于 1938 年以前。根据其遗产中所列项目,计有营业性的房地产 39 项,金额 1294612.17 元;地产 16 项,金额 534988.97 元;非营业性的产业 5 项,金额 850954.9 元。三项合计金额 2680556.04 元。占 1938 年厦门房地产中华侨与银钱业投资总额 8000 万元的 3.35％,占华侨房地产投资近 3000 万元的 8.9％。

据厦门市档案馆存厦门市房管局 1957 年厦门房地产管理处的调查统计,黄奕住占有地产 51500.8 亩,在厦门房产投资中占第 3 位。所建房屋 160 座,建筑面积 41457.7 平方米,在厦门房产投资户中占首位。

为了管理营业性房地产的投资与收入,黄奕住于 1930 年独资组织黄聚德堂股份有限公司。黄聚德堂股份有限公司负责管理黄奕住在厦、鼓的房地产,故有人又称它为黄聚德堂房地产股份有限公司,其收入归黄奕住家族

---

① 陈达:《南洋华侨与闽粤社会》,上海:商务印书馆,1938 年,第 173 页。

② 林金枝:《1875—1949 年华侨在厦门的投资及其作用》,《厦门大学学报》1987 年第 4 期。

财务机构黄聚德堂支配。[①] 据厦门大学林金枝教授等人估计,1918 年至
1925 年,黄聚德堂在厦门和鼓浪屿建造质量较高的房屋和楼房 160 座,建
筑面积 41457.7 平方米,在厦门华侨房地产投资中占第 1 位(居第 2 位的是
黄超群、黄超龙的龙群公司,有楼房 79 座,建筑面积 18197 平方米,比黄奕
住的黄聚德堂的房地产少得多),房地产投资(不包括本家及所办企业自用
房地产投资)折合 1955 年人民币约 245 万元,占 1875 年至 1949 年华侨在
厦门(含鼓浪屿)房地产投资 5700 余万元[②]的 4.3%。

(二)鼓浪屿的建筑杰作

黄奕住在厦门的房地产投资,就时间而言,高潮是在 1923 年至 1925
年。就地区而言,集中在鼓浪屿岛上。

至 1936 年,黄奕住在鼓浪屿的球埔顶、田尾、升旗山、龙头街、日兴街、
大东、龙头坞内、龙头公库、鹿礁路、三丘田、龙头尾、水牛埕、梨仔园、新路头
(现漳州路)、按仔角、东山顶等地有房产,在港仔后、石船顶、九层塔等地有
地产。其中,投资多的,依次为黄家花园(365654.2 元)、龙头尾(125075.39
元)、三丘田(100985.48 元)、鹿礁路(100277.25 元)、日兴街(90958 元)、观
海别墅(45070.78 元)[③]。

---

① 黄聚德堂的设立与职能的演变见"第十六章第六节:黄奕住的家族财产管理机
构:黄聚德堂"。

② 林金枝:《近代华侨在厦门投资概况及其作用(1875—1949 年)》(《厦门文史资
料(选辑)》第 11 辑,1986 年),陈大中:《华侨投资厦门房地产业概貌》(《福建二商史料》
第 2 辑,1987 年),林金枝、庄为玑编:《近代华侨投资国内企业史资料选辑(福建卷)》(福
州:福建人民出版社,1985 年,第 469 页),均谓黄聚德堂房地产投资折合人民币 245 万
元,即"抗战前元"100 万元,这个估计与实际情况又颇大的差距。

③ 本书作者所列黄奕住各项房地产金额,录自黄奕住 1943 年所立《遗嘱》,当是
购置地产或修建房屋的实际支出,金额单位为"抗战前元"或银圆。这种金额,不包括建
成后的配套设施、装饰、家具费用。以黄家花园为例,据黄浴沂在《先父黄奕住传略》中
的说法:"在鼓浪屿,氏之住宅建筑在中德记,内有中楼及南北楼,共有三造,建设费及家
具等约用近百万元。"

1914 年至 1923 年是华侨集中的东南亚各国工商业迅速发展的时期。在这个时期里，一批福建籍的资本家赚了不少的钱。其中有的人投资厦门的房地产，富有者在鼓浪屿购地建住宅、别墅。这是鼓浪屿房屋建筑的高潮时期。其中，黄奕住投资最多，建筑的房屋最多，分布的地区最广，黄家花园中的楼房等建筑体现的文化层次最高。在面积仅 1.7 平方公里的鼓浪屿岛上，在十几年的时间里，增加了黄奕住投资兴建的 100 多座新建筑物。它们分散在岛上几个地方，却又各自成群，风格各异，掩映在绿树碧荫之中，如一簇簇绽开的鲜花，把鼓浪屿装饰得更加美丽迷人，引人入胜。

在这些建筑物中，值得注意的是它们的现代性。这些建筑物的设计、建材、风格等等，是适应现代生活水平的。它们式样新颖，建筑比较坚固，明亮通风，都有卫生间，糅合中西建筑的艺术风格，与厦门旧式房屋根本不同。

从私人住宅来讲，以黄家花园和观海别墅为例，它们不仅在 20 世纪 20 年代是现代型的，就是在今天也是时尚的。在 20 世纪 20 年代和 30 年代，黄奕住在世时，凡到厦门的达官要人，富商大贾，诸如蒋介石、汪精卫、蔡廷锴、蒋鼎文等，都在黄家花园或观海别墅住过。1950 年，厦门市人

图 26　黄家花园的一角

民政府借用黄家花园和观海别墅，辟为福建省鼓浪屿干部休养所，厦门市高干招待所，厦门市第三招待所。1979 年黄家花园改称鼓浪屿宾馆。观海别墅则改为观海园的一部分。从 20 世纪 50 年代到 20 世纪 80 年代，凡到厦门的党政军官员，包括邓小平、王震和十大元帅，都在黄家花园住过。国外来华的访问者，如美国前总统尼克松、新加坡前总理李光耀等等，或在此小住，或参观游览。

对于黄奕住修建黄家花园，现在的人们怎么评价？从笔者接触到国内国外旅游者的观感、杂文作者的风景评说、建筑专家的分析、文人骚客的描

述,都是交相称赞。这类文字很多。现选择手边留下的《福建画报》1993年第12期刊载的延青《扫除腻粉呈风骨——鼓浪屿宾馆写意》一文以飨读者。

沿着国家级重点风景区——厦门鼓浪屿的柏油小道缓缓上坡,日光岩下足球场的绿茵,衬起一片园林。园林郁郁葱葱,有潇洒的小叶榆,壮硕的伊拉克棕榈,气宇轩昂的攀枝花树,苗条的紫荆,华贵的胡姬花树,散漫不羁的刺桐,气根落地化作枝干的老榕树……许多嘉木秀树和一盆盆姹紫嫣红的三角梅,环绕、烘托着三座灰褐色的楼房——鼓浪屿宾馆。

都说鼓浪屿是“海上花园”,这座宾馆仿佛是园中之园。都说鼓浪屿是“音乐之岛”,拥有好几百台悦耳的钢琴和好几百座悦目的“万国建筑”——凝固音乐,那么这座宾馆又仿佛是整部无声音乐中的华彩乐章。

如果刻板地追逐新潮,这家宾馆的建筑组群显然滞后了,没有铝合金窗框的炫耀,蓝玻璃幕墙的靓妆,也不靠霓虹灯频送秋波,甚至不接受电梯,更不懂全封闭和中央空调;但是“扫除腻粉呈风骨”,所有的缺憾反而张扬了它固有的特质和迷人的风情。

这里,黎明请斑鸠在林梢对话;夜晚,送港仔后的潮音拍打衾枕。下榻于斯,规矩的布局框正安详,古老的豪华传递恬静,迷人的花木喷吐芳馨。有人说,它是夹处于鼓浪屿山、海之间的风水宝地,可以让高层次的游客圆一个排除刺激、没有污染的美梦,可以让怀旧的游子温习逝去的岁月……

一句话,这里是现代建筑美与自然风景美糅合在一起的一件典型作品。难怪《保密局的枪声》《小城春秋》《传奇夫人》《厦门新娘》等电影电视剧的导演们都选择此园拍内景。他们让千百万观众在看电影电视时能欣赏这件中西文化的结晶。

从街道而言,以日兴街为例。黄奕住在厦门鼓浪屿岛上修建黄家花园与观海别墅的同时,在濒临鹭江东侧一处避风坞内买下大片荒地,又填坞成地,除在临海一边盖了一座在当时颇为现代化的鹭江酒店之外,还开辟一条

商业街道。街道的路面用花岗岩条石铺成，两侧建起一排排两层楼房。用款9958.21元。这是鼓浪屿岛上第一条用条石铺成的街（实际上是唯一的条石街），也是第一条在空地上按设计图纸修建的、由整齐的楼房组成的街道。它是鼓浪屿岛，也是整个厦门市街道现代化起步的标志之一。街

图27　日兴街的一角

成之后，黄奕住因他发家是从黄日兴店铺开始，他经营的商行亦以日兴为名，遂将此街取名日兴街（20世纪50年代，将此街并入龙头路，街面已由条石改成水泥的了）。它处于鼓浪屿的交通要道上，是主要的商业区。凡到鼓浪屿的人，几乎都要到这条必经而又繁华、整齐、清洁的街道游览观光。黄奕住创办的中南银行在这条街与龙头路交界处建造了鼓浪屿办事处大楼，大楼旁边是黄奕住创办的厦门电话公司鼓浪屿交换所楼房（后为厦门市邮政局鼓浪屿支局）。街道上的一些房屋，在旧城改造中已被拆掉、翻新。

（三）在厦门市区的房地产投资

在鼓浪屿购地盖房砌街的同时，黄奕住也投资于厦门市区的房地产。他在港仔口、赖厝埕、太史巷、寮仔后、大走马路、石埕街、斗美街、九条巷、中街、竹仔街、水仙宫、提督路头、中正庙、户部大厝、二王街、竹树脚、上田、瓮菜河、升平路、山仔头以及石码等处有房产，在旧接官亭、瓮菜河、外海滩、鹭江道、左城路、虎园路等处置有地产。其中，投资多的有提督路头（133412.92元）、旧接官亭（103141.9元）、外海滩（98854.4元）等处产业。

黄奕住在厦门的房地产中，有一部分是已歇业的黄日兴银庄欠户抵押的房屋与地产。它们共计34处，其价值达643986元。这些房地产分散在厦、鼓各地，绝大部分在厦门市区。

黄奕住在厦门的地产中,有一部分是他投资修筑堤岸后的产业,如厦门港堤岸、寮仔后堤岸、鹭江道旷地、外海滩旷地等。他修筑堤岸的投资总计在 25 万元以上。

在厦门市房屋中,有多处是黄奕住捐款建筑的或建筑费用中有他的大笔捐款。这些捐款不属于房地产投资。在这些捐款建筑物中,有三处值得一书,一是厦门大学的群贤楼,二是同文中学的奕住楼,三是中山医院。这类性质的建筑物在鼓浪屿也有,如他生前捐款建的中山图书馆,以及去世后后人根据其遗嘱,用其所留教育基金建成的鼓浪屿少年宫艺术楼等等。

(四)代表性与个性

1.黄奕住在房地产上投资多,这在福建和厦门华侨对国内投资方面,具有代表性。

厦门是全国著名的侨乡。进入 20 世纪以后,每年从这里出国和回国的华侨,从几万人到 11 万人不等。在厦门定居的归侨和侨眷,约占厦门市人口的 1/4。归侨和侨眷除在厦门购地建房自用外,还投资房地产,即购买地皮、建房出租和经营房地产的买卖。1949 年以前,华侨(主要是福建籍的华侨)在福建的投资,从地区来说,63%集中在厦门。从投资领域来说,46%集中在房地产业。华侨在厦门投资房地产的有 2145 户,占厦门华侨 2668 户的 80%。投资总额 5700 余万元,占华侨在厦门各业投资的 65%,占华侨在福建房地产投资的 90%左右。

黄奕住等华侨将资本投向厦门房地产业的原因,有以下几个方面。

第一,想把家乡建设好。黄奕住是从厦门出国的,回国后又卜居于此,对此地有感情,想投资把它建设好。厦门是福建省对外开放最早的城市,商业和人口增长快,但市政建设差。到黄奕住回国定居时,厦门市区的住宅多为平房,商业中心的店铺也不过是每层高不及丈的二层楼房,砖瓦木料结构,建筑简陋,卫生设备差。黄奕住等华侨想改变厦门市的面貌,把房屋、街道来一番重建和改造。1920 年,他出任厦门市政会副会长之后,首先考虑

交通、街道及临街房屋的改建。开始时,困难多,有关工程进展不快,但呼声高,在华侨中号召力大,为华侨回国投资提供了用武之地及风险系数小的项目。故厦门市区临街房屋的大批改建自此时始,华侨大批投资厦门房地产业亦自此时始。

第二,城乡环境的变化。在 20 世纪之前,华侨稍有积蓄,有汇款回国买田盖屋的传统,以此作为光宗耀祖、本人荣光的手段,又作家眷安家立命及自己落叶归根之本。有多余的钱,再投资商业、典当、钱庄,或添置田产出租,因为当时只有这些行业可以吸纳资金,并有利可获。20 世纪初年,特别是 1914 至 1923 年间,情况发生变化。一是东南亚地区的经济发展加速,少数华侨发了财,同时,因厦门工商业以及城市发展很快,投资城市地产成为一项有利的事业,华侨学会了投资和经营房地产业。二是厦门在这 20 余年里,人口增加快,加上改建市区过程中拆屋多,出现房荒,地价、房租上涨。投资房地产的利润,高达 10% 至 12%。① 于是部分华侨竞相汇款到厦门投资房地产。

第三,国际经济环境变化。黄奕住的资本原来主要在国外的东南亚一带。1920 年以后,这些地区因欧洲各宗主国势力的回归与加强,排斥华侨,华侨经营工商业者渐感困难,1927 年以后变为不景气。1928 年至 1931 年,白银汇价下降,外币价值升高,1928 年一海关两(即 1.55 元)可兑美元 0.71 元,1929 年降至 0.64 美元,1930 年 0.46 美元,1931 年 0.34 美元,这对汇款回国者极为有利。此时,厦门地价飞涨,地产市场的活跃,较之上海,不相上下②。

第四,在国内,特别是在福建及其厦门,1922 年以后,发展工业的条件不如前几年好。厦门的工业刚刚起步,容纳不了多少资金。农村佃户抗租之事时有发生,土匪多,在农村买地风险大,住家不安全,而投资城市房地产较为安全,可以保本保值或增值。这使资金转向房地产经营。上文所引林

---

① 陈达:《南洋华侨与闽粤社会》,上海:商务印书馆,1938 年,第 85 页。
② 林传沧:《福州、厦门地价之研究》,台北:成文出版社,1977 年。

传沧的调查，1938 年以前，华侨和银钱业投资厦门房地产的资金不下 8000
万元。林金枝统计，1875 至 1949 年，华侨对厦门房地产投资近 3000 万元，
占华侨对厦门企业投资总额的 65.17％。房地产投资在时间上集中在 20
世纪的二三十年代。厦门与鼓浪屿的房屋建筑资金的 75％属于华侨或
侨眷。[①]

大批侨汇投入厦门房地产，促使地价进一步上升。大同路关帝庙前地
价，每平方米竟达 320～330 元。有些人购买地皮，并非供建屋之月，而是坐
等地价上涨以升值。1932 年后，厦门凿山填筑海滩与低地，新辟土地甚多
（仅 1929 年前后的几年中，开拓新区 32 处，共辟地 113 万余平方米），一批
新房建成，地价开始下降，投资地皮者蚀本。1934 年，房产的利涟降至 3％
或以下。一般人不愿再对房地产进行大规模的投资。黄奕住购地皮造房，
主要在 1920 年至 1925 年间，盈利甚丰。

黄奕住等归侨倡议改善厦门市政，又投大批资金于房屋、街道、交通的
建设，使厦门在 1920 年后的十余年间，市容面貌更新，市民住房条件改善。
一个长期住在厦门竹树脚礼拜堂（教堂）的牧师说："厦门近年的市政，真有
惊人的进步！在 1919 年，本地的绅商人士，因街道狭隘，病疫时生，于是成
立市政会，改革市政，结果第一条近代式的街道（开元路）就与厦门居民见面
了。"著名的研究福建广东华侨的社会学家陈达，在 1929 年和 1934 年冬季
两次游历厦门后写道："厦门市的新市政，除街道外，当推房屋的改造……近
年来南洋的富侨往往投巨资于房产业，因此厦门有许多近代化式的高楼，建
筑比较坚固，设备比较适合卫生，厦门市内不仅是商业建筑改换一新，即住
宅区域，也有改良。"[②]

在厦门市现代化进程中，黄奕住在街道、房屋现代化方面的贡献是显著
的。黄奕住留在厦门的业绩，使人可以直接看到的，首先是这两个方面。

2.黄奕住在厦门房地产的投资有六个特点。

---

① 《厦门市房地产志》编纂委员会编：《厦门市房地产志》，厦门：厦门大学出版社，
1988 年，第 17 页。
② 陈达：《南洋华侨与闽粤社会》，上海：商务印书馆，1938 年，第 170～172 页。

第一，投资最多。1930年，黄奕住投到房地产的资金额在300万元以上，占该年厦门市全部房地产投资（7641550元）的1/3以上。

第二，就黄聚德堂股份有限公司而言，该公司总计建筑和购买的房屋达160座，建筑面积41457.7平方米。其中，出租135座，建筑面积33131.3平方米；借用18座，建筑面积6554.4平方米；自用7座，建筑面积1772平方米。按建筑面积计算，营利的占多数。如果将非营利的房地产（如自己的住宅）以及捐款建的房屋在内，按建筑费用计算则非营利的占一半以上。

第三，黄奕住购买的，主要是鼓浪屿岛上所有权原属外国人的地皮与房屋。这就把外国人在华的资产变为中国人所有。对外国人，他只买进，不卖出。此中有渐进地收回主权、挤走外国人在华经济势力的意义。

第四，黄奕住购买的地产，以建筑房屋为目的。在他所买的地产上，多数的已建有楼房。余下的部分，原拟次第兴建，因日本侵华而未能实现。就20世纪二三十年代资金使用的实际状况而言，他是以房产业为主，兼营地产业，与以地产业作为投机对象者，或多购地、少建房（以地产业为主，间亦兼置房产）者不同。这个特点，使他在厦门房地产的统计上，在房地产投资额方面居第3位，在房产投资额方面则占首位。

第五，他所盖的房子，都是新式的。厦门旧式房屋，只对自家的天井开窗户（其原因，据说是出于一种迷信：若对外开窗户，家内财气就会外溢）。因房屋四周无窗，对天井开的窗户又窄小，是以光线暗淡，空气欠流通。黄奕住盖的房屋，讲究明亮通风，揉合中西建筑的艺术，颇具特色。

第六，独立经营。在厦门，私人经营房地产业有两种方式：一是独立经营，一是合伙经营。前者以黄奕住为典型①。

这六个特点反映了黄奕住在房地产投资方面的个性。

---

①　陈达：《南洋华侨与闽粤社会》，上海：商务印书馆，1938年，第174页，陈大中：《华侨投资厦门房地产业概貌》（《福建工商史料》第2辑，1987年）则将黄聚德堂归入"股份合资形式"一类。

四、四大公用事业与厦门、鼓浪屿两地的电灯公司

　　黄奕住定居厦门后,他对市政建设的关心,除街道、住房外,就是市内公用事业的建设。他一有闲空时间,便到处观山审海,探索利用自然资源,为他的投资寻觅理想的场所,同时也为桑梓造福。在他看来,厦门迫切需要兴办或改进的有电灯、电话、自来水和海轮服务 4 项主要的公用事业。在这 4 大公用事业中,电灯、电话与自来水,当时均列入工厂类。根据抗战前的调查,厦门共有 21 家工厂,资本总额 530 余万元,工人 730 人。其中,自来水公司、电话公司、电灯公司与淘化公司罐头厂是建厂较早、资本多、规模大的 4 个很有影响的企业。前 3 项都与黄奕住有关。这里先说电灯公司。

　　黄奕住定居厦门时,该地已有 2 家电灯公司。一家是陈祖琛发起的商办厦门电灯电力股份有限公司,人们习惯上简称它"厦门电灯公司"。1911年筹办,1913 年投产发电[①]。设备比较先进。另一家是 1913 年英国商人皮利的伟仁洋行。在鼓浪屿设立电厂,安装电灯,名曰"伟仁电灯公司",厂址在今电灯巷。该公司于 1917 年、1923 年、1927 年三次转手,先卖给上海英商礼昌洋行,易名礼昌电灯公司,再卖给香港汇丰银行所属的香港电灯公司,更名为鼓浪屿电灯公司,又卖给厦门和记洋行。厦门人民在 1926 年开始的收回租界的斗争中,开展抵制电灯运动,提出了收回电灯权,成立争回电灯权委员会。1928 年,鼓浪屿工部局迫于形势,以公开招标形式决定鼓浪屿电灯公司经营权。有 4 家中国人商团参加投标,一家中标,遂改名"鼓浪屿中华电气股份有限公司"(或说名称是"鼓浪屿电灯电力股份公司"),实

---

　　① 林金枝、庄为玑编:《福建华侨投资国内企业史资料选辑(福建卷)》,第 89 页所录 1959 年《福建华侨工业调查》,谓 1921 年黄奕住投资"厦门电灯公司",资本额 100 万元,全系侨资。又下注所引刘大钧及章淑淳文中均说"黄奕住的厦门电灯公司"。此说待查。或"灯"字为"话"字之误。或"厦门"为"鼓浪屿"之误。据看过厦门电灯股份有限公司股东名册的叶更新告诉笔者,该名册上没有黄奕住的名字。

现了赎回自办的目的。1929 年春,该公司发行股票 2000 股,每股 100 元,集资 20 万元。投资者大多是华侨。1932 年,经理一职由黄奕住的管家黄省堂担任。黄奕住 1943 年的遗产中,有鼓浪屿电灯公司股票 8000 元。从由黄省堂任该公司经理及黄奕住常将股票分赠给子女等情况来推测,1932 年前后,他掌握的该公司的股票当不止 8000 元。[1]

五、远东第一水厂

再说厦门自来水公司。[2]

(一)厦门是一个淡水资源缺乏的城市

厦门和鼓浪屿均系小岛,四面环海。海水充足,但不能饮用。厦门岛上无河流,只有少数溪流潭沼(号称七池八河十三溪),其水甚脏,不堪饮用。地下水量少质差。数百年间,厦门岛和鼓浪屿上开凿了许多私用井和公用井。除鼓浪屿有少数井水可供饮用外,其他井的水,盐分重,硬度高,又苦又涩,不仅难以入口,连用于洗涤都不合适。厦门有山泉,但量少,又受季节限制,天旱稍久,山泉即枯涸。所以厦门淡水资源严重缺乏,居民用水,既不能靠天(下雨后的山泉),也不能靠地(井水、溪水),主要依赖人工的"船仔水"。

---

[1] 刘大钧:《中国工业调查报告》:福建省工业较为发达者为厦门,计有大小工厂 21 家,总资本额 530 余万元。工人 730 人,以肥皂厂、制糖厂、制冰厂及汽水厂为多,产品总值 180 万余元。各厂动力除黄奕住的厦门电灯公司设有蒸汽透平外,其余较大工厂均自备柴油引擎展。总之,福建可说"是太没有现代性工矿业的省份"。王亚南:《福建经济总论》,《福建银行季刊》创刊号,1945 年。

[2] 除注明出处外,并参见厦门自来水股份有限公司:《编年记录》;厦门自来水股份有限公司:《廿四年度工程部报告书》,1935 年;厦门市自来水分司:《1926—1986 年厦门市自来水创办 60 周年纪念》,1936 年 11 月;方向:《厦门的水》,《天风海涛》第 1 辑;林金枝:《近代华侨投资国内企业的几个问题》,《南洋研究》1978 年第 1 期。

所谓的"船仔水",即用运水船装运的淡水。来源一是从石码运来的九龙江水,二是从后江埭、水鸡腿、牛家村等市郊运来的井水。每天,水贩肩挑空桶向运水船船主买水,然后按时挑到市内各居民家,卖给他们。每天运水量1万多担。于是卖水形成一个行业。最上等的是"石泉水",石泉在白鹿洞边山洼里,从石穴中涌出,味甘冽,买来专供煎茶用,每担1角或1角5分。"花园水"是靖山、白鹿洞下一带花园内的井水,每担5分钱。十之八九的厦门居民是用一般的九龙江水,每担卖五六个铜板。折合1吨水1元至1.85元[①]。运水船多数从帆礁那边上岸。从那里到市区的路,叫"担水巷",是每天水贩往来的必经之路。水是居家生活不可或缺的。气候恶劣时,运水船为风雨所阻,不能供水,居民无水可用,水价极贵。于是家家户户不得不用大缸小瓮储水备用,用水极不方便。加上运来的江水未经过滤,不免混浊。在船只运送、水桶装运过程中,更有手足不干净和尘土飞扬等产生的污染问题。饮用这样的水,必会妨碍居民健康。因此,每当春夏之交,鼠疫、霍乱、疟疾、肠炎等瘟疫滋生。此外,居民因街道狭小,房屋栉比,一遇火警,因缺水扑火,火势蔓延快,往往酿成大灾。随着厦门经济发展,人口增加,房屋添多,淡水的供应成为厦门现代化进程中一个急需解决的大问题。

(二)集资成立公司

黄奕住的家是在鼓浪屿,家中用水条件较好。他在往来厦鼓时,见到既不卫生,又不方便的供水状况,认为淡水供应是关系市民生活的大事,必须加以改善。他探知鼓浪屿有位名叫林全成(字荣森。有的资料作荣廷、荣庭)的人,刚从美国哈佛大学学成归来,是学自来水建设工程的,便登门拜访求教,商讨兴办自来水公司之事。林全成的父亲林振勋,是当地的富户,也热心市政建设,赞成办自来水厂。于是,黄奕住于1920年发起筹办厦门自

---

① 据《近代华侨投资国内企业史资料选辑(福建卷)》,第123页"每千美加仑约须四至七元"计算。

来水公司。他与林振勋、厦门商会会长洪鸿儒、中国银行厦门分行经理陈实甫、英商汇丰银行买办叶孚光以及几位华侨,着手募股集资,以期成立厦门市自来水公司。开始设 1 万股,每股 100 元,共 100 万元。实际集资 110 万元。其中,黄奕住认 4000 股,投资 40 万元[①],为第 1 大股东。林振勋认 700 股,投资 7 万元,为第 2 大股东。叶孚光(又名鹤秋,叶德水第八子,人称八舍,亦有人叫他叶老八)认 100 股,投资 1 万元。1921 年 2 月,黄奕住聘请林全成任公司的总工程师,月薪 700 元,是厦门市最高工资。林全成任总工程师后,请来美国水利工程师注招(后为卫根)勘察水源。经过几个月的探测,在上里山区觅到合适地点。于是由工程师测量、制图。在设计用水量时,力求能满足厦门、鼓浪屿居民的全年用度,以免发生水荒。1923 年 5 月,公司定名为"商办厦门自来水股份有限公司"。该公司自筹备之日起,即由黄奕住操办。公司成立后,设董事会,其中常务董事 7 人,黄奕住为董事长,黄世金为副董事长。黄奕住与其他 6 位常务董事、总经理周幼梅、总工程师林全成每星期开会一次,研究一周的大事。日常事务由黄奕住、黄世金、周幼梅、林全成 4 人开会研究。如有事不能解决,再请其他 5 位常务董事开会议决。如果再不成,就召集临时董事会解决。

公司成立之初,先租借太古公司的房屋办公,租金每月 500 元。后在水仙路建五层大楼。三、四层供办公用,五楼为宿舍,一楼租给德士古等洋行。全楼建筑费 40 万元。

(三)工程的进展

自来水工程中的蓄水池、沙滤池、水管、水塔及公司建筑等全部工程,于

---

① 林金枝、庄为玑编:《近代华侨投资国内企业史资料选辑(福建卷)》,福州:福建人民出版社,1985 年,第 124 页。该书第 84 页记载:"厦门自来水公司也是黄氏办的,1917 年筹办,1923 年投资 100 万元。"此说中的时间和投资金额可能有误。查,1917 年黄奕住尚未回国。据黄奕住《自订回国大事记》:1924 年 8 月 23 日与西门子洋行签订承包厦门自来水工程合同。1926 年 10 月 28 日厦门自来水公司开成立大会。该公司中黄奕住的投资是 40 万元。

1924年在上海招商投标。有中、英、荷、德、美、日等六国的公司投标。荷兰人投标最高,110万元,日本人70万元,德国90万元,考虑德国西门子的设备比较好,8月23日,黄奕住与该公司在上海签订合同。日本政府谓其商人标价低,为何不能接此工程,向中国政府交涉。中国政府推辞说,该公司是华侨办的,政府不能干涉,日本政府只好作罢。

图28 1925年厦门自来水公司立石

自来水公司与西门子公司签订的合同中规定,合同签订后,自来水公司立即存30万元在银行中,一年后再交30万元,完工后再交30万元,共分三期付款(据公司《编年纪录》,实际的建筑费为92万元)。随即开工。建筑工程包括:(1)在厦门岛东南部的上里山曾厝附近筑坝蓄水,建成一座容量为100万吨(立方米,下同)的水库(蓄水池),最高蓄水量可供全市区居民9个月之需。另有管理室及宿舍三座。(2)在南普陀寺西北侧建成一座日制水能力5000吨的赤岭水库(滤水池,包括慢性沙滤池三座,清水池一座),设洗沙机一架,瑞士臭氧灭毒机一架,化验室一座,办事处及宿舍三座。(3)在水仙路建修造厂,有厂房一座,机件全副,试表房一座,试表仪器全副。(4)敷

设输水管道。分两段：由上里至赤岭，大铁管，5800 米。由赤岭至市区，100 至 300 毫米的输、配水管道。(5)装设用户水管，共 1500 户。(6)消防设备，有水龙头 300 副，防水门 45 个。1926 年 7 月，工程初具雏形，开始试行送水。市区供水管网 26.1 公里。每吨水价 5.3 角，比"船仔水"便宜得多。10 月 28 日，召开厦门自来水股份有限公司成立大会，并通过章程，黄奕住当选为董事，复由董事会选为董事长和办事董事。1927 年，全部工程完竣。

从有自来水供应的时间而言，厦门在这方面的现代化进程并不比世界的总进程差多远。以美国而言，有供应经过处理的淡水的城市，在城市总数中占的比例，1907 年为 3％，1920 年将近 37％。[1]

(四)水价与盈利

自 1926 年 7 月试行放水，至 1927 年全部工程完成。由于水池建筑费用高，安装费用也很高，所以水费也贵。每吨水费，居民 4 角 4 分，街道售水 3 角 3 分(即七五折)，公共机关 2 角 2 分，工业 5 角，消防免费。自 1926 年 4 月开办起，至 1927 年底止，计收水资 8 万元，收支相抵。水价已比 1926 年试用时低，是"船仔水"的 4％至 10％。其水质好得多，使用也方便得多。这对市民是一大福利，公司的用户逐年增加。1928 年 700 户收水费 10 万元，略有盈余。1929 年 1200 户，一年内增加了 70％。1931 年 2375 户，比 1929 年又翻了近一番。1932 年增至 2532 户。由于用户猛增，公司的营业状况良好，年年有盈余。股息平均每年付出 16 万元，同时积累增多，有了扩大设备、扩大营业范围的能力和增资的条件。

(五)送水到鼓浪屿

1932 年，公司有了积累，开始扩展业务。这种扩展表现在三个方面：一

----

① 诺思：《经济史中的结构与变迁》，上海：上海三联书店、上海人民出版社，1994 年，第 215 页。

是买汽船专供海轮用水,二是将自来水送到鼓浪屿,三是在厦门增装水管线。

扩大营业范围的第一步,是将自来水送到鼓浪屿。

厦门自来水公司竣工,为厦门市区居民饮用水开一新纪元,厦门居民的饮水问题开始逐步得到解决。然而,鼓浪屿居民却望水兴叹。

厦门市区自开马路后,市面日渐繁荣,地狭人满,部分居民转至对海的鼓浪屿居住。日益增多的回国投资华侨和在祖国建别墅的华侨,多选择在鼓浪屿建房屋。该屿公共租界工部局及住户纷纷要求用自来水。黄奕住本人也住在鼓浪屿。1929年,黄奕住下决心要解决鼓浪屿的用水问题。仍

图29 鼓浪屿自来水船码头(抽水站)

请美籍工程师卫根来测量。卫根估计,从厦门到鼓浪屿做一水管,需要150万元。1930年,林全成与俄籍工程师华拉素设计,在鼓浪屿做一水塔,用水船把水从厦门送到该水塔,只需40万元。所以决定扩大资本40万元,即从110万元增加到150万元。在厦门和鼓浪屿建设上下水码头,在鼓浪屿日光岩和鸡冠山,分别建造高低蓄水池及配水管道。并购买大小船三艘,拖船一艘,逐日将滤清的水运往鼓浪屿的西仔路头,用电机抽至蓄水池。自来水设备安装的初期,鼓浪屿用水户不多。自来水公司收得的水费少,入不敷出,拟把水管拆到禾山。工部局不同意,强制各住户、商店都要用自来水,以至连菜店也要安装自来水。这样,用户增到600户,公司营业才不亏本。1932年正式对鼓浪屿居民供水。

(六)购买专用汽船向海轮供水

厦门自来水公司因其设备先进,管理严格,水源又好,所供水的质量极

高。来往于厦门的各国商船,在
试用厦门自来水公司所供之水的
过程中,经过各国多种仪器的化
验,确认厦门自来水的水质在东
亚居第一位(世界第二位)。厦门
自来水公司由此获"远东第一水
厂"之称,名声远播,中外经过厦
门的轮船,均愿在厦门添水。于

图30　厦门自来水股份公司办公楼

是,该公司1932年购造小汽船一艘,名曰"甘露",速率较高,专供输送各商
船吃水之用。外国船来装水,每一吨水费5角,仅此一项,每年收入可达30
万元。

(七)在厦门市区增设管道,扩大用户

1932年,鉴于厦门市政扩展,居民激增,水量不敷供应。公司于是再增
资本50万元(连前总计200万元),在上里至赤岭增装水管线一条,在赤岭
增建沙滤池一座,每日滤水量增加到1636吨。1933年用户增加到2633
户。1934年,国民政府实业部发给执照列设字701号,准予专利30年。该
年,公司固定资产总值24297639元;由于经济不景气,用户下降为2565户;
给水总量1130966吨渗漏及损失量占其中的24%。全年总收入357354
元,总支出277568元,盈余79786元。1935年6月,用户恢复到2626户,
情况好转。从此时开始直到日本侵略军占领厦门之前,公司始终有盈利。

(八)民营企业办公共事业的困难

厦门自来水公司1935年度《工程部报告书》中申述水价高的原因时写
道:"市上特殊分子,每每偷水欠资,蛮不讲理。官厅不独不依法取缔,且机
关衙门亦多有用水而不给价者。此种损失恒在25%以上。""本公司创办伊

始,在在均须扩充,故应添招股本。为使投资踊跃起见,不得不维持股东相当利益,盖市面普通放款,亦有八九厘利息故也。""此外尚有多数呆账无法收取,故每年收入多不能配足,预定利益勉力支持,诸多困难。"报告书中指出,阻碍公司发展的是"恶势力"。

这种恶势力首先是在厦门的帝国主义势力。鼓浪屿公共租界工部局不仅要求公司免费供应鼓浪屿的火警用水,还要求免费供应练习救火用水。日本利用浪人在厦门造成一股恶势力,横行霸道,无恶不作。自来水公司直接受到浪人的威胁,浪人的偷水是很严重的。他们用尽方法来破坏公司的营业,公司几乎没有办法处理。公司无可奈何,被迫与日本人妥协,雇用日籍检查员来做公司的保镖。封建势力是另一种恶势力。自来水公司设街道代售处,由吴、陈、纪"三大姓"开设。公司卖给售水处的价格,比一般居民低25%。在当时,这实际上是给厦门封建势力好处,以取得他们的支持。厦门市政府是阻碍公司发展的第三种恶势力。厦门市政府勒令公司把股金利息拨给他们去买枪,公司只好每月送500元给市政府。其他的勒索,时有所闻。例如,借口征收公地使用费而由公司每月付给他们贿款500元等等。公司的报告书说:"本公司每年须纳款巨万,电灯、电话两公司仿佛相同,殊为苛刻。"在如此恶劣的环境里,黄奕住与厦门自来水公司员工努力奋斗,自创办至1937年的商办(即黄奕住经办)期间,业务仍蒸蒸日上,设备增多,服务面逐步扩大。本来,厦门自来水公司看到厦门人口日增,水量供不应求,计划在东山再造一个蓄水池及滤沙池。已经购买生铁管、熟铁管(935吨)及水泥等,花费38400元,拟于计划完成后,呈请备案,即可计日兴工。1938年5月,日本侵华军占领厦门后,该公司为日伪劫夺,这个计划遂告停顿。

日伪劫夺厦门自来水公司后,进行掠夺式经营。1945年抗日战争胜利后,国民政府将该公司据为己有。从1937年至1949年,厦门的居民日多,而该公司的日制水能力、市区供水管道长度和有关设备不仅没有增加,反因年久失修而减少,增加的只有水价。1948年每吨水价折合1936年币值为6.6角,比1927年(每吨水4角4分)上涨20.50%。多数居民用不起自来水。厦门《江声报》登载如下一首打油诗:"米价水价天天跳,奸商哈哈笑,市

长睡大觉,老百姓去上吊。"1949 年,年售水量 342000 吨,日均供水量不足 1000 吨,全市水表户 3600 户(多数是外国人、商家和小康人家)。1948 年干旱月份,水库干涸,市区每天供水 15 分钟。公司入不敷出,靠借债维持。可见,日本的占领和国民政府的国家垄断,对经济建设的破坏是多么严重。从黄奕住经办该公司时期,与日本占领及国民政府官办该公司时期的状况进行对照,更能看出黄奕住的经营能力和私营企业的活力。

六、不以谋利为目的的厦门电话公司

(一)接办厦门德律风公司

电话是现代通讯不可缺少的手段。20 世纪上半叶,衡量一个城市现代化程度的标准之一,是每千人拥有电话机的数量。黄奕住定居厦门时,该地有两个电话公司。一个是"厦门德律风公司"(德律风是英文电话 Telephone 的音译),1908 年二月由侨商林尔嘉创办,开办资本 2 万元。地点在厦门寮仔后(今晨光路),设电话交换所。电话机是日本产磁石式,容量仅电话机 400 门。线路敷设日本产地下电缆。通话范围限于厦门市区。费用昂贵,用户稀少,到 1921 年才 112 户。它是中国最早的民营电话公司。1914 年 2 月,该公司遭火灾,所有设备被焚毁。是年 7 月添资 2 万元购机,重新安装通话。另一个是民国初年日本人德广在鼓浪屿洋墓口(今晃岩路)开设的川北电话公司,采用磁石式旧式话机。黄仲训从大宫前中路的住宅(现中华路 10 至 12 号)迁居泉州路后,旧居出租,川北电话局迁入其中一座(今中华路 12 号)的三楼(连地下一层计算)。到 1923 年,该公司用户 81 户。这两个公司的设备都比较落后。

1919 年黄奕住回国后,看到厦门是个重要的通商口岸,商业繁盛。可是,电话设备不够完善,不能满足群众需要,更不能适应他定居厦门,要与福

州、漳州、广州、香港、上海及印尼、菲律宾、新加坡等地通信的需要,遂提议办一个较大的电话公司。林尔嘉见黄奕住热心实业,又知他有经营才干,于1921年4月16日[①],将厦门德律风公司的所有权割让与黄奕住,承盘10万元(另一说为20万元)。黄奕住承接时就筹备改良电话线,并扩充资本至30万元,筹建商办厦门电话股份有限公司。以20万元在赖厝埕(今大元路)建筑新楼房,作为总机房新址,添设新器材,包括改装共电式交换机及所有附属设备。向美国开洛公司订购共电式交换机480门。同时聘请上海的钱咸昌为总工程师。对原有的电杆、线路,全部改换,重新架设,一切电话机件,无论为挂机或座机以及听筒,均向上海新购改装。总机接线员改为女性,先经训练实习,然后工作,待遇优厚。她们接线灵敏,用户深感满意。在短期内要求新装电话者竟达千户以上。

(二)收回日本人在鼓浪屿创办的川北电话公司

黄奕住定居鼓浪屿后,看到鼓浪屿的电话业务操在日本人的手里。一是主权旁落。二是因为现有的两个电话公司属于不同国籍的人所有,彼此没有联系。两个电话公司设备都很简陋,没有敷设过海电缆,厦门与鼓浪屿之间虽仅一水之隔,却不能互相通话,用户常望海兴叹,殊感不便。黄奕住下定决心,要设法收买川北电话公司。其目的,一则收回电话主权,以尊国体。再则统一厦门与鼓浪屿的电话公司,改善通讯。黄奕住函托鼓浪屿工部局出面居中接洽。经过许多周折,黄奕住亦煞费苦心,终于1923年8月[②],以23250元的代价,将川北电话公司收回自办。在鼓浪屿龙头路(今邮电支局楼上)设商办厦门电话股份有限公司鼓浪屿接线站。收购川北电话公司后,黄奕住对电话机械、线路等进行改装换新工作,同时向美国开洛

---

① 陈淑熙在《商办厦门电话公司》一文中说是1922年,误。参见厦门市政协文史和学习宣传委员会编:《鹭江春秋·厦门文史资料选萃》,北京:中央文献出版社,2003年,第232~240页。

② 厦门《华侨日报》1936年8月7日记为1922年8月,误。

公司购共电式交换机 120 门,海底电缆 11 对,以及其他机电设备,并由该公司承包敷设工程。1923 年 10 月 11 日开始敷设厦鼓之间的海底电话电缆。1924 年 1 月 1 日完成了厦门共电式 480 门装置工程,实现厦鼓用户首次通话。至此,黄奕住统一了厦门市内电话。同年秋,另外的 120 门交换机投入使用。连同年初装置的 480 门,合计 600 门。

(三)独资经营将电话网络扩展到漳州、石码、禾山

为了沟通厦门与漳州的通讯联系,1925 年 4 月,黄奕住出资 10 万元,派他的族弟黄奕守与厦门电话公司工程师钱咸昌,到漳州和石码创立通敏电话公司。将厦门原有 200 门磁石交换机拆往漳州,设漳州市内电话。一年后设分线于石码、海澄、浮宫、南靖、靖城、天宝、浦南等处。1934 年,黄奕住以商办厦门电话股份公司董事长身份发表讲话,他在追述公司开办之初的过程时说:"窃敝公司自 1921 年承接旧公司时,用户仅有 112 家。经敝公司之苦心经营,竭力整顿,即于是年更换共电式之新机,颇臻完善,各用户咸啧啧称快。盖敝公司系以地方交通利便为职志,故不惜巨资作此番之改良。旋又感于厦鼓只隔一水,而彼此各自为政,以致气不能通,殊为缺憾。爰于1923 年,苦费心力,收回外国人在鼓浪屿之电话敷设权,其时用户只 81 家。收回以后,敝公司即安设海线,厦鼓间遂告通话,愈形便利,用户乃日见增多。迨 1926 年,经徇漳码人士之请,而漳州通敏电话公司亦因以成立焉。"①

黄奕住独资经营的商办厦门电话股份公司,1929 年 11 月 20 日报请交通部立案,正式获准领照营业。申请立案时,黄奕住声明该公司"以服务桑梓为宗旨,不以牟利为目的"。以此主旨办的私人电话公司,全国独此一家。

1929 年 12 月 5 日,黄奕住又呈请新设"商办漳州通敏电话股份有限公

---

① 何传福:《漳州电话创设简史》,载《漳州文史资料》第 1 辑,1979 年。该文谓:"迨至 1934 年,伪交通部以当时法币(按:1934 年法币尚未发行)十万元向厦门电话公司收买闽南各地电讯路线,将长途电话通讯划归电讯局办理。"

司"和"商办石码通敏电话股份有限公司"。

1930年,黄奕住创设禾山电话公司,在禾山郊区江头设立交换站,延长通话线路。同年,漳州通敏电话公司的线路扩展到海沧,并从嵩屿架海底电线通达鼓浪屿,与鼓浪屿—厦门的线路相接[①]。漳厦两地日夜可随时通话。由于路线扩展,漳州市内用户增加到200多户。

(四)家族经营的股份公司绩效优越

黄奕住申请成立商办厦门电话股份公司,经交通部批准后,1933年9月10日,黄奕住召集全体股东(28名,计5090股)在鼓浪屿观海别墅开公司创立大会。由黄奕住报告公司创立经过,订立章程,选举黄奕住、黄钦书、黄浴沂、黄友情、黄鼎铭、黄天恩、黄天锡等7人为董事,黄奕守、戴蒸然等为监事,公推黄奕住为董事长,公司宣告成立。董事7人,除黄奕住外,其余6人中,5个是他的儿子,黄天赐是他的胞侄;监事2人,戴蒸然为黄奕住的伙计,黄奕守是黄奕住的族亲,也是伙计。故这个公司是黄奕住家族经营。董事会聘请总、副经理各1人,经营公司事务。副总经理之下,设立交换、总务、会计、工程4股,分掌各部事务。1933年10月11日,该公司报请福建省建设厅转实业部,核准扩大股份为1万股,每股100元,资本总额100万元。1934年6月8日实业部发给厦门电话股份有限公司设字第726号执照。1935年7月1日实业部发给漳州通敏电话公司执照。此时,黄奕住在厦门电话公司的投资,连同通敏电话公司的股份,共200万元。

黄奕住在厦门电话公司投资额的增加,主要来自公司本身的积累。厦门电话公司自1921年创办以后,营业情况甚佳。从该年起至1935年,平均每月收入在15000～20000元之间。每月除支出约5000元外,盈利10000余元。黄奕住将其利用于改善设备,扩充营业范围,计设漳州、石码、海澄、海沧、泉州(材料已购置,尚未装设)等电话公司及兼营长途电话业务。在黄

---

① 厦门《华侨日报》,1936年8月7日。

奕住统一全市电话的 1923 年，厦门地区电话容量为 500 门，全为磁石式。1924 年增至 800 门（其中共电式的 600 门），1926 年 1200 门（其中共电式 900 门），1930 年 1600 门（其中共电式 1500 门）。该年，在禾山郊区江头设立交换站，通话线路大为增加。1931 年 5 月 31 日，厦门电话公司又申请从 1200 门扩充到 1500 门。1932 年 1900 门（其中共电式 1500 门）。十年之间，公司设备焕然改观。到 1933 年，最大容量达到 2000 门，加上鼓浪屿 400 门，禾山 100 门，共 2500 门，电话容量扩大 5 倍。厦门市每千人拥有的电话机数（2.1 部），居全国前列。1931 年，公司兼办漳厦长途电话中转站，不但市内通话方便，还能与禾山、石码、浮宫、海沧、漳州、南靖等闽南部分大小城镇直通电话。

（五）由盛转衰

1936 年是该公司营业发展历程上的转折点。据厦门《华侨日报》1936 年 8 月 7 日和 1937 年 2 月 24 日的两次报道，从公司 1924 年开办到 1933 年，用户有增无减。1932 年至 1934 年业务最发达时，各地用户数达 2400 号，电话机达 3000 余架。1936 年，有技术员 11 人，话务员 77 人，业务员 14 人，其他员工 36 人。该年，因受经济不景气影响，用户锐减。1936 年 7 月，厦门一隅现存用户 1470 号，鼓浪屿 310 号，禾山有 50 号，共 1830 号。年底统计，较最发达时，用户约减少 1/5。1935 年收入 256000 元，获利 38000 元。1936 年收入略少于支出，营业仅可勉强维持。1937 年漳厦长途电话收为国有①，各地公司间失去联络，海沧、石码二交换所奉令改组公司，经交通部派人划为一公司，营业区各自独立（1937 年 4 月 20 日呈请交通部发给福建省海沧电话公司民营电话执照民字第 12 号，磁石式话机，容量 50 门，资金 1 万元。同时又经交通部发给厦门电话公司民营电话执照民字第 15 号），营业无复有昔年蓬勃气象。黄奕住计划筹办永春、泉州接连厦门的长

---

① 何传福：《漳州电话创设简史》，《漳州文史资料》第 1 辑，1979 年。

途电话,曾请钱咸昌数度到泉州测量,一切勘测设计和材料购置均已就绪,正拟在泉州施工建筑电话公司,由于国民政府收长途电话为国有的政策及时局动荡,未能办成①。国民政府国有国营政策扩展到哪里,就是对哪里的私营工商业的摧残与吞并,华侨资本亦不能幸免。

1937 年,厦门处在日本侵略军的威胁之下,日机经常骚扰。为了避免损失,商办厦门电话公司准备迁往漳州,将所有可拆移的器材全部拆往禾山,准备由集美运往内地。后国民政府军队 157 师驻扎禾山一带,估计日军登陆时可能先占住禾山。因此乃将该项器材转移至鼓浪屿,存于三丘田仓库。厦门将近沦陷时,警察局长沈觐康令该公司必须把所有设备器材全部烧毁。该公司除经拆走大部器材外,规定职工撤退时每人随身携带器材的件数,并准备汽油烧毁未能携带走之器材。后因撤退时间匆促,未果,唯发给职工每人 10 银圆及胜利后优先录用证明书一纸。1938 年 5 月间,日本侵略军占领商办厦门电话公司市区交换所,窃夺所有设备。禾山交换所中弹焚毁,其线路等均被拆去。只有鼓浪屿交换所因是外国人居留地所在,得以继续经营至抗战胜利。沦陷期间除鼓浪屿交换所留用人员外,厦禾两交换所人员全数遣散,转入内地谋生。

日伪统治期间,厦门与鼓浪屿的电话联络,于 1938 年 12 月 13 日开始恢复。1940 年 11 月 11 日,由敌伪政府为主成立"厦门电气通讯股份有限公司"。该公司系中日合办,资本金额 80 万日元,实际投资金额 465000 元,其中,敌伪厦门市政府 16 万日元,日本国际电信通讯株式会社 14 万日元,日资福大公司 65000 元。日本人将厦门电话公司原址房屋、地下电缆、零星器材等作价 10 万日元,作为投资。厦门电话公司的设备系被日本人占用,美其名为"投资入股",实际上黄奕住及其家人并未参加。该公司派日本人到上海,要求黄奕住与他们合作。黄奕住回答说:"你们或者把电话公司还给我,或者把电话公司拿去。"指明日本人是强占了中国人财产,拒绝与日本

---

① 刘俭学、杨纪波整理:《厦门大事记》谓:"1935 年 3 月 22 日,福(州)、泉(州)、厦(门)开始通电话。"《厦门文史资料(选辑)》第 7 辑,1984 年,第 139 页。

人合作,态度鲜明、坚决。黄奕住去世后,抗日战争胜利,该公司由黄浴沂任董事长,聘请董事黄天赐兼任公司经理①。

黄奕住在厦门办起的电话事业对厦门现代化的作用,以及厦门电话公司后来的情况,1947年8月厦门市商会编的《厦门市商会复员周年纪念刊》上有简要而客观的记述。摘录如下:

> 厦门市内电话之设立,早在民初。当时设备简陋,难应公众普遍需求。迄民十三年,故华侨巨子黄奕住君有鉴于电话乃交通要政,不仅便利公众,且有助于推行政令,协维治安,遂集资创设商办厦门电话股份有限公司。收购厦市原设电话及鼓浪屿日人所设之川北公司,锐意经营,将厦鼓电话先后改换为共电式设备。添资至国币100万元,于民十八年正式呈准立案,领照营业,以服务桑梓为主旨,不以牟利为目的。并以余力创办漳州、石码、海沧三处市内电话,及敷设漳厦长途电话,各地交通,因以利畅,公众称便。厦埠今日繁荣,该公司与有功焉。该公司原有机线设备,俱系美国开洛厂式,最大容量为厦门2000号,鼓浪屿400号,禾山100号,共计2500号。实在装用户数,最高2200号。设备完善,管理严密,业务颇为发达,其服务精神颇受社会赞许。民廿七年5月厦门失陷,该公司厦门交换所被敌占据,禾山交换所中弹焚毁,仅鼓浪屿交换所地处公共租界得幸免,沦敌七载,损失惨重。其时该公司厦所全体员工不为敌用,决然撤退,大义凛然。光复后,厦所先由政府接管,几经呈诉,始于卅五年4月11日奉准发还,原有美国式设备残剩不及45%。该公司接收于浩劫之余,百孔千疮,又处物价不断升涨,材料来源断缺之维持殊费苦心,据发表卅五年度营业报告亏损达国币9000万元。②

一所蒸蒸日上的厦门电话公司在日本侵略军的掠夺与国民政府的统治

---

① 汪慕常(厦门市电话公司第二任工程师)的回忆录,厦门市政协文史资料委员会存稿。

② 《商办厦门电话公司概况》,见厦门市商会编:《厦门市商会复员周年纪念刊》,厦门市商会,1947年,第19页。

下,奄奄一息。

七、新式金融机构

无论是现代化的企业,还是现代化的城市,如果要发展,条件之一是要资金充足和资金流动渠道通畅。要做到这一点,必须有活跃的金融市场和与之相适应的金融机构。在厦门的现代化进程中,黄奕住在资金方面的贡献主要是两个方面。一是从国外带回大量的资金。二是开设金融机构,以便从国外和国内其他各地融通资金。在金融机构方面,既有他独资开办的黄日兴银庄,也有他投资的银行在厦门设立的分支机构。

(一)给厦门注入大批资金

黄奕住 1919 年回国时,迫于形势,需要把在印尼的流动资金中的大部分转移到印尼境外,最终的目标主要是转移到中国,投资实业。如前所述,黄奕住带回中国的资金,估计在 4000 万元以上。据一位与黄奕住有亲戚关系、长期在中南银行任职的人告诉笔者,黄奕住将钱从印尼带回中国,从渠道而言,是多条的。其中,主要的一条是先存入或汇到美国、英国人办的银行,再汇回中国。其次是先存入或汇到印尼、马来西亚、新加坡、菲律宾和香港等地华侨开设的银行,其中的一部分后来汇回中国,另一部分留在当地投资或汇至他地。最后是直接汇钱回中国,或运糖等货物回中国。从时间而言,是分期的,逐年的。从地点而言,刚回国时,投资方向未定,故很大一部分资金首先转移到他定居的厦门。后来随着投资事业的发展而转移到上海、汕头、天津等地。厦门侨汇的统计数字,可以作为旁证之一。1918 年,黄奕住回国的前一年,厦门侨汇为 1180 万元。1919 年,黄奕住回国之年,厦门侨汇增至 1890 万元,1920 年又增加到 1920 万元,1921 年,即黄奕住创办的中南银行开业和在厦门兴办的几项事业起步之年,厦门侨汇猛增至

4400 万元。① 厦门侨汇当然不只是黄奕住一人的汇款，但这几年中他汇回厦门的款项，在整个厦门侨汇中占有很大的比重。如以黄奕住在 1919 年至 1921 年汇回厦门的资金 2000 万元计，则占此 3 年厦门侨汇增长额 3220 万元的 62％。黄奕住汇回厦门的资金，并未都用在厦门，有的用在上海（如中南银行开办资本 350 万元，日兴商行若干万元）、广东（如潮汕铁路 20 万元）等地。1919 年至 1927 年间，用在厦门的钱，可查的大项目，如属于他自己所有的房地产 300 余万元，自来水公司初次投资 40 万元（后又 40 万元）、电话公司初期资本 80 余万元（1934 年时资本 200 万元），厦门大学群贤楼 10 万余元，捐给厦门大学、中山图书馆的图书款共 6 万元，日兴银庄开办费 10 万元，厦门商业银行投资 2 万元（后又 3 万元），其他如捐建同文中学奕住楼、厦门中山医院、街道工程以及慈善事业捐款，合计亦数十万元，以上各项总计，当不下 500 万元。据林金枝教授的统计，同一时期，华侨在厦门的投资总额为 1620 万元②，前者占后者的 31％。

（二）在厦门设立的金融机构

黄奕住投资的银行，其总行设在厦门或在厦门设立的分支机构，有如下表：

---

① 厦门市政府统计室编：《厦门要览》，1946 年，第 36 页。郑林宽：《福建华侨汇款》，福建省政府秘书处统计室，1940 年，第 33 页；厦门的侨汇，"1921 年来了一个突变，侨汇从 1920 年的 1920 万元，增至 1921 年的 4400 万元"。

② 林金枝在《近代华侨在厦门投资概况及作用（1875—1949 年）》一文中说，1919 年至 1927 年，华侨在厦门的投资，平均每年 2025000 元。则这个时期的投资总额为 1620 万元。另一处说，1905 年至 1938 年的 34 年中，华侨在厦门的投资，总额为 1158 万元。据林金枝、庄为玑编：《近代华侨投资国内企业史资料选辑（福建卷）》，第 54 页谓，1871 年至 1949 年，华侨投资于厦门的，有 2668 户，投资额 35708815 元。

表 2　黄奕住投资的金融机构

单位:万元

创办年份	企业名称	行业类别	合资或独资	投资人	该行资本额	其中黄家投资额	币制名称	备 注
1920	日兴银庄	钱庄	独资	黄奕住	10	10	银圆	1934 年歇业
1920	厦门商业银行	银行业	股份	黄奕住	60	2	银圆	1935 年倒闭
1927	中兴银行厦门分行	银行业	股份	黄奕住	15	15	银圆	厦门分行资本额。1935 年停业
1927	中南银行厦门分行	银行业	股份	黄奕住	750	525	银圆	总行资本额。总行设在上海
1932	华侨银行厦门分行	银行业	股份	黄奕住	500	50	叻币	总行资本额。总行设在新加坡

资料来源:《福建华侨金融业调查报告》,1958 年;林金枝、庄为玑编:《近代华侨投资国内企业史资料选辑(福建卷)》,第 410～411 页;《黄奕住遗嘱》。

表 2 中的金融机构,日兴银庄将在下文中专门叙述,其余的简要介绍于下。

1.厦门商业银行。创立 1920 年 6 月 1 日,1921 年 5 月 9 日经北京民国政府核准注册。总行设在厦门,行址原设镇邦路 2 号,后移海后路 52 号。该行系股份有限公司性质,由厦门的一些钱庄老板、银庄店东、华侨和地方人士联合组成。资本总额定为银圆 120 万元,实收资本 60 万元。继以未发股息额

15 万元凑为股本。至 1935 年亭业时,股本总额为 75 万元。计有股东 294
户,黄奕住为大股东之一,其长子黄钦书被选为董事。① 董事长是廖中和。
1926 年在上海设分行,宁波设办事处。前 13 年均有盈余。吸收存款达 400
万元,信用甚好。1934 年,受世界经济不景气余波的影响,厦门市地价狂跌,
商业萧条,放款一时难以收回,加上该行上海分行经营标金失败,亏损过多,
申、甬两地呆账 11 万余元;又被廖中和所开豫丰等几家大银庄拖欠巨款,致使
资金周转失灵。当豫丰银庄及总经理所开捷顺钱庄相继倒闭后,存户疑及该
行内部空虚,纷纷前来提款,该行无法应付,乃于 1935 年 1 月 12 日宣告停业,
11 月 20 日向厦门市法院申请破产,28 日经法院批准宣告破产②。

　　2. 中南银行厦门分行。1922 年 7 月 16 日设立,8 月 7 日开幕并对外营
业。行址原设港仔口街(现镇邦路)3 号,后移中山路。1934 年 7 月设鼓浪
屿办事处。厦门分行的设立,显然与黄奕住定居在厦门有关。该行营业的
特色也与黄奕住有关。中南银行资金雄厚,黄奕住占总资本的 70%。它有
钞票发行权,信用良好。加上黄奕住是厦门首富,个人信誉极好。厦门分行
注重吸收存款。为了多吸收存款,在机构上分为两个部分,一是银行本身,
一是储蓄部。储蓄部独立核算,自负盈亏。在储蓄种类上,有定期存款,零
存整取,存本取息,定活两便,同时,办理礼券等业务。③ 储蓄利率比别的银
行存款利率高。大笔存款,利率可以面议,给予优惠待遇。该行与华侨关系
密切,在国内外享有信誉,国内外分支机构较多,侨胞感到汇兑方便,信用昭
著,乐于在该行存款,故存户多,业务发达。该行所吸收的存款,华侨存款占

---

　　① 在厦门商业银行的董事中,黄钦书既代表自己的一份股本,也代表黄奕住的一份
股本。这从厦门《江声报》1935 年 2 月 21 日的下述报道中可以看出。"关于厦门商业银行
复业事,昨据该行负责人云,连日存户到行登记加入新股者,颇见踊跃,约有 10 余万元。
旧股东如曾上苑、黄奕住等,对续认新股均有表示,大约可望各认 3 万元。"

　　② 上海市商会编:《商业统计丛书·金融业》,上海市商会,1934 年,第 116~117 页。
《申报》1935 年 1 月 15 日。《江声报》1935 年 3 月 1 日。《厦门金融志》,第 76~78 页。据
海关税务司麻振(J. H. Macoun)写的《厦门海关十年报告 1912—1921》,厦门商业银行"由一
些钱庄老板合股创办"。

　　③ 《江声报》1934 年 6 月 26 日载该分行的储蓄业务种类有:活期储蓄,零存整付,
特种零存零付,存本取息,整存整付等项。

60％以上。1935 年,中南银行厦门分行存款达千万元之巨。在吸收存款上,名列厦门各行庄之冠。它将吸收的存款,用于办理各种放款业务。如定期质押放款,信用放款,往来透支,用不完时就调往上海总行,支援外地分行。该行兼营票证贴现,买卖港汇、申汇①,办理信托保管业务,出租保管箱,并和厦门交通银行合办"通南仓库"。中南银行厦门分行发行"厦门"地名版的兑换券。1935 年 11 月以前,本国银行在厦门发行兑换币(以下简称纸币)的有中国、中央、交通、农民、中南、中国实业、通商、福建等八家。其中发行厦门地名版纸币的有中国、交通、中南、中国实业。北四行(中南、金城、盐业、大陆银行)准备库厦门分库设在鼓浪屿,所有中南银行厦门地名版的钞票发行及兑换均由该库办理②,并由中南银行厦门分行代兑。该钞票准备十足,信誉很高,市场流通极多,与中国、交通银行的钞票并驾齐驱,被指定为纳税通用的钞票。此外,中南银行还代理太平保险公司业务,主要是各银行的押汇、放款和贴现,办理货物运输险和仓库物资火险。中南银行厦门分行对扶助厦门实业,融通资金,发展民族工商业起过积极作用。

3.中国通商银行厦门分行。设立于 1934 年 6 月 14 日。中国通商银行创立于 1897 年,是国内首创的银行,属股份有限公司性质,总行设上海,分行设于南京、苏州、汉口、宁波等地。厦门分行的行址在海后路。黄奕住的长子黄钦书任经理。厦门分行经营业务是:商业部办理定期存款,往来存款,通知存款,信托存款,国内汇兑,抵押放款,以及其他属于商业银行的一切业务;储蓄部办理储蓄存款,存款方式有整存整付,整存零付,特种零存整付,特种整存零付,存本取息,甲种活期(存折),乙种活期(支票)。该分行开业时即在厦门发行兑换券,为便利兑换该行发行的钞票,在本市鼎昌银庄,

---

① 申汇和港汇,是金融业利用不同地区间汇率差异进行的一种金融交易。据 1932 年厦门中国银行统计,厦门汇往上海、香港两地汇款达 4481 万元。

② 《江声报》1931 年 7 月 20 日载中南、盐业、金城、大陆银行厦门准备库通告二则:"本库现发行新印之中南银行厦门分行五元兑换券,正面红色,背面蓝色,与前发兑换券一律通用,特此通告。""本库现发行中南银行厦门分行一元新钞票一种,与旧钞票一律通用,特此通告。"

泉州鼎昌银庄,漳州、石码义美郊设立钞票代兑处。抗战时期,中国通商银行厦门分行于 1937 年 9 月 1 日迁往鼓浪屿中南银行内营业。后因业务减少,无法维持,遂于 1944 年 7 月 31 日办理结束。

4.华侨银行厦门分行。成立于 1925 年 3 月。华侨银行创立于 1919 年,资本叻币 1000 万元。其中,黄奕住认股 100 万元(实交 50 万元),即占 1/10。[1] 1933 年 1 月,该行与资本 200 万元的华商银行、资本 800 万元的和丰银行合并,仍称"华侨银行"。总行设在新加坡。它是新加坡、马来西亚华侨金融的总汇机关。分行设上海、香港、厦门及东南亚各埠。厦门分行行址原设镇邦路,后移中山路。经营业务为存款、放款、汇兑、产业信托及一切银行业务。抗战时期,迁往鼓浪屿福建路 62 号营业。因海外交通阻断,侨汇停顿,无甚业务。抗战胜利后,因该行在厦门兴建的大楼至 1946 年底始竣工,故对外暂不营业。1947 年 3 月,迁入新楼(现中山路),正式复业。它是外汇指定银行之一。

5.中兴银行厦门分行。设立于 1925 年 8 月 19 日。中兴银行创办于 1920 年 8 月。创办者是李清泉、薛敏老、黄奕住、邱允衡等华侨。总行在菲律宾马尼拉。按当地货币计算,实收资本 500 万比索,按中国银圆计算为 1140 万元,其中,黄奕住出资 100 万比索(228 万元),占实收资本的 1/5。中兴银行厦门分行的行址设太史巷,后移中山路。其业务范围受其总行限制,以收付侨汇为主,美汇较多;其次是存款、放款、押汇等;还办理信托业务。该行主要是为菲律宾华侨服务,如委托代收房租、代保管贵重金属。大宗放款须经总行核难,但是厦门商家周转资金短期贴现及押汇等不受限制。存户大都是菲律宾华侨、归侨、侨眷。从 1935 年起,中国银行、中兴银行相继在国内外各地设立机构,打破了英商汇丰银行垄断中国侨汇、外汇的局面。厦门沦陷期间,该分行迁鼓浪屿营业,业务减少。

这里还必须提及鼎昌民信局。它是黄奕住的儿子、伙计们于 1925 年创办的。资本金 8 万元,主要办理印尼等地的华侨汇款。因经营这种汇款的

---

[1]　黄浴沂:《黄浴沂回忆录》,手写稿。

银行增多,特别是中南银行发展东南亚一带的侨汇业务,黄奕住原来的一些商业网点与侨汇网点,逐步变成中南银行的侨汇网点,且银行采用电汇或票汇,比信汇快,鼎昌民信局业务减少,于 1932 年停业,改为鼎昌银庄,业务由主要对外(东南亚的侨汇)改为主要对内。股本增至 12 万元。黄奕住的长子黄钦书出半数,余为黄奕住的三子黄浴沂和黄奕住的几个主要族亲和伙计黄奕守、戴蒸然、黄则盘等所出。在泉州等地设立分号。1934 年受经济不景气影响,致放出款项百余万元无法收回,存户提取存款,曾一日达 30 万元,周转困难,于 1935 年 6 月 17 日停业[①]。

此外,黄奕住在厦门农工银行(该行开办于 1921 年)和在厦门设有分行的中国银行(厦门分行开办于 1915 年 5 月),均有股份。但不知确数。

实际情况是,在 20 世纪二三十年代厦门的银行中,没有黄奕住及其儿子投资的,为数很少。就是这为数很少的银行,也想方设法在人事上与黄奕住拉上关系。例如 1934 年 7 月 5 日成立的中国实业银行(原名国民实业银行)厦门分行,黄奕住及其家人在该行本无投资,当该行在鼓浪屿设办事处(处址鼓浪屿岩仔山脚路)时,却请黄奕住的儿女黄宝萱(黄萱)为主任。月薪 200 元,陶承亮任副主任。当时黄宝萱并不熟悉银行业务,其所以请她为主任,目的是借黄家的信誉以吸收存款。

(三)日兴银庄的开业与歇业

1920 年 4 月 8 日,厦门日兴银庄开业。[②] 在厦门,"钱庄之较大者,又称曰'银庄',其业务为存放、汇兑"[③]。银庄,亦称银号。在市民中,日兴银庄

---

① 《江声报》1935 年 6 月 18 日。

② 黄奕住:《自订回国大事记》。关国煊:《黄奕住》(《传记文学》第 57 卷第 4 期,1990 年 12 月)谓厦门日兴银庄创办于 1922 年,误。洪卜仁、吴金枣:《华侨黄奕住的爱国思想及其业绩》(《福建论坛》1983 年第 2 期)谓 1921 年 8 月 7 日创立日兴银号。黄绮文:《华侨名人录》(上海:上海人民出版社,1988 年)第 84 页同,不知所据。

③ 《江声报》1935 年 5 月 26 日。

又被称为黄日兴钱庄或黄日兴银号。其所以取名日兴，一是因为黄奕住有印尼、新加坡、马来西亚等地经营的企业称"日兴行"。"日兴"这块招牌与黄奕住这个人一样，在东南亚华侨社会信誉卓著。二是由于"黄日兴"是厦门最早经营侨汇的民信局字号。黄奕住"创立日兴银号，以与南洋群岛通呼吸"①。所谓与南洋群岛通呼吸，一则是与分散在南洋群岛各地的黄奕住的企业联系，便于他调动资金；二则是便于散在南洋群岛各地的福建籍华侨与家乡联系，汇款回家。

福建华侨，主要分布在东南亚各国，其中旅居印尼的最多，占30％～40％。福建的华侨，出入境多经厦门。华侨离妻别子，离乡别土，漂洋出海，绝大多数是为了赚点钱，以养家糊口。故他们在侨居地披星戴月，克勤克俭，将血汗换来的些微所得，日积月累，储集起来，寄回家中，以求眷属的温饱和投资建设家乡。为华侨办理汇款回家的机构称为民信局。根据现存文献，厦门市第一家民信局，是1877年开设的永春黄日兴。该民信局后来停业了。"黄日兴"这个汇款机构的名称却长期留在华侨的记忆中。

日兴银庄设在厦门今镇邦路42号。聘戴蒸然（戴燕新）为经理。"其资金之巨，为厦门各银庄之冠"。

厦门的钱庄分为甲、乙、丙三种等级。日兴银庄属甲等，经营上海、香港等处之汇兑及存放款。还兼营外国货币、金、银圆之买卖。其具体业务项目如下：

1.存款 ⎰往来存款（浮存）
　　　　定期存款（长存）
　　　　同业存款
　　　　例项

---

① 苏大山：《南安奕住黄先生墓志铭》。

```
              ┌ 往来放款(浮缺)
        ┌信用放款┤
        │      └ 定期放款(长缺)
        │      ┌ 活期放款
2.存款 ┤抵押放款┤
        │      └ 定期放款
        │      ┌ 信用透支
        └往来透支┤
               └ 抵押透支
```

3.汇兑

4.零星兑换

5.买卖生金银

6.代发钞票

7.其他业务

由于资金雄厚,加上黄奕住在侨界以讲信用著称,因此,厦门日兴银庄开办后,东南亚各地华侨及厦门各界人士认为可以信赖,纷纷把他们的游资汇厦寄存。例如印尼华侨李丕树(有的文献中为李正树),就曾一次汇寄银洋 30 万元。[①] 日兴银庄的存户、存款与日俱增,业务兴旺。据《江声报》1934 年 8 月 12 日报道和 1936 年《银行周报》的信息,均称它开业以来,获利百余万元。日兴银庄的大批存款及巨额利润是黄奕住在厦门投资的重要资金来源。"黄奕住将做糖赚的钱汇到厦门,自己也回厦门,又开设黄日兴银庄,兼做爪哇糖。因为他信用好,存款源源而来,就利用自己资金及存款,创办自来水公司、厦门电灯公司。以上是股份有限公司,他不过是一个大股东。并办鼓浪屿电话公司,这是他独资的。"[②]

1934 年 8 月 1 日,黄奕住突然宣布日兴银庄停歇。其原因有三。

第一个原因是:营业发生亏损和对钱庄前途的预测。据厦门《江声报》当时的报道,是由于"目下景气不佳,前途未可乐观,(黄奕住)自顾年近古

---

① 黄笃奕、张镇世、叶更新:《黄奕住先生生平事迹》,《厦门文史资料(选辑)》第 8 辑,1985 年。

② 章淑淳:《我与中南银行》,《大人》(香港)第 32 期,1972 年 12 月。

稀,亟宜休息,决然就此结束,停止对外交易"①。《银行周报》在《厦门黄日兴钱庄收盘》的报道中指出:"黄日兴钱庄为黄氏回国后不久在厦门所设立者,迄今 16 年,获利百余万元。现以市况不佳,营业损失,黄氏自顾年近古稀,亟宜休养,因决定将该钱庄收盘,停止对外交易。"②这一报一刊分析的原因,一是市况不佳,营业发生亏损。二是前途未可乐观。实际上,亏损额并不大,相对于已获得的百余万元之利而言,算不了多大的一回事。黄奕住考虑的,主要是钱庄业的前途。决定这种前途的,不是整个世界的或国家经济形势,而是金融业内部的变化。具体地说,是金融业现代化的进程。在金融业现代化的进程中,钱庄不可避免地要被银行代替。如果说刚回国的黄奕住在 1920 年 4 月创办日兴钱庄时还未看清这一点,那么,他在创办中南银行和投资多个银行之后的十多年实践中,已深深地懂得了这一点。例如,日兴银庄原来主要靠华侨存款及汇款,自从黄奕住投资的中南银行、华侨银行、中兴银行等在各地设立分支机构后,华侨的余款主要存入这些银行,汇款主要通过这些银行。厦门当地人的存款与汇款,也多通过钱银行,而不是钱庄。

1927 年至 1931 年是厦门钱庄业的黄金时代。后来,世界经济不景气,华侨汇款锐减,厦门商业萧条。往时多数钱庄将其一部分资金投入房地产。由于侨汇骤降,市面银根周转不灵,地价暴跌。银行与钱业界竞争,在汇单方面,削价求售。如汇上海单,钱庄开盘为 1250 元,银行只要 1245 元,于是"银行客至如归,而钱庄却向隅呼负"。在吸收存款方面,银行订有特别储蓄、定期储蓄等种种优惠条件。以广招徕,逐渐掌握了厦门的金融市场。资本雄厚的大商店,则直接与银行往来,不再与钱庄交易。资本较薄者,虽照旧与钱庄往来,但钱庄既怕放款难于收回,又担心客户存款白赔利息,而客户也怕钱庄倒闭,不愿将款存入。客户存款既缩,放款又不安全,钱庄营业范围日狭,危机四伏。

---

① 《江声报》1934 年 8 月 12 日。
② 《银行周报》1936 年第 32 期。

据 1932 年《中国经济年鉴》记载：厦门各钱庄 1932 年之营业，"较之往岁不及 6/10。营业既少，利头亦微。冒险收放因而周转不灵，卒至搁业者，有丰益、利川、万协美、荣泰、裕孚等，宣告倒闭者，有永盛、源裕、信义孚、光裕、振南、镒丰、泉厦、元亨等"。1933 年上半年，厦门钱庄自动收盘者，有天南、李民兴、闽南、余裕；停业者有乾丰、炳记等。随后倒闭、停业和实际搁浅者，有豫丰、捷顺、大通等家。日兴银庄在此时自动收盘，显得主动、明智。黄奕住投资的银行，既有设在厦门的，又有在厦门设分支行的。在此形势下，他何必再保留比银行形式落后的日兴银庄呢！事实证明黄奕住的决策是正确的。在日兴银庄收盘半年之后，《江声报》在分析厦门钱庄业务的整体形势时写道："1930 年乃厦埠最发达时期，钱庄多至 80 家。1935 年受不景气影响，仅存 43 家。而财力可以活动者不过十余家。其余多为门市小钱庄。""钱庄所营汇兑，大抵为香港、上海、汕头、南洋等地，及内地泉州、漳州等。计每年汇款有数千万元。汇款最高时期，为 1929 年至 1930 年，每年约在 2 万万元。其时汇水最高，华侨多汇款归国，又兼故乡市镇多在建设之时。现因景气不佳，每年汇款 3000 至 5000 万耳。""今之厦门银行增至十余家，且多发行钞票，大宗存放汇兑多归银行，钱庄受影响至大。就现在观察，钱庄业之前途，殊无望发展。"[①]日兴银庄及时收盘，少受一些损失。

第二个原因是政治局势。1931 年日本侵占中国的东北，1932 年又攻打上海，时局日趋紧张。厦门与日本占领的中国台湾仅一水之隔，随时有受日军攻击和占领的可能。"有人建议黄奕住加入外国籍，可以保持钱庄业务不受影响。黄的民族自尊心很强，断然拒绝，不肯加入外籍、依赖外人，但终因深恐一旦厦门被日帝占领，日兴钱庄必受影响而使海外华侨的存户吃亏，于是他与中南银行总经理胡笔商量，以自己在厦门的产业（时中山路的中南银行新厦已建成使用，但分行仍在镇邦路黄日兴楼下）向中南银行抵押借款，来支付华侨客户存款。"[②]

---

① 《江声报》1935 年 5 月 26 日。

② 黄笃奕、张镇世、叶更新：《黄奕住先生生平事迹》，《厦门文史资料（选辑）》第 8 辑，1985 年。

第三个原因是中南银行厦门分行与日兴银庄内部经营问题。厦门分行的经理是卢明之。他是中南银行总经理胡笔江的老友。"卢不大到行（办公），终日念佛经"。1934年4月，胡笔江派章淑淳为厦门分行经理。在交接过程中，章发现"有多张厦门市公务局工地的收条，放在库房顶现金"。总数100多万。移交表册"内有100多万放款，也是拿公务局临时收条为抵押品，且十足抵押，当时只值三四折，尚无人要，等于呆账"。同时发现黄日兴存单托中国银行来收，意即转存中国银行。也有将中南银行存单托中国银行来收而转存中国银行的。章又从日兴银庄账上发觉黄奕住本人是大欠户，他的家人都有欠款，以长子、四子为最多。章淑淳告诉黄奕住：中南银行厦门分行目前零星存款数目不算多，存户多数是爪哇华侨，但是常常来提存，可能影响银行。为救厦门分行起见，现在只有将黄日兴结束，存户存款请随时转厦门中南银行存单，如需要现款，亦由中南银行厦门分行照付。这样也为黄奕住割去一个瘤，即云掉了其家人可以随意支钱的地方。"因为黄日兴现金一无所有，与（中南银行）厦门（分）行开了一个透支户，黄一切费用，间接取之于厦门（分）行，他的家人及其亲属，黄每月有钱给他们，他们向黄日兴支取，黄日兴就开厦门（分）行支票，现在黄日兴结束，黄的个人费用向我（按：章淑淳自称）说要在厦门（分行）透支，将来转（中南银行）总行账，我当然答应他，其他的家人及亲属就无着了。"①

在日兴银庄收盘的过程中，黄奕住特别注重维护存户的利益和他的信誉。收盘时，黄奕住与中南银行总经理胡笔江商定，以黄奕住在厦门的产业向中南银行抵押借款100万元，用以支付存户的存款。随后，他在报纸上刊登通告，8月1日办理结束业务，以2个月为期，委托中南银行厦门分行代付日兴银庄各存款人到期及未到期之本息，并定办法4条。（1）顾主一切存款本息，由黄氏备足现款，交上海中南银行转拨厦门中南分行存储代付。（2）国内外顾主执有日兴银庄存折或存单，迳至厦门中南银行算取本利，其利均照原定之利率计算，到付款之日为止。（3）付清日期自8月1日起到9

① 章淑淳：《我与中南银行》，《大人》（香港）第32期，1972年12月。

月 30 日止,以 2 个月为期。(4)即日起专理清各事外,不再办理收受存款及汇兑等事。①

通告见报之后,市面平静。一则因为厦门人知道,日兴银庄与中南银行厦门分行的老板都是黄奕住,且在一栋楼内营业,前者在二楼,后者在一楼。"存户一见启事,都纷纷向钱庄支领,却即转存楼下的中南银行,结果并不产生什么困难"。② 二是中南银行厦门分行事先与中国银行厦门分行商定,凡有日兴银庄存单由中国银行厦门分行托收,请开中国银行与中南银行往来户,如数目太多,即由中南银行上海总行拨交中国银行上海总行。外地的存户,或请转中国银行存单,中国银行收到托收存单,或转往来户,或请转中南银行厦门分行存单。故日兴银庄收盘过程,毫无风潮。在这个过程中,日兴银庄的存户没有受到损失,黄奕住却吃亏不小。因为存户必然要来支取本息,而贷户并不都来偿还历年借款项。黄奕住背下了一大批呆账。日兴银庄收盘事全部结束后,他很高兴地问女儿黄宝萱:"信誉与生命哪个更重要?"未等女儿答复,他就说:"信誉更要紧。"黄奕住一贯视信誉重于生命,宁可在经济上受损,也要保持信誉。他所得的是群众的一句话:"黄奕住这个人真讲信誉。"

(四)挤走外资银行和外国货币

黄奕住对厦门资金市场的贡献,一是带回大量资金,其数量超过 1919 年以前厦门地方金融机构资本的总额,也超过这些金融机构存款的总额。这种资金量之大,大到非本地资金市场所能容纳,后来逐步疏通到上海等地。二是增设大量金融机构,其中有他独资办的,有他的儿子及伙计办的,有他投资的银行在厦门设的分支行。如果把黄奕住带回的资金比作注入人体所需要的血液,那么设立这些金融机构则是构建输送血液的血管。正是

---

① 《江声报》1934 年 8 月 1 日。

② 黄笃奕、张镇世、叶更新:《黄奕住先生生平事迹》,《厦门文史资料(选辑)》第 8 辑,1985 年。

这些金融机构的设立,使厦门金融市场大步迈向现代化,并使厦门资金市场与国内国际资金市场进一步连接,保证本地资金量充足,资金流通,使厦门不仅成为闽南,而且是整个福建现代化金融中心。三是黄奕住带回的大量资金和这批金融机构的设立,逐步代替和排挤了厦门的外国金融机构,局部地收回金融市场上的利权。

在黄奕住定居厦门之前,在厦门的外资银行主要有英资汇丰银行厦门支行,日资台湾银行厦门支行和新高银行厦门分行。在黄奕住回国之后设立的外资银行,有中美商人合资的福建美丰银行厦门分行。当黄奕住的金融活动在厦门逐步展开之后,这些外资或中外合资银行,或停业,或业务减少。

停业的,有台湾银行厦门支行、新高银行厦门分行和福建美丰银行厦门分行。

台湾银行全称为株式会社台湾银行。它是日本政府特许银行。创立于1899年,总行设在台北。其厦门支行设立于1900年1月。该支行除办理一般银行业务外,还调查福建省各地的经济情况,发行银本位的"龙洋""台伏"两种钞票,通用于福建省沿海各地。福建省政府以全省茶税收入为担保向该行借款,该行通过贷款控制福建的财政。1919年五四运动期间,厦门人民开展反日爱国运动,存户争相持该行钞票兑换现银,该行储备的少量银圆不足支付,因此,该行所发钞票失去信用,逐渐在市面上消失。20世纪20年代,黄奕住等中国人及中国改府在厦门设立的华资银行迅速增加,夺走该行大部分业务,台湾银行的业务一落千丈,1927年4月19日宣告倒闭。后经改组复业,但商户存有戒心,很少与该行往来。抗战爆发,日本侨民撤离厦门,该行于1937年8月办理结束手续。

日商新高银行,于1918年12月设立(它是作为在台湾淡水的日本银行的一个分支机构),行址镇邦路(原日兴银庄隔壁),资本200万元。因受到厦门人民反日爱国运动和华资银行增加的冲击,业务清淡,于1927年宣告结束。

美丰银行成立于1919年。它是上海美商发起组织的,总行设在上海。

福建美丰银行创办于 1922 年 9 月,行址在福州,资本 20 万元,中美商人各出一半,其招牌系向上海美丰银行租来,营业完全独立,与沪行无干。福建美丰银行厦门分行设立于 1924 年 9 月 9 日,名为"美丰银行厦门分行",行址设在海后路。因厦门金融机构多,该分行开业后业务不多。1930 年福州美丰银行营业亏损倒闭,又波及厦门分行,同年宣告停业清理。

减少业务的,如英商汇丰银行在汇兑市场上的业务。厦门汇兑业务的对象主要为商家、华侨和金融同业。市场渠道主要有四条:以厦门为中心的东南亚国家和地区的华侨汇款汇兑,与上海和港澳地区之间的申汇、港汇汇兑,与国内其他各大商埠之间的埠际汇兑,与闽南和福建其他县市的省内汇兑。在这些汇兑渠道中,侨汇占特殊重要的地位。在 1919 年以前,华侨汇款很大部分通过外资银行,另一部分通过民信局。后来,中国银行成为外汇专业银行,中南银行、华侨银行、中兴银行等被指定为外汇代理行。这些银行利用国外的分支行处和票汇、电汇手段的优势,开展竞争,通过它们的渠道汇回国内的侨汇不断增长。1936 年,银行吸收的华侨汇款共 5800 万元,其中,中国银行占 40.1%,华侨银行占 20.8%,汇丰银行只占 4.3%。

在挤走外国货币方面,成绩也是很显著的。据厦门海关税务司麻振(J. H. Macoun)在《厦门海关十年报告(1912—1921 年)》的记载,在厦门地区,"西班牙银圆作为一种虚拟货币,许多年来曾在地方交易中处于首要地位,终于在 1921 年消失了,被中国银圆所取代。台湾银行发行的纸币,由于受 1919 年 6 月抵制日货运动的影响,完全退出了厦门市场。现在,只有中国银行和福建银行发行的纸币在厦门流通。戳记银圆(该种银圆与纯净银圆相比,一般每千元要被打三至四折扣),已逐渐从厦门市场消失。因为人们在一般的交换中不愿接受它们。它们现在仅是被用来熔成银块。外国银圆逐渐被更受欢迎的袁世凯银圆排挤出流通领域。下列一表显示了各种银圆在厦门流通领域所占的大致比重"。①

---

① 厦门市志编纂委员会、厦门海关志编委会编:《近代厦门社会经济概况》,厦门:鹭江出版社,1990 年,第 367 页。

表3　各种银圆在厦门流通情况统计表

单位:元

银类	重量(克)	含量	1916 年	1921 年
袁世凯银圆	26.8835	891.47	10％	70％
香港银圆	26.9560	900.00	30％	15％
日本银圆	26.9563	900.00	50％	15％
墨西哥银圆	27.0300	—	10％	—

可见,外国银圆即使比中国银圆重,含银量又比中国银圆高,仍然竞争不过中国银圆。

1922 年至 1931 年,情况进一步变化。对于所起的变化,厦门海关税务司侯礼威(C.N.Hoew.u)是这样描述的:"1931 年,厦门有 7 家现代银行,3 家是外国银行,4 家是中国银行。本地尚有 84 家旧式钱庄,资本额约在 2 万元到 20 万元不等。他们的业务活动并不仅限于银行业务。本地还有 60 家民信局,为海外福建人汇款的投递、分发提供便利。他们的服务对海外福建人来说是必不可少的。本地区使用的纸币大部分是中国银行和中南银行发行的。外国银行并未参与这一方面的银行业务。乡村地区对纸币的需求量极大。由于纸币携带者在遇到歹徒时便于隐藏,使纸币比银圆保险而大量流通。袁世凯银圆在地方仍很受欢迎,但近年来,大量新的银圆进入了流通领域。在上一个十年里,本省外国货币泛滥,但现在,即使一度如此受欢迎的墨西哥银圆也几乎看不到了。"[①]

纸币在逐渐取代银圆,中国的货币逐渐取代外国货币,厦门金融市场上的货币在本国化和现代化。

"本地区使用的纸币大部分是中国银行和中南银行发行的。"黄奕住在中国银行里有投资,中南银行是他创办的。黄奕住对厦门地区货币的本国

---

① 厦门市志编纂委员会、厦门海关志编委会编:《近代厦门社会经济概况》,厦门:鹭江出版社,1990 年,第 389～392 页。

化与现代化做出了贡献。

黄奕住既支持反对外国势力的辛亥革命、北伐战争、抵制日货运动和抗日战争,又在经济领域脚踏实地地和外国侵华势力斗争。在他看来,收买他们的一个企业(如日资川北电话公司),是一个胜利,赶走他们的一个公司或银行,挤走外国的一块货币,也是商战中的一个胜利。

第十四章 ■ ■ ■ ■ ■

敬教劝学　急公好义

将钱用于教育文化事业，
是对民族未来的真诚
关心和最好的奉献。

一、一生之憾事

黄奕住在童年时，因家贫失学，识字不多。出国后，因文化低，受过一些人的白眼，在经济上吃过不少亏。他致富之后，社会地位提高，但因自己文化修养不足而被人计算的事仍时有发生。他的一个英文秘书，利用他不懂外语的弱点，骗走不少钱财。他为此下定决心让儿子们学会英语。他自己在亲操业务中注意学习。最初是从检阅来往的函电中，领会文意，后来渐渐能草拟简单信稿，或在秘书拟的稿中，添写若干字句。① 黄奕住在独立谋生、艰苦创业的过程中，对于因读书少而带来的苦恼和振兴教育、开发民智的重要性，体会极深。对此，仕多次对人倾吐过。常到黄奕住家做客的闽南

① 林尔嘉：《菽庄主人六十寿言》，厦门永明印刷厂承印，1934年，第40页有黄奕住的诗一首："眉寿堂中启绮筵，悬弧正届杖乡年。榴花照眼风光好，海屋添筹月色圆。玉立兰森侪谢傅，梅肥鹤瘦伴逋仙。人间清福都消受，恰称华封祝一篇。"笔者以此请教其女儿黄萱先生。黄先生说："我父亲不会作诗，这些应酬诗文，是秘书或家庭教师承他之意写的。"

名士苏大山写道："余客菽庄十余年，名园密迩，两家（指黄奕住与菽庄主人林尔嘉）均艺菊花，时恒相过从，谭（谈）乡谊，叙平生，君（按：指黄奕住）每以少时失学为憾，故创办斗南学校于楼霞乡，慈勤女子中学于鼓浪屿，而新加坡爱同学校、华侨中学、厦门大同中学、英华中学、北京大学、广东岭南大学、上海复旦大学，均倡捐巨资不吝。"①捐资的总数"累数十余万金"②。

幼年失学，成年吃苦，是他办学的动因、动机、动力。黄奕住用于教育的精力与金钱，主要表现在两个方面。一是对家中子孙的教育，二是对社会青少年的教育。

黄奕住有 12 个儿子，8 个女儿。他在世时，有孙儿 36 人，孙女 14 人。黄奕住使子女受教育的方式，在他成为富翁之前之后有所不同。之前，他的儿子都出生于国内（印度尼西亚蔡缅娘生两个女儿，未生儿子）。对在国内的几个儿子，黄奕住让他们先读私塾，念四书五经，学习中文及中国文化，再带到印度尼西亚自己的身边，在自己的公司里当学徒，当职员，在实践中学经济知识。在家境宽裕后，又送他们到南京暨南学堂或新加坡等地的中华学校学中文、英文，学现代知识。像黄奕住财团这么大的事业，创业固然艰难，守成亦不易啊。黄奕住的目标是培养他们成为自己的助手与接班人，成为能适应现代世界经济潮流的企业家。通过这一条途径，培养出了黄钦书③、黄浴沂、黄友情等一批中国有名的实业家，使黄奕住财团有可靠的传人。黄奕住 1929 年因病不能外出之后，黄钦书、黄浴沂等能守其成。

黄奕住成了富翁之后，使子女受教育的方式有了变化。子女到达上学

① 苏大山：《南安奕住黄先生墓志铭》。
② 黄钦书等：《先府君行实》，存黄萱私人档案和厦门市档案馆。
③ 黄钦书（1893—1966），1919 年黄奕住回国后，黄钦书留守印尼，为"四人团"的成员之一。不久，黄钦书遵父命从印尼回国，定居厦门鼓浪屿，协助黄奕住创办厦门公用事业，自己亦投资办一些企业。1948 年 2 月，黄钦书接任中南银行董事长。1949 年，移居香港。1950 年定居上海，接替其弟黄浴沂的中南银行总经理职务。1951 年 9 月，中南银行参加公私合营银行后，黄钦书任该行副董事长。兼任益中瓷电公司董事长，厦门电话公司董事长兼总经理，黄聚德堂股份有限公司董事长。历任第三届全国人民代表大会代表，国务院华侨事务委员会委员，中华全国归国华侨联合会第一届委员会常务委员，上海市归国联合会第二、三届委员会主席。

年龄时都送入学堂,读完小学、初级中学或初级师范,然后男女有别。他对儿子、孙子一再地说:"吾幼失学,为大恨事。"[①]他对每一个开始懂事的儿孙都表过态:"我希望你们多读些书,只要你们愿意读,上大学,留学,我都支持。"他对女儿、孙女则不同。女儿、孙女读完初级中学后,进入成年阶段,则延师设帐在家教功课(包括国文、英文、音乐等),使其具有一个现代家庭中贤妻良母所必备的知识与修养,又可以使她们不在社会上抛头露面。其所请教师,同时有好几位,且大都是当地教这门课程的最好教师。在他的这种安排下,儿孙中好学有志者(好玩不好学者亦有)有较高的文化水平,有较大的成就。儿子中,除上述黄钦书、黄浴沂等实业家外,黄德坤、黄世哲、黄世禧、黄世华均大学毕业。黄世华为物理学博士、教授。孙子大都大学毕业,其中黄长溪曾任厦门市副市长、福建省副省长、全国人民代表大会常务委员会委员、福建省人民代表大会副主任、全国华侨联合会副主席等职。

黄奕住对女儿、孙女的要求虽限于能成为现代社会的贤妻良母,可是在他让女儿、孙女多受些教育的安排下,女儿、孙女中好学者也受到了很好的教育。有的具有很高的文化修养,有的做出令人称赞的贡献,这真可谓"无心插柳柳成荫"。如四女黄宝萱(黄萱),于 1952 年至 1965 年任中国当代文化大师陈寅恪先生助手。陈寅恪当时为中山大学教授,双目已经失明。在这 13 年期间,陈寅恪修订了《元白诗笺证稿》,完成了《论再生缘》和《柳如是别传》等近百万字著述。陈寅恪在完成这些著作的过程中,

图 31　黄奕住女儿黄萱

找资料与文字记录整理之事皆黄萱为之。陈寅恪学识之渊博,在当代是一流的,可以说是仅见的。其著作所引资料极为广泛,且其写作一直用文言文。当这样一位盲人学者之助手,实非易事。1954 年,黄萱为陈寅恪当了

---

①　黄钦书等:《先府君行实》,存黄萱私人档案和厦门市档案馆。

两年助手之后,因新的住处远离陈家,请辞去助手工作。当时中山大学人才济济,但陈寅恪却说:"你(指黄萱)去了,我要再找一个适当的助手也不容易,那我就不能再工作了。"[1]在他的盛情挽留下,黄萱克服来回往返的困难,继续帮助他工作。一直到"文化大革命"发生,陈寅恪被迫停止工作时为止。为什么他坚持要黄萱做助手? 一是因为黄萱无私心,全心全意帮助他,二是因为黄萱学识基础好,文化程度高,完全能胜任他的助手工作。下引陈寅恪本人及研究陈寅恪者的两则言论为证。

1.1964 年,即黄萱在陈寅恪身边工作将近 12 年后,陈寅恪给黄萱做了如下的评价[2]。

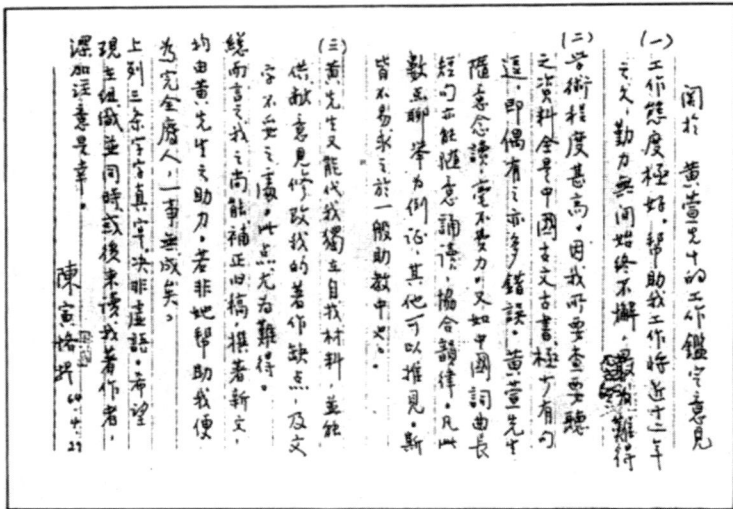

图 32 1964 年陈寅恪写给黄萱的工作鉴定

图片来源:陆键东:《陈寅恪的最后 20 年》,北京:生活·读书·新知三联书店,1995 年,第 427 页。

---

[1] 陆键东:《陈寅恪的最后二十年》,北京:生活·读书·新知三联书店,1995 年,第 68 页。
[2] 陆键东:《陈寅恪的最后二十年》,北京:生活·读书·新知三联书店,1995 年,第 426 页。

关于黄萱先生的工作鉴定意见：

（1）工作态度极好。帮助我工作将近12年之久，勤力无间，始终不懈，最为难得。

（2）学术程度甚高。因我所要查要听之资料全是中国古文古书，极少有句逗，即偶有之亦多错误。黄萱先生随意念读，毫不费力。又如中国词曲长短句亦能随意诵读，协合韵律。凡此数点聊举为例证，其他可以推见。斯皆不易求之于一般助教中也。

（3）黄先生又能代我独立自找材料，并能贡献意见，修改我的著作缺点，及文字不妥之处。此点尤为难得。

总而言之，我之尚能补正旧稿，撰着新文，均由黄先生之助力。若非她帮助，我便为完全废人，一事无成矣。

上列三条字字真实，决非虚语。希望现在组织并同时或后来读我著作者，深加注意是幸。

陈寅恪　1964.4.23

2.1995年，陆键东在《陈寅恪的最后二十年》一书中对黄萱的评价：[①]

"如果陈寅恪晚年所找的助手不是黄萱而是其他人，则陈氏晚年著述便无法预料了。"

"五六十年代，中山大学一直引为憾事的一件事，就是可惜在党员教师中没有一个人能像黄萱那样跟着陈寅恪，为陈寅恪所认可。"

"中山大学曾慨叹没有一个内定的'又红又专'的教师能像黄萱那样跟随陈寅恪。非是不能也，实在是面对着这样一个独特的精神世界，许多人'无话可说'。"

黄奕住以贤妻良母为目标而培养的女儿，所受教育能达如此境界，可见他对子女受教育的重视已臻何种程度。

---

① 陆键东：《陈寅恪的最后二十年》，北京：生活·读书·新知三联书店，1995年，第69、325、333页。

图 33　陈寅恪与黄萱

资料来源:陆键东:《陈寅恪的最后二十年》,北京:生活·读书·
新知三联书店,1995年,第210页。

二、创办南安斗南学校

黄奕住对社会青少年教育的关心与捐助,早已从侨居三宝垄时开始。
那时他关心的是华侨子弟的教育。他在三宝垄、新加坡等地办学的事迹,已
在本书第四章叙述。本章主要叙述1919年他回国定居后对国内教育事业
的关注。

黄奕住对国内教育关注的方式有两种。一种是独资创办学校,如南安
斗南学校和厦门慈勤女子中学。另一种是给已办或正在创办的学校捐资。
如厦门的几所中学和全国几所著名的大学。他关注的对象,从幼儿教育、小
学教育、师范教育、中学教育到大学教育。下面依次予以介绍。

1920年9月14日,黄奕住的母亲去世。15日,黄奕住"遵先慈遗命,设
立斗南学校于南安楼霞故乡,俾乡中子弟得有求学之区"。校名斗南,取"北

斗南光"之意。

黄奕住注重斗南学校校舍的建设。该校成立之初,以黄奕住在家乡的私宅大厝("番仔楼")为校舍,聘请乡贤黄紫霞任校长①。同年招收小学生。1921年至1922年,黄奕住捐资在金淘区下圩牡丹山下建"黄住慈善医院"。后因匪患,医院办不成,即将其房屋改作斗南学校的校舍。1923年,在该校增办幼儿班和师范班。师范班亦称斗南师范学校。随后,为使住处离校远的儿童能就近入学,借楼霞乡郭坑钓鳌轩书院为校舍,在此设立分校。1927年,新校址择定于凤阳寨山麓下,即时动工修建。1929年落成,同年校本部迁入。改聘江浙名流黄炳华任校长。分校由钓鳌轩书院迁至新丰顶楼霞祠堂。新校舍的设备齐全,有教室、办公室、图书室、仪器室、成绩室、体育室、卫生室、储蓄室、学生用品小卖部、会客室、足球场、篮球场、排球场、田径运动场等。

黄奕住规定,斗南学校实行学生免费入学,学生学习用品均由学校发给,对远道的学生免费供午膳,每个学生每年领得一套免费的校服。这种做法在福建省是第一例。它对贫苦儿童入学接受教育,起到很好的作用。

黄奕住对斗南师范学校(师范班)的学生更加优待。师范班学生的膳、宿、课本、簿册等一律免费。读书不用缴钱,且可吃好,故乡村贫苦人家子弟中好学者,争上此班。

由于黄奕住强调尊师,斗南学校教师的待遇高。加上学校的设备与教学环境好,校长为地方名士,所以能聘请到当地最好的小学教师。为了培养出好的师资,黄奕住请校长不惜重金聘请浙江有名的教师充任师范班教员。

后因乡村匪患,内地偏僻,除小学继续在楼霞乡办理外,师范班迁到泉州小开元寺,正式独立为斗南师范学校。黄奕住为它制订了修建校舍、扩大规模、添办男女中学的计划。施工仅3个月,该寺及刚盖的一些房屋被王永泉部队占作兵营。加上经手人在用钱财上出了问题。黄奕住的这个扩展计

---

① 纪念黄奕住先生创办斗南小学七十周年筹委会编:《斗南小学七十年——侨乡之光》,《斗南校友》第1期,1990年10月。

划不但未能实现,连师范班也于已入学学生学业结束后停办。黄奕住对此感触极深。他说,在这样的社会里,想出钱做点好事也做不成。陈嘉庚在1926年曾记其事:"华侨一富商,住居鼓浪屿,在故乡南安办中等学校一所。甫办未久,因钱财有何差错,曾对余叹息曰:'吾侨前云赚钱难,今日方知用钱更难也。'后竟停办。"①

黄奕住想为斗南学校及黄住慈善医院建立基金,以解决长期经费问题。为此,在南安洪濑街购买大片地皮,拟建店屋招租,将租金充作斗南小学及医院的经常费用。后因匪患频仍,此计划中的建店屋招租部分未能实现②。

研究南安县华侨兴学史的方觉先生,对黄奕住创办的斗南学校及其影响是如此评价:"黄奕住1920年在金淘楼下乡创办斗南小学。1923年又办斗南师范学校,聘请乡贤黄紫霞为校长,并用重金聘来江浙名教师多名,拨给学校专款,设教育基金。斗南经费足,师资水平高,教育质量好,在当时有很大的声望和影响。楼下乡从幼儿园、小学、师范有一个完整的教育体系。对学生实行免费上学,学习用品由学校发给。对远途学生和贫苦学生,还包膳宿。"

"这个时期的学校建设,华侨起了重要作用,特别是华侨中的杰出人物,如黄奕住先生等人,起了重要影响作用。如以侨乡金淘来讲,黄奕住在楼下乡大办教育,就直接影响上下都(按:都,清代县级以下的行政区划,相当于现在的乡)华侨办学的热情和积极性。在下都朵桥、育南等乡,华侨也相继办学。上都的后坑埔,这时期华侨办学成风,学校林立,这里有道南小学,启华小学,女子职业学校,近思小学,莲峰小学等等。当时南安学校普及,求学方便,读书的人也多,特别是华侨子女,读书的特别多。"③

像斗南这样的乡村学校,就其资金、设备和师资素质而言,在当时,为福建全省之冠。据学生李原(《福建日报》主任编辑,科普作家)后来回忆:"半

① 陈嘉庚:《南侨回忆录》,香港:草原出版社,1979年,第12页。
② 黄则盘:《著名华侨黄奕住事迹》,《泉州文史资料》第10辑,1982年。
③ 方觉:《南安华侨兴学史略(上)》,《南安文史资料》第4辑(华侨专辑),1983年,第44、48页。

个世纪前,斗南(学校)是金淘儿童向往的天国殿堂。在孩子们眼中,她的校舍是那么宏大,教师是那样的饱学。""图书馆任人进去翻阅,设有专职管理员。""书都是校主(黄奕住)从上海购进的,主要是商务印书馆的版本。各种中小学生文库、丛书,几乎搜罗齐全。全套的《东方杂志》、《万有文库》、中外名著、百科知识、时事人物,图文并茂,通俗有趣,正好给略识文字的人阅读。""我的求知欲在这里燃起。"[1]

在 20 世纪二三十年代,斗南学校是南安教育质量最好的学校。90 多年间,它为国家培养了万余名人才,遍布海内外。他们中的绝大多数,在各行各业的岗位上为中国的繁荣昌盛和人类的文明进步做出了贡献。其中,有些人后来为抗日战争和解放战争

图 34　斗南学校成立时的校舍

英勇献身,成为革命烈士(如黄子英);有些人成为国内外商坛宿将、华侨界名流(如黄种波、黄东海兄弟)[2];有些继承黄奕住为桑梓办教育、造福后代的精神,长期关心家乡教育事业(如黄世伟、黄涤岩父子)。[3] 黄奕住设立的黄聚德堂捐款(71000 元)及校友捐赠的教育基金,达港币 130 万元。该校每年用此基金的利息奖教助学。

---

① 纪念黄奕住先生创办斗南小学七十周年筹委会编:《斗南小学七十年——侨乡之光》,《斗南校友》第 1 期,1990 年 10 月。

② 印度尼西亚华侨。黄种波 1983 年冬捐资为斗南学校建分校校舍一座,增添现代化教学设备,开辟运动场地。1989 年又为斗南校友会筹备工作捐资港币 1 万元。1993 年,捐资建设斗南第二幼儿园,又捐资港币 45 万元设立"陈雪红教育基金"。1995 年秋,黄东海捐建斗南分校一幢三层教学楼"升红楼"。1996 年,黄种波、黄东海合力捐资港币 120 万元,重建斗南学校的主体校舍。

③ 黄涤岩原中国银行副董事长,中国银行驻港澳办事处主任,他们及其亲属,捐款港币 50 万元,设立"黄世伟教育基金"。

为了表彰黄奕住的此项业绩与精神,在他去世 40 年后,1984 年 12 月,福建省人民政府授予他银质奖章和"乐育英才"奖状。

斗南学校办了一个黄奕住先生捐资办学事迹陈列室。无论是两鬓斑白的老校友,还是天真活泼的入学儿童,每当他们走进陈列室时,缅怀开拓者的情怀油然而生;走出室外,仰望校园里那棵

图 35　1984 年 12 月福建省人民政府授予黄奕住的奖章与匾额

刚劲挺拔、枝叶茂盛的玉兰树,似乎它就是这位先辈的化身,馨香远溢。

三、接办厦门慈勤女子中学

90 多年前,在鼓浪屿的最南端(现漳州路 18 号,厦门对外经济贸易干部进修学院),有一所厦门女子师范学校。它创立于 1905 年,当地人称之为"上女学"。这所学校倚山临海,有一个小小的操场,高大的榕树掩映着一幢三层的红瓦灰色楼房,整个校园宁静明快。学校延聘名师,设有初中部与高中部。近处的学生可以走读,远道的学生可以寄宿。除鼓浪屿和厦门外,漳州、泉州、莆田等地的一批批有志女青年和名门闺秀来此就读。它培养了林巧稚、黄潜(墨谷)等有名的女专家、女学者。它是厦门最好的女校,闽南才女的摇篮。可是这样一所办有成效的学校,在 1929 年却因经费拮据,面临着停办的危险。在紧急关头,该校董事长黄复初向黄奕住求援。黄奕住概然同意承担全部经费(有资料说承担全部经费的 2/3,误),接办了这所学校,改名为慈勤女子中学。

关于黄奕住改组厦门女子师范学校为慈勤女子中学的经过,该校老教师庄克昌先生有详细的记载:黄复初,惠安人。"他老先生自任厦门女子师

范学校董事长，我先后在该校任职近一年，所以时常与他往返。女师兴办了几十年，终因经费竭蹶，非停办不可。当日主持人周寿卿老伯曾与我商量，拟交由校中教职员接办，以免中断。而且当日社会中有某机关人员向我询及，谓女师如停办，则该校校舍原系公物，公物公用，应拨充为各机关办事处及公共图书馆之用云云。我一时颇有进退维谷之感：倘由教职员接办，年需万金，教从何处筹措？纵而放弃不管，则女师的命运从此完结，况尚有校产转移问题发生。结果就只有就教于董事长黄复初老先生了。我（按：庄克昌自称）终于向黄老先生商量。他急忙乘肩舆往访他的宗亲黄奕住先生，我则在他的家中等消息。半小时以后，他通电话来，说黄奕住先生慨然承担女师每年万金的经费；至于校中设备费另议。于是厦门女子师范才能继续办下去。以后该校就改名为'慈勤女子中学'，黄奕住先生为校主。黄老先生（按：指黄复初）仍任董事长约一年"。①

实际的过程当然比这复杂些。黄奕住与黄复初，既不同宗，亦不同县，不过都姓黄，在筹办厦门自来水公司等活动中有所接触罢了。"上女学"的经费困难早已发生，在主持人与教师所想的解决办法中，早就有拟请黄奕住出钱和接办的一条。黄奕住之女黄宝萱（黄萱）曾在此校读书。该校中文部

① 庄克昌：《感旧录·黄复初先生》，《庄克昌诗文存》上册，马尼拉：新疆书店，1987年，第24页。关于"上女学"改组为慈勤女中的年份，该书所载刘天佑《庄克昌教师传略》说是1929年。"稍后，庄教师又应聘任厦门女子师范教职并参与校政。1929年，该校以经费短绌，面临停办，乃由董事长黄复初先生造访其宗人黄奕住先生，得其慨然承担每年万金经费。学校改组，校名亦改'慈勤中学'。"前引黄则盘回忆录说是1927年。前引张镇世等人的文章谓1921年。黄晓沧编：《菲律宾岷里拉中华商会三十年纪念特刊》（1936年5月出版）亦称1921年。据黄奕住《自订回国大事记》记事止于1929年4月1日，其中未提及慈勤女中事。据黄萱回忆以及黄奕住葬母的时间，接办该校当在1929年下半年。

主任鄢铁香①后来又是她的家庭教师。鄢铁香通过黄宝萱向黄奕住表达过请他接办的想法。黄宝萱从中做了一些联系工作,事情才终于办成。

黄奕住的果断决定,挽救了一所即将垮台的学校。

黄奕住的慷慨行动,为厦门和闽南地区青年女子留下了接受教育的阵地。

黄奕住之所以将他接办的这所学校的校名改为"慈勤",是为了纪念他的母亲萧氏。萧氏是一位平凡、慈祥、勤劳一生的农村妇女。晚年多次向黄奕住表示,她可怜那些没有机会上学读书的孩子。萧氏1920年逝世,私谥"慈勤",同年黄奕住在南安家乡办斗南小学。1927年,黄奕住安葬其母于鼓浪屿东山顶,又于1929年接办"上女学",并易名"慈勤",以表纪念与孝心。

黄奕住接办这所学校后的第一件事是选择校长。他聘请姻亲林尔嘉(菽庄)的第四个儿子林崇智为首任校长。林崇智在大学毕业后,留学美国,学成回国,知识渊博,思想开明,是合适的校长人选。

第二件事是迁回旧址,添建校舍。该校曾迁往四丛松宫保第。黄奕住接办后,将该校迁回原"上女学"旧址。黄奕住出钱整修原校舍,又在操场的下坡处新建一幢三层楼的校舍。建筑造型明快爽利,又不失精巧别致,使学生有一个优美的学习环境。该校校舍在厦门中学中属于上乘。因为校舍较好,厦门中学教师的一些活动,以及厦门大学的一些教学活动,常在此地举行。例如,1946年11月25日,厦门大学的新生典礼,就是借慈勤校舍举行的②。

有了新校舍,便扩大规模,增设小学,学生男女兼收。据资料记载,1934

---

① "鄢铁香,原籍永泰,前清举人,也曾赴春闱。寓鼓浪屿几20年,为厦门女子师范学校同事。余以前辈事之,屡有所请益,海人不倦。暇日,往来甚密,彼此因为忘年交也。先生于诗工古体,于文擅六朝,古文则以唐宋为宗。忆我在厦门编《江声报》副刊时,先生辄有诗歌辞赋见赠以增光篇幅。""当年曾写《迎春赋》一篇,传诵遐迩,盖能运用时事入四六文中,不露斧凿痕,其难能可贵即在此。"(庄蓝田:《感旧录》,台北:正中书局,1967年,第46页)

② 吴玉液、谭南周:《厦门市教育大事记(下)》,《厦门文史资料(选辑)》第13辑,1988年。

年上学期，该校中学部学生
87 人，全是女生。教职员 19
人。小学部学生 149 人，其中
男生 30 人。教职员工 15 人。
该年 8 月 11 日，福建省教育
厅公布全省初小毕业会考学
校总成绩，慈勤女中参加会考
的 13 人，考试成绩平均 55.2
分，毕业人数 4 名，毕业人数
与会考人数之比，在厦门 8 所

图 36　慈勤女中新校舍(临海的一面)

中学中占第 5 位。下半年，小学部教职员 14 人，学生增加到 7 个班级，
238 人。

1935 年，该校中学部专任教员 12 人，兼任教员 1 人，高中初中各 3 个
班级，全年经费 23404 元。教员薪俸平均每月 62.4 元，高于全市平均数
(57.7 元)。

1936 年上半年，该校中学部教职员 16 人，学生 5 个班级(春秋招生)，
107 人。每个学生平均占有经费 88 元，在厦门市 13 所中学中占第 4 位。

1937 年 4 月 27 日，该校学生会筹设妇女识字学校，教员由同学自由报
名担任，学生概不收费，并供给书籍讲义。同年 7 月 13 日，该校招高中生 1
个班，名额 50 人。

每届毕业班都出版纪念刊。

学校的常年经费全部由黄奕住负担。有人在 1934 年调查，厦门正式立
案的中学共 11 所，常年经费总数 203170 元。其中有 2 所得到华侨补助，共
计 16800 元。慈勤女子中学是这 2 所中的 1 所，黄奕住负担其常年经费
15800 元，[①]占厦门市全市中学经费的 7.8%，占华侨补助厦门中学经费总
数的 92.9%。从 1929 年到 1938 年，黄奕住捐助慈勤女中的费用，包括建

---

① 　陈达:《南洋华侨与闽粤社会》,上海:商务印书馆,1938 年,第 233～234 页。

筑校舍的经费和常年经费等在内,总额在20万元以上。

黄奕住接办一所女子中学,增加妇女上学的机会,受到社会的好评。在1931年完成的《厦门海关十年报告(1922—1931)》中,关于厦门教育在这十年中的进步,特别提到:"由于家长对女儿观念的改变和给女孩以同等教育机会的意识迅速提高,这方面的教育获得了很大进步。学校工作面向女孩这种公众观念的改变是福建南部教育事业中最突出的一个特点。尽管学校男生仍然以4:1的比例超过女生,但女生的比例趋向于迅速增加。"[①]1938年日本侵华军队占领厦门,黄奕住避居上海,日伪施行奴化教育,将该校停办,其校舍借给同年由厦门迁至鼓浪屿的同文中学上课。

四、厦门大学群贤楼

(一)独资修建群贤搂

著名华侨领袖陈嘉庚长期关心华人教育。1919年夏回到福建,决心创办厦门大学。原说独资兴建,及至兴建校舍时,他感到独力难支,便向南洋富侨募捐。由于各人认识不同,此举竟多次碰壁。他在《南侨回忆录》详细记载其事。1924年,他到南洋各地去募捐。在新加坡,向一位在国外出生,祖籍同安县灌口区,在荷属印度尼西亚致富,1922年移居新加坡,当年获利二三百万元,"富冠全侨,资产称万万元以上"者(按:可能是指黄仲涵)募捐一笔基金。结果是一文未得。在印度尼西亚的万隆,遇一原籍漳州的富侨,闻其资产二三百万盾(其时国币元与荷属印度尼西亚币盾币值略同),便劝其捐款十万盾或六七万盾,建厦门大学图书馆,馆成,可标伊姓名捐建。结

---

① 厦门市志编纂委员会、厦门海关志编委会编:《近代厦门社会经济概况》,厦门:鹭江出版社,1990年,第398页。同书第423页记载,到了20世纪30年代,女子教育大踏步前进。女生和男生的比例,在小学是2:5,在初中是1:3,在高中则是1:7。

果又是一文未得。此行，"不但希望向富侨募捐数十百万为基金归于失败，而仅此十万八万元或四五万元建图书馆尚困难如此"。"上所言系民国十五年（1926 年）以前之事。自十六年（1927 年）之后，世界景气日非，悲惨之象日深，富侨破产荡产难以

图 37　厦门大学群贤楼

数计，其他虽可维持，损失亦多，对于厦门大学募捐巨款事，更觉灰心无望矣。"①相形之下，黄奕住可谓慷慨，帮了陈嘉庚的大忙。早在厦门大学开办期间，黄奕住应陈嘉庚与厦门大学校长林文庆之请，捐建大楼一座，费资109000 元。本来，陈嘉庚在邀请时已应允以捐资人黄奕住之姓名命名该楼。黄奕住却建议将该楼称为'群贤楼'。"群贤"二字，源自晋王羲之《兰亭序》中的"群贤毕至，少长咸集"句，寓对厦门大学师生的赞誉与愿望。因建筑精美，厦门大学用它作办公与集会的中心，鲁迅、林语堂、孙伏园、张颐、罗常培、顾颉刚等著名学者的报告，及一些著名学术会议，都是在此楼举行的②。

（二）捐资添置图书设备

1927 年，在厦门大学已经开学，经常费用短绌，陈嘉庚对在南洋募捐已灰心失望，学生深感缺少图书之际，林文庆、陈嘉庚再次请黄奕住帮助。黄奕住慷慨解囊，又捐给该校图书设备费 3 万元。

---

①　陈嘉庚：《南侨回忆录》，香港：草原出版社，1979 年，第 15～17 页。
②　黄宗实：《校舍名称琐谈》，《天风海涛》第 3 辑，1981 年，第 89～90 页。

厦门大学收到黄奕住的捐款之后，在 3 年之内，在国内外购买了中文书籍 6590 册，西文书籍 1030 余册。这近 8000 册中西文图书，使厦门大学图书馆解决了教学特别是科学研究的迫切需要。厦门大学的校长、图书馆的全体工作人员和广大师生都很高兴。为了表示对黄奕住此举的永久性感谢和纪念，他们做了三件事：

（1）立碑。厦门大学于 1931 年 6 月在黄奕住捐资建筑的群贤楼建石碑（见图 22），勒铭文志谢：

"黄君奕住，慷慨相助，有益图书，其谊可著。"此碑镶在该楼中厅石壁上。每一个进入该楼的人，首先就看到这块纪念碑。

（2）在黄奕住捐赠的图书上，一一贴上印制精美的有中英文字样"黄奕住先生赠"、"Presented by Mr. Oei Tjoe"①、"1927—1928"的书标。使每一个使用这些书的人，都知道黄奕住劝学的心意。2015 年 7 月厦门大学会计系副教授汪一凡②回忆，1986 他读研究生时，曾见过黄先生赠书中有一西文会计专著是 1906 年出版，而厦大是 1921 年才建校，令他印象深刻。

图 38　厦门大学为黄奕住捐赠图书印制的书标

---

①　Oei Tjoe，黄奕住的西文名。

②　汪一凡的祖父汪受田 20 世纪 40 年代曾在黄聚德堂任职，以董事会秘书参与自来水公司管理；父亲汪慕常 20 世纪 30 年代起就在电话公司任工程师，直到 20 世纪 70 年代退休。

（3）编辑专项图书目录,即《黄奕住先生捐赠国文图书目录》和《黄奕住先生捐赠西文图书目录》。目录既成,1931 年 8 月 10 日,校长林文庆专门作了"序"。其文不长,录之于下,以知此事原委。

> 谁都知道,没有伟大的图书馆,大学根本上是不算健全的。本校过去的图书馆,虽说不上有诺大的规模,然已稍具雏形,这是凡参观过本校的人都承认的。不过最感美中不足的,就是我们的参考书籍,很难达到十分充实的地步,这的确是一件亟待解决的事。民国十六年间,黄奕住先生首先同情本校,慨然捐助图书费国币 3 万元,本校因此获益不少,除设法陆续分购中西文重要书籍凡 7900 余册外,并就书内各附特别标志,留为永久纪念。比次图书馆同仁,从事编辑图书总目录,同时把黄先生捐款所购书籍,另辑目录成册,这种"饮水思源"的工作,的确是少不得的。甚望社会人士,都能够像黄先生同情本校"作人"的事业,继续予以切实的帮助,以期达到完美无缺的境地,这是文庆所馨香祷祝的。

林文庆在序文中强调,黄奕住是"首先"为该馆捐款购书的,起了带头的作用,希望社会人士向他学习。

（三）帮助厦门大学解决经常费用的困难

关于厦门大学的经费状况和黄奕住给予的帮助。笔者查到文献记载的有如下几条:

> 厦门大学全年经常费 303130.63 元,陈嘉庚实业亏损后更多关注集美学校,厦门大学经费不足,"余数只能随时向他方筹画了"。[①]

> 至 1931 年,厦门大学十周年纪念时,该校的个人捐款中,除创办人陈嘉庚外,黄奕住居于首位。[②]

[①]　陈达:《南洋华侨与闽粤社会》,上海:商务印书馆,1938 年,第 233 页。
[②]　《厦门大学十周年纪念刊》,1931 年;《厦大周刊》第 15 卷第 22 期《十五周年纪念专号》,1936 年。

自 1926 年至 1934 年,陈嘉庚实业亏损 1000 万元,但他仍坚持付给厦大和集美校费 378 万元。1926—1928 年 3 年间,他实业亏损 600 万元,拨给厦大、集美校费 220 万元,平均每年 70 多万;1929—1930 年 2 年间,他实业亏损 300 万元,拨给厦大、集美校费 100 万元,平均每年 50 多万;1931—1934 年 4 年间,他实业亏损 100 万元,仍然拨给厦大、集美 58 万元,年均 16 万多,但主要费用用在集美学校上了。①

1931 年陈嘉庚被迫接受外国银行的条件,将所有企业改组为陈嘉庚有限公司,让外国公司占有部分产业,每月领取生活费 5000 元(是其他同类服务工资的 10 倍),但是他全部作为两校经费捐出。到 1932 年,他仍独立负担集美学校各项经费 32 万多元,同时他也得到亲朋好友的支持,他的女婿李光前每月补助坡币 600 元,陈文确每月补助 500 元,他的亲家、著名侨商曾江水捐助 10 万元,叶玉堆捐 5 万元。陈延谦、李俊承、黄奕住、黄延元等均有资助。厦门大学校长林文庆也多方努力,自捐欠款和土地,并亲赴南洋募捐,一举获得 30 万元。

20 世纪 30 年代初,黄奕住在经营上也处于困难境地,但他不顾自己之厄,从 1927 年起,解囊相助,捐款以解厦门大学燃眉之困。厦门大学在 1936 年至 1937 年度编的《厦门大学一览》中写道:"历年之一切经费,向由陈嘉庚先生负担……惟独力难支,众擎则易举,故更拟向国内外募集巨款,以为永久基金……自民国十六年始,承黄奕住、李光前、黄廷元、林文庆、殷碧霞诸先生及新加坡群进公司,陆续捐助各项经费,合计国币 20 万余元。"②这里还是把黄奕住列为第一位。1935 年 9 月 10 日,厦门大学董事会开会,聘汪精卫、张科、宋子文、王世杰、孔祥熙、黄奕住、曾江水等 7 人为该

---

① 阎广芬:《经商与办学——近代商人教育研究》,石家庄:河北教育出版社,2001 年,239 页。

② 黄宗实、郑文贞编:《厦门大学校史资料》第 1 辑,厦门:厦门大学出版社,1987 年,第 320～332 页,第 351 页。

校的名誉校董。① 前 5 人是国民政府的显要(他们分别任行政院院长、立法院院长、外交部部长、教育部部长、财政部部长),黄奕住和曾江水则是因为在经费上支援多而被聘请的。

五、同文中学奕住楼与资助英华中学

厦门同文中学的前身是同文书院。该书院是美国驻厦门领事巴·约翰逊(A.B.Johnson)于 1898 年邀集住在厦门的菲律宾华侨叶清池、邱振祥等人发起、创办的,以"美国哥伦比亚大学中国厦门同文书院分校"名义在美国立案。由发起人组成董事会,巴·约翰逊任校长。学校经费由董事会董事捐款、华侨募捐和学生缴的学杂费组成。到 20 世纪 20 年代,学校的董事会由厦门文教界领袖周殿熏(墨史)和黄奕住、黄秀琅、叶清池等几位华侨组成。1922 年同文书院在望高石顶兴建新校舍(现厦门市第七中学),黄奕住、黄秀琅、叶清池各捐建楼房一座,分别命名为"奕住楼""秀琅楼""清池楼"。1925 年,周殿熏向其他董事提议将该校收回自办,获一致赞同。遂将同文书院改为"同文中学校",公举周殿熏为校长,辞退原校长(美国人)。学科课程都照民国政府教育部规定办理,学生人数骤增。这个学校因教学质量好,出了一批优秀学生,如后来任全国侨联主席、全国政协(第六届)副主席的庄希泉(1888—1988),菲律宾中华商会会长李清泉,菲律宾中兴银行经理叶天放,以及菲律宾各行业商会、各同乡会、各宗亲会的主要领导人,都是这个学校的校友。该校在厦门及华南地区颇负声誉②。

在叙述黄奕住对厦门同文中学的捐助时,有必要顺便说说他对厦门鼓浪屿英华中学的资助。

---

① 吴玉液、潭南周:《厦门教育大事记(上)》,《厦门文史资料(选辑)》第 11 辑,1986年,第 170 页。

② 洪卜仁、吴金枣:《厦门同文书院始末》,厦门市政协文史委员会存稿。洪卜仁:《厦门同文书院鳞爪》,《厦门文史资料(选辑)》第 4 辑,1983 年,第 39～45 页。

图 39　同文中学奕住楼

英华中学办在鼓浪屿上。它原名英华书院，是英国伦敦圣公会创办的一所教会学校。1907 年 1 月，在东南亚华侨中做教育工作和民主革命宣传的黄乃裳回到福建，继续致力于教育工作，先在福州创办了简易师范学堂，后来兼任英华、培元及福音三书院的教务长。黄乃裳在东南亚时与黄奕住相识。1919 年黄奕住定居鼓浪屿后，黄乃裳请黄奕住资助英华书院，黄奕住慷慨解囊。1926 年英华书院改为"英华中学"，由黄奕住、校长郑柏年等组成董事会管理（此后，伦敦圣公会不再提供任何津贴）。同年，扩建校舍。经费除黄奕住捐款外，校长郑柏年于 1926 年两次到南洋向华侨募捐，以所得作学校的经费。第一次到菲律宾，得 16 万元。第二次到新加坡、爪哇等地，得数万元。学校将这些捐款人姓名缮写在通巷的木牌上，以资纪念。因为经费主要是华侨提供的，鼓浪屿的居民中又多侨眷，所以学生中华侨子弟多。华侨在学校中颇有势力。华侨及当地居民要求子女上英华中学的甚多。1922 至 1931 年间，"厦门的'英华书院'执行一种提高水准，限制入学人数的稳健政策。尽管如此，其学生数还是增加了三倍"。[①] 英华中学原来

---

①　厦门市志编纂委员会、厦门海关志编委会编：《近代厦门社会经济概况》，厦门：鹭江出版社，1990 年，第 397 页。

只有初中,1937 年下半年开始招收高中生。英华中学经费充足,师资较好,出了不少优秀学生,如中国人民解放军原炮兵副司令黄登保,后在英国的国际著名兽医学者朱晓屏,美国科技界知名人士杨西藩等。20 世纪 50 年代,英华中学与毓德中学、怀仁中学、厦门大学校友中学合并为厦门市第二中学。①

同文中学与英华中学原来都是教会学校。从 20 世纪 20 年代开始,这些学校由于得到黄奕住等中国人的资助,学校的控制权也逐步转移到中国人手中。对于这种情况,厦门浒关税务司侯礼威(C.N. Hoewiu)在《厦门海关十年报告(1922—1931)》中写道:"政府的教育管理人员试图使教育工作系统化,并沿着精心制定的方向发展。然而,这些努力大多因财政短缺而受挫。不过,仅在厦门地区,政府每年拨给的教育经费就达 7 万元,而本地的富豪及海外的华侨为资助教育慷慨捐献的款项更为庞大。教育界的最好朋友是那些在国外发了财的厦门人。他们不但给本地附近的教育事业以慷慨赠予,而且他们的影响也有助于传播学校教育的健全思想。本地有一大批学校都得到来自本地商人、绅士和归侨的捐款的支持。许多政府或教会办的学校也受惠于华侨的巨额捐款和馈赠,使学校得以扩大和发展。在过去几年里,厦门的教育事业从福建华侨那儿接受了超过 100 万元的捐赠。""教会学校目前的趋势是,愈来愈多地从中国人方面获得资助,而仅保留外国教师工资一项由教会支付。同样一个强而有力的趋势是,通过中国的理事会成员逐渐取代他们的外国同事地位。这样一个吸收过程,教会学校的控制权正逐渐转入中国人手中。"②黄奕住对同文中学、英华中学的资助,有助于它们的民族化与现代化。

---

① 许声骏:《鼓浪屿英华中学见闻》,《厦门文史资料(选辑)》第 13 辑,1988 年;《厦门华侨志》,厦门:鹭江出版社,1991 年。

② 厦门市志编纂委员会、厦门海关志编委会编:《近代厦门社会经济概况》,厦门:鹭江出版社,1990 年,第 399 页。

六、复旦大学奕住楼

黄奕住捐助学校建筑的楼房,有另取名者,亦有被受捐学校命名为"奕住楼"的。现在仍存有文献资料与照片的奕住楼有两幢。除上述同文中学奕住楼外,另一幢在上海复旦大学。

1917年,复旦公学改为私立复旦大学。校长李登辉(1873—1947),祖籍福建南安县,出生于爪哇巴达维亚(雅加达)。1913年被推为复旦公学校长。此后他即以办好复旦为终身事业。1914年赴南洋各地向侨胞募捐,并动员华侨子弟回国入学。后又在国内募捐,1915年,用所得之款在江湾附近购地70亩。1919年,经唐少川介绍,认识归侨黄奕住与简照南,得到他们的资助,建校"始得成功"。华侨简照南兄弟捐款建教室楼一座,名简公堂。黄奕住捐资1万余元,建办公楼一座,名奕住楼。1922年落成。当年,复旦大学迁入此新址办公。① 奕住楼于1927年增添两翼,改作仙舟图书馆,后编为700号楼,为经济系和中文系所用,今为复旦大学校史馆。

七、暨南大学校董

黄奕住在印度尼西亚积极参与中华会馆学校的工作,捐助三宝垄、新加坡等地的华侨教育事业,声名远扬,受到中国政府的奖励和华侨、侨属的推崇。回国后他继续参加华侨教育事业与华侨在祖国兴办的教育事业。

国内专为华侨兴办的第一所学校,是1907年3月23日开学的国立暨南学堂,校址设在南京。它的第一批学生全部来自印度尼西亚中华会馆学

---

① 季英伯:《季校长及其建设复旦之略历》,《复旦同学会会刊》,第2卷第4期。复旦大学校史编写组:《复旦大学志》(第1卷 1905—1949),上海:复旦大学出版社,1985年,第2、107页。郭瑞明:《厦门人物(海外篇)》,厦门:鹭江出版社,1996年,第71页。

图 40　复旦奕住楼

校。黄奕住曾让其长子黄钦书,从印度尼西亚到该学堂学习。

清朝两广总督端方 1905 年赴欧考察,归途路径东南亚,感到华侨教育缺乏,回国后倡办这个学堂。它在辛亥革命后的战乱中停办。

1917 年夏,北京民国政府教育部派江苏省教育司长黄炎培、林鼎华赴南洋调查华侨教育状况。他们访问了印度尼西亚各大商埠,在泗水参加了中华学会总会组织的教育研究会,"与 62(个商)埠、66(所)学校、78(位)教员议论 4 日夜"。[①] 黄炎培在这次访问中认识了黄奕住。这两位热心华侨事业的人一见如故,双方都留下很好的印象。后来,黄炎培办学,得到黄奕住的大力支持。黄奕住回国后办企业,得到黄炎培的大力支持。例如,因黄炎培的介绍,结识史量才、张謇等名人,经济与社会活动得以迅速展开。

黄炎培、林鼎华回国以后,反映了华侨的要求,认为应该在国内兴办专供华侨子弟学习的学校。1917 年 11 月 1 日,教育部委派黄炎培筹办暨南学校。次年 3 月 1 日,该校补习科开课。8 日,任命担任过印度尼西亚巴达维亚中学校长的赵正平为校长。

<hr>

① 黄炎培:《南洋华侨教育商榷书》,舒新城编:《中国近代教育史资料》第 2 册,上海:上海书店出版社,1981 年,第 183～184 页。

1919 年 1 月,黄炎培为暨南大学开办事,再赴南洋。[①] 按照暨南学校原章程规定,学校只招收华侨学生。在黄炎培到南洋访问期间,由黄奕住任副会长的爪哇三宝垄中华商会建议暨南学校兼收内地学生,使侨生与国内学生互相学习,互相帮助,取长补短,共同进步。这是考虑到华侨中的"两头家"制,许多华侨有子女在祖国,希望他们在祖国的子女也有上暨南学校的机会,以及国外华侨学校严重缺乏合格教师的实际情况而策划的。暨南学校接受这项建议,决定变通章程,并于 1919 年 5 月呈报北京民国政府教育部:"凡国内高等小学毕业,其父兄或保护人现在南洋经营商业者,又师范科华侨学生有缺额,而国内学生有赴南洋为教师之志愿,且具有相当资格者,均得适用入学手续,准予入学试验。"[②]8 月,暨南学校在南京、北京、上海举行考试,招收内地学生,应试学生有 400 余人,录取 40 人。9 月初,根据南洋华侨对师资和商业人才的迫切要求,暨南学校设置师范、商业两科。商业科招收中学毕业生,学习 1 年毕业,以供南洋商界的需要。

暨南学校设董事会,董事在 1921 年推定,1922 年 3 月 2 日由民国政府教育部正式发出聘书。后来又增聘部分新董事,充实董事会的力量。《暨南学校章程》第二条规定:"本校置校董若干人,规划本校进行事宜。"校董大都为热心华侨教育事业的教育家或实业巨子,共 17 人。他们是:范源濂、林文庆、袁希涛、黄炎培、陈炳谦、简照南、黄奕住、史量才、韩希琦、郑洪年、叶兆崧、林熊徵、李登辉、柯成懋、赵正平、张謇、严家炽。第一次校董会于 1922 年 3 月 19 日在上海"一品香"召开。会议就校董职务规程、设置筹备新校舍委员会、扩充海外教育、补推新校董等四个议案作了决议[③]。黄奕住此时正在上海,出席了会议。根据第三项决议案,6 月,暨南学校与东南大学商定,退出上海商科大学,自办商科大学部。从 1923 年起,在南洋各重要商埠设商业补习学校。第二个决议的主要内容是:新校舍筹备委员会由全体校董

---

① 黄炎培此次去南洋的时间,有的资料说是 1918 年。这里是依据《申报》1920 年 10 月 3 日第 10 版的文章《筹建东南大学之经过》。

② 《暨南学校概况报告书(第一次)》,《中国与南洋》1919 年第 8 期。

③ 《暨南学校概况报告书(第一次)》,《中国与南洋》1919 年第 8 期。

担任,并在校董中推举黄炎培、史量才等7人为办事委员,筹拟集款方法,规划校舍工作与各校董接洽进行。会后,黄炎培等办事委员选定宝山县真如乡为新校址,向黄奕住筹集款。新校舍于1922年6月18日动工修建。同年12月9日举行第二次校董会。此时又值黄奕住该年第二次到沪,他出席了会议。会上通过《扩充新校购地附办新村》议案,黄奕住再次承诺捐款。黄奕住在1922年只两次由厦门到上海,暨南学校董事会在该年召开了两次会议,两次会议讨论的主要议案都是购买土地和建设校舍问题,时间都安排在黄奕住在上海之时。这并非偶然巧合,而是要他认定购地建校计划并承诺捐资支持。由于黄奕住等人在资金方面的大力支持,新校舍的建设工作进展顺利,一年之后部分建筑物完成。1923年夏末,一部分师生迁入新校舍。

由于华侨的热情支持和师生的艰苦奋斗,暨南学堂声誉日隆,归侨学生增多,内地学生也纷纷要求入学。学校不得不做出决定:初中招收内地生12名;师范科不招收内地生;高中文理科及商科招收内地生,不得超过20%。除初中增设春季始业班外,其余各科均招收秋季始业班。1926年,各科学生共达602人,其中商科大学部122人,旧制商科55人,高中商科41人,高中师范科45人,高中文理科57人,初级中学部196人,南京女子部86人。这为建设完全大学奠定了基础。

1927年夏,郑洪年任校长。他认为,"鉴于侨胞处于殖民政府铁蹄之下,受尽帝国主义之蹂躏,暨南教育非提高程度,扩充为完善大学,不足以增进侨胞之地位,不足以谋适应其特殊环境,不足以使华侨父老咸达自由平等之目的。准此旨趣,乃具彻底改革之决心,因时制宜,厘定华侨教育之方针,草具计划大纲"①。其计划是将暨南学校"扩充为一完善之大学,改商科为商学院,并增设农学院、文哲学院、自然科学院、艺术学院,以期从质量上完成华侨之最高学府,使华侨子弟得享受世界高深的知识与祖国优美的文化,

---

① 郑洪年:《一年来之经过并今后之计划》,《国立暨南大学校务特刊》,1927年,第12页。

以为他日参加祖国一切运动及提高华侨地位做准备。暨南学校为辅助华侨归国完成大学教育起见,更应将旧有之中学部极力刷新,力求充实,期与大学部程度衔接。其中尤应注意师范一科,以期为南洋造就师资及教育机关办事人才。此外更当设立南洋教育事业部,期与南洋华侨各种教育机关联为有系统的组织,以统一南洋所有文化教育事业。并调查南洋各属华侨的生活,以为将来设施扩充的根据,且一方面使国人明了华侨在南洋之现状,以造成华侨参加祖国一切运动的机会。此皆暨南职责所在,义无旁贷者也"。[①] 计划大纲中还制定了 1927 年至 1933 年的详细实施步骤和注意事项。按此计划大纲,暨南将扩充为三部鼎立、六院具备的华侨最高学府。这份计划于 6 月 27 日发表,获得海内外热心侨教人士的支持,也争得大学院批准实行。于是国立暨南学校升格为国立暨南大学。

为适应学校发展,扩大招生的需要,学校着手扩建,大兴土木。图书馆于 1927 年秋落成。1929 年建成教室 3 列(计 13 间),科学馆 1 座;并于学校总办公楼——莲韬馆附近,桃树浦水上建一亭阁,取名"尚节亭",作为校长办公与接见学生的处所;初中宿舍 1 座;高中排层型宿舍 3 列(共 96 间);教师宿舍 12 列;女生宿舍 1 座。暨南新村建成独立式洋房 14 座,供教授携家眷居住。1930 年秋,可容 1500 人的大礼堂落成。作为校董的黄奕住多次捐款,其数额有文献可征的,或说"巨资",或说"数万"。调查中,有人说10 余万,有人说 20 万,确数多少,有待查证。

黄奕住任暨南学校董事会董事,直到 1931 年。1931 年董事会换届时,新董事换成陈立夫、张科、宋子文、林森、孔祥熙等 11 人,几乎全是国民党新官僚。包括黄炎培、黄奕住在内的昔日创建学校出资、出力的有功人士,均被全部踢开。国民党办事就是这样不得人心。

---

① 郑洪年:《国立暨南大学计划大纲》,《国立暨南大学改组特刊》,1927 年。

八、投资上海商科大学（上海财经大学）

当暨南学校 1919 年 9 月增设商业科之时，国内尚无商科大学，高级商业人才极为缺乏。1919 年夏秋之际，印度尼西亚侨商丘心荣考虑到南洋华侨急需商业人才，特回国商议筹办商业学校问题。不久，暹罗（泰国）请愿代表韩希琦、熊理，新加坡星洲中学校长涂开舆相继回国，亦均主张商科急需扩充。

1920 年，暨南学校校长赵正平在《我人对南侨文化运动之回顾》一文中说："（国内）经营者需要商业人才日众，已感供给不足之苦，其在南侨商场，闻尤显著。据回国调查银行商业之侨商言：'近年南侨于银行及国货公司两事业蒸蒸日上，所缺乏者，非资本而为应用资本之人才。'夫国内外之期望商业人才如此迫切，而一观教育界之所以训练此种人才者何如？求之北方，所谓北京、北洋等各大学商科阙如焉；求之江浙，所谓六大学无一设商科焉；若求诸大学以外，则全国商业专门学校名实相副者又无一焉。"[1]在此情况下，暨南学校经多次会商，于 1920 年 1 月草拟了华侨创设商科大学宣言书及计划书。创办商业大学的计划得到了上海总商会、江苏省教育会黄炎培（该会会长，又是暨南学校筹办员筹备处主任）及国内著名实业家张謇等人的赞同，开始着手筹办商科大学。为了便利延聘教授及学生实习起见，取得松社的同意。[2]

1921 年 2 月底，暨南学校商科由南京迁往中国商业最发达，也是江南教育最集中的上海徐家汇松社。由于北京民国政府分裂，它所同意的 5 万元拨款未能拨出，创办商科大学的计划受挫。1921 年春，暨南学校转而与国立东南大学商定合设上海商科大学，苦于缺少筹备经费，议而不成。

---

[1] 赵正平：《我人对南文化运动之回顾》，《中国与南洋》1921 年第 1 期。

[2] 松社是梁启超等人为纪念蔡锷（字松坡）将军而组织的团体。松社内有蔡松坡祠堂和蔡松坡图书馆各一座。

　　黄奕住此时已经回国，并正在与史量才等商议筹办中南银行等事。黄炎培知道黄奕住手中钱多，又一直热心于华侨教育事业，为暨南学校的兴办捐过巨款，于是给东南大学筹备员（后任校长）郭秉文与暨南学校新任校长柯成懋出主意，由他们提出请求，通过黄炎培与史量才，请求黄奕住捐款。4月19日，黄奕住从厦门到上海，创办中南银行并筹办上海日兴商行。7月5日，中南银行开幕。黄奕住处于高度喜悦之中。此时，黄炎培和史量才向黄奕住提出办上海商科大学事，黄奕住当即表示愿捐款筹办。经费困难的问题解决了，事情也就成功了。7月13日，郭秉文、柯成懋联名给教育部的呈文中写道："（郭、柯）会同上海商学两界关系素切各人，集会商榷，并公推黄奕住、史量才、聂云台、穆湘玥、钱新之、张公权、陈光甫、简照南、黄炎培、高阳四、朱进、张准、赵正平及（柯）成懋 、郭秉文等15人，合组上海商科大学委员会，详细讨论，决定办法。"该校8月15日举行学生入学考试。9月23日，教育部核定校名为"国立东南大学暨南学校合设上海商科大学"。9月28日开学。这是中国第一所商科大学。郭秉文兼任上海商科大学校长，马寅初为教务主任。[①] 校址在上海霞飞路（今淮海路）尚贤堂。从经费角度说，这个中国第一所财经大学的成立，黄奕住居首功。从实际情况看，没有他慷慨捐款（数额待查，估计在5万元以上），这所大学当时是办不起来的。所以在推举上海商科大学委员会委员时，大家把他排在第一名。该校1922年7月改名为"国立东南大学分设上海商科大学"。后来又多次改名。1950年更名为"上海财经学院"，现名"上海财经大学"。

---

　　① 暨南大学校史编写组编：《暨南校史 1906—1996》，广州：暨南大学出版社，1996年，第16页；叶孝理主编：《上海财经大学校史》（第1卷 1917—1949），北京：中国财政经济出版社，1987年，第24页；《上海筹办商科大学动态》，《申报》1920年3月28日；《上海商科大学筹备会议继续进行》，《申报》1920年3月31日。

九、捐助北大、南开与岭南大学

黄奕住捐助过的大学,在他去世时儿子们发布的《先府君行实》中,列有"广东岭南大学、上海复旦大学"2 所。1 年后,在他安葬时,苏大山为他写的《南安奕住黄先生墓志铭》中,列"北京大学、广东岭南大学、上海复旦大学"3 所。今人的研究,还有震旦大学、南开大学、厦门大学、上海商科大学、暨南大学①。看来,在他去世时,他的儿子们,他的同辈们(苏大山,闽南名士,常住厦门,并不时到黄奕住家做客),对他捐助过哪些大学,包括近在咫尺的厦门大学,也不甚了解。从已知的看,他捐助的大学共计 8 所。

黄奕住对这 8 所大学捐了多少钱,现在能说得比较具体的,一是复旦大学奕住楼的建筑费 1 万余元,二是厦门大学,只知群贤楼建筑费 10.9 万元,图书购置费 3 万元,捐助的常年经费则有待查找。其他学校,或有线索,但笔者还没有来得及查阅。如岭南大学、北京大学等。一位看过岭南大学档案的作者写道:"黄奕住曾在 20 年代先后为岭南大学捐过巨款。"②"巨款"是多少,他没有说。笔者问过黄奕住的女儿黄萱,据她听说是 10 万元。确实数字,需查岭南大学档案。笔者知道北京大学有《日志》,估计其中会记载黄奕住的捐款。还有一些大学,如震旦大学等,连线索也没有。希治教育史的专家和有关学校校史编写者能给予帮助。

黄奕住投向教育事业的钱,除大学外还有中小学。他给中小学捐钱,始自侨居印度尼西亚时,比给大学捐款早。他"在垄(指三宝垄)、泗(指泗水)、

---

①　黄则盘:《著名华侨黄奕住事迹》,《泉州文史资料》第 10 辑,1982 年。洪卜仁、吴金枣:《华侨黄奕住的爱国思想及其业绩》,《福建论坛》1983 年第 2 期。张兴汉等编:《华侨华人大观》,广州:暨南大学出版社,1990 年,第 473 页。

②　陆健东:《陈寅恪的最后二一年》,北京:生活·读书·新知三联书店,1995 年,第 64 页。

巴(指巴达维亚)等埠,有捐助各学校巨款"。[①] "巨款"是多少,已难查找。现在可以知道确切数字的,只有新加坡的爱同学校和华侨中学,前者 1.5 万元,后者 5 万元。可以粗略地计算加估计,说个大概的,一是黄奕住独资接办的慈勤女子中学(附小学部,高中班)的费用,从 1929 年到 1938 年,当在 20 万元以上。二是黄奕住独资创办的斗南学校(含幼儿班、小学班、师范班——斗南师范学院)的费用,从 1920 年到 1945 年黄奕住逝世时(1945 年以后的费用出于黄奕住的遗产),当不少于 30 万元。以上两校共 50 万元以上。三是同文中学奕住楼的建筑费,不会少于 1 万元。至于对鼓浪屿英华中学的资助,估计也不会少于 1 万元。这样,除在印度尼西亚时捐给三宝垄、泗水、巴达维亚等埠中学学校的"巨款"外,仅捐给上述 6 所中小学的钱,合计在 58.5 万元之上。

1989 年,作者访问厦门市政治协商会议文史资料委员会委员叶更新(1910—1996,一位住在鼓浪屿,对 20 世纪 20 年代以来厦门历史与黄奕住本人都很了解的老先生),他说黄奕住对教育事业的捐助,出手很大方,这一点在厦门有口皆碑。20 世纪二三十年代,厦门的机关和学校,在经费上遇到了困难,总是想到他。或者是通过与他有交情的人,请他出钱,或者请他办的公司出钱。前者是他直接付出的,后者实际上也是他付出的,不过间接一点罢了。可惜这方面的资料找不到了。后来,作者在《厦门市教育大事记》中果然见到了这方面的记载。其文如下:"1936 年 1 月 13 日。本市教育经费支绌,除积欠外,每月不敷 3000 元。余市长竭尽思虑,设法筹补,当先组织宽筹教费委员会,函请电灯、电话、自来水公司三代表到府谈话。商议结果,与会三公司慨捐教费每月 1000 元,经各代表当场欣诺,允返后报告董事会如数认捐。"[②] 在这 3 个公司中,电话公司是黄奕住独资办的,自来水公司中黄奕住是最大的股东,占投资额的一半以上。黄奕住在电灯公司里

---

① 黄奕住:《自订回国大事记》。

② 吴玉液、谭南周:《厦门教育大事记(上)》,《厦门文史资料(选辑)》第 11 辑,1986 年,第 171 页。

也有股份。这 3 个公司每月各捐教育经费 1000 元,也就是黄奕住每月捐 1500 元以上,一年则捐 18000 元以上。这一类间接的教育捐款,已很难计算了。

当人们对黄奕住支持教育事业的行为表示赞赏时,他总是说:"吾幼失学,为大恨事,今于吾父吾母丘墓之乡,吾身数十年经营衣食之地,晚岁游历之区,为青年学子略尽吾情,弥吾阙憾焉尔。"[①]这段意味深长的话,乃是他的肺腑之言。

十、医院与慈善事业

黄奕住出身贫苦,他对穷人有一种特殊的同情心。上述对教育事业的捐助,在很大程度上也是出于对穷人子弟的同情心。在这个意义上,它是黄奕住的一种特殊的慈善事业。黄奕住在《遗嘱》中写道:"且余来自田间,深知社会疾苦,赋性质直,见义思为,生平关于教育、慈善诸端赞助,向不后人。亦宜指定的款,俾能继续供(贡)献人群。"所指定的款,分为教育基金和医院基金,二者数目相同。可见在黄奕住的心中,慈善事业是与教育事业并重的,而在慈善事业中,医院占有重要地位。

据在印度尼西亚的福建籍华侨及其后人说,黄奕住乐于助人,穷时如此,出力帮助别人解决困难,富了以后,乐善好施,既出力又出钱帮助别人解决困难。到印度尼西亚去谋生一时生活无着的福建人,得到过他的帮助的人甚多。他参加中华会馆、中华商会、中华学校的各种帮助贫困华侨华人的活动,特别是在 1910 年任三宝垄慈善堂财政,出资和筹款救济年老无靠的贫侨(事见第四章)。三宝垄当地华侨华人与印度尼西亚土著中的穷困者,也有不少人直接得到过他个人的接济。黄奕住身在异国,但关注祖国受苦受难的穷人。他任三宝垄中华商会的财政,在 1907 年到 1917 年的 11 年

---

① 　黄钦书等:《先府君行实》,存黄萱私人档案和厦门市档案馆。

间,发动过10次向会员募款,救济广东、广西、福建、河南、河北、湖南、山东等地遭受水、旱、地震灾害的同胞。每一次他都慷慨捐款,为人之先。

1919年回国定居以后,黄奕住对慈善事业更加热心。他回国的第2年,华北旱灾,他捐救济款3万元。为此,总统黎元洪于1920年10月13日按例题赠"急公好义"匾额一方。继任总统徐世昌于1921年2月15日颁奖二等大绥嘉禾章,4月10日晋奖二等宝光嘉禾章。1922年,黄奕住捐助福建水灾及其他慈善事业,福建地方长官呈请徐世昌总统题赠"乐善好施"匾额一方。[①]他的乐善好施,如本书第六章所述为母庆寿时,每个穷人可以从他家拿一块银圆。1931年长江大水灾,黄奕住参加商会的赈灾委员会,除自己捐款外,还任募捐委员,从9月22日,逐日在中山路、民国路、厦港、中华路募捐(此时他已64岁)。[②] 这类事迹长期流传在厦门一些老人的口碑中。

黄奕住眼见穷人有病无钱治,有心设立慈善医院。1921年至1922年,他出钱在故乡南安县金淘区下圩牡丹山下建"黄住慈善医院"。他取名"慈善医院",并以自己的姓名冠于其上,就是下定决心将医院作为一件慈善事业来办。如同他在家乡办斗南中学,乡中子弟免费上学一样,他在家乡办的这所医院,是慈善性质的,免费为乡中人治病。为了解决斗南学校和这所医院的常年经费,他建立一笔基金。具体计划是,用这笔基金在南安县城洪濑街购买大片土地,建筑店屋招租,以租金充作斗南学校和黄住慈善医院经费。买下供濑街土地和建成医院房屋后,因匪患,医院未能办成,医院建筑物改作斗南学校的校舍。

黄奕住在故乡南安办慈善医院的计划受挫于匪患,中途停止。但他并未因此而减弱对穷人治病的关心。随后不久,他又在定居地厦门捐助建成两所带有慈善性质的医院:厦门市区的厦门中山医院和鼓浪屿上的鼓浪屿医院。它们是1928年到1931年间黄奕住捐助下办成的两座现代型医院。

---

① 黄奕住:《自订回国大事记》。
② 《江声报》1931年9月20日、1931年9月23日。

1928 年，黄奕住与华侨、厦门大学校长林文庆①等人一起，发起创设中山医院。成立由黄奕住、林文庆等组成的筹备委员会，筹建厦门中山医院。1928 年，其经费来源，一是林文庆从厦门大学医院向新加坡华侨募捐的 7 万余元中拨出一部分，二是联络地方绅商组成募捐委员会，向社会各界募得捐款 6 万余元。1932 年 1 月在今镇海路奠基兴建，年底落成。林文庆任院长。1933 年"5 月先设门诊部，承黄奕住先生捐赠开办费一万元，8 月医院全面开诊，正式开幕，收容病客'。②该院规定，"凡贫寒者"，都给以"优恤免费"。这一举措"素为社会舆论所崇"。该院还附设护士学校，以培养初级护理人员。1988 年，中山医院迁至湖滨南路。

当黄奕住与林文庆发起在厦门市区创设中山医院时，他们认为鼓浪屿上也应该办座医院。便与当地人士商量。大家感到有此需要，并请黄奕住出面倡议。1929 年 3 月，黄奕住中风，在家休养，此事遂由其长子黄钦书负责。1931 年，在三丘田原美国教会开设的宏宁医院旧址上办成"鼓浪屿医院"。经费由归侨、侨眷为主的屿上居民捐赠（后得到缅甸等地华侨的捐款）。1932 年，由黄钦书、林文庆、林遵行等 13 人组成董事会，推举黄钦书为董事长，聘任林遵行为院长。该院规定，凡贫穷者，生病赴院医疗，一律免费，若住院，医药费、伙食费免收。该院于 1948 年迁至福建路 60 号。20 世纪 50 年代与救世医院合并，成为厦门市第二医院③。

从黄奕住看来，创办这两所医院，既是厦门现代化所必需，也是他个人对慈善事业的贡献。

黄奕住对厦门鼓浪屿两个医院的捐助，以及前述新建房屋、新修街道和

---

① 林文庆(1869—1975)，祖籍厦门，生于新加坡。1892 年获英国爱丁堡大学医科学士和外科硕士学位。1893 年回新加坡行医。以后参与创办医学院、橡胶种植园和华侨银行。1912 年回国出任孙中山大总统机要秘书兼医官。1913 年任卫生部总监督。1921 年任厦门大学校长(直到 1937 年)。

② 《纪念碑文》，厦门中山医院董事会敬勒，1935 年 1 月。此碑现存厦门中医院。又《厦门卫生志》，第 52 页。

③ 《厦门华侨志》，第 245～247 页。

图 41　厦门中山医院

自来水使用等等,使厦门环境卫生状况大为改善。在 1912 年至 1921 年的
《厦门海关十年报告》中写道:"关于厦门的卫生环境,港口卫生官员报告说:
'卫生状况尤其难以知晓,人民生活的一般环境,从公众健康的观点看,是很
可悲的。'"①在 1922 至 1931 年的《厦门海关十年报告》中,则是这样描述
的:"在过去十年里,本口岸的健康状况与其他沿海口岸相比,还是较令人满
意的。本地区没有任何较严重的传染性疾病流行。1926 年,厦门发生了相
对轻微的瘟疫和霍乱。但 1929 年后,极少接到有关瘟疫病例的报告,也没
有任何可靠的霍乱病例的报告。每年有少数天花、伤寒和脑膜炎的病例报
告。1930 年秋天,降雨极少,水井近于干涸,伤寒特别流行。1926 年,脑膜
炎病患者人数比往年高,但没有达到流行的程度。"②在短短的十来年中,厦
门的环境卫生状况大为改观了。

　　黄奕住在慈善事业做的事甚多,难以尽述。下举陈泗东所著《幸园笔耕

---

　　① 厦门市志编纂委员会、厦门海关志编委会编:《近代厦门社会经济概况》,厦门:
鹭江出版社,1990 年,第 379 页。
　　② 厦门市志编纂委员会、厦门海关志编委会编:《近代厦门社会经济概况》,厦门:
鹭江出版社,1990 年,第 396 页。

录》二事为例。

"据民国十九年(1930 年)《泉州新桥溪导水工程征信录》载:'1930 年所修新桥工程,捐修者大多是华侨,如厦门黄奕住捐大银 2000 元,泉州黄必趁捐大银 1000 元,都是华侨。'"①在捐款人中,黄奕住捐的最多。

"晋江张林村某年杀军阀孔昭同的军队 10 多人,几被围剿废乡,孔勒索人命钱数万元。张村乡无力付给,由陈仲瑾②出面向当时华侨黄仲训、黄奕住所组织的'华侨救乡会'要求帮助,得到救乡会补助 2 万元,付给孔昭同。"③

十一、图书馆与文化事业

黄奕住因在图书馆建设方面的贡献而常为人称道的,有四件事。一是斗南学校的图书馆,设备之好与图书之多,为福建全省小学之冠。二是为厦门大学图书馆捐赠购书款 3 万元。三是捐助厦门图书馆。四是创设鼓浪屿图书馆。前两件事已在本章第二目、第四目分别记述。这里说说后两件事。

黄奕住回国定居之前,厦门没有图书馆。那时,在鼓浪屿岛上只有两处读报的地方:1897 年设立的位于河仔墘(今泉州路)的鼓浪屿阅报所和 1900 年设立的位于大河墘(今龙头路)的闽南阅报社。这两处地方只有报纸供阅览。在厦门市区,玉屏书院藏书万余册,厦门海关办的博闻书院(已倒塌停办)有图书 6000 余册,紫阳书院藏书若干册。就在黄奕住定居厦门之年,即1919 年,厦门举人、玉屏书院大董(主管院中一切行政)周殿熏倡议设立厦门图书馆,厦门道尹陈培锟赞同,指拨玉屏书院余款为馆费,以文渊井 21 号的玉屏别墅为馆舍,以玉屏书院、紫阳书院、博闻书院现有藏书为基础,成立

---

① 陈泗东:《幸园笔耕录》上,厦门:鹭江出版社,2003 年,第 441 页。

② 陈仲瑾(1879—1963),泉州人,光绪壬寅(1902 年)举人。1910 年参加同盟会。1927—1936 年被聘为泉州商会长。所述之事估计为 1927 年。

③ 陈泗东:《幸园笔耕录》上,厦门:鹭江出版社,2003 年,第 442～443 页。

厦门图书馆,聘周殿熏任馆长(直至 1930 年逝世时为止)。1920 年,周殿熏向厦门社会人士募捐藏书,向厦门富户(包括在上海等外地的厦门籍富商)募捐经费。黄奕住是主要捐款者之一,捐书近万册。周殿熏将募得的经费翻筑一座两层楼房(楼下为藏书室,排列近百个书架,楼上为阅览室,可容百余座位),购置新著新译图书 3000 余册,泉州龚氏祖遗古版(包括宋、元、明、清珍版)2000 余册。厦门图书馆从此初具规模,在全国镇级、县级图书馆中居第一①。目前,在厦门图书馆中,还藏有不少盖着特殊印章的赠书,这些图书都是黄奕住捐赠的。

1924 年,归侨李清泉与中国国民党闽南地区负责人李汉青,在鼓浪屿福建路盐田旅社旧址(今厦门市第二医院旁边)创办一个阅书报室。第二年,在许卓然的资助下,迁址至一座二层楼房,改称"私立鼓浪屿图书馆"。1926 年,北伐军到达厦门后,李汉青任国民党厦门临时市党部筹委会主任。1928 年,李汉青等以"鼓浪屿华人议事会"名义,向工部局交涉接收被南京国民政府枪毙的北洋军驻漳州暂编第一师师长张毅在港仔后的别墅(三层楼房一座),作为该馆的新馆址,由黄奕住、邱明昶(也是华侨)等人成立董事会,外交部交涉员刘光谦兼董事长,黄奕住被选为副董事长(1933 年以后,黄奕住任董事长)。为纪念孙中山的功绩,于该年 5 月 5 日更名为"中山图书馆",李汉青任馆长。开馆时,黄奕住主动捐献图书,凡属商务印书馆出版的而又有存书的,除学校课本外,每种购赠一套或一册,前后近万册,支付书款近 3 万元。《鼓浪屿工部局报告书》写道:"本图书馆创设于 1928 年,最先由缙绅李汉青先生及富商黄奕住先生募捐而创设之。"②这就是将黄奕住视为中山图书馆的创立者之一。从经费方面说,这是符合事实的。

黄奕住在厦门创建与捐助的公共文化事业,除上述图书馆外,还有一些,其中影响较大的是中华戏院。20 世纪 20 年代,厦门已有 20 多万人口,

---

① 郭昆山:《解放前厦门的图书馆》,《厦门文史资料(选辑)》第 10 辑,1986 年。余少文:《周殿薰先生传》,原件存厦门市档案馆。黄奕住捐款据叶更新(1910—1995)口述资料。

② 《鼓浪屿工部局报告书》,中译本,1936 年,原件存厦门市档案馆。

却只有一座比较现代化的思明戏院(今思明电影院)放映电影。该戏院1927年兴建,耗资20万元。1928年,黄奕住嘱中南银行厦门分行筹建一座戏院。1929年建成。地址在中华路(靠近今工人文化宫),取名"中华戏院"。该戏院可以演戏,也可以放映电影。先自行经营,后来由新加坡华侨企业家林秉祥之子林绍裘组织电影公司,以4万元承租该戏院的放映权。这个戏院的建立,对活跃厦门市民的文化生活大有裨益[①]。厦门沦陷后,该戏院被日本人强租去开办鹭江第二影戏院。

十二、修缮古迹

在文化事业方面,除图书馆、戏院外,黄奕住还关心古迹的修缮,诸如修缮泉州开元寺东塔与顺济桥等古迹,他都积极参与。

泉州开元寺东塔建于唐咸通六年(865年),名镇国塔。宋代重建。塔高64.3米,周围57.3米。开元寺西塔建于后梁贞明二年(916年),名仁寿塔,塔高60.3米,周围55.7米。这两座塔均为石塔,上面雕刻160尊佛像和40方佛传故事(这些故事是每内外佛学家研究的热点之一)。东西塔因其历史悠久、规模宏伟和文化含义丰富,成为著名古迹,闻名中外。东塔在明朝景泰七年(1456年)修过一次。在此之后,明万历三十二年(1604年),发生震中在泉州的8级大地震(强度10度)。东西两塔因其结构合乎力学原理,竟基本完好,小有损毁,为时人捐资修好。到20世纪,两塔均因年久失修,有倒塌危险。

1920年左右,泉州僧人转道和尚,本是紫云黄氏裔脉,有兴复开元寺的大志。当他和师弟转物大师游方新加坡时,适遇弘法南洋的名僧圆瑛法师。转道的志向,得到圆瑛法师的全力支持,三人出钵资数万元,于1924年来开

---

① 福建省地方志编纂委员会编:《福建省志·华侨志》,福州:福建人民出版社,1992年,第291页;林金枝、庄为玑编:《近代华侨投资国内企业史资料选辑(福建卷)》,福州:福建人民出版社,1985年,第460～461页。

元寺兴工重建。圆瑛认为工程巨大,必须仰慕檀施。建寺以来,紫云黄氏为檀樾主。因此约泉州黄孙哲,提请黄祝堂出函介绍,同赴鼓浪屿谒见黄仲训、黄奕住、黄秀琅三檀樾,劝请捐资援助,以成圆满公德。三檀樾毅然担荷,由黄仲训兄弟独修法堂,黄奕住独修东塔,黄秀琅独修西塔。由于开元寺工程特殊,为修复保持开元寺的原貌,聘请傅维早工程师专责筹划。1926年冬季开工,至1927年秋,三项工程次第完工,有1300余年历史的泉州开元古寺重新焕发光彩。

黄奕住独修东塔,出资16000元。塔成之后,1929年11月,泉州绅商各界为之在塔内北门入口处勒石立碑(碑身高3米多),以记其事,颂其行。这块石碑至今犹存,其文曰:

> 泉州开元寺为唐黄公守恭舍宅建造。寺东西二塔,东名镇国,始于唐咸通间。明万历年乡先正詹公仰庇重修。历三百余季,复有损坏,塔尖铁链八断其七,势几坠,议修者屡艰于款,辄止。南安黄君奕住仍毅然独任之。始事于民国十五季冬,越年秋告竣。靡金钱万六千。襄其事者,黄公挟扶洎天玑、奕守、紫霞、钟岳四君,寺僧转道、圆瑛、转物,干事林绍文,任工程者傅维早云。
>
> 郡人曾遒记并书
>
> 中华民国己巳年冬月
>
> 泉州绅学商各界立

现在,泉州开元寺是全国重点文物保护单位,一年四季,参观者络绎不绝。

黄奕住捐资修东塔,有其历史渊源。据《江夏紫云黄氏大成宗谱》,黄姓的始祖(一世)为轩辕黄帝子有熊氏之后,名昌意。十世为南陆,讳定,始封黄,食邑于黄,遂以黄为姓。黄地在湖北江夏,故称江夏黄。八十五世黄道隆,居河南光州固始县,为会稽市令。时值汉末乱世,黄道隆弃官入闽。黄礼义在《紫云黄氏宗谱原序》中记载了一个故事:黄道隆之子为黄守恭(据《江夏紫云黄氏大成宗谱》,黄守恭为一百一十二世,生于629年,卒于712年,唐贞观太极间人)。黄守恭为官泉州(另说,黄守恭家中种桑养蚕,为泉

州最早的桑蚕业开拓者，成巨富，有地三百六十庄）。黄守恭家居生病，遍求名医，久治不愈。后为过路僧名匡护禅师治好。该僧向黄守恭求地建寺，黄不给。匡护禅师遂朝来暮往，殷勤日久。黄守恭对匡护禅师说："若欲吾地，待吾后园桑树开莲花。吾将舍地给你。"匡护禅师欢喜而去。第二天，匡护禅师又来，对黄守恭说："你后园的桑树开了莲花，请去观赏。"黄见花，颇不安，欲拂前言。僧飘然而去，并无踪迹。公染病，三年不愈，桑树三年开花不绝。公（按：指黄守恭）叹曰："此僧非常人也。"乃榜贴各街寻之。僧忽自至。公拜曰："前言已发，故所愿也，但未知地要几许?"僧曰："一袈裟影足矣。"公许之。僧以袈裟抛至半

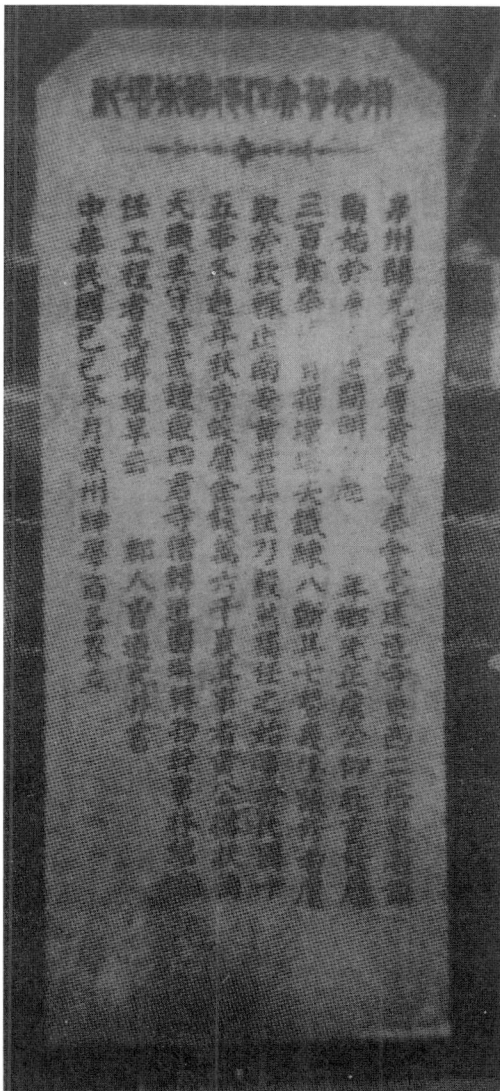

图42 "南安黄奕住独修东塔记"碑

天，三百六十庄地尽行遮荫。黄守恭献地造佛寺，于唐垂拱二年（686年）开始，先后建成莲花寺、兴教寺、龙兴寺（唐开元二十六年，738年，改名开元寺）。因其处常有紫云盖地（另说寺的大殿建成后，忽然天降"紫云盖地"，致

使殿前大庭 1300 余年众草不能繁殖。这一历史悬案,成为 1992 年《飞碟探索》杂志的 UFO 遗址探讨对象),大书"紫云"二字揭于山门。开元寺的土地是黄守恭献的,寺内建檀樾祠(在戒坛殿的左侧,即东边。戒坛殿左右门联为"紫云盖顶""桑莲现瑞",戒坛殿西边有桑莲旧迹,内有树龄 1200 年的桑树一株)。专奉黄守恭的禄位(内有黄守恭塑像,称为桑莲主),遵奉黄守恭及其子孙为檀樾主。此后,黄守恭的后代遂称"紫云黄"或"紫云衍派"。按《江夏紫云黄氏大成宗谱》,黄守恭为一百一十二世,黄奕住为一百五十一世,即黄守恭的第三十八代孙。黄奕住、黄仲训、黄秀琅等重修东塔、西塔和法堂,既保护了古迹,也有祀祖和光宗耀祖之意①。

除泉州开元寺东塔外,黄奕住还捐资泉州的另一古迹顺济桥。据黄则盘说,对于此类修缮文化古迹慈善事业,黄奕住"皆有求必应"②。

十三、归侨的文化心态与遗志

创造财富很难,分配与利用财富更难,因为它体现了人性。在论及黄奕住在教育、文化、卫生、慈善诸事业的关心与捐款时,有必要分析他的捐款动机与文化心态。黄奕住在教育事业方面的大量捐款,在文化事业方面的大

---

① 守恭公舍宅建寺轶事见《泉州开元寺肇基事迹考》,该寺地在城西与长者黄守恭园地毗连,唐垂拱二年丙戌(686 年)2 月 17 日,守恭长者昼寐,梦一僧人魏荡谓曰:"汝园地殊胜,可建大寺。"长者吝之,托词曰:"待园树生白莲花,方可。"僧大喜,称谢建刹,举头不见,但见千手眼菩萨腾空而去。梦醒,而不言,至 19 日,园丁报桑树生白莲花,香远益清,倍感灵异。长者心开意豁。遂于开莲花处建大悲阁,奉千手眼佛像。更择胜处别构正殿是也。有司以瑞奏,赐名莲花寺、长寿寺,改名兴教寺。唐玄宗开元廿二年甲戌(734 年),平章伯颜闻奏,并合百二十支院作一大寺,特赐额勒大开元万寿禅寺。至今九龙牌揭于山门。明洪武廿二年己巳(1389 年),僧惠连重建佛殿。永乐六年戊子(1408 年),主持僧至昌再葺廊庑,增广露台,规模宏敞,殿宇轮兴。今为恭祝圣寿道场。先是佛殿前有紫云盖地、凡草不生之异,故大书紫云二字揭于山门。(摘自《溪黄族谱》,黄敬德:《鼓岛三黄重建开元寺》,《厦门日报》1996 年 11 月 12 日。)

② 黄则盘:《著名华侨黄奕住事迹》,《泉州文史资料》第 10 辑,1982 年。

量捐款，在卫生事业方面的大量捐款，对慈善事业的大量捐款，以及他为黄氏祠堂捐款，为母亲庆寿，修祖墓，对黄家花园及观海别墅的修饰，写《自订回国大事记》等等，都是一种文化行为，一种华侨商人的文化行为，一种华人金融家的文化行为。对于他的这种文化行为的内涵与特征，可以称之为华侨商人文化或华人金融文化。黄奕住的文化行为，就其内涵与心态而言，与其他华人商人或华人金融家基本相同，从而具有典型性。当然，他的文化行为也有鲜明的个性。这种个性与他的出身贫困、到海外几年漂泊流浪、备尝艰苦，晚年回国定居有关。正是这种特殊的经历，使他更加关心通过种种文化行为以提高自己的社会地位，更加突出光宗耀祖和表达孝心，更加显示出对穷人的同情和对教育、慈善事业的关注。正是这种文化心态，使他获得"既会赚钱，更会用钱"的评价。

黄奕住到了晚年，关怀教育事业与慈善事业的拳拳之心，未尝稍减，不仅在世时捐资教育与慈善事业，而且想到身后，他留下的钱也要有一部分用于教育事业与慈善事业。1943年，黄奕住在所立《遗嘱》的前言中写道："余来自田间，深知社会疾苦，赋性质直，见义思为，生平关于教育、慈善诸端赞助，向不后人。亦宜指定专款，俾能继续供(贡)献人群。"他规定：他的遗产，除中德记、墓地等不得分割的房地产，以及祭祀费和遗赠外，提出5%为教育事业经费，5%为慈善事业经费。这些经费"永远不得分割或为其他任何处分"。此项"教育、慈善的遗产，由黄氏子孙推出3人，并延聘地方正式社团代表2人，组织黄奕住公教育基金保管委员会及医院基金保管委员会，订立章程，共同保管并处理之"。将遗产的1/10(其绝对量可是一笔巨款)作为教育基金和医院基金，取其息可以永久地有助于教育、卫生事业。其遗志至为感人。

黄奕住的后人，有执行其遗志，继续其精神并发扬光大者。以斗南小学为例，黄奕住逝世后，儿子们即以黄奕住遗嘱中指定的教育基金利息中支付该校的经费(由"黄聚德堂"负责)。1952年至1955年秋，该堂名义下的国内(银行、工商)企业，先后成为公私合营企业，国外企业受到种种限制，无法调汇，遂从该堂拥有的中南银行股票中拨出8000股(合8万元)，作为学校

基金,另将原校址"黄住慈善医院"楼房捐献给该校,充作校舍之用(1984年办完手续)。1959年该校由政府接办。但黄奕住的子孙们仍予以关心。1995年,黄奕住第十个儿子黄世哲先生捐资10万元,作重建斗南小学主体校舍经费的一部分。1996年,黄奕住的后裔又以黄聚德堂名义捐赠71000元,作为该校教育基金,存本取息,用于奖教助学。

黄奕住留下的教育基金,对厦门地区青少年教育事业的发展也起了积极的作用。1983年,当鼓浪屿有意建设少年宫,开展少年儿童校外音乐教育等活动时,黄奕住的后裔以黄聚德堂的名义赞助30万元,供鼓浪屿少年宫修建艺术楼及添置钢琴等设备。1992年,这所少年宫由于其出色的工作,被评为"全国少年儿童校外教育先进单位"。

图43 鼓浪屿少年宫墙上黄聚德堂捐款碑文

第十五章 ▪ ▪ ▪ ▪ ▪

民族的实业家

只有深明民族大义的人，
才是中华民族的优秀儿女。

一、两个时期不同的社会关系

人是社会关系的总和。每个人在社会上的活动都会形成社会关系。没有一定的社会关系，任何人都无法进行社会活动以达到自己的目的。人的活动是多方面的，人的社会关系也是多方面的。一个人的社会属性，是由他处理这种社会关系的原则、态度决定的。

黄奕住的社会关系，在 51 岁回国定居的前后是不同的。在回国定居前，黄奕住面临的重要社会关系有四个方面。一是与当地居民的关系。二是与华侨华人的关系。三是与荷印殖民政府的关系。四是与祖国人民及政府的关系。从本书的第一章至第五章的叙述中可以看到，他在印度尼西亚的 30 年间，已与当地居民融成一片，娶当地华裔蔡缰娘为妻，两个女儿及其后裔留在印度尼西亚，成了印度尼西亚人民中的成员。他的其他妻妾及子女是中国人。从这个意义上，黄奕住的一家是中国人与印度尼西亚人的结合体。他本人是两国人民结成亲善关系的桥梁。黄奕住与华侨的关系很好，从一位普通的华侨成为侨界领袖之一。他对荷印殖民政府无理掠夺华侨资产的行为切齿痛恨。当荷印殖民政府利诱他加入荷兰国籍时，他以"我

是中国人"作回答,把维护中国国籍置于个人利益之上,并毅然回到中国。他热爱中国,当中国处在清廷统治的时期,他支持以推翻清王朝为目标的孙中山领导的同盟会的革命活动,资助辛亥革命。所有这些,表明黄奕住在回国定居之前,已经是一个深明民族大义的人。

回国定居之后,黄奕住面临的重要社会关系有三个方面。一是与社会各阶层人士的关系。二是与在华外国势力的关系。三是与中国政府的关系。从下面的叙述中,读者可以看出,黄奕住在处理这些关系时,仍然坚持唯义为大,置义于利之先。

二、从期望到失望——与北京民国政府的关系

黄奕住从回国定居到去世,先后经历了两种政府。先是将首都建于北京的民国政府,后是将首都建于南京的国民政府。

黄奕住从1885年出走南洋,到1919回国定居的30多年间,他在南洋活动。其间,只回来几次,目的是探亲。换句话说,在这个时期内,黄奕住的经济活动在国外,与中国政府没有多少直接的关系。1919年回国定居以后,他想从事的经济活动主要在中国土地上展开,而且规模甚大,领域甚多,地域甚广。这样的经济活动要想取得成功,没有中央政府和项目所在地的地方政府的支持,是不可能顺利展开和取得成功的。黄奕住之所以回国定居和把大部分资金调回国内,是想在中国土地上干一番事业,是想摆脱荷印殖民政府的压迫和得到中国政府的支持。

黄奕住回国之初,对北京民国政府支持他办实业寄予厚望。这是因为,黄奕住支持过孙中山领导的推翻清政府的革命活动,支持过辛亥革命。民国政府是辛亥革命的产物。这种民国政府与清朝帝制政府比,是一个很大的进步。黄奕住支持过的一些反清义士参加了辛亥革命后建立的各级政府,一些著名的实业家参加了民国政府。民国政府颁布了一系列鼓励办实业的政策,一系列鼓励华侨回国投资的政策,多次表示对华侨的关心。黄奕

住回国之后,民国政府多次表彰他,表示了对他办实业的重视与支持。这使黄奕住很高兴,并对这种政府产生了好感与期望。

北京民国政府也需要黄奕住。黄奕住能得到北京民国政府的关注,一是他在印度尼西亚的爱国行为以及他回国投资可以影响其他华侨,同时可以显示政府对华侨是关注的,以取得华侨对政府的支持;二是黄奕住是著名华侨富商,将他的钱引入国内,可以活跃国家经济和文教事业;三是他热心公益事业,可以为政府解决一部分困难。正是由于这些原因,在北京民国政府与黄奕住之间,前者首先采取行动。就在黄奕住 1919 年 4 月 29 日回到厦门定居不久,总统黎元洪以黄奕住回国前在印度尼西亚和回国途中在新加坡给多所华侨学校捐赠巨款为由,题写"敬教劝学"四字匾额一方赠给黄奕住。这是黄奕住回国后得到的第一个殊荣。

黄奕住当然知道,这是北京民国政府伸出的表示欢迎和友好的手。第二年,即 1920 年,华北大旱,黄奕住捐款 3 万元赈灾。10 月,总统黎元洪题赠"急公好义"四字匾额一方。因为此次捐款,1921 年 2 月 15 日,继任的徐世昌总统给黄奕住颁奖二等大绶嘉禾勋章,4 月 10 日又晋奖二等大绶宝光嘉禾勋章。黄奕住对自己"叠受荣典",感到非常高兴。

黄奕住振兴中国实业的行动,得到了北京民国政府的大力支持。1921年夏,北京民国政府批准黄奕住创办中南银行,并特许该行有钞票发行权。这对黄奕住是一种鼓舞。他将资金调回中国办实业的积极性更高了。这年夏季,他在上海筹办了日兴商行以经营对外贸易,随后在汉口等地开设分行。秋季,他视察潮汕铁路并投资 19 万元。冬季,着手续办漳厦铁路。积极性之高,甚至在农历正月初一至初五(春节期间,1922 年 1 月 28 日至 2月 1 日)都在视察漳厦铁路。为此铁路,1923 年 11 月到 1924 年 1 月,黄奕住亲自进京。他不仅想办好漳厦铁路,还想修福建全省的铁路,开采龙岩、漳平、宁洋三县的煤矿。经过前后 5 年的交涉,到 1926 年 10 月 12 日,北京民国政府才将准许黄奕住办福建全省铁路特权及在龙岩、漳平、宁洋三县中选择矿区 600 里开采煤矿批文交给黄奕住。在这 5 年中,虽然 1922 年徐世昌总统因黄奕住捐助福建水灾及其他慈善事业而题赠"乐善好施"四字匾额

一方;1926 年,北京民国政府执政段祺瑞因黄奕住"平生多有效劳于国家,奖给一等大绥嘉禾章",北京民国政府多次表彰,频发勋章,继续拉拢黄奕住。但是,正是在这 5 年里,正是在创办中南银行和筹备续办漳厦铁路的过程中,黄奕住逐步认识了北京民国政府无能与腐朽的一面,对它由寄予厚望转为失望。黄奕住抱了那么大的热情与决心,花了那么多的精力,准备承担那样大的投资风险来续办潮汕铁路、漳厦铁路和龙岩等地煤矿,而北京民国政府中各派军阀却为了争权夺利,混战不已,竟将这件利国利民的大好事拖延达 5 年之久。最终都以失败告终,使他损失巨额资本。且在这个过程中,还要向层层官员送礼。黄奕住在《自订回国大事记》1926 年 9 月 15 日条下写道:"此行为漳厦铁路事,在北京及在上海计费去 15000 余元。"黄奕住在《自订回国大事记》中记载他每年都要从厦门到外地去办事,唯此一次记了费用,且数额甚大,自有用意。估计是指给孙传芳、农商部长、交通部长及内阁总理送礼所费的钱。这 15000 余元,仅是一次交涉的费用。5 年中,黄奕住为漳厦铁路及龙岩煤矿事,同从中央到地方的各级官吏打交道,不知有多少次,也不知花去多少钱。就漳厦铁路和龙岩煤矿所在的福建省而言,黄奕住回国定居福建时,统治福建的是北洋军阀李厚基。李厚基,人称"福建王",诸事专制,只图名声与金钱。

1922 年,孙中山所属东路讨伐军许崇智等入闽,赶走李厚基。1923 年,北洋军阀孙传芳入闽主政。孙后来为东南五省联军总司令,福建仍在他的势力范围之内。黄为了办成几项实业,不得不与他们周旋,虚与委蛇,才取得他们的支持。正是这种军阀混战,今天你来,明天我占的情况,使黄奕住因"时局不靖",难办事,甚至办不成事。例如,1924 年 8 月,黄奕住为了漳厦铁路事,要从上海去北京,竟"欲觅轮迂道洛阳转入北京",就是这种迂道计划,也"因江浙战事忽然发生,水陆交通一时俱告断绝,以故北京之行遂不果"。[①] 军阀混战使行路如此之难,办事如此之难,难到令人无法想象。又例如,黄奕住为了解决故乡人患病时缺医少药无钱的困难,出资办黄住慈善

_____

① 黄奕住:《自订回国大事记》。

医院。医院大楼盖好了,为了解决医院常年经费的土地买好了,就因匪患而中途作罢。经过这类事件,黄奕住对辛亥革命后出现的北京民国政府失望了。他的希望仍然寄托在领导辛亥革命的伟人孙中山身上。

三、从支持到厌恶 —— 与南京国民政府的关系

(一)支援北伐军

如前文所述,黄奕住在印度尼西亚经商时,接待过孙中山,资助孙中山领导的同盟会的活动,支持辛亥革命①。黄奕住与在东南亚活动的同盟会主要领导人(其中的很多人后来是中国国民党的一些中坚人物)有往来,有的且关系密切,私交张好。黄奕住对孙中山极为尊重,赞同其主张。他1919年回国定居,投资实业,就与孙中山在这个时期提倡实业建设有关。他参与筹备和捐助的厦门医院命名"中山医院",他参与创办并捐助的鼓浪屿图书馆命名为中山图书馆,都是纪念孙中山的。黄奕住在思想上、政治上始终倾向于孙中山领导的革命势力。1920年,汪精卫到漳州访陈炯明,到鼓浪屿住在黄奕住的家里。② 到了1925年,黄奕住对北京民国政府已经从期望转到失望。该年,汪精卫为国民革命军北伐事来到厦门。因为厦门仍是北洋军阀的势力范围,汪不敢公开活动,而是私访黄奕住,又在黄奕住的观海别墅里住了3天。临走时,录李白诗:"问余何事栖碧山,笑而不答心自

---

① 张兴汉等主编:《华侨华人六观》,广州:暨南大学出版社,1990年,第473页。李盛平主编:《中国近现代人名大辞典》,北京:中国国际广播出版社,1989年,第619页。

② 汪精卫此次住在鼓浪屿,在陈嘉庚:《南侨回忆录》,香港:草原出版社,1979年,第14页中也有记载。

闲。桃花流水渺然去,别有天地非人间。"书赠黄奕住。① 1926 年 10 月 12 日,北京民国政府才把拖了 5 年之久的、准许黄奕住续办漳厦铁路和开采龙岩一带煤矿的批文交到黄奕住手中。此时,何应钦(任总指挥)率领下的国民革命军第一军即将进入福建南部。黄奕住当然知道,在这种两军决战的时刻,这是北京民国政府拉拢人的手段。他当然也知道,北伐军若获得胜利,广州的国民政府不会承认北京民国政府的这纸批文的合法性,他为获得续办漳厦铁路与开采龙岩煤矿之权而进行的 5 年努力与大批经费,可能付之东流。同时,从 1921 年起到 1926 年,北京民国政府已经向中南银行借了大宗款项。这些借款多数虽以外国银行担保,但民国政府垮台,国民党建立的政府必不认账,这大宗贷款将无法收回,也将付之东流。在这种情况下,他仍毅然支持北伐军。何应钦率领的国民革命军第一军于 10 月进入闽南。12 月 9 日占领福州。1927 年 1 月 2 日电厦门商会,借款 50 万元,并派杜忱来接洽。厦门多数商人拒绝支付。13 日,何应钦致电黄奕住,"希照前电拨借 50 万元",并派漳龙政府处长双清到厦门筹募。黄奕住决定自己先垫交 20 万元接济。嗣后何应钦复派专员许卓然、陈亮二人到商会商借北伐费 30 万元,黄奕住又筹借以应,并主动募献草鞋费,以应北伐要需。② 在这几十万元的捐献中,黄奕住的资助占了很大份额。③ 国民革命军准备与进行北伐战争的期间,是黄奕住回国后社会活动最为积极的阶段。

(二)婉辞福建省建设厅厅长的委任

黄奕住由于早在印度尼西亚时就支持同盟会,接待过孙中山等同盟会

① 杨纪波:《观海别墅旧事》,《厦门文史资料(选辑)》第 6 辑,1984 年,第 164～165 页。

② 《何应钦向市商会借款电讯》,《申报》1927 年 1 月 5 日至 2 月 16 日"厦门电",《厦门商会档案史料选编》,第 476～478 页;魏英才:《本会过去工作之回忆》,《厦门市商会复员周年纪念刊》,厦门市商会编印,1947 年 8 月,第 6 页,厦门市档案馆顺序号 025。

③ 张兴汉等编:《华侨华人大观》,广州:暨南大学出版社,1990 年,第 473 页:"北伐战争期间,他(按:指黄奕住)还资助在福建的国民革命军。"

领导人。回国后,在家里接待过汪精卫等国民党要人,资助过蒋介石任总司令的国民革命军。黄奕住的这些行动,说明他对国民革命军及其北伐成功后建立的政府寄托着希望。1927年4月中旬,国民党主持的南京国民政府建立后,又对黄奕住进行拉拢,措施之一便是要他当官。

蒋介石在南京建立国民政府,为了取得资本家阶级的支持以巩固政权,为了有利于筹措军饷,安排一些资本家的代表人物,尤其是著名的银行家,到各级政权中担任某种职务。1927年5月12日,南京国民政府发出电令,委任黄奕住出任福建省政府委员兼建设厅厅长。此事,黄奕住在《自订回国大事记》中有颇为详细的记载,现录之如下:

"5月12日,南京中央政府来电,委余为福建省政府委员兼建设厅长,上海各报均有登载。余以国基甫定,而吾闽秩序尚未十分井然,故不敢就职,而致电敬辞焉。"这段记载反映了南京国民政府对黄奕住颇为殷勤,先是向他直接发委任令,内部通知,同时在报纸上登消息,公开宣布。在黄奕住"致电敬辞"之后,国民政府又要地方行政长官出面劝驾上任。国民政府海军总司令兼福建省政府主席杨树庄邀请黄奕住到福州面谈。杨树庄给黄奕住以特殊的礼遇接待,要黄的好友陈培锟(黄与陈结为金石之交,在鼓山寺建岁寒亭以志友谊)、洪晓春劝他屈就,黄仍"极力敬辞",态度极为坚决。

"5月26日,搭海宁轮赴福州,寓马江之海军联欢社。此行系应海军总司令杨树庄之请。其时,杨总司令兼任省政府主席,欲征余同意出任省委员兼建设厅长。余仍逊谢不敏,极力敬辞。"

"5月30日,游鼓山,登岁寒堂,杨总司令(省政府)陈培锟(财政)厅长、关山秘书长偕行,并派卫队40名保护,足见杨总司令之深情……"

"6月1日,搭海鸿轮回厦。"

"6月12日,蒋介石总司令来电劝购二五库券,①余即认购10万元。"黄

---

① 二五库券是国民政府发行的国内短期债券。用以解决紧急的军费支出需要。以海关二五附加税作担保。1927年5月首次发行,称为"江海关二五附税国库券"。两次发行额共7900万元,由金融业、盐业和其他各业资本家承购。月息七到八厘,于1932年还清本息。

奕住知道,蒋介石要他们这些银行家当官,目标是他们口袋里的钱。蒋介石自己出面致电黄奕住,"劝购二五库券"。一手许以官职,一手要你出钱。这是一拉一压,两手并用。对蒋介石的劝购,黄奕住认购 10 万元。他宁可损财,不就官职。

1927 年 4 月底,蒋介石要中国银行上海分行分期垫付 1000 万元。5月,南京政府发行江海关二五附税库券 3000 万,摊派该行 1000 万元,该行经理傅筱庵不愿认购,蒋介石下令通缉,没收他的财产。摊派华商纱厂联合会认购 50 万元,该会会长荣宗敬表示可认购 25 万元,蒋介石借口荣宗敬曾与孙传芳有交往,便以"甘心依附孙传芳"为名,下令通缉,查封产业。这些事,黄奕住都看在眼中。他明白蒋介石有以武力对付资本家,从资本家手中取钱的一手。

上述记载也反映了蒋介石的南京国民政府对黄奕住的策略是拉打兼施。一方面以官职相拉,如果能拉过来,黄奕住听他们的安排,加入了他们的一伙,黄奕住的钱财和才能都能为他们的统治服务,为他们所用,何乐而不为。所以先期着力于拉。南京国民政府这次拉他当官未成之后,并未就此放弃拉他的想法。1928 年,中国国民党将海外部改为侨务委员会,聘黄奕住为委员。同时,国民政府行政院下设置侨务局,专门办理侨民事务,聘黄奕住为该局的高等顾问。对于这些虚衔,黄奕住的态度是推辞。若推辞不掉,则不参与实事。每逢该委或该局通知开会,黄奕住以事务繁忙,无法分身为由(1929 年他中风之后,便以不能出门为由),或请假,或派黄奕守为代表赴南京开会。[①] 苏大山在《南安奕住黄先生墓志铭》中写道:"君(按:指黄奕住)谦抑为怀,叠受政府二等大绶宝光嘉禾章、一等大绶嘉禾章。而院、部之以顾问、委员征聘者,皆逊谢之。"黄奕住为了不卷入政治漩涡,无论是北京民国政府时期,还是南京国民政府时期,他都愿受殊荣,逊谢虚衔,坚决不当官。

1928 年 10 月 2 日,国民政府海军总司令兼福建省政府主席杨树庄致

---

① 叶燕燕:《致萱姑》,1990 年 4 月 28 日,存黄萱私人档案。

电黄奕住,谓本省正在筹议铁路与银行,请他到福州会商。黄奕住"对以时机未至",不去。黄奕住所说的时机未至,是指南京国民政府此时尚未显示出支持爱国华侨投资铁路建设的诚意。在这方面,黄奕住是有切身体会的。当黄奕住拒绝当福建省建设厅厅长之后,南京国民政府和福建省政府拒不承认黄奕住花了五年时间、大量精力和钱财而获得的续修漳厦铁路和开采龙岩、漳平、宁洋一带煤矿的权利。续修漳厦铁路和开采龙岩等县煤矿的事又一次搁浅。这使福建经济发展丧失了一次良机。1929 年,黄奕住在《自订回国大事记》中写道:"(1926 年)10 月 12 日,领到交通、农商两部特准公文,并由交通部派定估价员 4 人,约于十六年(按:即 1927 年)来厦视察漳厦铁路,估计厂屋、地皮、铁轨材料各价值,然后交盘接办。因是年 11 月党军(按:指国民党领导的北伐军)入闽,此事遂寝,亦殊可惜也。"这对黄奕住从铁路、矿山入手以振兴福建经济的计划是一次致命性的打击,也使黄奕住和过去几年来热心福建铁路等事业的广大闽籍华侨心灰意冷。何况过去是以黄奕住及华侨为主来办,这次是由政府主持,要他去,只是"会商"而已,实际上是要他出钱,为政府办事。

上述记载也反映了黄奕住对南京国民政府拉他当官的基本态度,以"致电敬辞",当面"逊谢不敏,极力敬辞"作答。即既不答应当官,也不得罪当局。这种不得罪当局,只受当局给的虚荣而不当实官,是大多数福建华侨的共同性格。日本军部的一个科长,分析所得调查材料后认为,福建华侨的特性是:"福建华侨在政治上,好戴高帽挂空名,显耀宗族,不好实权,致力于原有职业。"[①]其实这是福建商人守本分,他们在商言商,不从政当官。他们做好本分事,办好企业,经商报国,使国富强,为民服务,不做非本分的事。

黄奕住不愿当官,也不想介入官场的事。他当然知道,一旦当了国民政府的官,就被捆住了手脚,妨碍自己开展经济活动的自主权。只有游离于官场之外,才能保持自己商人的独立身份。这与当时的一些金融资本家主动

---

① 赵家欣:《福建华侨争夺战》,见郑林宽:《福建华侨汇款》,福建省政府秘书处统计室,1940 年,第 139 页。

争取在政府中当官的态度根本不同。

（三）独立的商人

黄奕住的一生，坚持了不当任何政府的官，不参加任何党派组织，以保持独立商人的身份。其所以作这样的选择，与中国的政治局面有关。进入20世纪以后，中国政府更替频繁。特别是黄奕住回国定居前后的那十几年间，今日这个上台，明天那个上台。在此情况下，对于商人来说，不参加任何一届政府，就可以在任何一届政府垮台后仍能营业。如果当了某个政府的官，在这届政府垮台时，他的财产有可能被当作"敌产""官僚资本"而被没收。坚决不当官，是黄奕住采取的一种明智态度。

中国的资本家要保持其独立的或民族的身份，必须在两个方面是独立的。第一，必须是在外国资本家和侵华的外国势力面前是独立的。这种资本家首先必须有中国人的独立人格，不做侵华外国势力的帮凶，敢于与侵华势力斗争，维护中华民族的利益，维护中国人人格的尊严。第二，必须在中国政府和中国统治者面前是独立的。这种资本家不利用政府的权力、不与统治者勾结谋取超经济利益，不当官僚或官僚的附庸。本书所列事实说明，黄奕住在这两个方面都维护了他的独立性。他是一个典型的私人（"民族"）资本家①。

笔者认为黄奕住不当官是一种明智的态度，是从对比中得到出的结论。南京国民政府拉黄奕住当福建省建设厅长，被黄奕住坚决辞谢，便找与黄奕住身份相同即另外的华侨来担任此职（其所以找华侨任此职，是因为福建籍华侨多，这样做，一是为了拉拢华侨，二是为了引进华侨资本搞经济建设，三

---

① 把中国资本主义经济的两个部分称为"官僚资本主义"和"民族资本主义"，把中国资产阶级分为"官僚资产阶级"和"民族资产阶级"，这在政治上或许有其需要与根据。在经济学上，中国资本主义的两个部分或两种形态是国家资本主义和私人资本主义，中国的资本家按其资本的多少可分为大、中、小，按其行业可分为工业资本家、商业资本家、金融资本家，如此等等。

是利用华侨搞经济的经验与才能）。首先物色的是菲律宾华侨、留美学者黄孟珪。黄担任建设厅长后，尽心尽力，因受环境限制，成就不大。在黄孟珪之后是同盟会东南亚地区的负责人之一、新加坡华侨资本家陈楚楠。他于1921 年回到家乡福建省，后任福建省政府委员兼实业厅长。在任职之初，他有为福建的经济建设和开发干一番事业的雄心，计划开设银行，开发矿藏资源等。黄奕住积极响应，支持最力。陈楚楠也因与黄孟珪同样的原因，成就不大，于 1931 年辞职（1933 年回新加坡经商）。接任的是黄奕住的好友、菲律宾中华总商会会长、福建籍华侨李清泉（被任命为福建省府委员兼省建设委员会常务委员、漳龙路矿筹备委员会委员）。[①] 李清泉上任后，积极筹划和投资进行建设工作。但恰值此时，发生了"闽变事件"。李清泉不愿卷入政治斗争漩涡，遂返菲律宾。"闽变事件"过后，国民政府虽约请李清泉继续担任福建省府委员等职，但仍以商务离不开身为借口，婉辞不任。[②] 事实证明，华侨企业家在国内当官，难有成就。黄奕住不出任建设厅厅长是一个明智的决策，因为，在当时的环境里，出任了也是干不出什么成绩来的。

（四）支持与依靠

1927 年 4 月蒋介石建立南京国民政府以后，那时资本家阶级的政治态度，按照毛泽东的说法是："参加过在 1924 年至 1927 年的革命，随后又为这个革命的火焰所吓坏，站到人民的敌人即蒋介石集团那一方面去了。"[③]黄奕住在 1924 年至 1927 年间，积极支持北伐战争，也就是积极支持民主革命，积极支持这个时期的中国国民党。1927 年 4 月南京国民政府成立以后，从黄奕住的行动和在《自订回国大事记》中记事的语气来看，对南京国民

---

① 《菲律宾岷里拉中华商会三十周年纪念刊》甲，第 155～156 页。

② 蔡仁龙主编：《东南亚著名华侨华人传》第 1 辑，北京：海洋出版社，1988 年，第66 页。

③ 毛泽东：《论反对日本帝国主义的策略》，《毛泽东选集》第 1 卷，北京：人民出版社，1991 年，第 144 页。

政府委任他为福建省政府委员兼建设厅厅长，他虽坚辞，但情绪是高兴的。对蒋介石向他"劝购二五库券"，他认购了10万元。10万元可办一个中等规模的钱庄或一个中型工厂。这次二五库券总额是3000万元，黄奕住一人认购10万元，占总额的1/300。总之，10万元不是一个小数目。这件事表明在南京国民政府成立之初，黄奕住对它是支持的。

除了经济上的支持，还有政治上的支持。下面的一封由厦门总商会3位主席署名的电报，即是政治上支持之一例。

> 此端一启，列邦踵起效尤，环顾全球，宁有中华民族立足地耶？是本党所倡打倒帝国主义，废除不平等条约等，均成泡影，而洛凯格非战公约顿成废纸矣。伏恳秉承总理遗教，以抗强暴之侵略，无条件收回中东路一切主权，并严密防备，杜彼狡谋。职会谨领率全厦商民作政府后盾，恳切陈辞，伏乞亮察。厦门总商会主席洪鸿儒、陈瑞清、黄奕住叩。东（1929年7月1日）①

这封电报是声援中国政府及执政的中国国民党从苏联手中收回中东铁路主权的决策。这次声援收回中东铁路主权，如同黄奕住等厦门总商会领导人致电国务院外交部，要求从英国手中收回海后滩主权一样，都属于向侵犯中国主权的外国收回国家的主权，是一种维护民族利益的正义举动。这类举动，正是黄奕住等人具有民族资本家性格的表现。

黄奕住等人对南京国民政府予以支持，当然是希望这个政府能成为私人工商业者的依靠，希望这个政府能保护他们的利益。当1928年底裁撤厘金之时，厦门地方政府突然增加数十种特种消费税。为此，以洪鸿儒、陈瑞清、黄奕住为主席的厦门总商会，于1929年1月22日，以"厦门总商会"名义，致电国民政府主席蒋介石、财政部长宋子文、工商部长孔祥熙，要求停止征收特种消费税。② 在经过近一年的交涉未获结果的情况下，1929年10月16日，洪鸿儒、陈瑞清、黄奕住又以"厦门总商会主席"名义，致电蒋介石、宋

---

① 厦门总商会编：《厦门商会档案史料选编》，厦门：鹭江出版社，1993年，第45页。

② 厦门总商会编：《厦门商会档案史料选编》，厦门：鹭江出版社，1993年，第220～221页。

子文、孔祥熙。电文如下：

> 国民政府蒋主席、财政部长宋部长、工商部长孔部长钧鉴：查特种消费税为关税未加前抵补厘金之过渡税。关税既加，自无设立之理由，故自闽、浙、皖、赣、苏等五省消费税发表，各地商会即据理力争，请求撤销，并由钧部（财政部）函复全国商会联合会，拟再召集裁厘会议从长讨论在案。是该税在财部未再召会集议以前无征税之可能，理至明显。讵闽财政特派员藐视法令，委员包办各种消费税，强迫征收。迭经职会据理抗争，嗣由官商协议设立抵补厘金之厦门临时特税为消费税之变通办法，各种货物悉仍厘金课税，厦商已属仰体政府苦衷，忍痛负担。乃闽财政特派员近竟变本加厉，于商民缴纳特税而后复委员到厦包办竹、木、海味等消费税局，坠政府之威信，剥民众之脂膏，殊堪痛恨，务恳钧座饬财政部（钧部、钧部转咨财政部）严令制止，迅饬闽财政特派员公署撤销厦门竹、木、海味等消费税，以维法令而安工商业。临电曷胜祷企之至。厦门总商会主席洪鸿儒、陈瑞清、黄奕住叩。谏。[①]

黄奕住等人向国民政府控告它的福建省政府苛征税收，当然不会有结果。这类事使黄奕住逐渐地感到对国民政府不能寄予期望。

（五）避之犹感痛苦

黄奕住对南京国民政府成立的高兴情绪与支持态度并没有保持多久。这种转变，有他个人的特殊原因，也有与大多数资本家相同的一般原因。他的特殊原因是他为了续修漳厦铁路与开采龙岩等地煤矿，努力了 5 年之久，刚获得开采权，因国民"党军入闽，此事遂寝，此殊可惜也"。他与大多数资本家相同的一般原因，主要是国民政府对资本家阶级的态度与政策。按照美国学者小科布尔的说法，中国的资本家阶级支持中国国民革命军的北伐战争，这支军队的总司令蒋介石在夺得军事胜利并在南京、上海等城市建立

---

① 厦门总商会编：《厦门商会档案史料选编》，厦门：鹭江出版社，1993 年，第 223 页。

国民政府之后,希望拉拢附和己意的资本家参加政府,利用他们以取得资本家阶级的支持。一部分资本家大声疾呼要在政府中直接有自己的代表,希望这个政府能维护他们的利益。这里就产生了控制与反控制、利用与反利用的冲突。冲突的结果,是蒋介石利用军事政府的力量和分化瓦解的策略,很快地就制服了这批资本家,使他们处于政府支配下。蒋介石为了制服资本家,在上海采取强硬手段逼使资本家认购数额庞大的公债,与流氓组织青帮勾结,采用绑架银行家、商人及其亲属以勒索赎金等手段,使资本家不敢公开活动,以削减其政治作用①。

1927 年 3 月 31 日,上海银行总经理陈光甫被蒋介石委任为江苏兼上海财政委员会主任,陈即从上海银钱业借出 300 万元,作为上海商人给蒋介石的第一笔垫钱。4 月 25 日又给蒋介石第二笔垫款 300 万元。

1927 年 5 月,南京国民政府委任黄奕住为福建省政府委员兼建设厅厅长,黄奕住婉辞不就职。1928 年 10 月,南京国民政府海军总司令兼福建省政府主席杨树庄邀黄奕住到福会商铁路及银行事,黄奕住"对以时机未至",不去。黄奕住不去福州参加会商福建铁路与银行的行动,已不是不当官的问题,而是在实业问题上也与蒋介石的国民政府采取不合作的态度。黄奕住既不接受南京国民政府委任的官职,又不参与它所筹议的实业计划,虽然保持了自己的独立性,但却不为蒋介石的政府所容许。蒋介石的目的是要所有的大资本家屈服于他,在他的控制下发展,为他所利用。当蒋介石对黄奕住经过一年半左右的以拉为主的手段,知道黄奕住不愿上自己的船、成为"自己的人"之后,便将黄奕住视为异己。拉不成,打的一手就来了。打击的手段,正如上文引小科布尔说,主要两种:一是以武力为威胁摊派公债,二是支持青帮搞绑架。

先说采取强硬手段迫使黄奕住认购数额庞大的公债。除前述 1927 年 6 月 12 日蒋介石本人致电黄奕住劝购二五库券,黄认购 10 万元以后,蒋介

---

① [美]小科布尔著,杨希孟、武莲珍译:《上海资本家与国民党政府(1927—1937)》,北京:中国社会科学出版社,1988 年,第 41~43 页。

石政府强制黄奕住及其所投资的企业,总共认购了多少公债,现在还未统计出来。笔者见到厦门《江声报》1930 年 8 月 30 日的一则报道,颇能说明问题,全文如下:"前省府摊派厦门商会负担剿共公债 30 万元,商会屡次集议,终以数目太巨,难以筹措。而省府一再催迫,今日并遣特派员黄振武来厦,会同公安局,采取直接分摊到户的办法。钱庄公会及黄奕住各派 5 万元,黄超群、黄世金、电灯公司、王玉琛各派 2 万元,泰利公司、自来水公司、李民兴信局、蒋以清、洪晓春、邱世定、惠济堂等各派 1000 元至 5000 元等。合计已强派 20 余万元,其余将向各途商摊派。"在这个账单中,黄奕住个人名义下 5 万元。自来水公司名下的一份,40% 由黄奕住负担。电灯公司里也有黄奕住的股份。钱庄公会出的 5 万元中,黄奕住的日兴银庄是该公会成员中资本额最大的一家,所占份额自然不会小。所以 20 余万元公债中,黄奕住占了 1/4 以上。1927 年那次"劝购"公债,是总司令直接打电报给黄奕住本人,这次是特派员会同公安局直接分摊到黄奕住本人及其所办企业户下,都是以武力相威胁。

国民政府不仅要黄奕住本人及其所属企业认购公债,还以这些公债为抵押品,向中南银行借款。据前引刘效白《侨商中南银行》一文所载,国民政府财政部以统一公债作抵押,向中南银行借款 500 万元。拖至抗日战争胜利后,该部以贬了值的法币 500 万元来还债。中南银行拒绝这种还账方法,结果欠款始终挂在账上,成了死账。这 500 万元,等于中南银行开办时实收资本总额。可见国民政府对黄奕住等金融资本家掠夺之严重程度。

再说蒋介石与青帮勾结,对黄奕住进行绑架。1928 年 10 月 2 日黄奕住不到福州开会,即表示不与当局合作。4 天之后,即 12 月 6 日,黄奕住由香港赴沪。1929 年 1 月 11 日离沪返厦。"此行到沪,居于中南银行楼上计 35 天,因上海绑风甚盛,故未敢出门,颇感痛苦!"[①]黄奕住对蒋介石要向他下毒手,有预感,并采取了预防措施。一是雇用 6 名印度保镖,随时跟在身边。二是到上海时住在租界内的中南银行楼上,闭门不出。以此躲过了被

---

① 黄奕住:《自订回国大事记》。

绑架的厄运。由于到上海没有安全感，不能外出活动，黄奕住自此以后，很长时间没去上海。

在上海恐怖状况下生活了35天，黄奕住精神上的紧张与痛苦感，影响了他的健康。离开上海之后50天，1929年3月1日，61岁的黄奕住轻度脑溢血，因医治及时，至3月中旬，始能扶杖而行。"4月1日，摄影遍赠亲朋，以慰众念。自此以后，余（按：黄奕住）在静养中，遂少出门酬应也。"①黄奕住此举实际上是向社会宣布，他隐居了。

就在这一年即1929年的4月，蒋介石强行改组上海总商会。11月解散上海公共租界和法租界的上海各路商界总联合会，规定商会要遵守各地国民党党部的指导，接受各地政府的管辖，所有商会会员必须信仰三民主义。② 此时，黄奕住以中风养病为由，辞掉了厦门总商会会长的工作。

常言道："惹不起，总躲得起吧。"对蒋介石的国民政府"打"的一手，无权的黄奕住无可奈何，只能采取躲的办法。

黄奕住本人能躲在厦门，但他在上海等地办了中南银行和日兴贸易行等一批企业，需要有人代表他去管理。这些代表中最主要的一个，是在上海任中南银行协理的第3个儿子黄浴沂。为了儿子的安全，黄奕住为黄浴沂配了4个保镖，轮流保卫。即使如此，仍未能躲过蒋介石的暗算。1930年5月27日夜，黄浴沂被上海青帮绑架了。直到7月7日，出了30万银圆才赎回。1978年，时年80岁的黄浴沂在《黄浴沂回忆录》中写道：

> 1930年夏间，不幸被绑去，被监禁52天之久（即阴历四月二十九至六月二十二日夜）。可谓一生中之生死难关也。当祸时，保镖中2人中1人被当场枪杀死，1人幸只受轻伤，而车夫亦被枪杀死。及至谈妥赎款时，再送交款后，又被贼将送款人杀死。款被收去。真是反复无信也。嗟呼，因吾之事而致有3人送生，真是大难大祸，不堪言状也。余因遇此恐怖，事后精神大受震惊，神经仿佛，必须静养，故暂回鼓浪屿休

---

① 黄奕住：《自订回国大事记》。

② ［美］小科布尔著，杨希孟、武莲珍译：《上海资本家与国民党政府（1927—1937）》，北京：中国社会科学出版社，1988年，第71～72页。

养半年。至 1931 年春间再回银行工作。为安全计,只得住在银行大厦六楼,每日工作后即上楼休息。

在银行楼上共住 6 年之久。虽然安全,但精神上如被囚禁一样,颇为痛苦。[①]

自 1928 年蒋介石的国民政府对黄奕住从以拉为主转向以打为主之后,这个政府打向黄奕住是一拳接着一拳,打得黄奕住不断地认购公债,在经济上损财,打得黄奕住及其一家人躲躲避避,在国内不能公开参加社会活动。

蒋介石的绑架行为,使黄奕住对蒋介石、南京国民政府及其治理下的社会,产生了一种恐惧和厌恶的情感。他对中国的军阀、官僚的厌恶情感,可以从一件小事上反映出来。他回国以后,孙传芳、汪精卫、杨树庄等人送他大幅照片或画像。他将这些照片和画像放在一间既小又黑的房间里,并风趣地说:"我把他们关起来!""关起来",意即"关班房",让他们坐牢。

黄奕住因在荷印受殖民政府的欺凌,毅然回国。他以为回到中国就像回到了母亲的怀抱里那样,温暖宁静,从而满怀热情地为祖国经济建设献资献智。他万万没有想到,荷印殖民政府要的是他的钱,而祖国的政府却不仅要他的钱,还要他的命,使他连人身安全的保障和参加社会活动的自由也被剥夺了。在封建残余严重,从而不尊重人权的中国政府治理下生活,令黄奕住父子感到恐惧,痛苦,被压抑得喘不过气来。

可是,蒋介石及其主持的南京国民政府对黄奕住的打击却未就此止步。1935 年 11 月,南京国民政府为了建立金融垄断,实行法币政策,发行纸币(法币),将黄金白银收归国有。纸币统一由南京国民政府控制的中央银行、中国银行、交通银行(后来增加中国农民银行)发行,收回历届政府给予的某些商业银行的钞票发行权。于是,中南银行的钞票发行权被取消,四行准备库宣告结束,四行准备库中的准备金几百万银圆,交给中央银行,从中央银行换回相应数额的纸币。纸币的发行权操纵在南京国民政府手中,中南银行的部分命运也就掌握在南京国民政府手中。1938 年秋任中南银行总经

---

① 黄浴沂:《先父黄奕住传略》。

理的黄浴沂在《黄浴沂回忆录》中写道："至1937年秋间中日大战发生,所有
银行之业务只得紧缩……国币(按:指法币)因战事暴跌,所幸本行手内有数
间纱厂可以投资,不然不堪设想矣。"①中南银行的营业因此处于窘境,黄奕
住的财产也受到重大损失。1935年11月以后,中南银行以及黄奕住所经
营的事业急剧地转向走下坡路。本书第九章说过,1934年8月厦门日兴银
庄结束营业时,是中南银行代为清理的。据1991年10月10日,黄浴沂写
给黄萱的信中说:"在中日战争发生时,已欠200多万。在战争期间再加欠
利息等,至1943、1944年时,咱积欠(中南)银行四五百万元。当时,余即向
父亲大人提议结束此笔账,因为咱投入资本不到500万(元),而咱欠款已至
四五百万,甚为难看。故咱即将中兴银行股票额50万比绍(索),卖与中国
银行,得600多万(元),还清此笔债,尚多出几十万元。"②这就是说,黄奕住
在国内导致的亏损,是靠卖投资国外金融机构的股票所得来补偿的。

(六)两届政府的比较

比较一下北京民国政府和南京国民政府对黄奕住的态度,颇有意思。
这两个政府在经济上都向中南银行借过款,最后不了了之,使黄奕住受到重
大损失。在政治上都"拉"过黄奕住。前者的手段是题赠匾额和勋章,都是
虚荣。后者既给省政府委员兼建设厅厅长一类的官职,也给高等顾问一类
虚衔。从拉的方面说,南京国民政府投入大,力度大。可黄奕住以受虚衔为
荣,不就实职。从对黄奕住的事业来说,前者给中南银行以发行钞票的特
权,后者却收回它的这个特权;前者决定给黄奕住等华侨续修漳厦铁路、修
筑福建全省铁路与开采龙岩一带煤矿之权,后者则否定这项决定。前者对
黄奕住颇为客气,只拉未打,后者既拉又打,直到以绑架手段威胁其人身安
全。黄奕住在国内的经济的事业,在前者的统治下发展较为顺利,在后者的

---

① 黄浴沂:《先父黄奕住传略》。
② 黄浴沂致黄萱函(1991年10月10日),存黄萱私人档案。

统治下是处境艰难。从黄奕住的亲身体会而言，对华侨回国投资经济建设事业，南京国民政府不如北京民国政府。可是，黄奕住却曾支持国民革命军去打倒北京民国政府和建立南京国民政府。当黄奕住希望中国从专制走向民主，怀着满腔的热情，捐了大量的钱，去支持国民革命军以打倒北京民国政府时，自然不会想到会是这样的结果。历史常常捉弄人，和人们的主观愿望开玩笑。黄奕住的遭遇，只是历史上常见现象的事例之一。

中国国民党领导的南京国民政府之所以对黄奕住既拉又打，先拉后打，是从控制黄奕住所支配的企业，以维持一党统治出发的。实际上是为了维持这个政权、这个党中居于核心地位的为数不多的几个人、几个家族（常称"四大家族"）的长期统治。而不是从团结和调动包括华侨在内的全国人民积极性，调动各种经济成分的积极性，以发展中国经济，改善人民生活出发。其结果，不利于华侨资本流入中国，不利于中国经济的发展。从黄奕住这个人的具体事例而言，这首先表现在黄奕住所掌握的资本的流向上。当 1924 年至 1926 年黄奕住表示独资续办漳厦铁路、修筑福建全省铁路及龙岩一带煤矿时，他是有这种财力的。从他的遗产目录及现在已知的他在国外的投资和资产，为数甚巨（其中仅昆郎沙里的一块地产，买价为 40 万盾，1918 年值 500 万，1928 年值新加坡铢 200 万元）。可惜南京国民政府否定了北京民国政府授予他的这个权利。从 1927 年到 1929 年 3 月中风，他的几次出行，只有一次是到上海，其余是去香港、菲律宾、新加坡和印度尼西亚。他的投资眼光可能已由国内转到国外和香港了。

其次，表现黄奕住在华侨中的影响上。在回国参加经济领域建设活动的华侨中，黄奕住是最有影响的人物之一。这可从下列两事得到证明。1919 年 12 月，在菲律宾马尼拉召集华侨开会，倡办中兴银行，他"首先认股100 万元以为之倡，诸华侨极形踊跃，1 日之间，认股达 600 万元，该银行遂以告成焉"。[①] 这是在国外之例。在国内，1926 年 3 月，菲律宾华侨发起救乡运动，在厦门鼓浪屿黄奕住的家中开临时大会。黄奕住提议续办漳厦铁

---

① 黄浴沂：《先父黄奕住传略》。

路,接抵龙岩,以利交通。大家都说敷设铁路为救乡根本要图,即经全体通过,并公推筹务委员 11 人,以黄奕住为主席。筹备处也设在黄奕住家中。黄奕住之所以有如此地位,如此影响,这不仅因为他回国投资数额大,他本人也回国定居,还由于他有经济才能,热心祖国的经济建设。况且他在华侨中有极好的信誉,早已是侨界领袖之一。在这样的情况下,恐怖统治使黄奕住感到"甚为痛苦",就会使广大华侨感到甚为痛苦。打击黄奕住回国投资的积极性,就是打击华侨回国投资的积极性。所以当南京国民政府对黄奕住的态度从拉转入打以后,华侨特别是闽籍华侨回国投资数额,由增多变为减少,菲律宾侨领李清泉在一度担任蔡廷锴入闽时的福建省政府委员,之后南京国民政府约请他继续担任此职,他和黄奕住以往对待此种约请的态度一样,致电敬辞。多数华侨对南京国民政府的态度,由支持到疏远。对南京国民政府来说,打击黄奕住,无论是经济影响还是政治影响,都不好。从维护一党统治出发的华侨政策,其后果也只能是这样的。

四、私交活动

(一)商 界

黄奕住的私交涉及的范围,主要取决于他社会活动的领域。黄奕住的社会活动,基本在经济领域,包括国内商业、对外贸易、金融、工业、交通、房地产等等,当时统称为"商"。

经商是赚钱的事业。还有一种无偿用钱的事业,可以统称公益事业。黄奕住在这两个方面的活动,主要是通过在一定的组织内担任某种职务而展开的。

黄奕住回国定居后,在国外继续担任印度尼西亚黄日兴股份公司董事长,新加坡华侨银行董事,菲律宾中兴银行董事等职;在国内,则是中南银行、太平保险公司和厦门自来水公司等他所投资的公司、工厂的董事、董事

长,厦门总商会会长,漳厦铁路筹备委员会主席等职。通过这些职务,他与国内外,主要是东南亚的闽籍华侨商人,上海、厦门等地金融界、外贸界商人,建立起广泛的联系。他在国内外有许多商界的朋友。黄奕住居住在厦门,这里以他和厦门商界的洪鸿儒的关系为例。

洪鸿儒,字晓春,福建同安人。在厦门经商,为人正直,能诗善文。1915年,林尔嘉组织菽庄吟社,周殿熏、苏大山(苏浦)、陈培锟、洪鸿儒等都是该社的主要成员。洪鸿儒在厦门商界有很高的威望。黄奕住回国定居厦门时,洪鸿儒已是厦门商界的领袖之一。他于1921年任厦门总商会第六届会长。第七届连任。1925年5月厦门总商会换届选举,黄奕住被选为第八届会长,洪鸿儒为副会长。1926年,由黄奕住出资4000元,洪鸿儒和陈培锟(时任福建省财政厅厅长)各出资1000元,在福州鼓山兴建岁寒堂,以崇祀"三人之先严慈禄位者。因取松梅竹岁寒三友之义,故以岁寒名堂"[1]。这颇有"桃园三结义"的味道。该堂于1926年8月15日动工,1936年7月12日举行落成典礼。[2]

如果说陈培锟是黄奕住在政界的最好朋友,那么洪鸿儒则是他在商界的同志。他们两人同是厦门商界的领袖。1929年厦门总商会换届选举。其时,黄奕住中风养病,坚辞会长一职。经过商议,选举黄奕住、洪鸿儒、陈瑞清三人为会长,实行集体领导,实际上是洪鸿儒主持工作。

洪鸿儒与黄奕住在组织、领导商人发展工商业,反对帝国主义侵略,维护民族利益上,志同道合。在他们的领导和影响下,厦门工商业在20世纪

---

[1]　黄奕住:《自订回国大事记》。

[2]　有的文献中又称为"岁寒楼"或"岁寒三友阁"。《厦门工商界的楷模——黄奕住》:"1936年7月12日,鼓山涌泉寺举行新景点'回龙阁''岁寒楼'落成典礼。该'阁'与'楼'的全部经费,都是由黄奕住独自承担。"《西窗剪烛忆先贤——追记福建近代名人陈培锟》:"福州鼓山龙阁系清末鼓山住持妙莲应召入京干觐西太后和皇帝,被封为国师并赐紫袈裟回山后建的双层楼阁。此阁于1934年毁于火,后由陈培锟等募款重建。重建之新阁高三层,为单檐歇山顶建筑,前临放生池,飞阁流丹,美不胜收。鼓山上涌泉寺旁。曾有一所'岁寒三友阁',三友指:萨镇冰、黄奕住、陈培锟。"三友为黄奕住与陈培锟、洪鸿儒。这里说:萨镇冰、黄奕住、陈培锟,误。

20 年代有很大的发展,商界开展了一系列反对帝国主义侵略的活动。1938
年厦门沦陷之前,洪鸿儒离别卧病在床的妻子,带了其他家人和一千多名群
众搭轮去香港(黄奕住亦同时移居香港,后去上海租界),并电请香港商会、
福建同乡会设法安置难民,免致流离失所。由于洪鸿儒威望甚高,日寇妄图
加以利用,当他在港住旅社时,日本特务泽重信专程赶去,对洪老先生鞠躬
作揖,称奉命特地邀他返厦出任厦门市长,极尽利诱之能事,进而以其在厦
妻儿的安危相威胁。一次二次,纠缠不休。洪鸿儒为了摆脱日敌,急忙率领
家人避居越南西贡,以后又只身逃往新加坡,最后在马来亚马六甲被日寇逮
捕,囚禁狱中。但他始终大义凛然,坚决不为高官利禄引诱,誓不充当傀儡,
坚定地与日寇周旋到底,表现出中华民族坚贞不屈的民族气节和高贵品质。
抗战胜利后,国民政府赐以"忠贞爱国"匾额,以褒盛德①。

　　黄奕住早就受到日本人的纠缠,并要他入日本籍。前文说过,黄奕住在
印度尼西亚时,荷兰殖民政府威胁、利诱他加入荷兰籍,他拒绝。日本驻巴
达维亚(雅加达)的领事利诱他加入日本籍,他也拒绝。回国后,日本驻中国
厦门的领事又多次劝他入日本籍,黄奕住再次拒绝。黄奕住视中国国籍重
如山。中国的资本家并非每一个人都有如此态度。

(二)政　界

　　黄奕住对北京民国政府从期望到失望,到支持打倒北京民国政府的北
伐军。黄奕住对南京国民政府从支持到厌恶,到站在反对国民政府的力量
一边。这些都是对某个政府的态度。至于对政府中的官员,黄奕住则视其
个人的品质而定自己与之交往的态度,他在厌恶北京民国政府或南京国民
政府时,却与其中的某些官员私交极好。这里以他与陈培锟的关系为例。

　　黄奕住回国定居厦门时,厦门道尹是陈培锟(字韵珊,福建闽侯人)。陈
培锟后来调任福建省财政厅厅长。对黄奕住事业的开展来说,陈培锟是个

---

①　厦门华侨志编纂委员会:《厦门华侨志》,厦门:鹭江出版社,1991 年,第 402 页。

关键人物。黄奕住需要陈培锟的支持。陈培锟的文化修养颇好,有见识和事业心,想充分发挥黄奕住的资金与经济才干的作用,开发厦门、闽南和福建的经济。陈培锟诚心支持黄奕住的经济活动。从黄奕住回国定居时起,他就帮助黄奕住建立与福建省政府及北京中央政府的关系。上文所说的总统黎元洪1919年给黄奕住题赠"敬教劝学"匾额,1920年题赠"急公好义"匾额;继任总统徐世昌1921年2月颁奖二等大绶嘉禾章,4月晋奖二等大绶宝光嘉禾章,1922年题赠"乐善好施"匾额,1926年执政的段祺瑞奖给一等大绶嘉禾章,都与陈培锟呈报黄奕住事迹与动议奖励有关。这在黄奕住《自订回国大事记》中有所反映。如该《大事记》1921年4月10日条,"又蒙徐大总统晋奖二等大绶宝光嘉禾章。余之叠受荣典,乃余上年华北旱灾,厦门道尹陈培锟向余募捐赈济,余乐为捐助3万元,故例给匾额外,陈道尹另呈请徐大总统奖给勋章,用示奖励焉"。1922年,"是年捐助本省水灾及其他慈善事业,故当地长官又呈徐大总统题赠'乐善好施'四字匾额一方"。

陈培锟支持黄奕住在厦门、在福建办实业,振兴地方经济,黄奕住也信赖陈培锟,一些大额投资项目请陈培锟代他与中央政府联系。为了福建实业的发展,陈培锟这位财政厅长亦乐意亲自奔走。为了续修漳厦铁路和开采龙岩一带的煤矿,1926年8月下旬,陈培锟到上海,与从厦门到上海的黄奕住会合后,接到北京民国政府内阁总理杜锡珪催促他们上北京的电报。9月13日,他们两人到达南京,取得东南五省联军总司令孙传芳的同意,14日欲从南京去北京时,黄奕住"因上海尚有要事,乃搭快车返沪,对农商部接洽事宜,即委托陈培锟厅长为代表,即日由津浦铁路迳赴北京"。陈培锟在北京与交通部、农商部及内阁接洽,历20余天,最终获得批准,把事情办成①。

南京国民政府成立后,在新的福建省政府中,陈培锟继续担任财政厅厅长。在南京国民政府委任黄奕住为福建省政府建设厅厅长和黄一再辞谢的过程中,陈培锟从中做了不少工作。

---

① 黄奕住:《自订回国大事记》。

(三)学　界

黄奕住与学界的关系,主要是通过积极办学和向学校捐款建立的。

黄奕住在印度尼西亚热心华侨教育。当黄炎培到东南亚考察华侨教育时,他们相识了。黄奕住因黄炎培的介绍而认识史量才,因史量才的介绍而找到胡笔江,黄奕住因此得到了创办中南银行的专门人才。黄奕住从这类事中懂得结识学界朋友对自己商业活动的好处。对于一个企业家来说,这种关系是不可缺少的。

黄奕住从资助三宝垄华侨学校开始,走上了给国内外华侨学校、厦门中小学和全国几所著名大学捐献巨款之路。他由此被列入这些学校的董事、名誉董事的名单之中,成为这些学校校长的朋友。看看黄奕住捐了巨款的那些学校董事的名单,便能看到黄奕住的名字与蔡元培、黄炎培、张謇、林文庆、李登辉等等学界名流并列。人们很容易想到,他与这些学界名流并肩而坐,共商办学大事。他在学界的朋友既众多,层次又高。其中,与江苏省教育司长、暨南学堂筹备员黄炎培,复旦大学校长李登辉,厦门大学校长林文庆等的关系尤为密切。黄奕住与黄炎培的关系,本书前面已有说明。这里只简要地介绍黄奕住与林文庆、李登辉的关系。

林文庆,1869 年生于新加坡,祖籍厦门。在英国获博士学位。新加坡学界领袖,也是华侨领袖之一。20 世纪之初,黄奕住在新加坡设有日兴商行分行,常到新加坡从事商业活动,与林文庆相识。1912 年至 1919 年间,林文庆先后参加和支持华商银行与和丰银行这两家华侨资本银行的创办。1919 年,林文庆与爪哇糖王黄仲涵、黄奕住等人组织华侨银行,黄奕住认股100 万元(先交 50 万元),为董事会董事,林文庆为董事会董事长。[①] 同年,黄奕住从印度尼西亚回国时,途径新加坡,应陈嘉庚、林文庆之请,给爱同学

---

①　毕观华:《林文庆传略》,《厦门文史资料(选辑)》第 19 辑,1992 年,第 11 页,写其职务为华侨银行主席。

校与华侨中学这两所华侨学校捐款共计 6.5 万元。1921 年，林文庆促进上述三家华侨资本银行合并，仍称华侨银行，黄奕住仍为董事，林文庆仍为董事长。同年，林文庆应厦门大学创办人陈嘉庚之请，回国担任厦门大学校长，直至 1937 年厦门大学改为国立时为止。在这十六七年间，黄奕住与林文庆因为是福建同乡，同为归侨，同是新加坡华侨银行创始人，同住厦门，故过从甚密。黄奕住极力支持林文庆的工作。厦门大学开办期间，应林文庆、陈嘉庚之请，黄奕住捐资修建群贤楼一座（费资 1.09 万元）。1927 年，又应林文庆、陈嘉庚之请，给厦门大学捐图书设备费 3 万元。林文庆为此事在群贤楼中立碑，记黄奕住之功，在黄奕住捐款购买的图书上贴"黄奕住先生赠"的书标，为这些图书编辑《黄奕住先生捐赠国文图书目录》和《黄奕住先生捐赠西文图书目录》，林文庆在这两份目录上作序志其事。1927 年以后，因陈嘉庚经商失败，无力承担厦门大学全部日常经费，林文庆、陈嘉庚向黄奕住等人请求帮助。在所有捐款人（包括林文庆本人）中，黄奕住被列为第一位，并于 1935 年被聘为厦门大学 7 位名誉董事之一。

李登辉 1872 年生于印度尼西亚巴达维亚（今雅加达）。祖籍福建同安县。1901 年，从美国留学回巴达维亚，从事华侨教育事业，创办英文学校雅鲁学院，后

图 44　复旦大学校长李登辉
（1913—1936 年在任）

备注：目前部分网站及部分图书将该图片作为"黄奕住"的照片，使用错误。

因经费不支，交由当地中华商会接办。1904 年雅鲁学院并入巴达维亚中华学校内。黄奕住为印度尼西亚中华总商会财政董事，管理中华商会所办学校的经费。黄奕住本人对巴达维亚各华侨学校捐助巨款。在此过程中，与李登辉相识。在雅鲁学院并入巴达维亚中华学校的 1904 年，李登辉回到中国上海。1905 年任复旦公学教务长，1913 年任校长。1917 年复旦公学改

为复旦大学,李登辉仍任校长,至 1936 年退休。李登辉在复旦大学校长任内,向南洋及国内华侨募捐。黄奕住为该校捐建教学楼一座,费用一万余元。李登辉将此楼命名为"奕住楼",以表谢意。

(四)侨 界

上面所举之林文庆与李登辉,前者为新加坡华侨,后者为印度尼西亚华侨。黄奕住与他们的关系,是黄奕住回国定居前后与华侨关系的一部分。黄奕住回国后,他的企业与资产,一部分在国内,一部分在国外。他的家庭,一头在国内,一头在国外。他的行止,大部分在国内,但也有很多时间在国外。他始终与国内外华侨保持密切的联系。他是华侨,特别是福建籍归侨的代表人物。正是这双重身份,使他先后受到北京民国政府与南京国民政府的器重。国民政府成立时,设侨务局,作为归侨代表的黄奕住,被聘为该局高等顾问。1932 年 4 月 16 日,国民政府成立侨务委员会,黄奕住被委任为委员。1931 年 12 月厦门成立海外华侨公会,他被推举为负责人之一。1936 年第六届选举,他与厦门大学校长林文庆等德高望重者当选为监察委员,其代理人黄奕守为执行委员,其五子黄鼎铭当选为候补执行委员。

(五)绅 界

黄奕住 1919 年回国定居厦门时,绅(包括士绅、官绅、商绅)是厦门地区地位高、影响力大的阶层。其中,代表人物首推官绅林尔嘉,其次为商绅首领洪鸿儒(厦门总商会会长),士绅首领周殿熏。黄奕住与洪鸿儒的交谊已如前述,这里介绍他与林尔嘉、周殿熏的关系。

林尔嘉(1875—1951),字菽庄、叔臧。其父是台湾首富、最有名望的商绅林维源。林维源因协办防务和清赋有功,清政府于 1891 年授予他太仆寺正卿衔。1895 年,清政府将台湾割让给日本,林维源放弃家产,率眷属内渡,定居厦门鼓浪屿。1905 年,清政府委任他为福建商务大臣,二品侍郎

衔。林尔嘉1905年任厦门保奇局总办兼厦门商务总会总理。他既有很高的社会地位，又有钱，且文化修养高。他与西方文化联系较多，又深谙中国传统文化。他修建的住宅菽庄花园，继承中国园林文化的传统，又融入西方现代文化，是厦门当时最著名的建筑（至今仍是到厦门鼓浪屿旅游必去的景点）。林尔嘉能文善诗，他主持的菽庄吟社，是厦门文人定期集会作诗的组织。林尔嘉是厦门绅界的首领。日本占领台湾后，日本台湾总督府多次派民政长官后藤新平等官员，向林维源、林尔嘉父子游说，利诱威胁，要他们加入日本国籍，返回台湾。每次都为林氏父子严词拒绝。林氏是著名的爱国志士，为朝野各界所尊重。

黄奕住回国定居，首先得到林尔嘉的欢迎与支持。林尔嘉把从外国人手中买来的中德记楼房，转让给黄奕住作临时宅第。黄奕住想改善厦门的通信设施，林尔嘉把自己办的电话公司转让给他。在林尔嘉旅欧之前，在黄奕住促进厦门市现代化和与侵华外国势力斗争的过程中，几乎每一件事上都得到林尔嘉的支持。黄奕住与林尔嘉同为厦门市政建设的倡议者与市政委员会的负责人。他们同是鼓浪屿公共租界工部局董事会华人董事。他们都拒绝日本利诱他们加入日本籍。他们都为抗日战争捐献经费。在日军将占领厦门时，他们都避居上海租界，闭门谢客，以全名节。他们还是儿女亲家（林尔嘉的二女儿林红菱与黄奕住的四子黄友情结婚），他们同住在鼓浪屿上，计划在林尔嘉菽庄花园与黄奕住的观海别墅之间建立一座"亲家桥"，以便于两家的往来。

周殿熏（1867—1930），字墨史，祖籍福建同安县，生于厦门。自幼读书。1897年与其兄周梅史同科中举。中举后设塾教学。1910年殿试一等（即原进士，因已废科举制度而未称为进士），任吏部主事。1912年回厦门从事教育文化工作，任玉屏书院大董、棣华学社馆主，鹭江诗社社长，厦门图书馆馆长，思明县修志局局长，同文书院院长，同文中学校长以及厦门同善堂总董。他学识渊博，为人正派，热心公益。厦门地区文化程度高的人，很多是其学生，对他很尊敬。他是厦门士林首领。厦门市政委员会成立，黄奕住与周殿熏同为委员。周殿熏主持同文中学，黄奕住向该校捐建一座教学楼。周殿

熏将该楼命名为"奕住楼"。周殿熏筹办厦门图书馆,黄奕住资助经费。后来,黄奕住与周殿熏成为儿女亲家。黄奕住的四女嫁给周殿熏之次子周寿恺(医学博士,一级教授,岭南大学医学院院长,中山医学院副院长兼第二附属医院院长,全国人民代表大会代表,广东省人民代表大会常务委员会委员)。至于周殿熏与林尔嘉,早在黄奕住回国之前,他们已是朋友,周殿熏是林尔嘉主持的菽庄吟社的重要成员之一,经常在一起诗文唱和。

如果说黄奕住与厦门官员首领陈培锟、商绅首领洪鸿儒通过在福州鼓山共建岁寒堂,表明三人是一种事业上的结义关系,那么,黄奕住与厦门乡绅首领林尔嘉、士绅首领周殿熏,则是通过联姻,结成三人(三家)亲戚关系。三人不仅在各项社会活动中互相支持,而且三家人在事业上互相提携①。黄奕住与当地绅士首领、菽庄主人林尔嘉,文教界首领、周宝巷宿儒周殿熏的联姻,有助于他在厦门社会地位的提高和进入绅士阶层的活动,显示他已被当地绅士接受,视为同一地位的人物了。

(六)特 点

1.广交朋友

广交朋友是黄奕住在事业上能取得成功的原因之一。在印度尼西亚时,黄奕住与人交往的面很广。回国之后,交往的面更广。他出身贫寒,青年时期是在穷苦中度过的。他的族人、亲戚与青年时的朋友,穷的居多。他与穷族人、穷亲戚、穷朋友终生保持友好。他致富之后,又有了一批富亲戚、富朋友,如前文提到的黄仲涵、林叔臧、洪鸿儒等。他可以与文化程度低的

---

① 例如林尔嘉(有7个儿子)的三子林鼎华,毕业于英国剑桥大学经济学院,回国后到周殿熏主持的同文书院(后为同文中学)工作,后来任校长。继后入黄奕住创办的中南银行任常务董事。1945年黄奕住去世,林鼎华也离开中南银行。至于黄奕住与周殿熏二家,早在黄奕住将四女黄萱与周殿熏次子周寿恺订婚之前,就有人事往来。如黄奕住办厦门自来水公司,聘请周幼梅(周殿熏之兄周梅史之子,印尼归侨)为经理。周幼墨(周殿熏之长子,印尼归侨)先为黄奕住投资的新加坡华侨银行上海分行协理,后为黄奕住投资的菲律宾中兴银行副经理。

人交朋友,也可以与举人、状元、文化界名人交朋友,如周殿熏、张謇、黄炎培、史量才等。他的一些朋友一生是平民,另一些朋友(如陈培锟)长期为官。黄奕住的朋友有贫有富,有官有民。他的朋友有国内的,也有国外的(主要是华侨华人),遍及士、农、工、商各界。

在论及黄奕住广交朋友时,有必要说明,他并不是无所不交。他交友是有选择的。这种选择,除了下文将说到他交友的道德原则外,还受他的经济活动原则和经济领域的限制。读者可能注意到,在叙述他的交友范围时,分别提到商界(广义的,包括工业、交通业、金融业、房地产业等等)、政界、学界、侨界、绅界、唯独没提农界。这是有原因的。黄奕住出身贫苦农家,本人青少年时也是农民,亲戚、同族大都是农民。他回国定居后,在家乡办学校,建医院,给亲戚、族人中的贫困者以大量救济款。就此而言,他私人交往的人,有不少是农民和农村的。但这种交往与前述的商界、政界、学界、侨界、绅界的交往根本不同,不是共同从事一种事业的关系。在笔者翻阅的大量文献中,没有看到与黄奕住共同从事农业的朋友。在笔者访问过的大量知情者中,也没有人提到他有这样的朋友。从黄奕住一生的行动中可以看出,正因为他出身于贫穷落后的农村,正因为他出身于农家,他深知农业生产的辛苦和生息之薄。他背井离乡,远走南洋,正是为了摆脱这个农村环境与农业劳动。所以他在南洋 30 多年,穷时,剃头、挑货郎担、摆咖啡摊,什么劳累的事都干,就是不再干农业。手中有了钱之后,在国外,只给现代化公司制经营的橡胶园投过资。回国定居后,当有人邀请他投资农业时,他婉言谢绝。例如,1920 年 10 月 23 日,浙江省省长沈金鉴致电黄奕住,请他"赴浙筹备三门湾模范自治农垦。因兹事体大,未敢轻就,乃具函敬辞焉"。[①] 他在国外或在国内都买过土地,或用于盖宅第、学校、医院,或作为房地产投资。他计划在买的土地上盖商铺、房屋,以资本主义经营方式出租,收取房租,有之;以之作为农业生产的资料,用传统的生产方式出生产,则无。这与他家的经历有关。

---

① 黄奕住:《自订回国大事记》。

2.交友方式多种多样

黄奕住以不同的社会行为结交各界的朋友。他支持同盟会,支持辛亥革命,支持北伐战争,支持抗日战争;辛亥革命前接待孙中山,北伐战争时接待汪精卫,淞沪抗战后接待蔡廷锴;兴办实业、教育、卫生、文化事业,帮助地方官员振兴经济、文化;捐资赈灾,为官员们解忧分愁。如此等等,结交政界朋友。

他以兴办中小学校,给大中学校捐助巨额经费,帮助校长们和地方教育当局解决经费困难,结交学界朋友。

他以办企业和参加商会组织的领导工作,结交商界朋友。

他通过参加地方公益活动和爱国爱乡活动,以及儿女亲事等,结交绅界朋友。

3.交友有道

黄奕住与各界交朋友,奉行两条原则。一是义重于利。这就是他在《遗嘱》中向子孙们说的:"且余来自田间,深知社会疾苦,赋性质直,见义思为,生平关于教育、慈善诸端赞助,向不后人。"检查他一生的行动,他爱国爱乡,"未尝稍忘匹夫有责之义";热心公益,可谓"见义思为"。他在爱国爱乡及社会公益活动中交朋友,他交的是一些爱国爱乡、热心公益的朋友。某个朋友一旦变为违背民族大义的人,黄奕住即不再以朋友相待。在政界,他更是如此。在黄奕住看来,朋友意味着志同道合,"同明相照,同类相求"。道不同,不相与谋。当汪精卫是革命者时,他来到厦门,黄奕住接他到家中住,热情款待。当汪精卫投降日本侵略者,在南京成立伪政府后,派人与黄奕住联系,希望得到黄奕住的支持。黄奕住以老病为名,闭门谢客,以全名节。黄奕住与不同人相交,视其是否深明民族大义;与同一人相交,也视其是否深明民族大义,而决定自己与之交往的态度。可谓爱憎分明。

二是待人以诚。在朋友中间,在印度尼西亚、新加坡华侨与厦门民间舆论中,他以待人诚信著称。在印度尼西亚,遇到经济风险、濒临破产时,他宁愿损失大批财产,而不逃避,以保持信誉。在厦门,当日兴银庄收盘时,他采取公开通告与方便转存等办法,不使海内外任何一个存户受损失,而自己则

背下一批呆账。为此事，别人说他是"临财不负人"，他自己对女儿黄萱谈认识是："信誉比生命更重要。"黄奕住非常重视他待人忠厚、诚实这种德行，将它与牢记国家兴亡、匹夫有责的爱国精神、勤俭持身的修养一起，作为他的精神财富，希望子孙们能继承下去。1943年，他在立遗嘱时强调："余一生勤俭持身，忠厚待人，对于国家社会之事，虽不敢上拟先忧后乐之伦，亦未尝稍忘匹夫有责之义。时人不云乎，精神遗产重于物质。所望各儿女善守吾产，尤望各儿女同心协力，善师吾行，勉为跨灶之图，勿招损智之诮，则吾生虽有涯，而吾之精神可以不朽矣。勉之，勉之！"[①]他的遗产数千万元，可谓巨大，可他希望于子孙的，是把他的精神财富看得比这巨额物质财富更重要。1945年6月临终时，对子女们又再一次强调忠信的重要。"临终，训子孙曰：'言忠信，行笃敬，虽蛮貊之邦行矣。孔子之言，信足垂训万世，余毕生谨守，弗敢违失，汝曹勉之。'"[②]黄奕住一生不忘待人忠信之义。

4.继承传统，追求绅士地位

黄奕住一生不想当官，给他官职他也拒绝。他不追求官员的地位。但同中国传统的商人一样，追求绅的社会地位。这是中国商人传统的延续。明清时期，绅士与富商为乡梓服务的方式，主要是兴学与从事各项社会福利事业。透过这些活动，一方面启发民智，另一方面扩张自己的影响，达到对地方政治的参与。到了近代，绅与商走向融合。一方面，近代兴起的商人，特别是华侨商人，继承和利用这个传统和有钱的优势，由兴学及从事社会福利事业入手，既使符合本身利益的新思想、新知识逐渐蔓延，又使本人跻身参与地方事务的势力之列，扩大商权，以与绅权并列，成为商绅。另一方面，大量的绅士经营工商业，成为绅商。绅商社会关系的特点是，基本的一面在绅界，同时与商界结缘。商绅社会关系的特点是，基本的一面在商界，同时与绅界结缘。黄奕住出身贫寒，既无文化，又未任官职，既非士绅，又非官绅，本与绅无缘。他在回国后，凭着他在印度尼西亚以资力和积极参加社会

---

① 《黄奕住遗嘱》，存黄萱私人档案。
② 黄钦书等：《先府君行实》，存黄萱私人档案与厦门市档案馆。

活动的经验,继承中国商人与华侨的传统,大力兴学,为桑梓社会福利事业出力,便很快地取得与大绅士们平起平坐的地位。在 20 世纪 20 年代中国绅商结合体中,如果说张謇是绅商的主要代表人物①,则黄奕住是商绅的主要代表人物之一。

五、争回利权

黄奕住对于外国侵略中国的战争行为,采取公开的激烈的反对态度;对于外国已经在中国取得的利权,采取通过力所能及的经济上的收购、竞争排斥和政治上合法斗争的方式,渐进式地局部收回利权。

关于这种局部收回利权的行动,本书第六章记述他用钱收购外资大北电报局经理(挪威人)的住宅以建观海别墅;第十三章记述了他用钱收购日本人德广的北川电话公司,以及他在厦门金融业的大量投资,将金融市场上的外资势力排挤出去,如此等等,无须复述。这里只讲两件事:

(一)关于工部局董事会的斗争

自从鼓浪屿沦为公共租界以后,这个岛上的事务便由工部局董事会管理。依据 1902 年中国外交部大臣与有约各国驻京大使商妥,奏请清朝廷批准的《厦门鼓浪屿公共地界章程》第四款的规定,工部局董事会由中国厦门道台委派"殷实妥当"之一二位中国人与五六位洋人组成。而该章程的英文本中出任董事的中国人却写成一人。由外国驻厦门领事组成的"领事团",以该章程的英文本规定华人董事(简称华董)一人为依据,只接纳华董一人。1909 年,厦门道台改派林季商充任华董,"领事团"竟以不合格为由,拒绝接

①　赵德馨:《张謇与近代绅商关系的转化》,《张謇国际学术讨论会论文集》,南京:江苏人民出版社,1993 年;又载《赵德馨经济史学论文选》,北京:中国财政经济出版社,2002 年。

受。道台只好改派林尔嘉接任。林尔嘉任华董直至 1922 年出国时为止。可见,华董的任命,实际上操纵在外国人手中。在外国人占绝大多数的工部局董事会的管理下,岛上中国商民的负担日益加重。征收地租以及建筑牌照等税的规定尤为苛刻,中国居民不堪其扰。1922 年春,鼓浪屿商人反抗工部局增设店铺牌照税,"领事团"通过林尔嘉、黄奕住和厦门基督教青年会总干事王宗仁等岛上有影响的华人,出面做工作。黄奕住以调停者身份向岛上的中国商人允诺,将争取取消这项店铺牌照税,如果争取不成,此税由他代交,总之,不会让他们交此项税钱。中国商人与工部局的对抗由此缓和。此事使工部局中的中国人懂得华人的力量与作用。该年 11 月 2 日,洋人纳税者召开特别会议,通过一个决议案:"要邀请公(共地)界内的华人纳税者组织顾问委员会,以便将中国居民的意见反映给工部局,协助工部局管理公(共地)界。"这个决议规定:该顾问委员会是工部局的咨询机构,职能是向工部局提出建议,没有参加表决议案之权。11 月 6 日,"领事团"批准这个决议案。随后,林尔嘉和中国政府厦门交涉员刘光谦发动鼓浪屿上中国居民的各界代表人物组织"华民公会",由"华民公会"选派黄奕住、王宗仁、黄廷元(海化公司董事长)、卓绵成(美商美孚洋行买办)和薛永黍(厦门大学教授)等 5 人出任首届华人顾问委员会委员。[①] 1923 年 1 月 13 日,"领事团"同意"华民公会"推举的 5 位顾问委员。顾问委员会由此成立。此时黄奕住掏出了 1000 元,作为 1922 年度店铺牌照税。这样,既满足了工部局课税的目的,又使商人免付店铺牌照税。争执了一年多的税收问题以此方式得到解决。

1923 年 1 月 16 日,顾问委员同工部局董事开了第一次联席会议,讨论 1923 年工部局的预算案。顾问委员向工部局提出两条建议:第一,在路上叫卖的儿童和老年妇女,他们是很贫苦的,他们的生活是依靠每天所赚的几个铜板。"我们建议这些人可以免付小贩牌照税。我们认为这些提篮叫卖

---

① 中国人民政治协商会议厦门市委员会文史资料研究委员会:《厦门的租界》,厦门:鹭江出版社,1990 年,第 161～162、165 页。同书第 22 页称:"1924 年开始在工部局增设顾问委员会,作为咨询机构。"

的小贩和那些肩挑的小贩要有区别"。第二,"我们认为最好是取消空地的产业税,因为我们相信这个新税会引起四至和所有权的纠纷。如果要抵补这年不敷的数字,我们认为可以将工部局所拟的房屋估值比率稍为提高,作为增税的标准"。第一条建议,在会上即为工部局董事会同意。第二条建议,经过洋人纳税者会1月23日的讨论,也为工部局董事会所采纳。有人认为,黄奕住等顾问委员自己占有大片空地,通过这一建议,可以省却一大笔空地产业税。实际上,因房产税提高,黄奕住的负税增加不少。他感到办事为难。与此同时,他看出工部局董事会和顾问委员会之间存在着不少无法调和的矛盾。如顾问委员会建议洋人办理的鼓浪屿电灯公司应由华人接办,而"领事团"认为这只对中国人有利,工部局董事会没有采纳顾问委员会劝告。由于这些原因,黄奕住在顾问委员会成立后不久,便以商务繁忙为由,荐林尔嘉之子林刚义代替他为顾问委员会委员,自己则从该委员会中脱身出来①。

1924年,中国海军进驻漳厦,厦门道尹公署迁入泉州,一时无人委派工部局董事会的华董。该局董事长英国人洪显理授意地方绅士林寄凡,仿照"洋人纳税者会"规章,组织"华人纳税者会",由该会推荐前厦门道台委派的、已在国外居住两年的林尔嘉继续担任工部局董事会华董一席。在华人纳税者中,黄奕住因其房地产最多,纳税最多。所以当"华人纳税者会"成立后,他便是该会的主要成员之一。这个组织本是洋人建议成立的,但它一旦成立,不可避免地要与"洋人纳税者会"发生利益上的矛盾。有了组织的华人纳税者,在保护自己利益方面有了代言人,斗争的力量也随之增大。

1925年上海五卅惨案发生后,全国人民反帝情绪高涨。厦门、鼓浪屿人民高举反帝爱国旗帜,提出"收回租界""废除会审公堂"的口号。6月25

---

① 中国人民政治协商会议厦门市委员会文史资料研究委员会:《厦门的租界》,厦门:鹭江出版社,1990年,第22页;"1924年开始在工部局增设顾问委员会,应聘为第一届顾问委员的5个中国人是:厦门基督教青年会总干事王宗仁,美孚洋行(三达洋行)买办卓绵成,厦门大学教授龚永黍,中华基督教会牧师陈秋卿,绅士世家林尔嘉之子林刚义。"

日(农历端午节),厦门人民举行反帝示威游行,声势浩大的队伍渡海到鼓浪屿,当街宣传,散发传单。外国驻厦门的领事及其他官员,慑于群众的威力,躲藏在巡捕房内,集合全部巡捕保护巡捕房,不敢外出。工部局的洋人董事惶惶不安,提出辞职(当年辞职和接替的洋董达 6 人次之多)。在厦门的外国有产者纷纷逃避。在形势的逼迫下,工部局董事会通过"董事会须有足额华人代表"的议案,决定工部局董事会中的华人董事名额由 1 个增加到 3 个,洋人董事相应的由 6 个减少到 4 个,企图以此缓和紧张的局势。此时,由黄奕住、黄廷元、黄仲训等人组织华民公会,提出该会设董事会、收回会审公堂等主张。这些主张符合厦门人民的愿望,因而得到各阶层广泛的支持。黄奕住成了岛上中国居民与以"领事团"为代表的岛上外国势力斗争的领袖之一。

1926 年 1 月 29 日,洋人纳税者召集年会,出席人数不到 50 人。面对鼓浪屿人民反帝斗争的现实,不少洋人意识到来势不妙,不敢出任往日是求之不得的董事,以至在选举 1926 年洋人董事时,会议的主持者英国领事兼领袖领事许立德在他的报告书中说:"尽了最大的努力,邀请其他纳税者出任董事,均告失败,只好决定由德记洋行大班莫郎喜、医生斯丢亚和博爱医院院长川口庄松等 3 人出任。此后如果有人愿意担任董事者,由董事会随时补缺。"会议还做出如下决议,以追认董事会议案:"洋人纳税者认为华人纳税者需要有足额的代表参加董事会,并请求新接任的董事会向有关当局接洽,将《鼓浪屿公共地界章程》修改,以便这些华人代表得以参加董事会。"3 月 1 日,华民公会会员代表和厦门各界代表共同在厦门总商会(黄奕住任会长)举行会议,向"领事团"提出:"工部局董事应定为 11 人,华董居 7,洋董居 4","收回会审公堂,改设特别法庭",成立修改《厦门鼓浪屿公共地界章程》起草委员会,负责研究修改该章程问题。5 月 20 日,该委员会通过修改草案,交付各界代表审查。8 月 12 日,经审查委员会修正通过。9 月 24 日,北京外交使团电示厦门领袖领事:"准许董事会有 3 名华董,作为暂时的办法。"至此,华人董事由 1 人增为 3 人。由于工部局董事会中华董人数增加,由华人组成而无表决权的顾问会已无必要,遂于 9 月自动解散。12 月

27 日,由华民公会推选黄奕住、王宗仁和国民党思明县党部常务委员李汉清 3 人为 1927 年首届华董。[①] 新的工部局董事会于 1927 年 1 月 6 日召开第 1 次会议。美国人锡鸿恩被推为董事长,黄奕住当选为副董事长。

在新的董事会开展工作后不久,外国驻厦门领事团见局势有所缓和,便借口北京外交使团的复电,"是增加华董名额,而不是减少洋人在董事会的名额"[②],企图推翻前议。1928 年初,洋人纳税者会选派的洋董不再是 4 人,而是 6 人。他们要用 6 个洋董和 3 个华董组成董事会。这就引起了一场新的斗争。黄奕住等 3 个华董采取的办法是:坚持董事会名额限于 7 人,即洋董 4 人,华董 3 人;工部局的行政办事机构,在原有的公安、财政、卫生和工程估价 4 股之外,增设教育股,这 5 个股分别由洋董、华董和华人专职委员负责;在问题未解决之前,不出席董事会会议。双方坚持了 18 个多月。在这 18 个月中,因华董缺席,董事会的决定在贯彻过程中事事棘手。1929 年 8 月,双方互相让步:董事会由洋董 5 人和华董 3 人组成;添设教育股,5 个股的专职委员均由华人充任;工部局华董由华人议事会推选。

华人议事会成立于 1928 年 1 月 24 日。2 月 4 日,由 2000 余名选民投票,选出议员 20 人。在先后各届议员中,都有黄奕住的代表、族弟黄奕守,其他的如林汉南,是黄奕住办的电话公司经理。该会从议员中选出 3 人组成主席团,主持日常工作。他们先后是:黄奕守、叶谷虚、林刚义、陈荣芳等,其中黄奕守任期最久,几乎历届连选连任。华人议事会不仅有权选举华董,而且可以另荐 5 名代表,义务担任工部局的财政、建设、教育、卫生、公安 5 个委员会的委员。

黄奕住担任工部局董事,如同担任顾问委员会委员一样,仅限于首届。接着,就由他的代理人出任,他则退居幕后。现在可以见到的 1927 年后鼓浪屿工部局华人董事名单,是 1930 年至 1934 年和 1938 年的。其中,1930

① 中国人民政治协商会议厦门市委员会文史资料研究委员会:《厦门的租界》,厦门:鹭江出版社,1990 年,第 22 页谓:1927 年首届华人董事为黄廷元(兼副董事长)、王宗仁和李汉青。

② 《中华年鉴(1933 年)》,第 75 页。

年至 1934 年均有黄奕守①。他还是 1931 年、1932 年两届董事会的副董事长。1938 年 3 名华人董事中，除国民党厦门市党部常务委员李汉青外，便是黄省堂（黄奕住家的总管、黄聚德堂经理）和林汉南（黄奕住的独资企业厦门电话公司经理）。工部局 5 个行政股委员中，从 1928 年第一届起，至 1938 年末届止，都有黄奕住的代理人，或为黄奕守，或为林汉南，或为黄省堂，或为林荣森②，或为马锡碬（黄奕住创办的中南银行厦门分行经理）。从 1933 年到 1938 年，上述 5 人中竟有 2 人或 3 人同时充任 2 个或 3 个股的委员。从工部局董事会中华董与 5 个行政股的人数及人事安排中可以看出，通过斗争，中国居民夺回了部分权利，黄奕住在工部局的影响日益扩大。工部局中的华人董事和华人议事会中的多数议员，具有民族自尊心和爱国心，他们为岛上中国居民做了一些有益的事，维护了中国人民应有的一些权益。诸如：督促工部局取缔岛上的流氓集团；改善环境卫生，增设公厕；改善街道照明，增设路灯；揭发会审公堂陈奎勾结堂长营私舞弊；向工部局交涉，使该局局务报告兼用中文，以便纳税华人明了该局市政设施和收支情况；多次召开全屿纳税华人会议，力争工部局减轻房屋捐、小贩牌照税和节省开支，并终于获该局允许。这些斗争的成果，只是局部性的胜利，但却是可贵的。在这些斗争中，黄奕住起了重要的作用。当然，与在鼓浪屿外国"领事团"的斗争，只是黄奕住与外国势力斗争的一个侧面。下目中将要叙述的，要比这个小岛上的斗争轰轰烈烈得多。

（二）领导厦门总商会开展的斗争

1925 年 5 月 15 日，厦门总商会换届选举，选举黄奕住任第八届会长，

---

① 中国人民政治协商会议厦门市委员会文史资料研究委员会：《厦门的租界》，厦门：鹭江出版社，1990 年，第 22 页。在黄奕守下注明"中国银行董事长"，第 168 页黄奕守名下注明"黄奕住之弟"，都不准确。

② 中国人民政治协商会议厦门市委员会文史资料研究委员会：《厦门的租界》，厦门：鹭江出版社，1990 年，第 22 页。林荣森是黄奕住所办厦门自来水公司的工程师，参见《厦门的租界》第 13 章。

1921 年以来连任第六届、第七届会长的洪鸿儒为副会长。1926 年至 1927
年北伐战争时期,会长改称主席,副会长改称副主席。1928 年,改会长制为
委员制。① 1929 年换届时,黄奕住因中风养病,对会长一职一再推让,而商
界仍希望他任会长,经商议,选举洪鸿儒、陈瑞清、黄奕住 3 人为会长,采取
集体领导形式。任期至 1931 年。从 1925 年至 1931 年,在黄奕住、洪鸿儒、
陈瑞清的领导下,厦门市总商会演出了一幕接一幕的反对帝国主义的活剧。
下面是其中的六件大事。

　　1.1925 年 7 月 28 日,为兴兴公司事件,日本领事将庄希泉发配台湾。②
9 月 21 日,厦门总商会发动商人罢市。同日,学生罢课。

　　2.1926 年 4 月 25 日,厦门总商会参与发起的闽南爱用国货决心会议
成立。

　　3.1927 年 7 月 3 日,厦门总商会等团体发动全厦门抵制日货。抵制活
动至 9 月 20 日止。

　　4.1928 年,在黄奕住、洪鸿儒会长任内,发生五卅惨案,厦门总商会联
络各界领袖人物,共同组织厦门市国民对日外交后援会,积极开展工作,抵
制日货,作为政府外交斗争后盾。

　　5.1930 年 1 月 3 日,针对厦门海关变更则例、废用已完税凭单、损害中
国工商业者利益之举,厦门市总商会推举陈瑞清、洪鸿儒等为代表,要求厦
门海关监督撤销变更则例。2 月 20 日,厦门总商会为此召开常务会及执监
委联席会,并与各业公会代表举行大会。21 日,商会函海关监督,反对厦门
海关摧残国货。

　　6.收回英租界。1930 年 9 月 13 日,英国驻华大使迈尔斯·W.兰普森,
与国民政府外交部部长王正廷,于南京正式互换照会解决厦门英租界问题。
决定仿镇江英租界收回办法,以照会了结,不另订协定。厦门市总商会等各

---

　　① 林东山:《本会沿革》,《厦门市商会复员周年纪念刊》,1946 年,第 8 页。
　　② 庄希泉(1888—1988),祖籍福建安溪,生于厦门。1916 年在新加坡创办中华国
货公司,次年创办南洋女校。五卅惨案后,在厦门组织外交后援会。中华人民共和国成
立后,任全国侨联主席。

界坚持十多年的收回租界斗争，胜利结束。

爱国的资本家，不能不与帝国主义势力发生接触，有时还要进行妥协。他们与帝国主义在根本利益上是互相抵触的。斗争的一面是主流。像黄奕住、洪鸿儒这样出身的企业家，内心里充满了对帝国主义的怨与恨。所以在群众爱国斗争的高潮中，显得很活跃，并表现出一定的韧性。他们与帝国主义斗争，也只有依靠、借助人民群众的反帝斗争，才能取得局部的胜利。

六、反对日本侵略战争

（一）反对外国侵略的主要对象

黄奕住在印度尼西亚期间，他反对的殖民主义、外国侵略势力的主要对象是荷兰。回国定居以后，他反对的殖民主义、外国侵略势力的主要对象则是日本。

日本将中国作为侵略的主要对象。从 19 世纪末开始，它逐渐代替英国，成为诸多侵略中国的帝国主义国家中最凶狠的一个。它是使中国受损害最多的国家。它有灭亡中匡、独占中国的野心。早在黄奕住侨居印度尼西亚期间，日本向中国政府提出"二十一条"，暴露了它的这个野心，引起中国人民的强烈反对。黄奕住等广大华侨积极支持国内人民反对"二十一条"的斗争。在印度尼西亚的日侨，因享受与欧洲各国侨民同等待遇，在华侨面前盛气凌人，黄奕住对此颇为反感。日本驻巴达维亚（雅加达）领事以加入日本籍，可以享受与欧洲侨民同等待遇，可以少纳大额税收为由，劝诱黄奕住加入日本籍，为黄奕住所拒绝。

黄奕住所居的厦门，距 1895 年被日本强占去的台湾很近。在 19 世纪末期列强企图瓜分中国时，日本视福建为其势力范围。从此时起，它以台湾为基地，加紧在福建的侵略活动，使福建人民受到重大损害。黄奕住也是受

害者之一。本书第九章所述日本资本银行发行的纸币在福建境内流通,日本浪人造成黄奕住所办厦门自来水公司的收入减少,仅是少数例证而已。正因为日本在福建地区的侵略活动猖獗,严重损害福建各阶层人民的利益,激起福建人民反日情绪高涨。福建人民反日情绪高昂,还因为福建人民与台湾人民悠久的亲缘关系,日本强占台湾首先使福建人民有切肤之痛。许多台湾爱国志士,在反抗日本强占台湾斗争失败之后,移居福建,以福建为基地继续开展反对日本占领台湾,光复家乡的斗争。本书几次提到的住在鼓浪屿的林尔嘉及本章上文说的庄希泉等,都是这样的爱国志士。那时的厦门,有一股强烈的反对日本侵略的气氛。

国家的命运,中外关系的焦点,地区的特色,以及个人的利益与气质,决定了黄奕住回国定居后反对外国侵略的斗争,主要是反对日本对中国的侵略行为。

(二)1919 年至 1937 年

本章上目所列事实表明,这种斗争在黄奕住回国定居后不久就开始了的。黄奕住在 1925 年 5 月被选为厦门总商会会长,随后被推荐为鼓浪屿华民公会负责人,以及 1927 年 1 月被选为鼓浪屿工部局董事会副董事长(首席华董)之后,成了厦门人民反对外国侵略势力斗争的领导人之一。这些斗争的矛头,主要对着日本的侵略。例如上目所列 1925 年至 1930 年黄奕住任厦门总商会会长期间反对帝国主义的六件大事,前面的四件是专对日本的,第五件也主要是针对日本。

到了 1931 年,厦门地区反对日本侵略的斗争进一步扩大。该年 7 月 25 日,厦门总商会成立对日经济绝交委员会,决定自 26 日起,凡有配运日货者,交给反日会处理。9 月 18 日,日本在东北发动侵华战争,占领我国东

北。9月23日,厦门总商会等各界成立思明县各界反日救国会。① 黄奕住此时虽不再担任厦门总商会会长,但积极参加对日经济绝交委员会和反日救国会的活动。1932年1月,日本发动侵占上海的战争。蒋介石又实行不抵抗政策。蒋光鼐、蔡廷锴等违背蒋介石的旨意,在上海率十九路军抵抗日本侵略。其时,中国航空建设协会发起捐献飞机运动,号召全球华侨献机救国,菲律宾华侨热烈响应。黄奕住当时正在菲律宾巡视业务,得悉捐献飞机信息后,立即捐款5万银圆。1936年5月出版的《菲律宾岷里拉中华商会三十周年纪念刊》记其事:"东北沦亡,淞沪战罢,君(引者按:指黄奕住)时客菲岛。菲岛正倡航空救国,君慨捐5万金,购机以赠。闻者为之感动。"②

淞沪战后,蒋介石将十九路军调到福建。蒋介石以违背军令为名,对十九路军中的部分军官进行逼害,有的被逼出国。其中的翁照垣到达菲律宾的马尼拉。黄奕住与当地华侨领袖李清泉等,将翁作为淞沪抗日英雄来欢迎,以示对抗日者的支持和对国民政府的不满。

黄奕住从菲律宾回到厦门,蒋光鼐、蔡廷锴等已率部队入闽,以漳州为基地,驻扎闽西南。黄奕住把蒋光鼐、蔡廷锴等人从漳州接到自己家中住下。③ 十九路军中的一位高级将领的婚礼也是在黄奕住家中举行的。1933年11月20日,

图45　黄奕住(前排右一)
与翁照垣等的合影

---

① 中国民主建国会福建省委员会、福建省工商业联合会合编:《福建工商史料》第3辑,1988年,第49页。

② 《菲律宾岷里拉中华商会三十周年纪念刊》甲,第157页。

③ 蔡廷锴住在黄奕住的观海别墅,一日,登日光岩凭吊郑成功后,归而作诗。后题刻在崖壁上。其诗曰:"心存只手补天工,八闽屯兵今古同。当年故垒依然在,日光岩下忆英雄。"日光岩位于鼓浪屿上,民族英雄郑成功曾屯兵于此,以金门、厦门为收复台湾基地。

蔡廷锴与陈铭枢、蒋光鼐等人在福州宣布与蒋介石破裂,成立中华共和国,组织人民革命政府,主张排除帝国主义在华势力,打倒军阀,铲除封建残余制度,发展国民经济,解放工农劳苦群众。对蔡廷锴等这一系列的行动,黄奕住均予以鼎力支持,并寄予深厚的期望。正如本书第十二章所述,在十九路军驻闽、蒋光鼐任福建省政府主席期间,黄奕住被省政府建设委员会聘请为漳龙铁路筹备委员,并被推举为漳龙路矿筹备委员会主任兼组织股主任,将漳龙路矿筹备处的牌子挂在自己的公馆门前,重新启动已中断 7 年之久的修路采矿活动。

(三)1937 年至 1945 年

1937 年 7 月 7 日,日本在卢沟桥发动全面侵华战争之后,日本及其代理人在福建特别是在厦门地区的活动特别猖獗。厦门距台湾近,日本军舰游弋于台湾海峡上,厦门局势紧张。日本人凭借其威势,加紧劝黄奕住加入日本籍。一些好心人也认为只有这个办法能保全生命财产。黄奕住听到这些言论,极为反感,表示愤慨。他说:"绝不加入外国籍,依赖外人。吾无意时髦。共赴国难,何惧之有?……岳飞'还我江山'血红四字,精诚威严,墨舞心声,流芳千古。"[①]厦门沦陷前夕,黄奕住避居香港,随后不久迁居上海租界。

日本侵略军占领上海、厦门等地之后,强占了黄奕住所有的厦门自来水公司等企业。1940 年,日本侵华军为了拉拢中国的资本家阶级,实行经济引诱政策,在华中华南占领区内,实行中日合办实业,允许中国资本家占股份的 51%,日本资本占 49%;在华北,比例则相反。并允许将各中国资本家原有产业,发还他们,折合计算,充作资本。[②] 有一些资本家接受了日本侵

---

① 黄笃奕:《黄奕住先生传》,厦门市政协文史委员会存稿。

② 关于日本侵华军实行的这项政策的内涵,参见赵德馨等著《中国近代国民经济史讲义》,北京:高等教育出版社,1958 年,第 416 页;赵德馨主编:《中国近代国民经济史教程》,北京:高等教育出版社,1988 年,第 366 页。

略军的这种政策。毛泽东称他们为"丧尽良心的资本家"①。黄奕住则属于另一种人。1940 年,日本驻上海总领事内田五郎向黄奕住传话,准备将这些企业发还给他,发还之后实行中日合作,黄奕住以企业原有的厂房设备等作价入股。黄奕住的回答是:"企业本是我的,应该全部还给我。如果不还给我,你们就拿去吧!不与你们合作。"②表示了坚决不与侵略者合作的态度。

黄奕住是一位有民族气节的实业家。

在上海期间,黄奕住忧国忧民,关心抗日战争进展。听到国民政府消极抗日,腐败无能,日寇侵略暴行,人民陷于水深火热之中,深为痛心。1944年夏至 1945 年夏,日本侵略军发动新的进攻,国民政府军队从湖南、广西到云南,节节败退。黄奕住每闻丧失一地,即长叹一声。"自鼓浪屿避兵至上海,朋旧时来问起居,每欷歔相对,谓不知何日复靓太平也。"③他渴望见到抗日战争的胜利,和平的到来。除了朋旧,他闭门谢客,以全名节。"蛰居寓庐,谢接见。每闻时事,则悒悒不乐,谓天不相中国,降此鞠凶。呼(儿子)钦书兄弟告之曰:'吾爱国爱乡之心不后于人,一入国门即思竭涓埃之报,乃卒卒未酬所志。今老矣,不能为役矣。'"④国家之事日非,个人之志未酬,抑郁之气,累积心中,遂成不治之病。1945 年 6 月 5 日,黄奕住病逝于上海祁齐路(今岳阳路)168 号寓所。享年 78 岁。临终仍不忘教育子孙忠于祖国。斯人可敬也。

①　《毛泽东选集》第 4 卷,北京:人民出版社,1967 年,第 645 页。
②　此事由黄长溪提供。
③　黄钦书等:《先府君行实》,存黄萱私人档案和厦门市档案馆。
④　苏大山:《南安奕住黄先生墓志铭》。

第十六章 ■ ■ ■ ■ ■

家庭制度与家庭生活

我们可以根据历史上所留传下来的亲属制度，
同样确切地断定，曾经存在过一种与
这个制度相适应的业已绝迹的家庭形式。

　　黄奕住逝世时，讣告上列出 6 位妻子、10 个儿子、8 个女儿，还有孙子
36 人，孙女 14 人，曾孙 6 人，曾孙女 3 人，以上共计 83 人。加上儿媳、孙媳
合计 110 余人（女婿、孙女婿不计）。这是一个四世同堂的大家庭。这类大
家庭，是中国，特别是富裕家庭的传统模式，在华侨（特别是富侨）中具有典
型性，值得分析。

　　他的家庭是集华侨社会"两头家"制度，中国传统的"一夫多妻制度"、婢
女"收房制度""养子制度"，近代中西"遗嘱信托"等制度（或习俗）于一体的
产物。对黄奕住家庭制度的研究，可以使人们较为全面、正确地了解历史上
曾颇为兴盛的华侨家庭的组织结构。同时，家庭（家族）制度是中国传统文
化、华侨文化的组成部分，对华侨家庭做出正确的研究和评价，可以在一定
程度上审视中国传统文化。

　　本书第一章第一目讲述了黄奕住与祖父母、父母的关系。这是黄奕住
家庭生活的一部分，这里不再赘言。本章叙述的是以黄奕住为家长的，他与
妻妾、子孙关系。这是黄奕住家庭生活的另一部分。

一、两头家制度与跨国家庭

（一）两头家制度的内涵与陈达教授的调查

家庭是建立在婚姻和血缘关系基础上的小型群体，是社会的基本构成，是在长期的历史发展过程中形成的独特的结构和制度。中国传统家庭是一个由一群享有共同血缘关系，生活在同一屋檐下的成员所组成的经济单元。

华侨的家庭组织与生活有特殊之处[①]。不了解华侨家庭组织与生活的一般情况，便很难理解黄奕住的家庭组织与生活。考虑及此，作者拟先介绍华侨的家庭组织与生活的一般情况。

婚姻是个人、家庭、家族与社会互动的重要内容之一，是人类社会得以繁衍的条件，也是联结个人、家庭、家族与社会之间的重要关系。对于闽台一带的华侨而言，家庭结构最大的特色是"两头家制度"。"两头家制度"即华侨在故乡和侨居地各娶一个妻子，分别组成家庭。发妻（及妾）住于家乡，妻作为家长处理一切家务，凡家庭经济、儿女教诲、社交及家长所应负的责任，都托付与她。丈夫在侨居比娶当地的妇女，另外组织家庭，丈夫作为家长。"两头家"制度下，侨居地之妻与故乡之妻，分居两地，互不见面，二者之间并无直接冲突。"两头家"盛行于久居海外的华侨。久在侨居地的人，一是容易与家乡疏远，一是因经济比较充裕，可以再娶，娶时以侨居地妇女最

---

① 对华侨家庭的特色，国内外学者早已注意，并予以调查研究。国外的如莫里斯·弗里德曼（Maurice Freedman，1920—1975），1920 年生于英国伦敦，汉学人类学家最杰出的代表之一。他将中国家庭结构的研究从南中国延伸到东南亚，他研究了南洋华人的血缘关系体系、宗族体系和各类社团，以及华人婚丧嫁娶，祖先崇拜与信仰等有关的仪式行为。他最有名的著作是：《中国东南地区的宗族组织》（1958 年）、《中国宗族的与社会：福建与广东》（1966 年）。国内学者如陈达，代表著作是《南洋华侨与闽粤社会》（1938 年）。

为便利。

20 世纪 30 年代,清华大学陈达教授对此问题做过详细调查和深入分析。他的调查显示,华侨中的许多人与家乡女子成亲,组织一个家庭。在侨居地又与当地女子成婚,组织另一个家庭。因此会产生所谓的"两头家"制度。"两头家"是环境的产物,因南洋华侨除非富裕,不能携带家眷同往南洋,又不能时常返回故乡,因此只能斟酌情形,在南洋再娶。再娶时,或为土人妇女,或为侨生的华裔女子,而以土人妇女为多。在华侨社区,"两头家"是很多的。他在某一乡的调查显示,单就与土人妇女结婚的,与暹罗女子结婚的 53 家,与安南女子结婚的有 12 家,与马来西亚女子结婚的有 1 家。①侨居地之妻,几乎全数是"两头家"的主妇。

不仅是在南洋,在越南、柬埔寨等南亚地区,只要存在华侨的地方,就存在"两头家"制度。"两头家"制度,在华侨史上由来已久。曾随元使入真腊(柬埔寨)的周达观著《真腊风土记》,云:"(真腊)国人交易,皆妇人能之。唐人到彼,必先纳一妇人者,兼以利其能买卖故也。"②

清康熙三十四年(1695 年),广州长寿寺大汕(石濂和尚)应越南顺化阮主之请,赴广南弘法。他在顺化、会安居留一年半,著《海外纪事》一书,记载他在广南的见闻。书中提到:"盖会安各国客货码头,沿河直街长三四里,名大唐街。夹道行肆,比节而居,悉闽人,仍先朝服饰,妇人贸易。凡客此者,必娶一妇,以便交易。"③从上述材料来看,与侨居地女子成婚原因大多与贸易有关。

(二)家人不避讳的两个例证

近代中国,在福建、广东等华侨较多的省份,在华人聚集的南洋等区域,

---

① 陈达:《南洋华侨与闽粤社会》,上海:商务印书馆,1938 年,第 130 页。

② 周达观:《真腊风土记》,北京:中华书局,1991 年,第 12 页。

③ 大汕:《海外纪事》卷四,北京:中华书局,1987 年。转自东莞市政协编:《东莞历史文化论集》,第 290 页。

两头家制度是普遍的、公开的习俗,是习惯性的制度,得到了家族和社会的认可。同时,"两头家"这种制度也得到了当地法律的认可。

著名作家舒婷在一篇文章中写道:"我婆婆的一生,和她的婆婆一样,是典型的华侨女眷。婚后丈夫漂洋过海去谋生,妻子在家敬奉长辈抚养儿女,能熬到去南洋和丈夫朝夕厮守的,只是幸运的少数几个。大部分做妻子的,只能翘首等待男人几年回来探一次亲。闯荡江湖的男人不会太委屈自己,另娶一个或几个洋妾贴身偎着,是公论允许的。"①

1949 年之后,中共福建省委第一任书记,福建省人民政府第一任省长,人民解放军海军司令员,全国人大常委会副委员长叶飞同志,就生活在"两头家"的家庭中。他出生在菲律宾的华侨家庭,5 岁随父亲回国。叶飞在回忆录中谈道:"父亲叶孙卫,原是福建南安县的一个贫苦农民,后随同乡漂洋过海来到菲律宾。开始做苦工,以后做小买卖。父亲到菲律宾后又结了婚,这是当时华侨中常见的现象,即在家结婚以后,又在侨居国当地结婚,所以我有 2 个母亲,我的生母是麦尔卡托,菲律宾人。我一家兄弟姐妹 9 个。大哥叶启迪,是家乡的母亲收养的;二哥启存,大我两岁,从小一起长大,和我一起回国。家乡的母亲娘家姓谢,她没有生育过,嫁到叶家后一直没有随父亲出国,留在故乡苦撑家业。"②

(三)黄奕住的"两头家"

华侨不能携带家眷同往侨居地,又不能时常返回故乡。男子长期远居异域,没有妻子照顾,不谙语言与习惯,娶当地女子为妇,可以得到一个有力的商业助手。由此可见,"两头家"是商品经济发展而催生出来的风俗,是华侨生存环境的产物。

黄奕住赴南洋时一贫如洗,在三宝垄街头摆咖啡摊时认识蔡缰娘,并逐

---

① 舒婷:《老房子的前世今生》,《新华文摘》2006 年第 8 期。
② 叶飞:《叶飞回忆录》上,北京:解放军出版社,2014 年,第 2～3 页。

渐熟悉。1890 年,黄奕住与蔡缰娘成亲。蔡缰娘本是侨生姑娘,知道华侨"两头家"的习俗,知道黄奕住是在家乡难以谋生才出来的,必久居海外。

黄奕住虽先与蔡缰娘在爪哇成亲,但在华侨中的传统观点是:"普通华侨虽在南洋娶有土人妇,但一般人不以正式婚姻看待。"[①]在此之前,黄奕住在老家有一位童养媳——王时。王时是奉父母之命定下的婚姻,在名分上,王时到黄奕住家生活之日,便已是他的妻子。按照中国传统的家庭习俗与华侨两头家习俗,王时是原配,属正室。黄奕住在家庭生活中也是这样对待她的。

从王时 16 岁(1891 年)起,父母屡次写信催促黄奕住回来与王时圆房,使他的家庭后嗣有人。1894 年,黄奕住回到阔别 10 年的家乡,与王时举行结婚仪式。[②] 举行婚礼后成为原配、发妻。黄奕住在海外期间,王时在家侍奉公婆,抚育子女,置产造房,操劳家务,支撑门面,使黄奕住无后顾之忧,得以专心在海外经商,是黄奕住在"唐山"的贤内助。基于此,王时在家中最受黄奕住及子女的尊重,地位上为妻妾之首。

图 46　王夫人像

蔡缰娘陪黄奕住经历了由贫穷到富裕的过程,在黄奕住海外拼搏中出力最多,贡献很大,故在家庭中的地位也甚高。1890 年,黄奕住在南洋与蔡缰娘成婚,按照中国的传统习俗以及华侨"两头家"的习俗,蔡缰娘也属于黄奕住的妻子。

在日后的生活中,无论是黄奕住还是其子女都对王时、蔡缰娘尊敬有加。恪守两头家、两个妻子的习俗。正房拥有的文化特权就是,她或她俩是所有孩子文化意义上的母亲,包括丈夫与妾生的孩子。黄奕住的子女称王时为"大妈",称呼蔡缰娘为"番嬷",而其他的妾室无此尊称。其他妻妾的地

①　陈达:《南洋华侨与闽粤社会》,上海:商务印书馆,1938 年,第 149 页。

②　结婚的时间据王时去世发布的《哀启》。《哀启》及黄钦书等《黄母王夫人讣告》,存黄萱私人档案。

位甚至不如其子女,如家庭用餐时,妻子、子女可以入座,而妾不能入席。

从黄奕住的实例来看,华侨家庭"两头家"制度的产生,既有经济因素,还与中国人崇拜祖先,强调孝道,重视嗣续,早订婚或早完婚的传统有密切关系。黄奕住的家是华侨,特别是中国富侨家庭的典型。

(四)"欲图一家之团聚"的失败

1890 年,黄奕住在三宝垄戍亲,在侨居地成立家庭。1894 年,他在中国南安老家与王时结婚。"两头家"建立。大多数男子如果有"两头家"的,都维持两个家庭,两种生活方式、习俗。黄奕住也曾尝试将两个家庭融合在一处,"欲图一家之团聚"。黄奕住的两次尝试都是以他活动的"大本营"为基地。1915 年王时曾前往印尼,1922 年蔡缰娘也曾到厦门鼓浪屿,但是均因语言不通,水土不服,生活上极为不便,两位夫人都是短暂停留之后,各自返回自己的家乡。黄奕住的尝试失败,致使黄奕住的家庭成员分布在中国与印尼,构成一个国际化家庭。

第一次尝试:1915 年,黄奕住回国,他把王时及儿女接到三宝垄去同住。王时也很想与丈夫长期在一起。但因过不惯印尼的生活,也因黄奕住在三宝垄还有个妻子蔡缰娘,更因为南安老家有个 60 多岁的婆婆需要她侍候,在三宝垄住了一阵后,心挂故乡,又回到南安。

第二次尝试:1919 年,黄奕住回国定居,在厦门鼓浪屿兴建豪华的中德记南楼、北楼。1922 年,楼成,黄奕住想把蔡缰娘接回中国,将"两头家"合并为中国传统的一个家。6 月 2 日,黄奕住从厦门动身专程去接蔡缰娘。7 月 16 日,返回厦门。蔡缰娘自小生活在南洋,习惯自由自在。黄奕住离开三宝垄后,她是一家之主。然而,到了厦门后,她对中国式家庭的传统礼仪及人际关系难以适应,感到处处受到约束。加上语言不通,天气较冷,食物及生活习惯上的差异,使她难以适应厦门的生活。10 天后,蔡缰娘提出要回爪哇。黄奕住想尽办法挽留,但终未能成功。黄奕住在自订《回国大事记》中曾详细记录了这个经过。

6月2日,搭庆元(号)轮赴叻(新加坡,下同)。16日抵埠。此行系接蔡氏回国。

7月16日,余偕同蔡氏搭依加剌(号)轮到厦。杏女亦偕来。居于北楼。余意此次蔡氏回国,正图团聚一堂,共享家庭幸福,不料居甫10日,即欲返垄。余强留不得,爰于27日致电长女婿许春隆云:"杏母①强迫(礼)拜一起程,刻不容缓。我等劝她迟至8月14日以后,与余起程,她亦不肯。因厦门中南银行8月7日开幕,14日先母大祥②,余进退实在为难。最好春隆电蔡氏云:"请迟至8月14日以后与吾父一齐起程。"越日,春隆果即来电。而蔡氏终不肯。斯时余无限痛苦,因欲图一家之团聚而不可得也。

8月9日,蔡氏偕杏女搭天草(号)丸赴香。

8月16日,余搭绥阳(号)轮赴香,以送蔡氏及杏女返垄。

8月19日,蔡氏及杏女由香港搭贺茂(号)丸赴新加坡。8月20日,余搭开城(号)丸回厦。

8月25日,蔡氏及杏女回到新加坡。

9月1日,蔡氏及杏女由新加坡起程。5日抵三宝垄。

黄奕住试着把两头家并为一家,"欲图一家之团聚","共享家庭幸福"。但是,其结果以失败而告终。黄奕住一生经历了各种辛酸苦辣,但是,在其自订《回国大事记》中,感到"无限痛苦"的仅此一次。

黄奕住为蔡氏此行,颇费心思,并远道至新加坡迎接,后又专程到香港送她登轮返航。可见,黄奕住对蔡氏的尊重与恩爱。5年之后,1927年12月24日,黄奕住到三宝垄。他在大事记中记录了有关的行程和安排。

1月7日,由万唧启程,午时到井里汶。下午三时到北加浪,六时到三宝垄。居于北帝郎安之家园。溯自民国十一年8月与蔡氏在厦分袂,忽忽已是六年。一旦聚首,其欢慰诚莫可名言矣。

---

① 杏母,指蔡缰娘。
② 大祥,指父母丧两年的祭礼。

黄奕住能够准确地回忆几点钟到达那里,那个时间段再做什么,记忆详尽准确。且语言中充满了感情色彩,透漏出黄奕住对蔡缰娘的思念、爱恋。

黄奕住的家庭具备"两头家"的特色,是一个跨国大家庭。目前,黄奕住家族的成员已有 300 余人,分布在中国、印度尼西亚、马来西亚、新加坡、菲律宾、美国、加拿大、英国等地。这些后人的联系,曾得益于《黄奕住传》(1998 年)中文及英文版的出版。居住在加拿大的张祯祥(黄奕住的女婿)在编著《黄奕住家属谱》前言写道:"曾多次试图与印尼家人联系,但一直未果。一直到《黄奕住传》的出版,一个偶然的机会,使得中印两系联系成功。"

二、一夫多妻制与婢女收房制度

中国家庭作为道德实践和文化再生产的基本单位,其建构一直以男人为中心。中国传统的,以男人为中心的富人家庭建构中的特色是妻妾成群,即一夫多妻制。在这种制度中,广义的"妻子"又分等级。最大的为正室,妻子;次之为"妾",即小老婆,妾因其出身、来源不同,地位也有不同。有些是被主子买来的穷苦女子,有些是被赎身的青楼妓女,有些是被"收房"的丫头。在家庭环境中,他们的地位高于奴婢,但还不是主人。

民国建立之前,家庭中的上下关系,包括妻妾关系和主奴关系。主母,即大老婆,可以任意责罚他们。不少家族法规都强调,要"明嫡庶",要维护主母的尊严,不可以乱尊卑,更不可以妾为妻。侧室在称呼及一应行座之礼都不得与正室相同。①

清律在"妻妾失序"的条文下注解:"妻者齐也,与夫并体之人也;妾者接也,仅得与夫接见而已。贵贱有分,不可紊也。"这说明,在法律上妻与妾在家中的地位不同,妻属贵,妾属贱。妻居于嫡位,妾居于庶位。死后题入神

---

① 费成康:《中国的家族法规》,上海:上海社会科学院出版社,1998 年,第 62～63 页。

主,还有"姒"与"侧室"之分。在家庭生活中,妾必须遵从妻的指令。若妾是妻的侍女,陪嫁而来,后来收房,则终身为妻之奴婢,是一种亦主亦仆的模糊存在。在礼仪上,妻必须经正式聘娶婚姻仪式,明媒正娶。妾则可以不拘礼数。在称谓上,对妻称正室、正房、大老婆。对妾称夫人、侧室、偏房、副室、副房、小老婆、逮妇、小妻、小妇等等。

妾虽有进门先后的不同,而地位认为平等。但因"母以子贵"的习惯盛行,所以妾既生子,妾的社会地位因此提高。妾所生的子与妻所生的子,在华侨家庭里事实上同等看待,例如择业、择配及财产的继承等。某翁如纳妾,其妻可有下列两种态度:"某翁如在外洋纳妾或娶妇,往往不得其妻的同意,但其妻也认为正当,因为藉此可以防其夫在外嫖娼等伤身丧财的危险。而光景宽裕的华侨,在南洋往往喜欢纳妾('两头家'),回国后亦偶然行之。"①

黄奕住一生娶了6位女人,分别是王时、蔡缰娘、杨景娘、苏亚四、朱锦英、吴新会。但是,这6个女人在黄家的地位并不相同。处于第一位的是黄奕住的妻子或夫人。黄奕住有两个家,两位夫人,即作为正式夫人的王时与蔡缰娘。处于第二位的是黄奕住的妾,杨景娘、苏亚四。处于第三位的是黄奕住的收房婢女。她们是朱锦英(杨景娘的婢女)、吴新会(王时的婢女)。

闽台一带的习俗认为,"两头家"制度下的两位正式夫人可以入谱,在名分和继承上,两位正式夫人待遇与地位一样。如黄奕住的儿子中,在名分上均尊王夫人、蔡夫人为母。黄钦书等著《先府君行实》中写道:"享年七十有八。配王夫人、蔡夫人,生钦书兄弟姊妹二十人。"黄奕住在遗嘱中将王时、蔡缰娘以妻子的身份列为遗产继承人,而其余四位妾室只是接收了黄奕住遗赠(除去已经指定用途的财产之外,提取一部分财产遗赠)。②

虽然,杨景娘、苏亚四、朱锦英、吴新会都是黄奕住的妾,但是这四个妾的地位和身份并不一致。杨景娘和苏亚四,是黄奕住娶进门的妾。他们原

---

① 　陈达:《南洋华侨与闽粤社会》,上海:商务印书馆,1938年,第142~143页。
② 　黄奕住:《黄奕住先生遗嘱》。

本有独立的公民身份。朱锦英是杨景娘的通房丫鬟。吴新会是原配王时的丫头。朱锦英和吴新会在被收房为妾之前,是婢女身份。虽然也是妾,但其地位在洋景娘和苏亚四之下。据吴新会自己说,她原本出生于士绅家庭,家境富裕,只因家乡来了土匪,烧、杀、抢,被变卖为丫头。

当时的社会形态下,妻子的丫鬟为妻子所有,妻妾之可以将自己的丫头送给自己的男人为妾。也可以将其出嫁,还其自由身份。王时、杨景娘采取前一种方式,除了传统的影响之外,还有一个很重要因素是要争宠,用以巩固自己的在家庭中的地位。

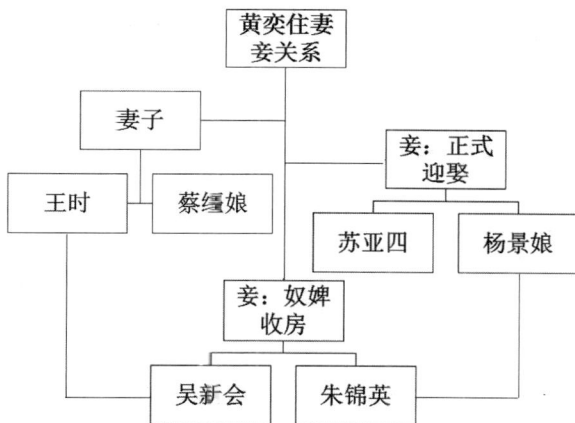

图 47　黄奕住妻妾关系图

从上述的分析可以看出,黄奕住的家庭结构是在华侨"两头家"制度的基础上,加上中国传统的一夫多妾制和婢女收房制度。在中国有一个家,一个中国籍妻子王时。在南洋还有一个家,一个荷属印尼籍妻子蔡缰娘。此外,黄奕住还有四个妾室,其中两个是娶入黄家,两个是将丫头收房为妾。所以,黄奕住的六个女人,是分为三类的。妻子是第一类,迎娶的妾是第二类,收房丫头是第三类。

黄奕住的六个妻妾,在家中的地位,因社会习俗与本人出身,有如上的等级区分。这种区分,并不等同于黄奕住感情生活中的地位。一夫多妻制,妻妾因年龄不一样,可以延长生育年限,带来更多的子女,加上福建华侨流

行养子制度,黄奕住一生抚养了十二个儿子,八个女儿。

三、养子制度与多子多孙

中国文化崇尚"天寿绵延",宗族生命的延续是第一位的。华侨家庭的组建,除了生活需求、便利贸易之外,还有一个最为重要的因素——传宗接代。但是,华侨的家庭中,传宗接代,延续香火的不一定全部是亲生儿女,养子同样承担很大责任。黄奕住一生有十二个儿子,八个女儿,其中长子、次子、三子、七子、八子、九子都是买来。黄奕住一生抱养了六个儿子,这与当时闽粤地区流行的养子制度相关。

养子制度在广东省潮汕地区和闽、台甚为流行。此制源于宋、明,盛于清世。①　明清时期,由于经济水平低下,乏嗣家庭大量存在,收养养子成为维系这类家庭延续的重要手段。在收养关系中存在着"乞养"和"过继"两种。与两种收养关系所对应的就是"螟蛉子"和"过房子"。"螟蛉子"是指乏嗣家庭为实现继承宗祧和家庭延续而收养的异姓养子。过房,亦称"过继""过嗣""继嗣",指本人无子而将兄弟之子或族内子侄转为己后。

养子制度的出现,有着多层原因。

第一,宗系的延传。在中国传统社会,受到宗法制度和礼教思想的影响,家族观念和宗祧意识浓厚。特别是到明清时期,儒家思想的教化深入人心,"不孝有三,无后为大"的观念,成为引导和约束家庭发展的重要原则。同时,随着民间宗族制度、观念的发展和完善,在一些宗族组织发达地区,如安徽、广东、闽台等地,为保证宗族旳延续,无子家庭通常采取收养的方式来实现宗祧的继承。

第二,壮大家庭、家族势力以资自卫。在乡族对抗的社会里,男丁的兴旺与否,直接关系到家族势力的强弱。家族拥有众多的男丁,就意味着在社

---

① 　《厦门志》卷一五,《风俗》,道光十九年刻。

会上占有不可忽视的优势。因此，福建各家族为了壮大自己的男丁队伍，不仅不以借妻生子为嫌，甚至还盛行各种"养子""义男""螟蛉子"习俗。《厦门志·风俗志》云："闽人多养子，即有子者亦必抱养数子……或藉多子以为强房。积习相沿，恬不为怪。"①《同安县志·风俗志》亦云："同俗向喜乞养他人子，及子复生子，遂混含不可究诘。始但出于巨乡大族强房者为之。嘉道前，械斗盛行，乡人恃丁多为强之流弊，后则竞相仿效。"②

第三，对于亲生子女的保护。明清两代福建许多家庭从事如贩海通夷等冒险的行当，为了使亲生儿子安享清福，冒险的勾当便需要养子们去承担。海商的财产主要是船只，他们就需要众多的儿子去管理这些船只。儿子不够时，他们便购买养子。购买的养子多随船出海经商，而亲生的儿子则多在岸上生活，很少会出海经商面对风险。何乔远《闽书》记载明代沿海各地的情形："有番舶之饶，行者入还附赀，或得婺子弃儿，抚如己出，长使通番，其存亡无所患苦。"③

第四，儿童死亡率高。华南有的乡村，卫生条件极差，凡遇疾病，求神请佛以资治疗，因此难以维持儿童的健康，婴儿死亡率及幼年儿童的死亡率很高。小康之家的父母，因此有购买"螟蛉子"的习惯。有些贫穷人家，有时会把幼女买入家中预备为儿子择配，这是"童养媳"。

第五，侨区的养子盛行与"两头家"制有关。华侨留在家乡的妻子，因与丈夫相聚时间短。有的是买来的妻，长期未曾与夫见面，多数无子女或者有女无子。对她们来说，有个儿子继承香火，传宗接代是头等大事。其次，她们年老时由何人抚养也是个问题。再次，家中需要劳动力种田，有的还需要带到海外帮助养父经商，要使外洋的事业有人继承。凡没有儿子或嫌儿子数目不足的人们，就以金钱购买"螟蛉子"。

舒婷丈夫的曾祖母就是鼓浪屿华侨家庭里留守主妇的缩影。"她十八岁嫁入陈家，次年，丈夫在菲律宾家族公司学做生意，年终出门收取货款准

---

① 道光《厦门志》卷一五，《俗尚》。
② 民国《同安县志》卷二二，《礼俗志》。
③ 何乔远：《闽书》卷三八，《风俗》。

备回家,惨遭抢劫被害于路上。十九岁的年轻寡妇执意不肯改嫁,抱养一儿,纺纱供他读书,为他娶亲,送到南洋继承父业;再抱养二儿,长大成亲后,还是送到南洋。第三个养儿,十八岁成亲后,依然去南洋。"①南安县金淘一带养子制度比较普遍,与侨户较多有关。

养子制度的起源,是在宗法制下无子者收养义子以传宗接代,继承香火。闽南地区的特点在于,某些华侨商人,自己有儿子,甚至是有几个儿子,仍然收养义子,甚至收养好几个义子。很显然,他们收养义子的目的,已经不是解决宗法传统下的香火传承问题,而是经济事业的需要。换言之,在宗法制的形式中,增加了新的经济因素。

社会的贫富分化严重,有的人有钱买子女,有的人被迫卖子女,贫富分化是买卖义子存在的基础。华侨能够给家中寄钱,生活条件较好,是能够买子并使养子留下来(不逃跑)的经济条件。黄奕住家乡南安县金淘一带的养子,多数来自莆田,也有厦门、同安等地的。个别的是华侨在侨居国买的,带回家乡养大,使其"知根""认祖"。

养子的来源有两种。一是人贩子贩来的。每次带来几个到十几个。"像卖猪仔一样,这家买这一个,那家买那一个,卖完了人贩子就走了。"另一种方式是经中介人介绍的。通过前一种方式得来的养子,养父母均不知养子的亲生父母是谁,家在哪里。养父母与人贩子不立契约。后一种方式,则立契约,养父母知道养子的根底,亲生父母是谁,家在何处。

在社会习俗中"卖子不叫儿子名"。父母将子女出卖,是"绝卖",是不回头的。父母对于儿女有天然的爱情,不愿将他们出卖,有些父母,实在连自己都不能生存。遇到这种环境,他们以为将子女卖给富有的人家,一则自己可以得到一笔钱,缓解极端的困境,二则子女今后生活得好一些。因此父母与儿女双方都得着较好的机会。

买入养子的年龄多在两三岁到五六岁之间,大的十岁左右。如王时买黄钦书时,黄钦书已经十岁。原因是杨景娘已生一个女儿、蔡缅娘已经生两

---

① 舒婷:《老房子的前世今生》,《新华文摘》2006 年第 8 期。

个女儿，王时要寻个比这三个女儿年龄更大的儿子。

养子进家后，要到祠堂内举行认亲的仪式。拜祖宗，依照养父姓，入家谱，并按照族谱辈分取名，即改姓换名，要得到族人的认可，可以拥有继承财产的地位与权力。所以，在家内，在族里，在乡间，养子的身份人所共知，不是秘密。在严密的家族组织里，外姓子弟入继为嗣，只能老实服从养父家族的规矩，忘其所由来。倘若有养子图谋不轨，企图回复原姓，则会受到养父家族规的惩治，甚至招来杀身之祸。所以，基本没有养子回到亲生父母身边的事例。其根源一是养子一般不知道亲生父母在哪里。二是制度不允许他们回去。三是养父母这边生活条件相对较好。

陈支平教授指出：从原则上讲，福建民间养子制度，是与家族强调的血缘关系纯洁和道德标准相抵触的。但在实际上，家族所提倡的道德标准和行为规范，都是具有两重性的，它既顾及传统道德，又顾及现实功利，而归根到底，传统道德的倡导是为现实功利服务的。在中国封建社会晚期动荡纷乱的社会变迁和家族割据、对抗的社会环境中，人们强调传统的家族道德和血缘关系，并不能使所有的家族都得到顺利的发展。相反的，在这激烈相争的社会里，强凌弱，众暴寡，再加上外部战乱的破坏，有的家族壮大发展，有的家族却衰败没落，强盛的家族更加强盛，而弱小的家族更加弱小，甚至完全消亡。于是，为了使这种变通的继嗣关系与家族的道德原则相适应，福建许多家族不得不重新制定血缘的继嗣标准和族谱的记载条例，以承认义子、义男、"螟蛉子"等在家族继嗣上的合法性。如康熙四十八年（1709 年）侯官县林氏家族的林允昌在一份《遗书》中告诫后人："昌思不孝有三，无后为大，因承父命，抱各口董家有一新添幼童……尚在血下，方才三日，名为午使。痛母无乳，日夜食哺，百般抚养，优胜亲生。今幸年已二十有五，娶媳黄氏，复蒙天庇佑，得产男孙一丁、女孙二口。纵谓螟蛉之子，亦不得复言螟蛉之孙。今昌病体临危，礼合诸亲面前，将昌分下所有一切产业尽付与男午使掌

管,家下弟侄不得妄想争执,藉称立嗣等情。"①

晋江县《虹山彭氏族谱》的《新订谱例》。对血缘嗣系的记载做了适应性的规定:"螟蛉异姓,旧谱所戒。然近乡巨室,所在多有。即以吾族而论,亦相习成风,而生长子孙者实繁有徒。若概削籍不书,势必有窒碍难行之处。且不慎于始,而慎之于后,亦非折衷办法也。兹特变文起例,凡螟蛉异姓为嗣者,书曰'养子'。"

近代著名华侨陈嘉庚是泉州府同安县集美乡人,他家的族谱,"依照旧例,男子如亲血脉,则画红线,曰某人之子;如螟蛉,则画乌线,亦曰某人之子"。② 可见,义男、"螟蛉子"实际上成为家族血缘嗣系中的一员,已为民间所广泛接受。

笔者在调研时发现,在福建有些家庭里,父母有多个子女,但却没有亲生的,全是买养的(多的至 6 人),父母与子女间,兄弟姐妹间都无血缘关系。金淘侨联主任说他的家庭即是一例。③ 这是非血缘家庭,而是由制度形成的,且命之曰"制度家庭"或"习俗家庭"。

表 4　黄奕住的子女

姓名	排序	亲属关系	母亲姓名
黄钦书	长子	养子	王时
黄鹏飞	二子	养子	王时
黄浴沂	三子	养子	王时
黄友情	四子	儿子	王时
黄鼎铭	五子	儿子	杨景娘
黄天恩	六子	儿子	王时
黄德隆	七子	养子	苏亚四

① 陈支平:《近五百年来福建的家族社会与文化》,北京:中国人民大学出版社,2011 年,第 114 页。
② 陈嘉庚:《1944 年在印尼峇株》,《泉州文史》1981 年第 5 辑。
③ 2011 年 5 月下旬,赵德馨等人在厦门与南安县金淘村的调查。

续表

姓名	排序	亲属关系	母亲姓名
黄德心	八子	养子	苏亚四
黄德坤	九子	养子	苏亚四
黄世哲	十子	儿子	吴新会
黄世禧	十一子	儿子	朱锦英
黄世华	十二子	儿子	吴新会
黄章	大女儿	女儿	蔡缰娘
黄琼	二女儿	女儿	杨景娘
黄杏	三女儿	女儿	蔡缰娘
黄宝萱	四女儿	女儿	王时
黄金华	五女儿	女儿	苏亚四
黄宝蓉	六女儿	女儿	朱锦英
黄宝莘	七女儿	女儿	吴新会
黄宝芸	八女儿	女儿	朱锦英

　　从上表可以看出,黄奕住的 12 个儿子中,有 6 个是亲生儿子,6 个是义子。8 个女儿中,全部是亲生的。

　　黄奕住在去世前给已经成年的儿子做了事业上的分工。如长子黄钦书任黄聚德堂董事长,掌控黄家公有的产业。次子黄鹏飞管理黄奕住在新加坡的企业,去世后,六子黄天恩接任其职责。三子黄浴沂主要负责中南银行的事宜。四子黄友情是黄奕住的第一个亲生儿子,负责管理黄奕住在香港的事业。盛兴行、日兴行香港分行、中南银行香港分行、香港东亚银行的投资股份均由黄友情负责。五子黄鼎铭任中南银行香港分行信抚部襄理,后在香港去世。七子黄德隆担任厦门电话公司鼓浪屿交换所主任。八子黄德心长期担任中南银行董事。其余九子、十子、十一子、十二子尚年幼,还正在读书阶段。

　　养子在家庭中的作用与地位也比较突出。黄奕住众多儿子中,并不是

所有子女都能够出色地继承乃父事业，往往是义子对家族的事业贡献大。在一份对福建、台湾养子制度的调查报告写道："螟蛉子是台湾及福建独有的养子制度，而这种制度在其他各省是少有绝无的……螟蛉子在台湾、福建的家族中却占了极重要的地位，一个家族的盛衰命运往往掌握在螟蛉子的手中。因而父母对于螟蛉子的看待，至少在表面上与对待亲生儿子没有差异。而且，螟蛉子多比亲生子识相，善于巴结父母……事实上，台湾和福建的家族，尤其是豪商富户之家，亲生子通常骄养得不成材，而螟蛉子独有出色。"①这可以说也是养子制度存在的原因之一。在黄奕住的事业中，真正能够算得上是其得力助手的是长子黄钦书、三子黄浴沂，而这两位都是养子。黄奕住去世后，管理他留下的族产，代表黄家在社会活动的，将黄奕住的精神很好地传承、发扬的也是养子黄钦书和黄钦书的养子黄长溪②。

恩格斯指出，家庭是那些由一定的婚姻、血缘或收养关系的人们集团结成的社会单位，他们在一起生活，并为一定的心理关系、道德关系（在阶级社会中还有法律关系）联系在一起，同时彼此之间对社会负有责任。家庭是社会的现象，因而也是历史的现象。在社会的历史发展进程中，随着生产力发展和生产关系性质的变化，婚姻和家庭形式也发生变化。③

黄奕住的家庭是集华侨社区"两头家"制度，中国传统的"一夫多妻制度"、婢女"收房制度"、闽台地区普遍认可的"养子制度"等制度（或习俗）于

---

① 林衡道：《螟蛉子》，转引自厦门大学图书馆藏《剪报资料》。
② 黄钦书作为黄奕住的长子，担任黄聚德堂的主席，负责管理黄家事务。1949年后，担任中南银行董事长，中国太平保险公司董事长，中南银行监察人，负责中南银行公私合营事，任公私合营银行董事会副董事长。曾担任上海市归国华侨联合会主席、全国归国华侨联合会常务委员等职务。曾被推选为第三届全国人民代表大会代表，上海市第一、二、三、四、五届人民代表大会代表。黄长溪是黄钦书第五个儿子，也是养子。黄钦书去世后，黄长溪成为黄聚德堂股份有限公司代理人，公司执行董事。他曾任厦门市副市长、福建省副省长、华侨大学董事会董事长、福建省人大常委会副主任兼华侨委员会主任、全国侨联副主席、全国工商联原副主席、第八、九届全国人大常委会委员、第八届全国人大华侨委员会副主任、第七届全国政协常委等职务。
③ 中共中央高级党校哲学教研室：《〈家庭、私有制和国家的起源〉注释初稿》，1963年，第56页。

一体的产物。这种家庭组织在近代华侨社会普遍存在。这种家庭形式,是依照"家世利益"为纽带的宗法等级原则,遵循乡间民俗或制度组建起来的。可以且命之曰"制度家庭"或"习俗家庭"。

中国传统儒家文化的家庭概念与华侨的社会背景相结合孕育了闽南华侨的习俗家庭。这类家庭是中外融合的产物,在华侨(特别是富侨)中具有典型性,值得分析。新中国成立以后的《婚姻法》提倡一夫一妻,禁止重婚纳妾,禁止买卖儿童。在法律与制度上断绝了"制度家庭"或"习俗家庭"存在的根基。

四、黄奕住的公证遗嘱

1943 年,黄奕住感到身体状况日差,便着手安排身后事。他在遗嘱开篇解释道:"乘体健神旺之时,邀集见证人杜君保祺,鄂君森,洪君山仰。由余咨询各见证人以法律上、习惯上意见,当即由余口述遗嘱意旨,请洪山仰君笔记,并将笔记文字反复宣读讲解,经余认可后依法制成。"遗嘱结尾有遗嘱人黄奕住;见证人杜保祺、鄂森;见证人兼代笔人洪山仰私人的签字,印章。1947 年 7 月 23 日,黄奕住妻子及其子女将黄奕住遗嘱送到福建省厦门市地方法院公证处备案(登薄号数:第 2 册第 198 号)。遗嘱涉及黄奕住财产的分割及继承问题。

遗嘱在中国古称"遗命""遗令",运用遗嘱来指定遗产分割,并予以法律上的保护,在汉代就有所反映。唐宋以后的法源上有了"遗嘱"字样。[①] 历史发展到民国时期,无论正式制度还是非正式制度,都很重视遗嘱的约束力和法律性。使用遗嘱处理财产的传承,是中国的传统做法。

1931 年,中华民国《民法》第五编"继承"第三章"遗嘱",列明五种遗嘱

---

① [日]任井田陞著,汪兼山译:《唐宋之家族同产及遗嘱法》,《食货半月刊》1935年第 12 期。

方式①。公证遗嘱的要求是：指定 2 人以上见证人，并由遗嘱人在公证人前口述其遗嘱意旨。但是，遗嘱意旨复杂，可预先自行或托人用文字记明，但用口述程序，仍不可省略。再由公证人将遗嘱人口述之意旨，用笔记录，并向遗嘱人将笔记宣读讲解，经遗嘱人之认可，记明当时之年月，由公证人，见证人及遗嘱人同行签名。如遗嘱人不能签名时，应由公证人将其事由记明，使按指印代之（民法第 1191 条第 1 款）。② 由此可见，黄奕住生前的遗嘱属于"公证遗嘱"。黄奕住在遗嘱列明了财产用途及受益人。

黄奕住在遗嘱中明确写出财产除遗赠、后人继承之外，专门"抽出款项，永远不得分割或为其他任何处分"。抽出款项的专门用途为：(1)留为祠堂之用；(2)留为办理学校之用；(3)留为坟墓之用；(4)充为奕公之后历代祭祀经费。

如黄奕住遗嘱第二条规定：(1)鼓浪屿球埔项现编门牌 39 号房屋三座及所附空地留为祠堂之用，共国币 365654 元 2 角。(2)鼓浪屿升旗山房屋及所有空地留为办理学校之用，共国币 24891 元 8 角。(3)鼓浪屿东山顶楼屋及空地留为坟墓之用，共国币 49677 元 92 角。第三条规定，"抽出下列各款遗产充作华公以后历代祭祀经费，为吾黄氏直系子孙公同共有，永远不得分割或为其他任何处分"。第四条规定，"关于第二条、第三条所列各项遗产于其他遗产分割及处分后，由黄氏直系子孙世世按照顺序轮流管理，但遗产未分割以前，所有上开两条之盈余除酌定数额充作祭祀经费外，其余仍由黄氏直系子孙共同保管并处理之"。

遗嘱第九条规定，"除第二条、第三条、第五条及第六条所指定之用途外，其余遗产就前条所列各遗产继承人按照 22 份平均分配"。也就是说，除前指定用途财产之外，黄奕住所余遗产均分 22 份，由 22 位继承人分配。黄奕住所列遗产继承人有：妻 2 人：王时、蔡缰娘；12 个儿子（次子黄鹏飞、五子黄鼎铭已过世，由其妻子及其子女共同继承财产）；8 个女儿，共 22 人。

---

① 遗嘱包括普通方式、自书遗嘱、公证遗嘱、密封遗嘱、代笔遗嘱五种。
② 庞至长：《执行遗嘱应先知遗嘱的法律常识》，《信托报刊》1936 年第 4 期。

黄奕住在分家析产时奉行的原则是：

第一，诸子女均分原则。中国自战国以降，采用诸子均分制，与长子继承制不同。在中国传统的家产分割制中，出嫁的女儿往往不能参与，未嫁的也只得到陪嫁品，而得不到平分的一份。黄奕住的 12 个儿子与 8 个女儿，人均一份，没有男女性别的区别。黄奕住在遗产继承上对子、女一视同仁，则有西方的色彩。

第二，黄奕住的妻子具有财产继承权，妾只有遗赠。在中国的传统中，若丈夫去世时，妻子仍在世，一般是遗产分给儿子，妻子由儿子奉养。或者给妻子留下养老费用，妻子往往不列入继承人。黄奕住不仅将妻子列入，而且排在前列，还写明是两个妻子，国内的一个与国外的一个地位相同。这与闽南侨乡的两头家制的习俗有关。此外，在黄奕住的 6 个配偶中，分为妻子（2 人）和妾（4 人）两个等级。妻子有权继承遗产，而妾没有，只是获得了黄奕住的遗赠。

第三，财产继承上亲生子与养子一致原则。黄奕住的 12 个儿子中，有 6 个是亲生子，6 个是养子。无论他们与黄奕住有无血缘关系，在享受遗产方面无差别，黄奕住对养子与亲生子在私密的感情上可能有区别，但在财产关系上是平等对待的。这也是中国的特色。

第四，强调用于祭祀、宗祠的族产的维护与传承。中国人是世界上最有祖先崇拜传统的一个民族。在每个家族中，往往都有一个场所来供奉已去世的祖先的神主牌位，目的是让子孙们会知道本族的来源，记起祖先的功德。祭祀祖先是家族精神联系所在。对此，各族都会建立祠堂。祠堂要想长久的存在，或者家族中族长权力要想得到彰显，需要三个条件：第一，要有一定数量的家族公有财产，即"族产"，作为祭祀仪式与联系家族成员的物质基础，故"祠必有产"，对族产称谓各地不同，皖闽一带多称为"祭田"。第二，要有一种族众共同遵守的规章，即"族规"。第三，要有管理族产和族规的组织与人员、领袖（族长）等，以便这种规章发生强制作用于族众。

族产主要是房屋和土地两类不动产。其收入，用于慈善（用于子孙贫不能婚葬者）和家族子弟的教育。黄奕住家族所属江夏黄氏族谱中规定："祭

田记载详明,不许侵渔典鬻。"①这是为了保证家族的稳定和发展。黄奕住效法先人,通过遗嘱订立规矩,指定专项资金用于家族祭祀及教育事项。

目前,不仅是中国,在欧美各国,遗嘱也是最常见、最简单的家族财富传承方式。遗嘱人生前在法律范围内对其遗产做出处理、分割。但是,遗嘱自身存在很大缺陷。第一,遗嘱解决了财富继承问题,但是无法实现对继承人的支出约束,被继承的财产很可能会被快速挥霍掉。第二,遗嘱继承无法实现家庭财富与企业资产的有效分离。第三,遗嘱无法实现家族财产的统一与集中,无法保证其继续升值。总之,以遗嘱或赠予形式传承财富,只能解决如何分配,难以破解财富传承中的问题,更无法保证财富的持续传承和基业长青。正因为如此,在欧美国家中又创造出家族基金或家族信托等制度。这类制度可以实现家族整体对企业的控制,实现资产的传承、保值。黄奕住在这个方面也有所探索与实践。

五、黄奕住的遗嘱信托

据相关研究,信托制度,18 世纪源于英国,19 世纪中期兴于美国。19世纪的美国,产业和金融界大亨们创立了信托,借此处理其银行业务并管理自己的财富。19 世纪末传入日本,20 世纪前后传入中国。②

信托是委托人基于对受托人的信任,将其财产权委托给受托人,由受托人按照委托人的意愿,对委托人的财产进行保管或处分。信托业务包括遗嘱信托。遗嘱信托是一种财产管理制度,是指立遗嘱人于遗嘱中载明将其全部或一部分财产,在其死亡后,信托于受托人,使受托人依信托本旨,为遗

---

① 《江夏环峰黄氏支谱》。其他家族也有类似规定,如长洲徐氏《义田家训》规定:"族中义田,后人富当益置,贫不得鬻。"转引自左云鹏:《祠堂族长族权的形成及其作用试说》,《历史研究》1964 年第 5、6 期。

② 何旭艳:《近代中国信托思想之变迁》,《学术月刊》2010 年第 8 期。

嘱中所定受益人或其他特定目的,管理及处分信托财产。[①] 遗嘱信托的目的比较明确,委托人设立遗嘱信托的目的一般是希望在其死亡后,通过信托延续其个人意志,确保遗产可以依照其生前的规划来运用,使继承人能够享受其信托财产的利益。(1)遗产按照其意愿分配给各继承人,妥善照顾好存活者的生活,同时其财产在传承过程中不会被稀释。(2)在后代无意或无能力或暂时无法继承自己的事业时,自己的事业能得以延续。(3)实现遗产保值增值。

家族财富或基金的受托人一般有两类,一个是机构:专业的服务机构,常见的是信托公司。一类是个人,既有在家族内部找的,也有在家族外部聘请的。遗嘱信托管理处分的财产一般是委托人毕生奋斗所得的财富,凝聚了委托人大量的心血。故而,委托人希望身故后财富能够继续良好地发展和传承。可是,历史表明,创业者去世后,其遗产往往有两个趋势:一是,继承人可能没有能力或根本没有兴趣接管祖上留下来的产业,导致遗产快速贬值或被后人挥霍一空。一是,后代继承产业后,因继承人数太多,众人分割遗产之后,财产被高度分散,管理权也分散开来,不利于遗产财富的有效运营和持续发展。由专业机构、人士统一管理和处分遗产,有助于实现遗产价值的最大化,并有效保证其传承和发展。

黄奕住在遗嘱中明确写道,“在本遗嘱财产未分割前,所有产业均委托黄聚德堂股份有限公司管理”,由“黄氏直系子孙世世按照顺序轮流管理”,[②]任何人没有权力分割财产。如黄奕住的后人可以永久居住在黄聚德堂名下的房子内,但任何子孙个人不具有房产的所有权,任何后人均无权变卖黄奕住的财产。黄聚德堂股份有限公司就是黄奕住的委托机构。

家族信托的优势:一是“定制化”财富管理,家族财富灵活有序传承。二是约束后代行为,解决子女供养通过“附带信托利益支付条件设定”,达到激

---

① 张传良:《家族信托财富传承的奥秘》,北京:经济管理出版社,2015 年,第 186 页。

② 黄奕住:《黄奕住先生遗嘱》。

委托人 ──签订信托合同──▶ 信托公司（受托人） ──收益分配──▶ 受益人（继承人）

管理运用
投资顾问协议

存款、股票、基金、房地产、债券……

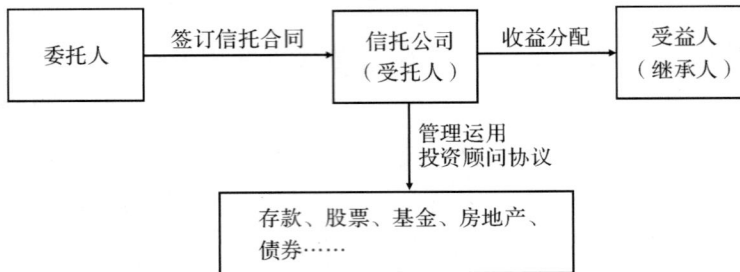

图 48　信托财富传承方式结构图

资料来源：袁吉伟：《生命周期、财富传承与家族信托——长期视角下的家族财富发展研究》，《内蒙古金融研究》2013 年第 10 期。

励和约束效果，避免信托受益人因生活奢靡或不善理财，无节制挥霍而败坏家产，保证其生活有财力保障。三是保证财产独立性，充当财产的防火墙。四是平衡内部利益，紧锁股权控制，使家族企业得到有效治理。办法是通过信托设计，集中家族股权，把家族利益统一起来，进行股权与经营权管理，维系对家族产业的控制力，防止因财富传承、分割问题引发内讧和纠纷，实现有效、平稳的家族股权转移和管理。五是税务策划，实现合理节税、避税。六是具有投资理财、家族综合服务、信息严格保密、慈善事业规划等功效。①

从历史进程来看，在近代中国，黄奕住这种金融家，认识到了信托的有效性，并付诸实施。但是，直到 20 世纪 40 年代后半期，在中国"信托"仍然只是与少数金融从业人员相关的一个概念，与普通民众的生活还有相当距离。1946 年，业内人士还在感慨："信托业务，范围虽广，惟在我国尚未发展，社会人士对于委托银行办理财产之管理，遗嘱之执行，房地产之买卖经营等业务，尚未养成习惯，而社会人士对于委托银行代理各项信托业务之习惯，非一朝一夕所能养成。"②信托作为一个新兴的金融行业，始终没有发挥

_____

① 邱峰：《家族财富传承最佳之选——家族信托模式研究》，《国际金融》2015 年第 2 期。

② 金学骥：《商业银行目前营业之困难》，《银行周报》1946 年第 23、24 期合刊。

其特有的财产管理与融通长期资金的功能。

六、黄奕住的家族财产管理机构：黄聚德堂

在传统农耕社会里，同一宗族的人通常都居住在一起，为了祭祀先祖，每一个聚族而居的家族都要修建一个供奉先祖牌位的祠堂，作为家族团结兴旺的象征。同时，为彰显本族的辉煌历史，传承历史文化，每个家族都要为本族祠堂取一个有意义的名号，这就是堂号的由来。子孙们每提起自家的堂号，就会知道本族的来源，记起祖先的功德。堂号作为家族的徽号和别称，不仅有明显的地域特征和血缘内涵，而且带有浓厚的封建宗法色彩，既是对某一姓氏家族特色的高度概况，也是当时社会形态的反映。"堂号"可以说是家族门户的代称，是家族文化重要的组成部分。

堂号产生的宗旨大致有三：一是彰扬祖先的功业道德；二是显示家族宗亲的特点；三是训诫子弟继承发扬先祖之余烈。[①] 如孟姓的"三迁堂"、周姓的"爱莲堂"、赵姓的"半部堂"等均颇有文化传承。

到清代，一个独立的家庭，若稍有资产和二代人，便会起一个堂号，如双耀堂、三皇堂、慎行堂、同仁堂等等。家庭的家具上往往书上堂号，以示它们是该堂的公有财产。记载家庭收支的账簿，也书上堂号，以示家庭财政变动情况。家庭财产多的，设管理财产的机构或人，曰账房，亦以堂号名之。东南亚的华侨也继承了这一传统。黄奕住在印尼时期，将管理家庭财产、事务的账房命名为"聚德堂"。

1919 年，黄奕住回国发展，"聚德堂"的人员及组织结构，原封不动地搬回中国。但是，随着黄奕住在国内投资的增加，涉及领域的广发，"聚德堂"的名称、职能经历了三个发展阶段。

第一阶段，1919 年，黄奕住在国内外的众多产业需要管理。他的家庭

---

① 谭汝为：《堂号·人名·家族》，《天津档案》2017 年第 6 期。

成员日益增加,开支烦琐。大家庭人口众多,关系复杂,不像小家庭,数口之家那样好控制。这就需要制定家规以维持秩序,立规式为久远之法。他继续用"黄聚德堂"作为自己的总账房,管理他的全部收入。并处理黄奕住家族内部的事务,如住房修缮,婚丧应酬,家庭日常生活(包括吃穿、教育、医药、日用等)费用。它的经费来源是:黄奕住存入中南银行一笔基金的利息,厦门自来水公司 20 万股金的股息,厦门(含鼓浪屿)出租房屋的租金。黄聚德堂不干预黄奕住及其子孙投资的各企业的任何业务活动。

第二阶段,1930 年到 1940 年。随着黄奕住在厦门、鼓浪屿投资的增加,黄奕住在厦门的房产越来越多。1930 年,黄奕住独资成立"黄聚德堂股份有限公司",股本 245 万元。该公司管理黄奕住在厦门、鼓浪屿的营业性房地产投资与收入,故又称"黄聚德堂房地产股份有限公司"。黄奕住经营的黄聚德堂在厦门和鼓浪屿投资房地产开发的金额达 200 多万银圆,拥有大小楼宇 160 多幢,建筑面积 41457.7 平方米。[①]

黄聚德堂股份有限公司是黄奕住独资开办,其收入归黄奕住家族财务机构黄聚德堂支配。管理黄聚德堂与黄聚德堂股份有限公司是同一批人员。两者的区分,主要在于前者管理家内财务,后者管理对外的房地产经济活动,并且是注册的、合法的经济法人。

第三阶段,1940 年之后,黄奕住家族注册成立黄聚德堂股份有限公司。此次成立的黄聚德堂股份有限公司,负责管理黄奕住的所有财产,包括其在海外的财产。

据 1940 年《黄聚德堂股份有限公司章程》记载,公司负责经营黄奕住名下的"国内外房地产事业,及投资的各种企业"。当时的发起人有黄奕住、王时、蔡缰娘、黄奕守、黄钦书、黄浴沂、黄友情、黄天恩、黄德隆、黄德心、黄长春等。董事长为黄钦书,股份总额 1 千万元,分为 10 万股,每股 100 元。公

---

① 洪卜仁、周子峰主编:《闽商发展史·厦门卷》,厦门:厦门大学出版社,2016 年,第 113 页。此外,据厦门市档案馆存厦门市房管局 1957 年厦门房地产管理处的调查统计,黄奕住占有地产 51508 亩,在厦门房地产投资中占第 3 位;所建房屋 160 座,建筑面积 41457.7 平方米,在厦门房地产投资户中占首位。

司所在地为上海市汉口路 110 号。从黄奕住的遗嘱可知,黄奕住持有黄聚德堂股份有限公司股票 2500 股,共计国币 25 万元。[①]

从历史进程来看,黄聚德堂创建伊始,黄奕住是仿照中国富贵之家的传统,建立的堂号或者财务管理机构。回国后,由于经营领域的扩大,黄奕住逐渐扩大了其职权范围。最后,结合欧洲一些大家族和财团的做法,成为一个管理家族财产的专属机构。

黄聚德堂聘请专人职掌。1957 年 4 月以前,黄聚德堂设在黄家花园北楼背后西北侧的一列二层半钢筋水泥楼房内。黄省堂(字守曾,1889—1957)任经理,黄奕住的中文秘书洪山仰[②]兼掌柜,刘清波为襄理,会计是龚鼎隆(林叔臧的内侄)。1957 年黄省堂去世后,洪山仰为负责人。1950 年,福建省人民政府借用黄家花园为福建省干部休养所。1957 年 4 月,黄聚德堂迁到黄奕住的三子黄浴沂曾居住的别墅楼下。

据黄世华(黄奕住第 12 个儿子)夫妇说,根据父亲的意思,他们家族在厦门的产业,并没有逐一分配给后人,而是由家族机构"黄聚德堂"进行管理。"黄聚德堂"董事会是由黄奕住的后人组成,其 12 个儿子各为一房、每房选出代表担任董事。

可以说,保全家族企业,保证子孙后代的基本财富收益,是家族信托设立的基本功能之一。通过基金收益的持续分配机制,可以保障子孙后代的持续收益,衣食无忧。黄奕住在继承中国析产时诸子均分和设立祠堂财产传统的同时,又吸取西方国家妻子有继承权、子女平等、采用遗嘱信托方式以保护基业的做法。在遗嘱中规定"财产未分割前所有产业均委托黄聚德堂股份有限公司管理",由"黄氏直系子孙世世按照顺序轮流管理",但任何人没有权力分割财产。二者的良好结合,企图实现黄奕住身后家业不衰。保住财富,守住成功,这是"物质传承"的成功,而凌驾其上的还有企业家精神、价值观、公益慈善事业的传承。

[①] 黄奕住:《黄奕住先生遗嘱》。

[②] 黄奕住的《自订回国大事记》出自此人之手。

任何一种新的制度、新的方案都要接受实践的检验和时间的检验。黄奕住的这种设计,是将中国传统的遗嘱制与欧美近代信托制度结合,以求保全家族企业,通过基金收益的持续分配机制。对下,可以保障子孙后代的持续收益,衣食无忧;对上,可以保证对祖宗及自己的祭祀延续永恒,可谓用心良苦。在我们见到的史料中,在当年的中国,还没有见过生前对资产的传承,采取这种中西结合的"遗嘱信托"模式,因而它可能属于首创,或者说对财富传承制度有所创新。自 1945 年黄奕住逝世后,至今已 70 余年,这种模式经历了时代的检验,发生了巨大变化。越来越多的富商,采取融合遗嘱、家族信托、慈善基金会等方式的家族资产传承方式。

家族信托的一大特点,是委托期间资产的所有权发生转移,因此,无论是企业运营发生问题还是家庭成员发生变动,都可以有效隔离风险。在 1949 年政权交替的过程中,这种模式保证了资产的传承和安全性。没有因为黄奕住的部分子孙在此时期移居国外而受到影响。

1950 年,中华人民共和国中央人民政府颁布《土改法》,规定没收祠堂所有的土地。黄奕住遗嘱中关于祠堂的部分未能实现。1952 年至 1956 年,黄聚德堂名下投资的所有企业,先后变为公私合营企业,随后又变为国营企业。1956 年,在对资本主义进行改造中,黄聚德堂名下的房地产,按照相关政策,将出租房和生活用的房地产分别处理。黄奕住投资的日兴街上的所有房产等被改造。黄家花园、望海楼等暂时借与政府使用。出租房先变为公私合营,随后又变为国有,生活用的房地产的所有权(包括黄家花园、望海楼等著名建筑物)仍归黄聚德堂所有。这使黄奕住的后裔有安定的居所。

当黄聚德堂名下的企业和出租房变为公私合营时,企业的利润和出租房的租金变为定息,收入减少了。在随后又变为国营时,这种收入也没有了。黄聚德堂名下管理的只剩下生活用的房地产。在收入大减的情况下,黄奕住的后裔,仍没忘记其遗嘱中关于将钱用于教育事业的嘱托。如在 20 世纪 80 年代初,其后裔给黄奕住办的南安斗南小学捐款 71000 元。在黄奕住逝世 40 周年前夕,1984 年,福建省人民政府赠予"乐育英才"匾额和奖

章。1983 年,鼓浪屿区政府创办鼓浪屿青少年宫时,黄聚德堂捐款 30 万元,用于修建艺术楼和购买钢琴等设备,有助于该宫活动质量的提升。1992年,该宫因活动质量高被评为"全国少年儿童校外教育先进单位"。"遗嘱信托"模式的运行,除了受政府政策的制约外,也受委托人对先人遗嘱态度的影响。在遗嘱中,对教育基金和慈善基金的性质与使用有明确规定。黄奕住逝世后,他的儿子们没有设立相关机构。到"文化大革命"开始时,黄聚德堂的财产,该分割的已分割完毕。剩下的只有存在海外的、作为教育基金和慈善基金的一笔钱。"文化大革命"后,黄奕住的后裔中,有不少人生活困难,有些子弟无钱上学。在这和情况下,1981 年,黄聚德堂董事会议决,将遗嘱中规定的这两笔钱全部分掉。这导致黄奕住指定的教育基金和慈善基金不复存在。黄奕住的女儿黄萱生前就说:"这个决定是在当时无可奈何情况下做出的,受益者 300 多人,解决了不少人生活困难和子弟上学问题。但是,作为子孙,对先人的遗嘱只有执行的义务,不能轻易改动。这种变卖资产,分割财产的行为,违背了奕公的精神,我们是不肖子孙。"

　　三代之后,家族内部权威性人物的谢世,加上中国家族信托制度的不完善,导致了一些纠纷。黄家子孙为了争夺黄聚德堂控制权,甚至出现了民事诉讼。前文已引黄奕住在遗嘱中规定,各项遗产于其他遗产分割及处分后,由黄氏直系子孙世世按照顺序轮流管理。遗嘱中对"按照顺序"中的"顺序"二字未作界定。在中国的家族中,习惯上是长(大)房管事,其顺序是长子、长孙、长曾孙。顺序也可解释为按兄弟的长幼,老大之后为老二,老二之后为老三,如此顺推。黄聚德堂成立时设有董事会。黄奕住在世时设立黄聚德堂,长子黄钦书为董事长,名正言顺,族人无异议。对族内处理问题,对族外,如代表家族与政府联系等等,都由他负责。黄钦书逝世时(1966 年),一则在世的弟弟全在国外或香港,其时尚不便回国。二则其五子黄长溪已在政府任职,已在代表黄聚德堂与政府联系有关事宜。三则被政府借用的黄家花园、观海楼等尚未归还。黄长溪是黄钦书一房的代表,此时任常务董事管理黄聚德堂事务,无实际利益可得。1999 年 12 月,由于"由于长溪年事渐高,而奕公遗产的问题繁复,经常需人料理,代表本堂对外联系,为减轻长

溪的工作量及对外联系的接班"，黄家家族会议决议"推荐黄骥为新的代理人，并请世禧和长溪出面聘请"①，并督促其在政府办相关手续。1998年，政府借用的黄家花园、观海别墅等归还黄聚德堂。于是有了由谁来管理它们及相关的利益问题。围绕这个问题，任黄聚德堂董事会常务董事的黄奕住的在世的儿子，与实际管理黄聚德堂事务的黄奕住的曾孙，发生了矛盾，一度诉诸法院。这种事态的出现，与中国家族信托制度不完善有关，也与黄奕住设计的"遗嘱信托"模式不完善有关。

财富传承应该包含两层含义，通过制度设计确保遗产可以按照其生前规划运用，并使自己的财富继续传承，保住财富，守住成功，这是"物质传承"的成功。财富之外，还要有企业家精神、价值观、公益慈善事业的传承，这是对人类大爱的传承，是一个社会进步的表现。

黄奕住作为创业者，他辛苦积攒的财富，苦心布局、制定的传承制度，后代不能严格遵守，不能秉承其意旨，"遗嘱信托"模式难以很好地发挥作用。像黄奕住这类家庭或家族，在怎样实现家族财富的安全性与长久性，如何保证家族财产管理的专业性和独立性，怎样实现财产所有权和管理权的有效分离，怎样运用家族基金，怎样解决财富管理者有次传递等问题上，需要学习其开拓精神，在总结他的经验教训的同时，在实践中进行新的探索。

---

① 《黄奕公家庭会议纪要》，1999 年 12 月。

第十七章 ■ ■ ■ ■ ■

经营模式

信用,人生银行里的存款;

承诺,千万不要透支。

一、一种模式,两个阶段

黄奕住的经营模式,在他 1919 年回国的前后,既有连续性,也呈现阶段性,即有同也有异。这就是说,黄奕住的经营方式是一个模式,两个阶段。本目叙述的,以回国后的阶段为主,同时说明与以前的异同。

1919 年以后经营模式的变化,是由黄奕住根据新的情况而决定的新的经营方针引起的。黄奕住从 1918 年冬至 1919 年春决计回国时起,经过 1919 年 4 月回国后到香港、上海、日本、菲律宾等地的商务调查,到 1922 年 11 月赴南通访问张謇,年底回到厦门止,在这 4 年期间内,黄奕住在调查的基础上,酝酿着一个新的实业计划和新的经营方针,并逐步付诸实践。新的实业计划及其经营方针,与以往相比较,其异同主要表现在以下五个方面。

(1)经营的基本领域是流通领域。在流通领域内,经营重点 1919 年前后从商业转向金融。即从以商业特别是蔗糖进出口业为主,兼及房地产业、金融业、保险业、工业等,转向以金融业为主,兼及商业、交通运输业、工业、房地产、保险诸业。

(2)经营对象面向境内境外两个市场。但 1919 年前后从以境外经营为

主,转向以境内经营为主。在 1908 年以前,黄奕住既经营印尼境内的商业、房地产,又经营糖和大米等商品的进出口。到了成立日兴公司以后,以经营面向世界市场的进出口为主,并以此发了大财。1919 年回国以后,他既经营糖、豆等商品的进出口和国际资金的融通,也经营国内的金融业、工业、交通运输业、房地产业、保险业、旅游业,并以国内市场为主,以振兴中国经济为主要目标。

(3)在国外以东南亚为主。1919 年以前以印尼为主,1919 年以后,在收缩老据点——印度尼西亚的活动的同时,扩大在新加坡和菲律宾的活动。[①]在新加坡,与他人共创华侨银行,并扩大房地产投资。在菲律宾与他人共创中兴银行,并投资一些工厂。与中兴银行是黄奕住在东南亚建立的两个新的金融据点。菲律宾是黄奕住在东南亚新的投资地区。

(4)经营班子由家族成员与专业人员结合。1919 年以前主要是家族成员(在"四人团"中,有黄奕住的儿子二人,女婿一人,非家族成员仅叶源坪一人,且不占经理地位)。1919 年后,增加了从人才市场上物色的专业人才,如厦门自来水工程师林全诚,经理周幼梅;如中南银行总经理胡笔江、任筱册。叶源坪也升任上海日兴商行经理。非家族成员在企业管理班子中的地位上升了。与此同时,黄奕住安排他的儿子们进入银行工作,学习金融业务,逐步成为专家,实现专家管理与家族管理的统一。

(5)指挥企业活动的"大本营"是黄奕住定居的地方。1919 年以前,他定居印度尼西亚的三宝垄。那时的指挥中心在三宝垄。1919 年以后,他到

---

① 据黄奕住《自订回国大事记》和《黄浴沂回忆录》的记载,在印度尼西亚的经济活动是逐步收缩的。1919 年日兴公司盈利 1600 万盾,是盈利最多的一年。1921 年,德丰号于 2 月 30 日结账,亏银 40 万盾。1922 年日兴公司出口蔗糖 400 余万担,占爪哇蔗糖出口额的六分之一。1923 年长子黄钦书回到厦门协助黄奕住开展活动。1924 年三子黄浴沂因病回国修养。同年,黄奕住从国内汇款 60 万盾给三宝垄日兴公司供交税用,标志从印尼转移资金回国的过程告一段落。

中国福建厦门定居,指挥中心已转移到了厦门。[①] 不同之处是,1919年之前,他定居在三宝垄,他的主要企业日兴公司也在三宝垄,他和他的企业活动中心一致。1919年以后,他定居在厦门,指挥中心在厦门,但他投资的主要企业中南银行总行却在上海,他和他的企业活动中心分离开了。这就决定他在上海要有自己的代理人。

上述1919年前后经营模式的变化,使黄奕住的资本流向也发生了变化,如从国外流向国内、从商业流向金融等等。资本流向的变化引起他的资本的产业结构、地区局部等等也发生了变化。下面集中分析1919年以后黄奕住资本的产业结构与地区布局。

二、产业结构:以商业、金融为主的多种产业

当黄奕住的巨额资本从国外流向国内时,对于缺乏资本的中国来说,无异于雪中送炭。中国各个经济领域的发展都需要钱。所以,在黄奕住回国后,各方面向他伸手,邀请他投资。1920年10月23日,浙江省省长沈金鉴致电黄奕住,邀请他赴浙江,筹备三门湾模范自治拿农垦。黄奕住“因兹事体大,未敢轻就,乃具函敬辞焉”。[②] 从这件事可以看出,黄奕住回国的投资活动,是有所为有所不为的,即有一定方向的。

在分析黄奕住的投资之先,对下述几点做些说明是必要的。

(1)要区分黄奕住本人的直接投资与他所控制的中南银行等企业的投资。例如,到1924年,黄奕住投资中南银行525万元。上海溥益纱厂(改组后更名新裕纱厂)、海门大生三厂、天津北洋第一纱厂等等则为中南银行的

---

① 黄奕住1919年回国后,远在印尼的日兴公司仍归他指挥。黄浴沂在《回忆录》中写道:“氏(引者按:指黄奕住)1919年中6月(引者按:应为四月)即回中国。其(引者按:指日兴公司)营业交由长子钦书、三子浴沂继续经营。自然氏亲自指挥营业大权也。”

② 黄奕住:《自订回国大事记》。

投资。本书只计黄奕住在中南银行的投资,而不计中南银行在其他企业中的资本。有的论著不做此区分,说黄奕住投资中南银行、上海新裕纱厂、海门大生三厂、天津北洋第一纱厂……如此,势必重复计算而夸大黄奕住的投资额。

(2)要区分注册资本与实收资本。如中南银行1921年开办时,注册资本2000万,实收500万,黄奕住实交350万元。1924年,实收增至750万元,黄奕住实交525万元。本书只计企业实收资本中黄奕住实交之额。如果以注册资本计算,也会夸大黄奕住的投资额。

(3)要区分名义资本与实际资本。这里讲的名义资本是指注册资本,相对于实际资本而言。实际资本与实交资本内容本来相同,都是实际付出的资本,但因黄聚德堂股份有限公司资本交付过程的特殊性而有区别。黄聚德堂股份有限公司1930年的名义资本(注册资本)为25万元。这25万元是指原已投资出去的25万元股本的股息、厦门房地产投资中的房租和一项基金的利息。换言之,黄奕住实际上并未为成立黄聚德堂股份有限公司另交出25万元。这25万元是资本积累而转化的资本。同时,该公司所管的房地产一项,实际资产估计在300万元以上。本书按实际资产300万元计。

(4)资本的原价与时价。原值,是指投资时的价值(金额)。时值,是指投资若干年后某时的价值。众所周知,一个企业股票的价格是随经济形势与企业实绩的变化而变动的。且货币的价值也时有变动。如1929年,黄奕住投资福建造纸厂12000元,即占有该厂120股。每股票面金额100元。至1947年,每股时值合法币1112800元,或92.74美元[1]。本书统计黄奕住的投资金额时,只计原价1.2万元。又如,黄奕住在印尼的昆郎沙里一项地产,买进价荷印币40万盾。1919年值500万盾,1928年值叻币(新加坡币)200万元。本书估计他的资本时以40万盾计,估计他的资产时。则以当时的时值计算。

---

① 林金枝、庄为玑编:《近代华侨投资国内企业史资料选辑(福建卷)》,福州:福建人民出版社,1985年,第154页。

我们虽然掌握了本书上述各章所列资料以及 1943 年黄奕住所立遗嘱中列出的产业清单,却仍然无法统计出某一年黄奕住投资与资产的时值总和,也计算不出他在不同行业投资与资产的精确比重。对他的资产总额是一种估算。在资产总额中,各行业的次序大体上是清楚的。1919 年春,即他回国的前夕,黄奕住在各行业的投资与资产,依次为商业、房地产[①]、金融[②]、工业[③]及其他。根据现有资料估计,他在这四个行业的资产,在他的资产总额 8000 万盾中占的比重,依次为 70％、15％、10％、8％,其他占 2％。1919 年回国后,到 1936 年,他的投资与资产,依次为金融[④]、房地产、工业[⑤]、商业和其他。根据现在资料估计,他们在黄奕住资产总额 10000 万元中占的比重,依次为 40％、25％、20％、10％,其他 5％。回国前后的主要不

---

① 1919 年以前,黄奕住在印尼的房地产,原值在 300 万盾以上。这些产业后归他在印尼的海原产业公司管理。在新加坡,他的房地产有:(1)南申律(NanSon Road)1－6号、透沙武街(Saibod Street)7－9 号栈房。(2)罗勃申律(Robertson Road)75－77 号栈房。(3)吧丝立(Pasir Ris&Tampens)橡胶园(Lease No.923 & Statutory tamd Grant No.19599)。(4)中吧橡胶园(Dead ofstatory Land No.9364)。(5)58 Acres Road 29 Poles 牙口兰字及栈房空地。(6)吾庐。这些房地产后来由日兴黄世勇代管。

② 1919 年之前,黄奕住在金融业的投资对象,有三宝垄的华南银行、三宝垄的因知西雷保险公司、日里的工商银行、汇水的中华银行和棉兰的一家银行(名称待考)。

③ 1919 年以前,黄奕住对工业、交通运输业的投资,已知者仅泗水的茶碶煤炭公司(94500 盾),三宝垄的爪哇印务公司(1000 盾),南洋仓库股份公司(16000 日元),中国福建的漳厦铁路(41994.64 元),酒精厂。

④ 1919 年以后,黄奕住对金融的投资,已知者有:华侨银行(新加坡币 40 万元,新加坡),中兴银行(菲律宾币 50 万比索,马尼拉),中南银行(525 万元,上海),东亚银行(港币若干万元,香港),中国银行(若干万元,上海),国货银行(若干万元),厦门商业银行(若干万元,厦门),中国实业银行(若干万元)日兴银庄(若干万元)和日兴银庄(若干万元)等。

⑤ 1919 年以后,黄奕住对工业、交通运输业的投资,已知的有:厦门电话公司(100 万元,含漳州通敏电话公司股份),厦门自来水股份有限公司(40 万元),益中福记公司(25 万元,上海),南洋烟草公司(37500 元,上海),鼓浪屿电灯公司(8000 元,厦门),兆和罐头公司(38600 元,厦门),华侨印务公司(2000 元,厦门),民生纱厂(7307 元,上海),潮汕铁路(19 万元,广东),福建造纸厂(2000 元,福州),福州云石公司(1 万元,福州),闽南民办汽车公司(14000 元,泉州—安海),东方江东公司(3800 元,厦门),清源茶公司(3000 元,福州)。在国外的,有菲律宾马尼拉的馨泉酒厂(2 万比索)。

同点,一是金融和商业的换位,二是回国后重视了对工业、交通运输业、公用事业的投资。

在投资的产业结构中,值得注意的是,黄奕住回国以后,对工业、商业、金融业、交通运输业、公用事业、房地产业都投了资,并一度拟向矿业投资,唯独不对农业投资。黄奕住出身于农民,为什么不向农村的土地和农业开发方面投资?究其原因,大致有:

第一,从他回国后,立即把母亲接到鼓浪屿居住,是"因吾南地方不靖"。可以看出,农村社会秩序不安定,当是他不向农村投资的原因之一。

第二,华侨回国投资,都希望办国内尚无或很少的新兴产业,对已有的农业不感兴趣。绝大部分的华侨均如此。

第三,正因为他出身农村,他深知农业生产利薄。以往华侨回国投资大规模农业开发事业,往往以亏本、失败告终。包括侨居英属马来亚(这里准华侨购地经营种植业)的福建永春等县的华侨,有经营种植业的经验,他们回国投资有办农林业的,也是如此。

第四,中国缺乏发展大规模经营农业的条件,农业中资本主义经济难以发展起来。

第五,黄奕住侨居时只在新加坡投资过两个橡胶园。总的说来,他的一生中缺乏经营农业的经验。作为一个精明的商人,他不会舍己之长,就己之短。

由于黄奕住回国后不向农村和农业大量投资,使他与同时代的中国实业家比较,他属于与地主所有制联系甚少的那个部分、那种类型。这与张謇等企业主大不相同。

三、地区布局:向境内境外两个市场辐射

黄奕住在三宝垄,是靠三宝垄的市场和印尼境内的市场发家的。致富则是靠将印尼境内的蔗糖向境外出口(也从古巴进口蔗糖,再出口)和从境

外运米、豆回来。这个"境外",先是近处的马来西亚、新加坡、泰国、中国等亚洲诸国,后是欧洲、非洲和美洲。他的日兴公司的分店(分公司)及他的投资,主要分布在印尼的几个大城市和新加坡。它们构成以三宝垄为据点的辐射网。黄奕住在出口蔗糖,做蔗糖转口贸易和进口米、豆等业务的实践中,积累了沟通国内市场和国外市场的经验。

1919 年回国时,黄奕住根据亲身的经验,一开始就没有把自己的活动局限于中国境内,而是把中国市场与世界市场沟通在一起,以面向两个市场构建自己的实业计划。从地区局部上看,这个计划包括第六章第五目所说的四个层次。这里需要补充的是:第一,在四个层次中,黄奕住是各有重点的。在跨国层次上,重点地区是中国和东南亚,重点行业是糖、豆贸易与资金融通。在全国层次上,重点地区是上海,重点行业是金融。在福建省层次上,重点地区是闽南,重点行业是交通。在厦门层次上,重点地区是鼓浪屿,重点行业是基础设施。第二,在跨国层次上,他投资的地区中增加了中国和菲律宾,投资行业增加了交通运输业和公共事业。黄奕住投资所涉及的空间与业务内容,与 1919 年以前比较,要广阔得多,丰富得多。在投资规模之大、投资行业之多、投资地区跨国之广方面,在中国经济史上,在黄奕住之先,或与黄奕住同代的、住在中国大地上的以中国为基地的中国人中,大概找不出第二人。

四、管理班子:家族管理与专家管理相结合

(一)家族管理是核心

黄奕住从赤贫到小康,是靠夫妻二人的辛勤努力。当时是一种夫妻店——家庭商业。在商业规模进一步扩大时,便有叶源坪等专业人员介入。但商店的管理仍然是家庭式的、传统的。此时的日兴商店是一种创业型

企业。

从三宝垄日兴有限股份公司成立时起,黄奕住的企业在组织形式上开始实行公司制,由创业型企业向规范型企业转化,由传统型向现代型转化,但管理的方式却仍然是中国的(也是华侨企业家的)传统方式,即家族式的。

随着日兴公司经济力量的增长和对境外业务的扩展,它迈入国际竞争舞台,成为印尼支柱产业(蔗糖业)的支柱企业(四大蔗糖公司之一或三大蔗糖公司之一),然而管理模式仍然是家族式的。

上述事实说明,在华侨经济中,家族管理模式有很大的适应性。它有自身的优点与生命力。

黄奕住管理企业模式重要变化发生在 1919 年黄奕住离开印尼之后。他在中国新办的企业中,聘请专业人员为管理者,如中南银行的胡笔江、任筱珊,厦门自来水公司的林全成、周幼梅,上海日兴商行的叶源坪,等等。黄奕住对企业的管理采取了一种新模式,管理方式进入了一个新阶段。

然而,在新阶段,他还在发挥家族管理的作用。黄奕住回国以后,以他住的厦门鼓浪屿中德记为"大本营",依靠儿子和女婿,指挥着散布在国内国外各地的企业活动。

他在国外的投资,主要集中在三个地方。一是印度尼西亚,1919 年黄奕住回国,代表他管理印尼日兴公司的是他委托的"四人团"。其中,两个是儿子(黄钦书、黄浴沂),一个是女婿(许春隆),另一个是叶源坪。黄浴沂在三宝垄负责总公司之责,黄钦书为泗水分公司经理,这仍然是一套家族班子。黄钦书、叶源坪、黄浴沂先后回国,印尼的企业由他的六子黄天恩、印尼籍妻子蔡缰娘、长女黄章、女婿许春隆、三女黄杏及女婿曾源顺管理。二是新加坡,这里先是他的次子黄鹏飞管理,黄鹏飞去世后,是他的六子黄天恩等和同族人黄世勇管理。三是菲律宾,这里有他的二女儿黄琼及女婿李绍唐。

他在国内的投资,主要集中在三个地方。一是香港,这里有他的四子黄友情。二是福建,这里有他自己及长子黄钦书,族人黄奕守。三是上海,这里有三子黄浴沂。

　　黄奕住的资本分布到哪里,他的家族成员也会分布到哪里。实行家族管理的华侨商人,需要儿子多,故多娶妻妾,多生儿子。生的不够,便收他人之子为养子。华侨多的闽南地区,养子之风盛行,绝非偶然。

　　黄奕住安排自己的儿子、女婿参加金融、贸易、工业企业的工作,一是使他们起监督(专业人才)的作用,二是希望他们向专业人才学习,在学习与实践中成为各类企业的专门管理人才,最终使家族成员管理与专业人才管理相统一。以中南银行为例,三子黄浴沂 1938 年成为总经理,长子黄钦书 1949 年任董事长,实行了黄奕住追求的这种管理模式。

(二)家族管理的核心是家长制

　　黄奕住投资的企业,就地域而言,有的在中国内地,有的在香港,有的在马来西亚,有的在新加坡,有的在菲律宾,有的在印度尼西亚。黄奕住投资的企业分散在多个国家,其中日兴商行、中兴银行、华侨银行等企业的经营是跨国的。就行业而言,有银行、保险公司等金融业,有电话、电灯、自来水等公用事业,有地产、房产业,有纱厂、电器厂等工业,有铁路、轮船等交通运输业,有国内商业和对外贸易业,有橡胶园属于农业,如此等等。黄奕住投资的企业是跨行业的。

　　黄奕住通过这些跨国、跨行业的企业,如总行设在上海,而分行设在天津、汉口、南京、香港,支行设在重庆、北京、厦门、杭州的中南银行;总行设在新加坡,分行设在上海、厦门等地的华侨银行;总行设在马尼拉,分行设在上海、厦门的中兴银行;以及独资创办的日兴银庄等金融机构和设在上海、汉口、厦门及国外原有的日兴商行等商业机构,而与各地的工商金融企业发生关系。这是一张规模可观的经济网。对经济活动扩及这么广的领域,涉及这么多部门,拥有这么大的规模,联系面这么广的大量企业,黄奕住并没有在它们之上设一个统一管理机构(如前所述,黄聚德堂只管黄奕住本人及其家庭内部的事务,不涉及黄奕住企业的业务与行政)。不仅所有黄奕住投资的企业互不统属,就是黄奕住独资或控股的企业,也互不统属,它们各自独

立经营,统一于黄奕住一个人。黄奕住与他投资的企业都是单线联系。这些企业通过他以及他的家庭成员(儿子、女儿、女婿)和家族成员(黄奕守、黄世勇、黄则盘等)而互相联系,组成一个黄奕住经济活动网络。这个网络中的各个企业构成的关系,或许可以称之为黄奕住财团。这个财团的活动听命于黄奕住。他坐镇在这个网的中心位置上,指挥着网络的运行。

黄奕住能把他的家庭成员、相关的家族成员、忠实的代理人以及专门的管理人才组织起来,管理和监督他的企业,并设法将他们的目标与企业的目标协调起来,显示了他的组织才能。如前所述,他对经济发展的潮流和潜在的赢利机会非常敏感。这种敏感和组织才能,是黄奕住成为优秀企业家的两个基本要素。

(三)企业的资本组成与决策权

黄奕住的家业是他创立的,并始终归他一人所有,一人总管。黄奕住与其所投资企业的关系,便于他一人管理。黄奕住在所投资企业中的资本组成状况,也便于他一人管理。

黄奕住对企业的投资,有三种情况。

第一种,独资的,即占公司的全部股份。如三宝垄的日兴公司、海原公司、厦门日兴银庄、厦门黄日兴商行、厦门电话公司、黄聚德堂、上海日兴商行等等。这些企业在注册时名为股份公司,实际上所有的股份都为他一人所有。其中,有些公司还有董事会、监事会的设置,但董事、监事全由他及其家庭成员或代理人担任。对这类企业,他有绝对的指挥权。

第二种是他占公司股份的大部分,即他控股的公司。如中南银行,从开办时起,他始终占有该行70%的股份。他握有70%的股份,就掌握了70%的股权,即他一个人有否决权,因而有了决策权。所以中南银行成立时,在股东大会上一些股东看不起他这个"乡巴佬""外来客",使他在当选董事中得票最少,但董事长仍非他莫属。在厦门自来水公司中,他握有40%的股份,是最大的股东,比占第二位、第三位的股东握有的股份多得多,他又被选

为董事长和办事董事,所以他掌握了该公司的决策权。对这类公司的具体业务,他会聘专业人员管理。

第三种是占有股份的一部分。如菲律宾中兴银行,新加坡华侨银行,广东潮汕铁路股份公司等等。对这类企业,他入股,当董事或监事,参与决策,不负管理之责。

黄奕住在上述第一种企业和第二种企业中的投资,约占其总资本的80%。换句话说,他对所投资本的80%,有个人决策权。这种投资结构便于黄奕住的一个人管理。

黄奕住倾向办独资企业。三宝垄日兴公司发展到拥有数千万元的资本,是独资企业。黄奕住回国后办银行时,最初也是想出资一两千万元,独资创办。后听从胡笔江等人的意见,才改为股份制。续办漳厦铁路,以及修筑福建全省铁路,开采龙岩等地煤矿,这些都是大工程,需要巨额投资,黄奕住是以个人名义向政府申请特许权。报纸报道也说他是准备独自续修漳厦铁路。后来才改为招众人入股的股份公司。独资创办,一人指挥,是黄奕住一生企业活动中的主要经历。这是他个性表现的一个重要方面。

(四)对黄奕住投资模式与管理模式的评说

上文说明,黄奕住的投资模式与管理模式是相适应的。他的投资模式与管理模式是随着经济形势与自身经济力量的发展,在变化,在进步,在现代化。在投资模式的演变过程中,黄奕住从独资到股份公司,但始终不放弃独资形式,某些企业名为股份公司,实为独资。在管理模式上,从家族管理到聘请专业人才管理,但始终不放弃家族管理,他追求并最终实现了家族管理与专业人才相结合的目标。

从黄奕住投资与企业发展的历史和他个人的成长历史看,他之所以这样做,是很自然的,而且是经济的。同绝大多数华侨富商发家的道路一样,黄奕住是靠夫妻勤劳节俭而由贫到小康。从小康到富商的过程中,随着事业的发展,需要更多的人手。他与这些增加的人手存在四种关系。这些人

手首先来自家庭成员、家族成员、亲戚,黄奕住与他们有着或亲或疏的血缘关系。其次是来自福建的同乡,黄奕住与他们有地缘关系。第三是合伙人,黄奕住与他们之间是资本关系。第四是聘请的专业人才,黄奕住与他们是雇佣关系。就管理者言,核心是黄奕住和他的儿子。黄奕住靠着家族管理模式由穷变富,由小富到大富,他当然不会轻易地放弃它。家族管理模式之所以能使黄奕住等人的企业获得成功,是由于它有自身的长处。第一,企业的利益就是管理者的利益,管理者与企业的利益一致。第二,管理者是一家人,利益目标一致,容易齐心、稳定,很少有聘请者那种跳槽现象发生。第三,家长制指挥,事权归一,可以及时决策,以适应瞬息万变的市场。第四,成本低。用家中人比聘请家外人,费用少得多。

那么,为什么黄奕住后来又聘请专业人才来管理中南银行、厦门电话公司、厦门自来水公司等企业,即为什么委托别人来管理他的资本、他家的财产呢?这是因为:第一,他认识到,社会上存在一些专业人员,他们在银行、电话公司、自来水公司等类企业的具体管理和业务经营方面,比自己和自己的家庭、家族中的人,更有专业知识和经营才华。第二,他的企业已与在印尼三宝垄时大不一样:数量多了;不是集中在一起,而是分布在几个国家,多个地区;不是集中在一个行业,而是分散在多个行业。这样,对黄奕住来说,有比具体地去管一个或两三个企业更大更重要的事情,需要他去做、去管理。第三,他在实践中也看到了家族成员管理的弊病,诸如,子婿中有不精明者,有不勤快者,有不节约者,有挪用公款者,对这类家庭成员委以高层管理之责,必误大事。

在黄奕住走上了聘请专业人才管理企业之后,为什么他不一直往前,用专业人才完全代替家族管理,而是始终未全部放弃家族管理,并在聘请专业人才管理办法之后才七八年,又转而加强家族管理模式呢?此中的原因是,黄奕住在实践过程中感受到,聘请专业人才管理的办法也有它的弊病。这里以中南银行为例,黄奕住聘请胡笔江这样的专业人才为经理,黄奕住对胡笔江给予充分的信任,委以管理全权,以致在经营方针上胡笔江与黄奕住意见相左时(如是否尽早在香港设分行,以便于向东南亚开展业务),黄奕住能

尊重胡笔江的决定。黄奕住努力协调中南银行发展的利益（即他与其他股东的利益）和胡笔江等专业人才个人利益的关系，诸如给予在当时来说极高的年薪和很高比例的分红等等。可是，胡笔江却借中南银行的业务活动为筹码，以谋取自己的社会地位（如以向政府发放大量贷款，承购大量公债，造成两笔大呆账，其金额合计 500 余万元。胡笔江因此得到政府及其财政部长的喜爱，获得交通银行董事长等职务，进入中国金融业最高决策层）。当胡笔江用人不当，造成天津、汉口两个分行倒账（合计金额 200 余万元。连同上述两项呆账，总计金额与中南银行增资后的实收资本 750 万元大体相当），胡笔江以处分当事人了事，经济损失全数落在股东身上，主要落在占股份 70% 的黄奕住身上。对于这种情况，黄奕住无可奈何。因为，经济活动的环境与变化是那么复杂，作为委托人的他与作为代理人的胡笔江之间的权利与义务，是任何详尽的合同、契约也难以罗列无遗的。中国当时的法律既不完善，伦理道德又缺乏硬约束力。但高薪、高比例分红，加上这类经济损失，使黄奕住看到，采取聘专家当经理的办法，成本太大。用当代经济学术语来说，就是交易成本太高，不合算。正因为如此，当1928年中南银行天津分行倒账事件出现后，他决定让三子黄浴沂出任中南银行总行协理。十年之后，当黄浴沂已在实践中成了银行专门人才之后，在胡笔江遇空难之时，黄奕住提议，并经董事会通过，决定由黄浴沂为中南银行总经理。在黄浴沂身上，黄奕住实现了在新的土地、新的行业中，家庭成员与专业人才管理的统一①。

---

①　黄奕住在经营蔗糖近 30 年的实践中，已成为蔗糖贸易的专业人员。在印尼他对日兴公司的管理，是家庭管理与专业人才管理的结合，第一代创业人时期的结合。在中国，黄浴沂 1938 年任中南银行总经理，是在新的土地上，新的行业里，新的一代（第二代）家庭成员管理与专业人员管理的结合。

五、自成一式：特色与比较

（一）黄奕住模式的特色

在中国近代史上，在推进国家现代化过程中，出现了一些因发动者个人身份、思想、地位、所处时代和所在地区不同而各具特点的发展模式。诸如张之洞的湖北模式，发动者是官（张之洞任两湖总督十七八年），模式的特点是以政府财政支出作为主要的资本或垫支资本，从修筑铁路入手，发展钢铁工业、军事工业与纺织工业，轻重工业资金相互挹注，其企业的性质多带有一个"官"字（或官办，或官督商办，或官商合办）。如张謇的南通模式，发动者是绅（张謇是状元，幕僚，后任农商总长），模式的特点是"绅领商办"，以绅领政府的纺织机器作为垫支资本起步，聚集地方资金，从纺织工业入手，与农村家庭棉纺织手工业及棉花种植业相结合，面向农村，面向内地，逐步发展南通地方其他现代事业。如荣德生、荣宗敬的苏南模式，发动者是商人，以小额私人资本，从小城市无锡的简易面粉磨坊入手，逐步从面粉工业扩大到纺织工业等行业，从无锡到上海，从东部向中部、西部的汉口等地扩展，其企业性质是商办。还有其他的一些模式。所有这些模式，无论是从城市到农村，从东部到西部，都是内向型的。与这些模式相比，黄奕住回国后发展现代经济的思路和实践，有以下几个特色。

第一个特色是注重流通领域。在资本投放的数量上，以投入流通领域的为最多。在流通领域，他关心资本市场与商品市场两个方面，其中特别注重金融，其次是对外贸易。在资本投放的顺序上，在经济部门的选择上，从总体上说，是从金融、外贸入手，通过银行与外贸公司，集中与融通资金，投资于房地产、工矿业、交通运输业、公用事业等部门。

第二个特色是，在生产领域中，注重基础设施，包括运输设施（福建、广

东的铁路,厦门的公路与水运),通信设施(厦门、漳州、泉州等地电话),能源设施(龙岩等三县煤炭的开采),教育文化设施,城市基础设施(包括街道布局,房屋修建,上下水道,马路与交通,自来水,电灯,电话等等)。这种情况在中国近代资本家中是少有的。

第三个特色是,在国内投资地区的选择上,既注重建设家乡(福建),服务桑梓,体现华侨投资的传统与心态。又考虑到企业在全国的影响,将最重要的企业(中南银行,上海日兴商行等)放在全国的经济中心——上海。投资的企业分布在天津、上海、福州、厦门、汕头、广州、香港等沿海一条线与上海、苏州、南京、汉口、重庆等沿江一条线上。

第四个特色是跨国的开放性的经营。以中国为基地,面向东南亚,在国内国外两个市场同时投资。这和跨国的、开放性投资发展的总趋势,是以中国为基点,使资金从国外流向国为。这个是黄奕住经营模式最主要的特点。

这些特色使黄奕住的经营自成一体:黄奕住模式。

这些特色的形成,是由于黄奕住作为回国的华侨,他在外国时已是跨国经营,并从中积累了资金和经验;他回国之前,已在国外先有产业、经济信息网络和社会关系。上述张謇等人,既没有这种经历,也没有他这种眼界与条件。

(二)与张謇模式的比较

说到这里,将黄奕住与张謇的交往,前者参观并向后者的模式学习的过程予以介绍,对张謇模式与黄奕住模式进行些比较,颇有意义。

1922年3月2日,黄奕住与张謇同时被教育部聘为暨南学校校董事会的董事。3月19日,校董会第一次会议在上海一品香召开。关心教育的这个共同点,使他们相识。此时,即1922年春,正是张謇经济事业的鼎盛时期(到了该年冬季,则开始走向下坡)。张謇是中国一个地区实业的开拓者。他把南通建设成全国瞩目的地区,创造了一个"南通模式"。在中国实业家中,他是一面旗帜。他当过北京民国政府的农商总长,对全国的经济状况有

全面的了解。他提出过振兴中国经济的棉铁政策。要问私人如何为国家振兴经济出力，以及在中国办实业的经验教训，张謇是最好的咨询者之一。

1922 年 11 月 11 日，黄奕住从厦门动身赴上海。23 日，从上海去南通专程拜访张謇。27 日从南通返沪。在南通逗留期间，张謇"治酒宴请，并引导参观各学校及各种实业、农场"①。在《张謇日记》中②，张謇在 23 日、27 日均作文记事，24 日至 26 日空缺，可能是用于陪黄奕住参观。如此，与黄奕住记事吻合。黄奕住此行的目的是去考察南通的实业并向张謇取经。从其在南通滞留的时间来看，他与张謇有机会充分地交换意见。很可惜，对他们谈了些什么，他们对彼此事业的评价均未见记载。③ 我们只得从他们两人的实际行动中，比较他们各自创造的模式。他们都为中国经济文化的现

---

① 黄奕住：《自订回国大事记》。

② 张謇：《张謇日记》，南京：江苏人民出版社，1962 年。

③ 黄奕住这次访问用了五天时间，并在 1929 年的《自订回国大事记》中将它作为一件大事记下来。他为什么去访问，这次访问对他有何影响，不见记载。我从中国资本家经营思路（模式）的比较上，发现黄奕住和张謇正是外向型和内向型两种经营思路的典型代表。因此很想了解他们这次会面的情况，看看张謇那方有无记载，南通地方报纸有无报道、采访、评论，特别是黄奕住对自己经营思路的介绍和对张謇经营思路的评价，或张謇对自己经营思路的介绍或对黄奕住经营思路的评价。如果有，对我的研究与判断就很有意义。为此，我用了不少的时间翻阅张謇的文集和日记。无所获。于是想从南通和江苏地方报纸方面试试，看看有无报道。1987 年，在参加张謇国际学术讨论会期间，我到南通图书馆访问过。该馆同志极为热情，赠予馆藏报刊索引，并说，以后如果要查阅馆藏报刊，来封信，必照办（可惜那时我还不知道黄奕住访问南通之事，否则当时就查阅了）。1992 年和 1993 年，我先后给该馆"负责同志"去信两封，指明报刊、日期、事项内容，申明复印费、邮费、劳务费等由我负担。至 1994 年，没有得到回音。该年，请华东师范大学黄清根教授，在上海找一找，有无我所要的那几种报纸。他极为认真，不仅查了该校所藏报纸目录，还托研究生（很抱歉，一时忘记其姓名，待以后补上）跑到徐家汇图书馆（上海收藏近代报纸最多的地方）后寻找。无所获。1996 年，又托江苏省社会科学院图书馆馆长（现任科研处长）唐文起研究员设法寻找。他在收到我的信后，先是去信南通，后托人去南通查阅，最后自己于 1997 年"12 月 2 日去南通图书馆查阅了当时的报纸，去博物馆、档案馆查阅了有关档案，走访了有关研究人员，均未找到有关这方面的记载"，"结果空手而回"。（唐文起 1997 年 12 月 15 日给作者的信）有这些同志的这种无私的帮助，对我是一种鼓励，一种教育，一种鞭策。令我感动。他们这种行动，是我牺牲假日休息，常常工作到深夜，认真完成这本计划外著作的动力之一。

代化出了力,他们都成了富翁。但走的道路却很不同:

张謇是官绅,他依靠此种地位与声望,获得清政府及其封疆大吏张之洞、刘坤一的支持,先办起了纱厂,而后办了一系列现代企业。黄奕住是贫农,靠在国外勤俭创业,经商致富,而后办了一系列现代企业。在近代中国,有一批像黄奕住这样穷人出身的资本家。如"纺织大王"刘国钧,就是从学徒做起,白手起家、艰苦创业,逐步走进商界,历经数十年的艰苦创业,先后开办了多家布厂,为振兴民族工业做出了巨大贡献。

张謇全力经营家乡南通的一隅之地,是内向型的典型。黄奕住耳闻世界各地商情,注目观察国际市场,在多个国家开行设店,调动资金,摆开带钱回中国,又从中国打出去的姿态,开外向型的先河。

张謇从工业而农业,再到交通、金融,关注重点在生产领域。黄奕住由商业而金融,再到房地产、交通、工业,可谓从流通入手。

张謇在经营发生困难时,向外国人借钱,以舒一日之危。黄奕住是从国外赚钱带回中国,又把中国人的钱投向外国,并把外国人在中国的个别企业房地产买回来,把外国人在个别地区的金融势力挤走。

张謇办的企业要向黄奕住办的银行借钱维持生产。[①] 张謇经营失败,过着艰辛的晚年。黄奕住在有生之年,财源通四海。

在中国的资本家中,张謇与黄奕住是两个类型的代表。

此种之不同,固有时代的差异,亦由出身与经历的区别使然。张謇与黄奕住,两个人的出身与经历,是如此之不同。一个是富农兼商人的四儿,另一个是贫农的长子。一个是金榜题名的文章魁首——状元,另一个是幼年辍学的下里巴人——农民。一个是大官绅,另一个是小平民。一个在国内荣升,一个在海外发迹。

看来,在经济领域里,要在市场大海中搏击制胜,既需要在实践中锻炼出来的经济才干,也需要遇到机会并善于抓住机遇。否则,状元不如泥腿子。

---

① 张謇办的南通大生纱厂,多次向黄奕住办的中南银行借款,以解决困难。见《金城银行史料》,上海:上海人民出版社,1983 年,第 406～418 页。

结 语 ■ ■ ■ ■

身后事与精神遗产

一、遗 愿

1943 年,黄奕住 76 岁,自感身体日衰,遂于 4 月 25 日立下遗嘱。在这份遗嘱中,既透露了他对自己一生的评价,也可以看出他最后的心愿。他写道:"余……奋志经营,以有今日。……且余来自田间,深知社会疾苦。赋性质直,见义思为。生平关于教育、慈善诸端,赞助向不后人。亦宜指定的款,俾能继续供(贡)献人群。……抑更有进者,余一生勤俭持身,忠厚待人,对于国家社会之事,虽不敢上拟先忧后乐之伦,亦未尝稍忘匹夫有责之义。时人不云乎,精神遗产重于物质。所望各儿女善守吾产,尤望各儿女同心协力,善师吾行,勉为跨灶之图,勿招损智之诮,则吾生虽有涯,而吾之精神可以不朽也。勉之! 勉之!"

二、初葬与再葬

黄奕住企求的是他死后,其财产能够继续服务社会,其精神能不朽。

黄奕住拥资数千万,然而他把他的精神遗产看得比物质遗产更重要。他首先希望他的儿女们能"善师吾行",继承和发扬他对国家先忧后乐、匹夫

有责的精神。据知情者言，享受黄奕住物质遗产实惠的黄奕住之直系亲属，时下已不止 500 人，受其余荫者尤不乏人。然知其创业之艰辛，精神之可贵，图光大而见诸行动者，却为数不多。对于此种情况的发生，作者深为理解。20 世纪 50 年代以后，在中国大陆，视资本家为剥削者和有原罪的人，是要被改造，被消灭的那个阶级的成员，不论何时何地的资本家，不论对国家社会是何种态度、有何种贡献的资本家，皆如此。资本家的后代被视为低人一等，他们常因此而受到精神上的凌辱，政治上的批判和其他的一些不公正的待遇。在此情况下，回避与黄奕住的血缘关系犹恐不及，谁愿意、谁敢去宣传黄奕住的精神？

1945 年 6 月 5 日黄奕住病逝于上海。其子黄钦书等为其办理丧事，印发《讣告》，介绍其生平业绩。临时安葬在上海宅内的花园里。抗战胜利后，1946 年 11 月 16 日在上海安远路玉佛寺设奠，上海各界代表、爱国志士及亲朋好友到灵前奠祭，仪式隆重。

1946 年 12 月 1 日，黄钦书等遵照黄奕住生前遗言，护其灵柩归葬于厦门鼓浪屿九层塔之麓。印发《先府君行实》。黄奕住的朋友、闽南名士苏大山为其撰写墓志铭。安葬之日，厦门各界人

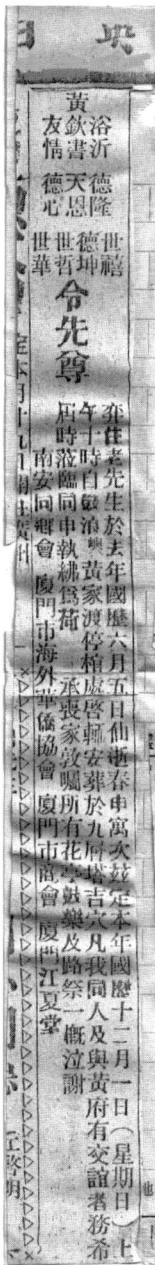

图 49　1946 年 11 月 27 日《中央日报》刊登黄奕住归葬厦门公告

391

士前往悼唁,人数之多,为同类仪式所仅见。

三、尸暴于野

对待资本家,对待黄奕住,对待黄奕住的后代的上述情况,在"文化大革命"中达到了登峰造极的地步。"文化大革命"中,厦门二中(其前身包括黄奕住资助的学校)初三和高一学生中的造反派,受人指使,以暴力手段,逼迫黄奕住的直系亲属挖开黄奕住、黄奕住之母、黄奕住之妻等人的坟墓,暴其尸骨于野。据当地老人言,如此野蛮、残暴的举动,在厦门地区闻所未闻。

四、重建坟墓与第三次安葬

中共十一届三中全会以后,中国进入改革开放的新时期,"文化大革命"中的大量冤、假、错案陆续得以平反昭雪。1979年厦门市人民政府特许在鼓浪屿三丘田,由黄聚德堂出资重建黄奕住之墓。这是对黄奕住的第三次安葬。

五、名垂史册

在黄奕住逝世40年之际,福建省人民政府赠给他"乐育英才"的匾额与奖章,以表彰他创办南安县斗南小学之举。从此时起,包括中国共产党机关报《人民日报》在内的各种报刊、书籍、纪念册,发表有关黄奕住事迹的文章、资料已不下50余篇。福建省人民政府修纂的《福建省志》、厦门人民政府修纂的《厦门市志》、南安县政府修撰《南安县志》均载有黄奕住传。在华侨博物馆中(馆址在厦门),黄奕住的遗像高悬在回国投资栏之首位。权威的工

图 50　黄奕住墓

（黄奕住曾孙女婿陈世晞教授拍于 2018 年清明节）

具书《辞海》，在修订时增设了黄奕住专条。鼓浪屿申遗三大展馆之中，"中南银行专题馆"围绕着黄奕住展开。黄奕住为社会做贡献的事迹与爱国爱乡精神被广泛传播。黄奕住的子孙后代，无论是在国内的，还是在国外的，都在为振兴中华努力贡献自己的一份力量。

六、精神遗产感召世人

黄奕住是近代中国著名的爱国华侨企业家、金融家、社会活动家和慈善家，是厦门市、鼓浪屿现代化市政建设的推动者，是鼓浪屿黄家花园的拥有者，是中南银行的缔造者。从一贫如洗的剃头匠，到印尼华侨首富，黄奕住的经历真实地反映了华侨漂洋过海艰难谋生、艰苦创业、积累财富、报效祖国、回馈乡梓的生动历程。黄奕住的一生体现了中国人民自强不息的精神，为后人留下了宝贵的精神遗产。

2017 年 9 月 3 日，国家主席习近平在金砖国家工商论坛开幕式上讲到："闽南民众常说'爱拼才会赢'，这其中蕴含着一种锐意进取的精神。厦门这座城市的成功实践，折射着 13 亿多中国人民自强不息的奋斗史。"

　　2017 年 9 月 4 日上午,联合国教科文组织总干事伊琳娜·博科娃在鼓浪屿黄家花园别墅(黄奕住故居),正式向"鼓浪屿历史国际社区"颁发联合国教科文组织世界遗产证书。鼓浪屿成为中国第 52 处世界遗产。

　　归来是他的梦,充满对祖国的情。黄奕住的爱国情怀、奋斗精神已经融入世界文化遗产,感召世人,彪炳千秋。沧海桑田,历史将铭记其功勋与精神。社会的公正评论,子孙后代承其志,师其行,所有这一切或许会使黄奕住在天之灵为自己的精神不朽而感到欣慰吧!

参考文献

一、档案手记

1.厦门市档案馆档案。

2.上海档案馆中南银行档案。

3.北京档案馆中南银行档案。

4.天津档案馆中南银行档案。

5.武汉档案馆中南银行档案。

6.黄聚德堂档案。

7.黄萱私人档案。

8.中国政治协商会议厦门市委员会文史资料工作委员会存稿。

9.苏大山:《南安奕住黄先生墓志铭》(原件照片)。

10.《厦门中山医院纪念碑文》附:《捐款总目》,《南洋诸大善士捐助厦大公医院款项移作厦门中山医院设备费捐款人芳名录》(原件照片)。

11.《南安黄奕住独修东塔记》(拓片)。

12.陈子谦:《华侨巨子、爱国志士——黄奕住》(手稿)。

13.黄乾:《华侨企业家黄奕住》(手稿)。

14.黄尧远:《著名爱国华侨、大企业家黄奕住先生生平事迹》(手稿)。

15.黄浴沂:《先父黄奕住传略》(手稿)。

16.黄浴沂:《黄浴沂回忆录》(手稿)。

17.刘绶:《厦门一代豪富黄奕住》(手稿)。

18.夏桦:《实业救国的爱国华侨企业家黄奕住》(手稿)。

二、纪事论文

1.毕观华:《林文庆传略》,《厦门文史资料(选辑)》第19辑,1992年。

2.蔡若水:《泉属华侨对福建公路运输事业之贡献》,《泉州鲤城文史资料》第3辑,1988年。

3.陈大中:《华侨投资厦门房地产业概貌》,《福建工商史料》第2辑,1987年。

4.陈嘉庚:《1944年在印尼峇株》,《泉州文史资料》第5辑,1989年。

5.陈泗东、黄宝玲:《海外侨团组织初探》,《南安文史资料》第4辑,1983年。

6.醇庐:《银行外史:中南银行与黄奕住》,《大人》(香港)第9期,1971年1月。

7.方觉:《南安华侨兴学史略》,《南安文史资料》第4辑(华侨专辑),1983年。

8.关国煊:《黄奕住》,《传记文学》第57卷第4期,1990年12月。

9.何传福:《漳州电话创设简史》,《漳州文史资料》第1辑,1979年。

10.洪卜仁:《厦门同文书院鳞爪》,《厦门文史资料(选辑)》第4辑,1983年。

11.洪卜仁、吴金枣:《华侨黄奕住的爱国思想及其业绩》,《福建论坛》1983年第2期。

12.洪葭管、张继风:《上海成为旧中国金融中心的若干原因》,《中国近代经济史研究资料》第三辑,上海:上海社会科学院出版社,1985年。

13.胡憨珠:《〈申报〉与史量才》,《大人》(香港)第15期,1971年7月。

14.黄笃奕、张镇世、叶更新:《黄奕住先生生平事迹》,《厦门文史资料(选辑)》第8辑,1985年。

15.黄则盘:《著名华侨黄奕住事迹》,《泉州文史资料》第10辑,1982年。

16.黄定余、温翀远:《潮汕铁路兴废始末》,《广东文史资料》第 9 辑,1963 年。

17.黄曼丹:《爱国华侨企业家黄奕住》,《华侨历史论丛》第 5 辑,1989 年。

18.纪念黄奕住先生创办斗南小学七十周年筹委会编:《斗南小学七十年——侨乡之光》,《斗南校友》第 1 期,1990 年 10 月。

19.林金枝:《1875—1949 年华侨在厦门的投资及其作用》,《厦门大学学报》1987 年第 4 期。

20.林金枝:《近代华侨投资史上的著名人物黄奕住》,《文物天地》1985 年第 1 期。

21.林金枝:《近代华侨在厦门投资概况及其作用(1875—1949 年)》,《厦门文史资料(选辑)》第 11 辑,1986 年。

22.林崧、杨纪波整理:《厦门大事记》,《厦门文史资料(选辑)》第 6 辑,1983 年。

23.刘剑学、杨纪波整理:《厦门大事记》,《厦门文史资料(选辑)》第 7 辑,1984 年。

24.梁亦明:《爱国华侨黄奕住和他的业绩》,《福建工商史料》第 1 辑,1986 年。

25.乔显祖:《厦门的侨汇业》,《厦门文史资料(选辑)》第 5 辑,1983 年。

26.史综:《漳厦铁路兴建始末》,《福建工商史料》第 2 辑,1987 年。

27.唐传泗、黄汉民:《试论 1927 年以前中国的银行史》,《中国近代经济史研究资料》第 4 辑,上海:上海社会科学院出版社,1986 年。

28.吴金枣:《爱国华侨企业家黄奕住》,《华侨历史》1987 年第 1 期。

29.吴玉液、谭南周:《厦门市教育大事记》,《厦门文史资料(选辑)》第 13 辑,1988 年。

30.杨丹:《黄仲涵家族与建源公司》,《华侨历史论丛》第 2 辑,1985 年 2 月。

31.杨纪波:《观海别墅旧事》,《厦门文史资料(选辑)》第 6 辑,1984 年。

32.应永玉:《北四行的联合营业》,《上海文史资料》第 60 辑,上海:上海人民出版社,1988 年。

33.章淑淳:《我与中南银行》,《大人》(香港)第 32 期,1972 年 12 月。

34.张镇世:《我所了解的厦门民办汽车交通事业》,《厦门工商史事》,厦门:厦门大学出版社,1997 年。

35.张镇世:《"公共租界"时期的鼓浪屿》,《厦门文史资料(选辑)》第 3 辑,1980 年。

36.张镇世、郭景村:《厦门早期的市政建设(1920—1938)》,《厦门文史资料(选辑)》第 1 辑,1963 年。

37.祝秀侠:《黄仲涵》,华侨协会总会编撰:《华侨名人传》,台北:黎明文化事业公司,1984 年。

三、地情史志

1.《天风海涛》第一辑至第四辑,厦门人民广播电台编辑部。

2.吴雅纯编:《厦门大观》,厦门:新绿书店,1946 年。

3.陈佩真等编:《厦门指南》,厦门:新民书社,1930 年。

4.厦门市政府统计室编:《厦门要览》,1946 年。

5.工商广告社编纂部编:《厦门工商业大观》,厦门:厦门工商广告社,1932 年。

6.厦门市商会编:《厦门市商会复员周年纪念刊》,1947 年。

7.厦门大学南洋研究所:《厦门华侨企业调查报告》,1959 年。

8.联合征信所编:《上海金融业概览》,1947 年。

9.厦门市志编纂委员会、厦门海关志编委会编:《近代厦门社会经济概况》,厦门:鹭江出版社,1990 年。

10.福建华侨志编委会:《福建华侨志》,福州:福建人民出版社,1994 年。

11.福建省华侨志编纂委员会:《福建省华侨志》(内部印刷),1989 年

12 月。

12.福建省地方志编纂委员会编:《福建省志·华侨志》,福州:福建人民出版社,1992 年。

13.厦门市修志局纂修:《厦门市志》,1948 年稿本(存厦门市图书馆)。

14.厦门华侨志编委会:《厦门华侨志》,厦门:鹭江出版社,1991 年。

15.厦门交通志编委会:《厦门交通志》,厦门:厦门大学出版社,1989 年。

16.厦门市房地产志编纂委员会编:《厦门市房地产志》,厦门:厦门大学出版社,1988 年。

17.厦门金融志编委会:《厦门金融志》,厦门:鹭江出版社,1989 年。

18.厦门卫生志编委会:《厦门卫生志》,厦门:厦门大学出版社,1997 年。

19.上海侨务志编纂委员会编:《上海侨务志》,上海:上海社会科学院出版社,2001 年。

20.复旦大学校史编写组:《复旦大学志》第一卷,上海:复旦大学出版社,1985 年。

21.陈文涛:《福建近代民生地理志》上卷,福州:远东印书局,1929 年。

22.苏镜潭纂修:《南安县志》,泉州泉山书社铅印本(存厦门市图书馆)。

23.《江夏紫云黄氏大戎宗谱》(打印本),未署年月。

四、历史资料

1.陈翰笙:《华侨出国史料汇编》,北京:中华书局,1984 年。

2.陈真等编:《中国近代工业史资料》第一辑,北京:生活·读书·新知三联书店,1957 年。

3.黑广菊、夏秀丽主编:《中南银行档案史料选编》,天津:天津人民出版社,2013 年。

4.华侨问题研究会编印:《印度尼西亚华侨问题资料》,1951 年。

5.黄宗实、郑文贞：《厦门大学校史资料》第一辑，厦门：厦门大学出版社，1987年。

6.黄宗实、郑文贞：《厦门大学校史资料》第二辑，厦门：厦门大学出版社，1988年。

7.暨南大学校史编写组：《暨南校史》（1906—1985年），1986年。

8.交通史编纂委员会编：《交通史路政编》第十三册、第十六册，1935年。

9.林金枝、庄为玑编：《近代华侨投资国内企业史资料选辑（福建卷）》，福州：福建人民出版社，1985年。

10.林金枝、庄为玑编：《近代华侨投资国内企业史资料选辑（广东卷）》，福州：福建人民出版社，1989年。

11.林金枝：《近代华侨投资国内企业史资料选辑（上海卷）》，厦门：厦门大学出版社，1994年。

12.宓汝成编：《中国近代铁路史资料》，北京：中华书局，1963年。

13.上海财经大学校史编辑组：《上海财经大学校史资料选辑》第一辑至第五辑，1993年。

14.上海市档案馆编：《上海银行家书信集（1918—1949）》，上海：上海辞书出版社，2009年。

15.天津财经大学、天津市档案馆：《金城银行档案史料选编》，天津：天津人民出版社，2010年。

16.厦门市政协文史和学习宣传委员会编：《鹭江春秋·厦门文史资料选萃》，北京：中央文献出版社，2003年。

17.厦门市自来水公司编：《1926—1986年厦门自来水创办六十周年纪念册》，1986年。

18.厦门总商会、厦门市档案馆编：《厦门商会档案史料选编》，厦门：鹭江出版社，1993年。

19.中国人民银行上海市分行金融研究室编：《金城银行史料》，上海：上海人民出版社，1983年。

20.中共厦门市委资改办公室编:《厦门市私营棉布业历史资料》,1959年。

21.庄为玑、林金枝编:《福建晋江地域华侨史调查报告》(油印本),存厦门大学南洋研究所。

五、专著论集

1.蔡仁龙主编:《东南亚著名华侨华人列传》第1辑,北京:海洋出版社,1988年。

2.超金主编:《海外著名华人列传》,北京:工人出版社,1988年。

3.陈嘉庚:《南侨回忆录》,香港:草原出版社,1979年,

4.陈碧笙主编:《南洋华侨史》,南昌:江西人民出版社,1989年。

5.陈碧笙选编:《华侨华人问题论文集》,南昌:江西人民出版社,1989年。

6.陈达:《南洋华侨与闽粤社会》,上海:商务印书馆,1938年。

7.陈泗东:《幸园笔耕录》,厦门:鹭江出版社,2003年。

8.陈支平:《近五百年来福建的家族社会与文化》,北京:中国人民大学出版社,2011年。

9.戴国辉编:《东南亚华人社会研究》,亚洲经济研究所,1947年。

10.费成康:《中国的家族法规》,上海:上海社会科学院出版社,1998年。

11.郭瑞明:《厦门人物(海外篇)》,厦门:鹭江出版社,1996年。

12.龚洁:《鼓浪屿建筑丛谈》,厦门:鹭江出版社,1997年。

13.华侨协会总会编撰:《华侨名人传》,台北:黎明文化事业公司,1984年。

14.华侨革命史编委会编纂:《华侨革命史》上下册,台北:正中书局,1981年。

15.黄绮文:《华侨名人传》,上海:上海人民出版社,1989年。

16.黄素峰编著:《科学的南洋(荷属东印度编)》,上海:商务印书馆,1934年。

17.洪卜仁、周子峰主编:《闽商发展史·厦门卷》,厦门:厦门大学出版社,2016年。

18.李长傅:《南洋华侨史》,上海:上海国立暨南大学南洋文化事业部,1929年。

19.李俊耀:《中国纸币发行史》,中央银行经济研究处,1944年。

20.李学民、黄昆章:《印尼华侨史》,广州:广东高等教育出版社,1987年。

21.林传沧:《福州、厦门地价之研究》,台北:成文出版社,1977年。

22.林金枝:《近代华侨投资国内企业史研究》,福州:福建人民出版社,1983年。

23.梁康生主编:《华侨历史论丛》第二辑、第五辑,1989年。

24.刘惠吾主编:《上海近代史》,上海:华东师范大学出版社,1987年。

25.陆键东:《陈寅恪的最后二十年》,北京:生活·读书·新知三联书店,1995年。

26.丘守愚:《二十世纪之南洋》,上海:商务印书馆,1934年。

27.丘守愚:《东印度与华侨经济发展史》,台北:正中书局,1947年。

28.唐振常主编:《上海史》,上海:上海人民出版社,1989年。

29.汪熙、杨小佛主编:《陈翰笙文集》,上海:复旦大学出版社,1985年。

30.王华斌、王燕子:《黄炎培》,石家庄:花山文艺出版社,1997年。

31.温广益:《印度尼西亚华侨史》,北京:海洋出版社,1985年。

32.温雄飞:《南洋华侨通史》,上海:东方印书馆,1929年。

33.吴泽主编:《华侨史研究论文集(一)》,上海:华东师范大学出版社,1984年。

34.吴成洛:《菲律宾工商业考察记》,上海:中华书局,1929年。

35.徐寄庼:《最近上海金融史》,上海:商务印书馆,1926年。

36.徐涤新、吴承明主编:《中国资本主义发展史》第 2 卷,北京:人民出

版社,1990 年。

37.徐涤新、吴承明主编:《中国资本主义发展史》第 3 卷,北京:人民出版社,1993 年。

38.阎广芬:《经商与办学——近代商人教育研究》,石家庄:河北教育出版社,2001 年。

39.叶飞:《叶飞回忆录》,北京:解放军出版社,2014 年。

40.赵德馨:《黄奕住传》,长沙:湖南人民出版社,1998 年。

41.张郁兰:《中国银行业发展史》,上海:上海人民出版社,1957 年。

42.张仲礼主编:《近代上海城市研究》,上海:上海人民出版社,1990 年。

43.郑友揆:《中国的对外贸易与工业发展(1840—1948)》,上海:上海社会科学院出版社,1984 年。

44.中国华侨历史学会编:《华侨华人史研究集》,北京:海洋出版社,1989 年。

45.中国人民政治协商会议厦门市委员会文史资料研究委员会:《厦门的租界》,厦门:鹭江出版社,1990 年。

46.中国银行管理处经济研究室:《中国重要银行最近十年营业概况研究》,上海:商务印书馆,1934 年。

47.朱杰勤:《东南亚华侨史》,北京:高等教育出版社,1990 年。

六、外文译著

1.恩格斯:《家庭、私有制和国家的起源》,北京:人民出版社,1972 年。

2.荷属华侨学会:《荷属东印度华侨教育年鉴》,1928 年。

3.[菲律宾]黄晓沧编:《菲律宾岷里拉中华商会三十周年纪念刊(1906—1936)》,1936 年。

4.肯德著,李抱宏等译:《中国铁路发展史》,北京:生活·读书·新知三联书店,1958 年。

5.[日]李国卿著,郭梁、金启勋译:《华侨资本的形成与发展》,福州:福建人民出版社,1985年。

6.[新加坡]列奥·苏里亚迪纳达(Leo Suryadi-nata,廖建裕)著:《现阶段的印尼华族研究》,新加坡:新加坡教育出版社,1978年。

7.[新加坡]列奥·苏里亚迪纳达(Leo Suryadi-nata,廖建裕)著:《爪哇土生华人政治(1917—1942)》,北京:中国友谊出版公司,1986年。

8.[印尼]林天佑(Liem Jhien Joe)著,李学民、陈巽华译:《三宝垄历史(1416—1931年)》,暨南大学华侨研究所,1984年。

9.[日]林善义:《一般经济史序说》,京都:晃洋书房,1988年。

10.[印尼]《三宝垄中华商会三十年纪念册(1907—1937)》,1937年。

11.诺思:《经济史中的结构与变迁》,上海:上海三联书店、上海人民出版社,1994年。

12.[美]小科布尔著,杨希孟、武莲珍译:《上海资本家与国民党政府(1927—1937)》,北京:中国社会科学出版社,1988年。

13.[日]游仲勋著,郭梁、刘晓民译:《东南亚华侨经济简论》,厦门:厦门大学出版社,1987年。

14.[菲律宾]庄克昌:《庄克昌诗文存》,马尼拉:新疆书店,1987年。

15.Donald Earl Willmatt, *The Chinese of Semarang：A Changing Minority Community in Indonesia*.(韦尔莫德:《三宝垅的华人少数民族》,纽约:伊萨卡康纳尔大学,1970年)

七、报纸杂志

1.《申报》,1919年至1938年。

2.《江声报》,1931年至1937年,1947年至1948年。

3.《华侨日报》(厦门),1936年至1937年。

4.《福建侨乡报》,1982年。

5.《新晚报》(香港),1989年。

6.《银行周报》,1920 年至 1938 年。

7.《福建论坛》,1982 年第二期,1983 年第 2 期。

8.《厦大周刊》,第 15 卷第 22 期(十五周年纪念专号),1936 年。

9.《中国经济史研究》,1987 年第 4 期,1996 年第 1 期。

10.《中国社会经济史研究》,1983 年第 3 期,1987 年第 2 期。

11.《近代史研究》,1980 年第 1 期。

12.《潮汕铁路季刊》,第 1 期,1933 年 9 月。

13.《中国与南洋》,第 2 卷第 1 号至第 5 号,1921 年。

14.《大华》(香港),第 9 期,1966 年 7 月。

15.《大人》(香港),第 9 期,1971 年 1 月;第 15 期,1971 年 7 月;第 32 期,1972 年 12 月。

16.《食货半月刊》,1935 年第 12 期。

17.《信托报刊》,1936 年第 4 期。

18.《历史研究》,1964 年第 5、6 期。

19.《南洋问题资料译丛》,1957 年第 4 期、1966 年第 2 期。

主题词索引

初版后记

在书的开篇,我已向读者简单地交代了为什么要写黄奕住传以及对写传记的主张。在书稿完成之后,我感到对这两个问题还有许多话要说,其内容也不是这篇后记所能容纳的。这里只想说一点。实现现代化是全国人民现阶段的中心任务,也是今后至少一百年内的中心任务。我们必须总结现代化的经验。其中核心的一条,是要明确哪些人是现代化的推动者。从中国的现代化进程来看,推动者首先是那些具有现代思想的人们(包括企业家、科学家、政治家等等)。黄奕住之所以会,之所以能对中国现代化做出一份贡献,在于他在国外三十多年的实践过程中,已从一个传统社会的农民,转变成了一个具有现代意识的企业家。所以他回国办的事,绝大多数是现代化事业。如果他仍然固守传统农民的意识,那么他无论赚了多少钱,也还是会走传统农民发财后的老路:买地,出租,旧式经商,放高利贷。传统农民种田劳动,生产出许许多多供人们衣食住行的物质产品。在这个意义上社会赖他们存在,历史由他们创造。传统农民存在了至少两千年了,他们只能不断地再生着传统社会,而不可能使中国现代化。实际上,传统的工人、商人、士人、官吏,都是如此。只有当他们接受现代意识后,即由传统的农民变成具有现代意识的农民,传统的工人变成具有现代意识的工人,传统的商人变成具有现代意识的商人,传统的士人变成具有现代意识的士人,传统的官吏变成具有现代意识的官吏,才能成为现代化事业的推动者、创造者。他们的行为才会创造出一个现代社会来。以传统农民、官吏的意识来指挥社会

建设而求现代化,乃缘木求鱼,不可得也。中国一百多年的现代化进程中的最大教训,就在于向人们灌输现代化意识、把各种人都变成具有现代意识的人的工作做得很不够。相反,向人们灌输有碍现代化的意识或无助于现代化的意识,则太多了。

本书的写作,从开始收集资料算起,到今天已是 12 个年头。为了搜集资料我四到厦门。1987 年暑假,1989 暑假,1990 年寒假,1996 年的暑假,我都在厦门搜集资料,调查访问。在工作过程中,得到 30 多人的帮助。其中出力最多的是,历史学者黄萱先生、我的妻子周秀鸾教授和我的姨妹、鼓浪屿区政协周菡副主席。厦门大学华侨回国投资史专家林金枝教授,副校长郑学檬教授,南洋研究所所长廖少廉教授,历史系原主任陈诗启教授;华侨博物馆陈毅明馆长;华东师范大学历史研究所黄清根教授;江苏省社会科学院科研处处长唐文起研究员;上海社会科学院沈祖玮研究员;复旦大学叶世昌教授;湖北供销学校吴仲雄副教授;华南师范大学附中历史教师陈渝仙女士;厦门市政协文史资料工作委员会张镇世主任,江菱菱主任,许国仁先生和已逝的厦门市政协文史资料委员会委员叶更新老先生以及厦门大学图书馆、厦门市档案馆的同志,他们给我提供资料或照片。住在台湾、美国、马来西亚的黄乾、周寿显、黄浴沂等先生,应作者之请,或撰写回忆录和黄奕住传记,或提供有关资料。原中南财经大学、现青岛海洋大学的班耀波副教授。利用暑假时间到北京图书馆帮我查找资料。我的姨妹、北京大学周萼副教授帮助整理、翻印照片。我的大女儿赵虹,我的姨侄、厦门工程机械股份有限公司的杨帆,帮助打印书稿,有时工作通宵达旦。我的小女儿赵立复印资料。为了这本书,我把全家和许多亲戚朋友都动员起来了。没有他们的帮助,这本书是写不成的。在此,谨向他们致以诚挚的谢意。

初稿至第四稿,1987 年至 1993 年,武昌大东门。

第五稿至第七稿,1989 年暑假,1990 年寒假,1996 年暑假鼓浪屿东山顶。

定稿,1998 年 2 月 23 日,深圳市福民新村。

修订版后记

黄奕住是近代中国爱国华侨企业家的代表,是一位卓有成就的"经济人"。但同历史舞台上显赫一时的政治人物相比,黄奕住又是一个"凡人"。[①] 为"凡人"立传,难度可想而知。作者"以心写史""十年辛苦不寻常"。[②]

时光荏苒,《黄奕住传》的出版已经 20 年。学术著作的生命与价值在于其社会影响与贡献。学术与现实的关系是一个宏大问题。但是,学术与现实的关系应该是"不即不离"。"不即"是说学术不能依附于现实而没有自己独立的品格,学术不能浮躁,不能赶时髦,不能花拳绣腿,而应冷静、扎实、严禁、深刻,源于现实又高于现实。"不离"是指学术不能成为与世隔绝的死学问,学术要关注时代。[③]《黄奕住传》出版 20 年来,对国家、对学界、对社会产生了一定的积极影响。

对国家而言:一个国家经济的巨大发展,离不开企业家能力、企业家精神的推动。史书上所谓的近代中国的"黄金十年"(1927—1937),正是中国近代企业家群体辉煌灿烂的时期。

2017 年 4 月 18 日举行中央全面深化改革领导小组第三十四次会议,

---

① 彭南生:《厚积薄发 求真求实——评〈黄奕住传〉》,《江汉论坛》2001 年第 5 期。

② 谷远峰:《文采信雅 史究天人——〈黄奕住传读后〉》,《中南财经政法大学学报》2000 年第 2 期。

③ 张强:《学术著作的价值识别》,《记者摇篮》2005 年第 7 期。

会议强调:"企业家是经济活动的重要主体,要深度挖掘优秀企业家精神特质和典型案例,弘扬企业家精神,发挥企业家示范作用,造就优秀企业家队伍。"黄奕住是近代中国企业家的代表,他的身上彰显了中国企业家的不屈精神与顽强斗志。姜铎先生认为对黄奕住的研究推动了对"中国近代资本主义和资本家阶级"的研究。[①]

2017 年 7 月 8 日,"鼓浪屿国际历史社区"正式通过了世界遗产大会的终审,成功列入世界文化遗产名录,成为中国第 52 项世界遗产项目。至此,中国的世界遗产总数已名列世界第一。2017 年 9 月 4 日上午,联合国教科文组织总干事伊琳娜·博科娃在鼓浪屿黄家花园别墅(黄奕住故居),正式向"鼓浪屿历史国际社区"颁发联合国教科文组织世界遗产证书。黄奕住的爱国情怀、奋斗精神已经融入世界文化遗产,感召世人,彪炳千秋。

对黄家而言:黄奕住是拥有众多子女,是中国传统意义上的制度家庭,也一个国际化的家庭。1945 年,黄奕住去世时就有子孙 100 余人。分布在中国、印度尼西亚、新加坡、菲律宾、美国等地。随着历史的进展,时代的变迁,他们其中很多人未能谋面,甚至不清楚自己的家庭渊源。正是《黄奕住传》的出版,使得海外子女有机会认识其祖上功业,得以与家族内的相关人员联系。其中,侨居加拿大的张帧祥夫妇是在看到了《黄奕住传》才得以重新认识家族,同时,积极推动黄奕住家属谱的编撰,《黄奕住传》英文版的出版工作。

对社会而言:本书出版后,在国内外引起了一定的反应。庄春泉、姜铎、彭南生、谷远峰、张戎等学者写了评论文章。这些评论从历史学、经济学、传记学、华侨史等多个方面给予分析、解读,学界对我的鼓励让我感到意外。更让我欣慰的是,此书的出版改变了一部分读者的命运,影响了他们的发展。我的学生廖晓红来信告诉我:

当年,我的丈夫贺先生即将从上海大学法学院研究生毕业,正面临就业选择,是找一份稳定的工作,还是做一名具有挑战性的律师。在他

---

① 姜铎:《喜读赵德馨新作〈黄奕住传〉》,《学术月刊》1999 年第 10 期。

犹豫不决中,我找出了您撰写的《黄奕住传》。我告诉他,"这本书第一章第五节'愤沉剃头刀'非常令我震撼。想想黄奕住吧!他能有勇气愤沉剃头刀,放弃从事了八年的理发行业,改行做商贩,最终成为一名银行家。你也可以放弃一份稳定的工作,做一名律师,成为一名创业者。"他细心地读了您的书后,下定决心成为一名律师。此后创立了自己的律师事务所(名称是上海市百悦律师事务所,据上海市律师协会统计公布,该所规模在上海1350多家律所中,排名第35位)。虽然他并未像黄奕住一样成为著名企业家,但也实现了自主创业的梦想。您所撰写的《黄奕住传》是一本非常精彩的好书!在大众创业、万众创新的今天,非常有借鉴意义,确实是值得创业者仔细阅读的励志好书。

《黄奕住传》的出版,耗费了我和我的爱人周秀鸾教授大量的时间及精力,调动了多方面的人力、物力。但是,能有上述的反响,我很欣慰,感觉自己的努力是有价值,是正确的。随着时间的推移,新材料的发现,我决定对《黄奕住传》进行修订。但是,已过耄耋之年的我,明显感觉到了精力不济。故而,邀请马长伟博士与我一起修改本书。

马长伟的博士论文选题是《侨资中南银行的制度安排及其绩效研究(1921—1952年)》,对黄奕住有一定的研究基础。他在博士论文后记中说:"得益于我的指导。"本书初版只有12章,加上前言、尾声共14部分。修订版本共计19部分,正文17章。新增章节及其他修改之处均是在我指导下,马长伟博士负责撰写初稿,由我改定。

本书的修订工作,得到了黄奕住的曾孙黄骞先生(黄钦书之孙,黄长溪次子)的大力帮助。他提供了黄家的部分内部资料,并承诺承担法律责任。此外,黄奕住的外孙周菡女士(黄萱之女)也提供了新的资料,表示感谢。本书初稿完成后,曾将书稿提供给黄家,让其家族内部成员传阅、修改。对他们提出的建设性意见和建议一并表示感谢。

此外,还要感谢刘绮霞、赵晋平伉俪帮助寻找日文资料。感谢厦门市档案馆吴仰荣处长,厦门大学戴一峰教授、焦建华教授、陈光明教授、陈瑶博士、张长虹博士在收集资料过程中给予的帮助。

书稿即将完成之际,厦门大学出版社薛鹏志主任欣然同意出版该书,并给予了细致入微的指导和帮助。厦门大学出版社戴浴宇老师也全心服务于本书的出版工作,我们深表感谢。同时,感谢洪景平、杨嘉明、黄家梅、黄安祺、黄仲山、周全对本书出版的大力支持。

2012年至今,6年间,我们断断续续地为《黄奕住传》的修订工作而努力。书稿已定,但是由于个人能力和水平有限,本书尚存诸多弱点。最大的问题是,笔者未能去印尼实地考察,查阅资料。黄奕住归国后的诸多投资未能完全研究。这些寄希望于未来的研究。

希望此书的问世,可以助力鼓浪屿世界文化遗产的建设;可以让更多的人了解黄奕住的爱国情怀,奋斗精神;让后人更好地继承其精神遗产,推进中国经济发展和进步。